主　　编：李国英　乌云毕力格　（韩）金愚政
副 主 编：周晓文　华建光　朱翠萍
编辑委员会：祁天娇　徐碧珊　马敬亚

本书的出版受到中国人民大学西域历史语言研究所“西域历史语言研究专项资金”支持

中 韩
数字人文论文选集
第一辑

中华书局

图书在版编目(CIP)数据

中韩数字人文论文选集. 第一辑/李国英,乌云毕力格,(韩)金愚政主编. —北京:中华书局,2024. 5
ISBN 978-7-101-16598-2

Ⅰ. 中…　Ⅱ. ①李…②乌…③金…　Ⅲ. 数字技术-应用-人文科学-中国、韩国-文集　Ⅳ. C39-53

中国国家版本馆 CIP 数据核字(2024)第 072366 号

书　　名　中韩数字人文论文选集(第一辑)
主　　编　李国英　乌云毕力格　〔韩〕金愚政
责任编辑　李　佳
责任印制　管　斌
出版发行　中华书局
(北京市丰台区太平桥西里 38 号　100073)
http://www.zhbc.com.cn
E-mail:zhbc@zhbc.com.cn
印　　刷　三河市中晟雅豪印务有限公司
版　　次　2024 年 5 月第 1 版
2024 年 5 月第 1 次印刷
规　　格　开本/787×1092 毫米　1/16
印张 20　插页 2　字数 400 千字
印　　数　1-600 册
国际书号　ISBN 978-7-101-16598-2
定　　价　82.00 元

目录

CONTENTS

从人文计算到可视化
——数字人文的发展脉络梳理[①]

王　军 / 北京大学信息管理系

作为一个新兴的热门研究领域，数字人文所涉及的内容是丰富而庞杂的。为了探测数字人文领域的研究热点，我们收集了数字人文领域规模最大的国际会议"国际数字人文大会"[②]2016—2018三年间所收录的各种形式的会议论文约1,700篇。我们统计了这1,700篇论文的标题和文摘中出现的关键词的词频，排在第一位的是可视化（visualization）。[③]为什么可视化在数字人文的研究中如此重要？要回答这一问题，我们首先需要了解数字人文是如何产生的。

一、数字人文是如何产生的

数字人文的前身是"人文计算"（humanities computing），这一命名反映了人们对此领域的最初认识：将计算机作为一种新的工具应用到人文领域来解决问题。随着计算机技术，尤其是紧随其后的互联网技术在人类生活中全方位的渗透，信息表达和信息传播从传统的纸质媒体向网络平台全面迁移，人们逐渐认识到计算机和网络不仅仅是计算和通信的工具。在金石铭刻、简帛抄写、刻版印刷、机械印刷之后，人类迎来了又一次彻底的媒体革命——数字化、社会化、智能化的电子媒体时代来临了。

作为文字承载物，传统物理媒体是静态的、被动的，而计算机这种电子媒体则是动态的、能动的。在大量的文本被数字化之后，人们自然就不满足于仅仅

---

①原文刊载于《文艺理论与批评》2020年第2期。本次出版已获得作者允许及授权。

②"国际数字人文大会"是数字人文的全球组织数字人文国际联盟（The Alliance of Digital Humanities Organization）主办的年会。

③参见王军、张力元:《国际数字人文进展研究》,《数字人文》2020年第1期。

在电子屏幕上显示字形符号，而是要充分运用数字媒体的计算能力对文本进行操作，哪怕它是一部文学作品。如此，便产生了“人文计算”。计算机最基本也最本质的工作原理就是“计数”(counting)。因此，人文计算早期有代表性的工作就是尝试用计数的方法来解决人文领域的问题，特别是那些原本就有争议的问题。例如，1963年苏格兰人安德鲁·莫顿 (Andrew Morton) 计算了《圣经·新约》原始希腊文本的每个篇章的常用词及其出现频率，以此作为撰写风格的凭据，进而认为14篇保罗书信中只有4篇是圣保罗自己写的。[①]这样的方法与传统人文学者所熟谙的文本细读、文学批评比起来，似乎过于简单幼稚，因而并不能让熟读《圣经》的牧师信服。计算方法，在“人文计算”时期，是作为人文研究的辅助工具而存在的。

几个世纪以来的人文研究都以细读经典为研究方法。以文学研究为例，在学科愈加细分的学院传统里，文学研究可以按照地域、时段细分为若干子领域，每个子领域都有自己的经典，要求学者专注于自己的专业领域，细读那些文学经典。之所以要按照经典性对作品进行筛选，一个重要的原因在于作品太多，研究者毕其一生都不能穷尽。所以，弗朗哥·莫莱蒂 (Franco Moretti) 在2000年提出的建立在全部文学文本之上的世界文学研究，[②]显然不是人类可以胜任的工作。人们必须借助计算机对大规模的文本集合进行采样、统计、图绘、分类，进而描述文学史的总体特征，然后再进行文学评论式的解读。莫莱蒂为此提出了一个与“细读”(close reading) 相对的概念——“远读”(distant reading) ——作为其方法论。虽然细读爱好者们仍觉不妥，但是，除了应用计算机来处理全体文学文本，也找不出其他的办法了。此时，计算方法在人文领域取得了不可替代的独立地位，一种新的人文研究形态应运而生，这就是“数字人文”。

典型的例子还有哈佛大学让-巴蒂斯特·米歇尔 (Jean-Baptiste Michel) 等人在谷歌数字化的五百万册图书集合上所进行的文化分析学 (culturomics) 研究。[③]这一文献集合约占到人类现有图书总量的4%，其中仅2000年一年的英文出版物，一个人不吃不喝不睡也要花上80年才能读完。研究者对这一文献集合进行了多种词汇和词频统计，借此分析英语世界200年间的语言现象和文化现象演变。

总结以上讨论，我们认为数字人文产生的背景是:(一) 计算机技术和网络

---

①See A. Q. Morton, *The Authorship of the Pauline Epistles: A Scientific Solution*, Saskatoon: University of Saskatchewan, 1965.

②See Franco Moretti, “Conjectures on World Literature,” *New Left Review*, vol. 1, 2000.

③See Jean-Baptiste Michel et al., “Quantitative Analysis of Culture Using Millions of Digitized Books,” *Science*, vol. 331, no. 6014, 2011, pp. 176-182.

技术成为泛在的信息基础设施，形成了数字化的媒体环境；（二）数字化文本积累到相当大的规模，也就是形成了所谓的大数据环境；（三）计算分析工具足够成熟，即便是人文学者也能够运用。今天，数字人文已经快速演化为一个极为宽泛的概念，只要是用到计算机的、在数字化的人文材料上进行的工作都可以冠以“数字人文”之名，涉及文学、艺术、考古、新闻传播、图书馆、博物馆等领域，几乎无所不包。

二、什么是远读

远读这一概念，是数字人文建立的基石。计算机的远读与人的细读，既然都是“读”，此“读”能否代替彼“读”呢？清楚其中的差别，不仅能使我们清晰地界定计算方法在人文研究中的作用和地位，而且可以帮助我们重新确立人类阅读的价值。

计算机是为科学计算而创造出来的，它擅长的是“计数”，而非理解。虽经不断的改造和升级，它的计算能力得到极大提升，但它的工作原理仍是计算。要想处理自然语言文本，计算机必须先将文本置换成便于计数的词汇集合，或者用更复杂的代数模型和概率模型来表示文本，这一过程可被称为“数据化”。数据化之后所得到的文本替代物（集合、向量、概率）虽然损失了原始文本的丰富语义，但终究是可以计算的了。理解了以上过程，我们就能明白，尽管计算机能处理海量的语料，能执行复杂的统计、分类、查询等操作，但它并没有理解文本的内容。

在大规模的文本集合上所做的远读，基本上可以归为两类：一是对文本集合整体统计特征的描述，一是对文本集合内在结构特征的揭示。例如，米歇尔等人对数百万册谷歌数字化图书做的词汇统计属于前者，莫莱蒂用图（graphs）、地图（maps）、树结构（trees）分别来展示历史小说的体裁变化、文学作品的地理特征和侦探故事的类型结构属于后者。[①]无论是宏观统计描述还是内在结构揭示，都是超越了文本具体内容的抽象表示，所得结果都是需要解读的。正如米歇尔所说，在巨量文献集合上得到的统计分析结果，为人文材料的宏观研究提供了文本之外的证据（evidence）；但是要解读这些证据，正如分析古代生物化石一样，是有挑战性的。[②]解读远读结果所依赖的，仍然是学者在细读文本的基础上所建立起来的对本领域的认知和理解。一句话，计算机远读的结果，还是需要人来读

---

①See Franco Moretti, *Graphs, Maps, Trees: Abstract Models for a Literary History*, New York: Verso, 2005.
②See Jean-Baptiste Michel et al., “Quantitative Analysis,” pp. 176-182.

的，人的阅读不可替代。

需要补充说明的是，即便是单篇文档，当我们考察它的文本特征（例如计算一篇文档中所有单字的出现频率），或者分析其内部结构（例如提取一部小说中所有人物的对话网络）时，数据量也会增长到个人无法处理的程度。所以，上述针对文档集合所作的讨论在单篇文档层面也是成立的。

以上理解可以帮助我们消除一些对数字人文的误解。例如，一个普遍存在的对数字技术的期待，或者说对数字人文的评判依据是：看看数字人文能不能更好地回答传统人文学者所关心的研究问题。严格说起来，通过个人细读文本可以回答的问题，或者说人所擅长的工作，就没必要请计算机来画蛇添足。只有当数据量或者数据精度超出了个人阅读理解的能力范围时，才有理由借助计算机来对文献或者文献集合的特征予以量化描述，再提供给人去深入解读。数字人文所提供的，不仅仅是新的工具和方法，更重要的，是它赋予我们提出新问题的能力——我们现在可以问，五千年来全人类用过的最频繁的词是什么。对于计算机科学家来说，这个问题提得过于琐碎；但是对于像米歇尔这样的文化学家来说，透过这类前人想都不会想到的问题，也许可以获得观察超长历史时段文化现象的新视角。

三、可视化为什么重要

回顾前文梳理的线索我们可以看到，远读是数字人文的基石，而可视化又是远读最重要的呈现手段。由此，可视化在数字人文领域的重要性便不言自明了。甚至说数字人文就等同于对人文语料的可视化，也不算太过分。

斯迪芬·詹尼克（Stefan Janicke）等人收集了2005—2015年十年间使用人文语料可视化方法的期刊论文和会议论文共92篇，并总结出六类适用于远读的可视化方法：结构图、热力图、标签云、地图、时间线、网络图。①结构图用来展现单篇文档或者整个语料库的层级结构；热力图用来显现文本内的隐含模式出现的频繁程度（如《圣经》中反复出现的句式）；标签云展示高频词的相对比例；地图被广泛地用来呈现有地理属性的对象的地理空间分布；时间线适合呈现历史数据随时间的演化；网络图被广泛用来展现文本内或文本间信息对象的复杂关系。下面我们举几个有代表性的例子来说明远读是如何以可视化的方式实现的。

---

①S. Jänicke et al., “On Close and Distant Reading in Digital Humanities: A Survey and Future Challenges,” in *Proceedings of the Eurographics Conference on Visualization* (*EuroVis*), Cagliari, 2015, DOI: 10.2312/eurovisstar.20151113.

图1来自斯坦福大学的书信共和国（Republic of Letters）项目。该图展现了西班牙王国1600—1810年间360个科学家相互之间以及与外界书信往来的情况。在图中选择一个节点，便可以观察该节点对应的科学家和他人的通信情况；选择一个边，便可以了解两地之间在历史上曾经发生过的交往；选择一个区域，便圈定了相应的考察范围。

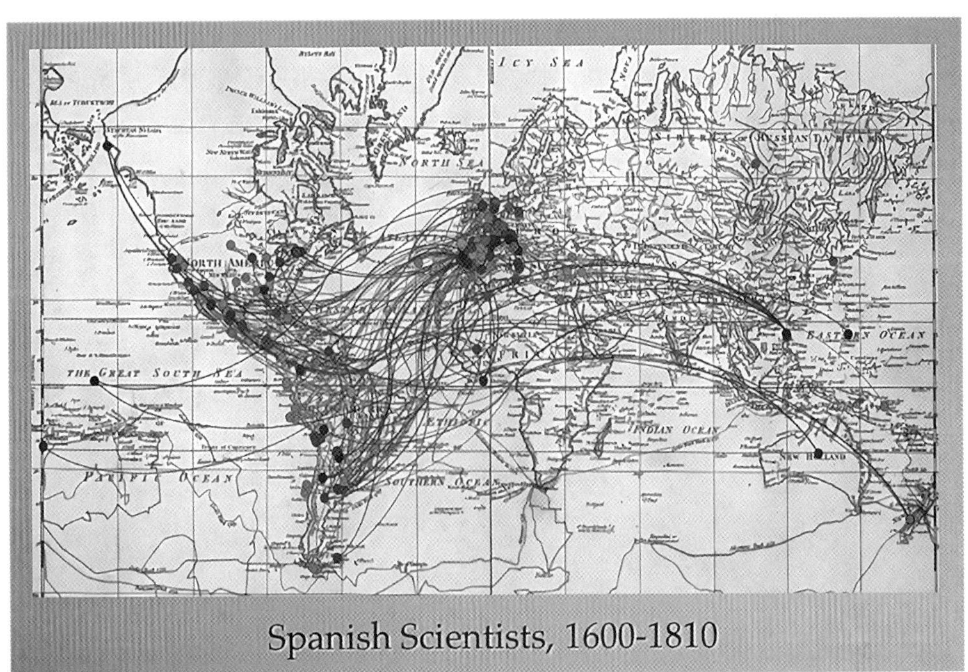

图1　1600—1810年间西班牙王国科学家的交流情况

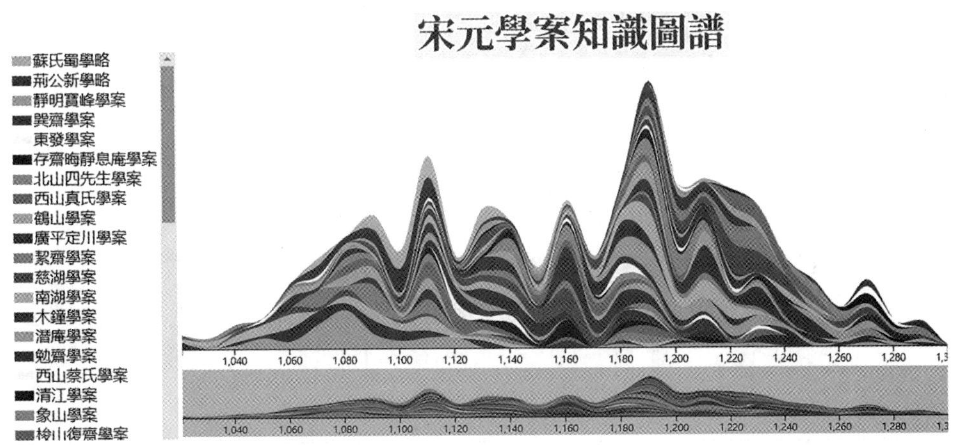

图2　宋元学案知识图谱

图2是北京大学数字人文研究中心根据《宋元学案》所作的宋代理学衍化脉络可视化成果。图中的每一条溪流代表一个学术门派（对应一个学案），它在某个时间点的垂直高度反映了对应时段该学派在世学者的数量，纵览全图我们可以观察宋代理学各门派各学说消长流行的总体情况。点击其中的一个溪流，就跳转到该学术门派的详细介绍页面。

图3是很有代表性的数字人文可视化作品。斯蒂夫尼·珀萨瓦（Stefanie Posavec）将杰克·凯鲁亚克（Jack Kerouac）二十世纪五十年代的畅销小说《在路上》量化为一颗花树。①图中的中心结点是第一章，每个分支表示从第一章发展出的一个章节，由一个章节长出段落的分叉，组成一个段落的句子绘成一片叶子，叶子上的叶脉是对单词的计数，颜色反映了小说的主题（themes）。这幅图准确而又形象地展现了小说的篇章结构和主题演进。

图3　小说《在路上》的远读可视化

尽管不同案例的可视化方式各不相同，但归纳来说，数字人文的可视化，为人文语料提供了一个全局图景。这个图景，在本质上是一个更多特征维度、更细知识粒度的目录和索引。在中国的学术传统中，目录学是入学之门径。清代王鸣盛在《十七史商榷》中说“目录之学，学中第一紧要事”，“必从此问途，方能得

①See S. Posavec, "Writing without words," https://www.stefanieposavec.com/writing-without-words/, accessed May 15, 2023.

其门而入”。唐代目录学家毋煚在《古今书录序》中说“览录而知旨，观目而悉词，经坟之精术尽探，贤哲之锐思咸识”，“将使书千帙于掌眸，披万函于年祀”，其重要性可想而知。在纸质文献时代，目录和索引，实际上就是纸本图书的远读系统。相应地，远读也可以看作是数字文本的可视化目录。它描述了文档集合的全局特征，让研究人员对超大数据集有了整体认知。它揭示了文本内部或文本之间的多维度联系，方便研究人员从地理、时间、频度、联系、主题等角度选择他所关注的研究对象去深入细读。同时，计算机远读得到的对文本的抽象化结果，为研究者理解文本提供了文字之外的材料。可以说，远读的价值，在于帮助我们在海量的数字媒体环境下筛选我们应当去关注的学术问题和有必要去细读的文本。最终，我们还是要老老实实地坐下来细读值得去读的那一部分内容。

结　语

数字人文发生在人类信息环境从纸质媒体向数字媒体迁移之时。与前代的媒体不同，数字媒体是能计算、自传输、可交互的。数字媒体的普及不仅仅意味着信息载体的变化，而且意味着信息处理方式和呈现方式的改变，并塑造了在新媒体环境下成长起来的读者的阅读习惯和信息诉求。在此背景下审视数字人文的可视化，我们看到的是人文学者为人文学科在新媒体环境下的延续所做出的跨越学科樊篱的努力。

媒体文化学家尼尔·波兹曼（Neil Postman）在讨论媒体和隐喻的关系时说，人类的文化正处于从以文字为中心向以形象为中心转换的过程中。[①] 对可视化结果的“观看”，还能称为“读”吗？它会造成我们对文字表达的疏远吗？抽象而又直观的可视化图像会造成受众想象力的束缚吗？它会不会进一步把人类包裹在自我创造的形象与符号之中，而距离自然与现实越来越远了呢？数字人文和可视化的发展，对人文学科本身，以及对读者会产生哪些深远影响，这些问题是我们要进一步研究和讨论的。

---

①参见：（美）尼尔·波兹曼：《娱乐至死》，章艳译，桂林：广西师范大学出版社，2009年，第10页。

数字人文视角下的数字记忆
——兼议数字记忆的方法特点[①]

冯惠玲 / 中国人民大学信息资源管理学院

摘　要：“数字人文”和“数字记忆”同为数字技术与人文现象的相遇，文章从分析二者的内涵、架构和方法论特征出发，试图厘清二者关系，寻找共同发展道路。二者重合的基本面主要表现在领域对象的人文属性、数字资源的多样性、数字方法的近似性，以及成果形式的复合性等方面，体现了二者在深层目的和实现路径上的吻合。现阶段的不重合主要表现在数字方法应用规范性、拓展性、工具化程度，以及数字资源呈现理念与方式上的差异。在二者同向推进的过程中，数字人文需要在理论和实践中同步扩大包容性，超越人文计算格局，以数字方法代替计算方法作为方法论基础；数字记忆需要加强理论构建和方法论研究，促进叙事的数字化转型，通过故事数据化、数据故事化等方法提升科学性、规范性和功能度，加强与数字人文的对话交流，共同构建更加开放、宽阔的数字人文谱系。

关键词： 数字人文　数字记忆　数字方法　叙事学　数字叙事

问题的提出

21世纪以来，从“人文计算”孕育而生的“数字人文”搅动了人文世界的一池春水，涟漪泛至人文社会诸多领域，不仅生成大量智能数字文化产品，也改变着人类知识生产、获取、评价的方式和规则，引发人类关于阅读、研究、发现、创新的诸多哲学思考、方法更新和工具设计，迅速成长为拥有理论、学科和文化项目的一片天地。

“有多少个群体就有多少种记忆”，这些记忆“既是集体、多元的，又是个

① 原文刊载于《数字人文研究》2021年第1期。本次出版已获得作者允许及授权。本文系国家社会科学基金重大项目“历史文化村镇数字化保护与传承：理论、方法与应用”（16ZD158）阶段性成果。

体化的”。[①]在人类生活向网络空间迁移的时代，如此广泛的记忆必然寻找数字化存在方式，于是“数字记忆”在世界各处如约而至，不同主体、不同题材、不同形态，可谓雨后春笋，风景万千。

用“方兴未艾”来形容这两种文化现象的现状都十分贴切，同为数字技术与人文现象的相遇，本应有很多交织，相通相融。但如何看待二者之间的关系似乎被身在其中的人有意无意地忽略或绕行了，数字人文的宽大领域鲜有涉及数字记忆，数字记忆在发展中也少与数字人文对话沟通。为讨论方便起见，本文暂且将二者作为平行的两个概念、两个领域加以讨论分析。相比而言，数字人文在发展中比较注重自我认知和理论建设，有学者统计，国际上9种数字人文期刊已发表相关论文数千篇；根据知网统计，国内2005—2019年数字人文方面的论文有557篇。[②]这些中外论文不乏关于内涵外延、现象本质、核心边界之类深层问题的研讨。而数字记忆更像是在专心建设，无问西东地自在生长，理论研究相形薄弱，方法论、工具层的构建亦未形成通用范式。或许是出发点和状态差异所致，二者兴起早期如同平行线各自延伸，相互之间少有关照；随着发展过程中越来越多的相遇和相交，二者开始若即若离，似同似异，厘清相互关系的需要和可能逐渐加大。然而，这并不是一个简单的逻辑推导问题，更不是给数字记忆攀附一个热门族群归属，而是要在二者的诸多表象中抽取出它们的特质，在比较中深刻认识其各自的本质属性和特有要素，从二者的相似与相异中确定各自的定位与关系，并引导未来走向。

目前，数字人文和数字记忆都处于成长期，不仅“数字人文的版图边界还有待商榷”，[③]对于数字人文究竟主要是一种学术组织形式、一种研究方法、一个学科，还是一种实践，人们也认识不一。而数字记忆的功能和形态都基本处于实然阶段，缺少概念化、体系化提炼。在两个领域的自我界定尚未明确之时讨论二者间的关系显然难以摆脱各种困惑局限，所做分析只能属于“现在时”，二者的发展变化将不断调整或塑造新的关系状态。

数字记忆与数字人文具有很大的交集，在对象和方法上多有重合，一些项目同时具有双重属性，比如伦敦国王学院数字人文系目前承担的亚洲人权委员会的“数字档案：后种族灭绝的卢旺达记忆重建”[④]，中国国家图书馆的“中国战‘疫’

---

①皮埃尔・诺拉:《记忆之场：法国国民意识的文化社会史》，黄艳红等译，南京：南京大学出版社，2017年，第5—6页。

②周婧:《数字人文的研究现状及其特点》，孟建、胡学峰编:《数字人文研究》，上海：复旦大学出版社，2020年，第17页。

③大卫・M.贝里、安德斯・费格约德:《数字人文：数字时代的知识与批判》，王晓光等译，大连：东北财经大学出版社，2019年，第5页。

④朱令俊:《国外数字人文教育与研究探析——以伦敦国王学院为例》,《数字人文》2020年第2期。

记忆库”、上海图书馆的“上海年华”、中国盲文图书馆的“视障人士记忆”等。同时，数字记忆出于特定功能需要的某些构建方法目前并未被数字人文包含、认可，可视为二者不重合部分。随着二者的发展成熟，其重合面将会逐渐扩大，当数字人文及其方法体系的包容度更大更清晰，数字记忆的方法体系更科学规范时，数字人文很可能在总体上成为数字记忆的上位概念，数字记忆成为数字人文的一种特色类型或一个支脉被包容于其下。

一、基本面的重合

数字人文定义纷繁，学者们对其内涵外延的表述各有方圆，口径不尽相同。美国国家人文基金会布雷特·博布利（Brett Bobley）的观点影响比较广泛，2011年他在Taporwiki论坛提出“我们使用‘数字人文’作为一种伞状概念（Umbrella Term）以指代一系列围绕在技术和人文学术研究周围的不同活动”。[①]维基百科在“数字人文争鸣”（Debates in the Digital Humanities）中进一步指出：“在这样一个巨大无边的大帐篷式（Big Tent）的数字人文定义中，有时候很难确定数字人文到底需要做什么。”[②]李点在考察了20多种定义后，把数字人文的“灵魂”归结为数字媒介与传统人文的交叉，也就是使用数字媒介的工具和方法来重新考察人文学科的问题，同时又用人文学科的范式来探索数字媒介的功能与意义。[③]其他有关表述林林总总，大多无外乎数字方法在人文领域的应用，认同“伞”或“帐篷”式概念的宽大容量。按照上述界定和分析，数字记忆有理由成为数字人文大家族的成员。

（一）领域对象的人文属性

这里的关键是辨析数字人文中“人文”的含义。无论是西方的人文主义传统，还是我国的“观乎人文，以化成天下”的思想，其“人文”均涉及人事、思想、信仰、道德、伦理等与人相关的宽厚涵义。记忆是人类最为普遍的精神现象，无论是个体记忆还是集体记忆，与心理学、社会学、人类学、媒介理论等都有密切关系，是以人为核心的跨学科领域。数字记忆是对文化记忆的数字构建，而文化记忆是对脱离了人脑、进入“外部存储器”的过去经验的一种建构，以某种信息

---

①Taporwiki, “How Do You Define Humanities Computing/Digital Humanities?,” http://www.artsrn.ualberta.ca/taporwiki/index.php/How_do_you_define_Humanities_Computing_/_Digital_Humanities%3F, accessed September 30, 2020.

②Wikipedia, “Digital Humanities_Definition,” https://encyclopedia.thefreedictionary.com/Digital+Humanities, accessed October 20, 2020.

③李点:《面对数字人文的幽灵》,《燕山大学学报（哲学社会科学版）》2017年第1期。

符号，诸如文字、图像、声音以及各种隐喻，寄居在一定的媒介上。“如果我们不想让时代证人的经验记忆消失，就必须把它转化成后世的文化记忆，这样，鲜活的记忆将会让位于一种由媒介支撑的记忆，这种记忆有赖于像纪念碑、纪念场所、博物馆和档案馆等物质的载体。”①档案、图书、图画、照片、电影、音乐、器物等记录物是人类追溯过往、认知自我、实现身份认同的重要依据，文化记忆是人类精神生活的基础和重要组成，记忆现象的人文属性是顺理成章的。

从早期的人文计算到数字人文，大多数项目针对语言、文学、历史、宗教等传统人文学科知识，然而在数字人文的发展过程中，人们所理解和阐释的“人文”内涵却逐步超出人文学科的范畴，项目选题和资源类型逐步扩展，有的波及多学科知识，有的面向某种具有人文内涵的社会现象，比如对于历史或现实社会议题、人物、事件的语义分析、知识构建等。数字记忆大多以记忆主体为核心，围绕个体或社会群体，涉及大量与人文学术及社会文化现象相关的议题，这就使得二者在所涉范畴上有了重合基础。例如，在全球颇有影响的“威尼斯时光机”项目，旨在利用千年历史档案呈现自公元900年至2000年城市建筑与文化的宏大发展史，“这些庞大的历史资料可能涵盖了100亿个事件”“详细记录了历史上威尼斯城市生活的所有细节”②，包括政治、经济、金融、贸易、医疗、税务、地理、建筑、航海、市民居住网络与生活等。项目主持人弗雷德里克·卡普兰（Frederic Kaplan）形象地称“威尼斯时光机”将打造一个“中世纪威尼斯Facebook”和“历史倒带纽”。显然，这个典型的数字人文项目大大超出了人文学科范畴，立足“人文”的宽厚之意，同时带有显著的记忆建构性质。与此同时，不少以记忆命名的项目直触人文学科内容，包括地理区划、历史人物、历史事件、历史场景等相关典籍资料的汇聚和分析，如“中国记忆”“佛罗里达记忆”“北京城门”“孔庙”“燕南园”“老舍”等。而每一个记忆项目都饱含人文意象，因为记忆主体都是个体或群体的人，记忆内容都是以人为中心和原点的多方面知识。

（二）数字资源的多样性

无论是数字人文还是数字记忆项目，基础都是资源的数字化汇聚，大多数成果形式为一个库。数字人文项目比较多地围绕主题内容、资源类型展开，比如“中国历代人物传记资料库”主要收集中国历史人物的传记资料，“中国历史地理信息系统”旨在汇总地点和行政区划的空间数据，“民国时期期刊全文数据库”“中国历代墓志数据库”“中国家谱数据库”“中国地方历史文献数据库”“中国数字方

①阿莱德·阿斯曼:《回忆空间——文化记忆的形式和变迁》，潘璐译，北京：北京大学出版社，2016年，第6页。
②Alison Abbott, "The 'Time Machine' Reconstructing Ancient Venice's Social Networks," *Nature*, vol. 546, 2017, pp. 341-344.

志库”等都有特定的学术内容和资源种类。根据项目性质的不同，有些数字人文项目的资源比较广泛，仍以“威尼斯时光机”为例，其资源来自威尼斯档案馆所藏丰富的档案，包括手稿、专著、画作、信函、文件、海量地图等，内容涉及出生和死亡记录、医疗记录、纳税记录、公正记录、专利登记簿、地图、建筑设计图、城市规划方案、旅游导览图及和平条约等。不少数字人文学者认为，从人文计算到数字人文，“进化”的诱因和特征之一就是超越文本的单一性，接受包括网页、影像在内的多种媒介资源的并存与互补。事实上，随着数字环境的复杂化、数字技术和数字信息生产能力的提升，数字人文项目的资源不断趋向多样化和复合化。而数字记忆项目历来需要以来源广泛、媒介多样的资源作为记忆的基础素材和支撑，如“中国记忆”“新加坡记忆”“北京记忆”“记忆四川”等，均为图文声像并用，形式繁多。其中“中国记忆”项目实验网站使用和存储了来自文献机构、民间、现场采集和专题制作的图书、档案、地图、照片、口述、音频、视频等多种记忆资源，这种资源特点恰巧应和了数字人文资源的多元变化趋势。

（三）数字方法的近似性

数字方法是数字资源的点金术，对于数字人文和数字记忆项目莫不如此。按照数字人文创建者之一约翰·昂斯沃斯（John Unsworth）的观点，数字人文的主要范畴是改变人文知识的探索、标注、比较、引用、取样、阐释与呈现。[①]为了实现这些改变，数字人文从资源采集识别到组织分析采用了大量的数字技术和方法，开发了许多实用平台与工具，智能水平不断提升。数字记忆生成、保存、传播的全生命周期都处于数字环境中，包括昂斯沃斯所述范畴在内的各种数字资源处理技术方法都要使用。从以下三个案例中可以大致看出数字记忆项目在资源组织上与数字人文项目的相似路径。

案例之一，芬兰国家集体记忆平台“CultureSampo”把因战争分散的记忆资源汇集整合，划分为67类，以此再现19世纪芬兰的国家集体记忆。在对这些纷繁复杂的资源进行管理时，“CultureSampo”利用包含80万个地理信息的芬兰地理信息注册表、芬兰1865—2007年县域时空本体、人物和机构本体，以及其他一些国际本体，如“艺术家联合名录”（ULAN）等，来定义和解释资源中有关位置、时间、人物和机构的概念及其关系；利用农业、林业、艺术、摄影等领域本体为不同类型的资源进行本体建模，根据本体模型使用18种元数据模型、204个基本属性对所有资源进行著录。最终以270万个三元组的形式将13.4

---

①朱本军、聂华：《跨界与融合：全球视野下的数字人文——首届北京大学“数字人文论坛”会议综述》，《大学图书馆学报》2016年第5期。

万个记忆资源以及28.5万个相关文化要素（人物、位置、机构、时间等）存入“CultureSampo”知识库，支持“CultureSampo”门户在前端各类应用，包括地图可视化、深度检索、时间轴、传记浏览，等等。①

案例之二是浙江省仙居县高迁古村的数字记忆“记忆高迁”。高迁是一个千年古村，资源分散多样，该项目以“前站后库”架构同步建设“记忆高迁”门户网站和“高迁数字资源库”。项目组将采集和制作的大约240G、超过3,500份的数字资源，以文本、图像、音频、视频、三维文件五类格式上传至“高迁数字资源库”，以文献遗产、建筑空间、家族先贤、精神文化、口述采访、数字产品等不同主题分类管理，对所有文本资源进行了人物、位置、时间、事件和实物五类实体标注，形成了高迁古村数字资源实体库，并以关联实体方式对文本资源进行深度标签化，为更深层次的文本挖掘和关联数据开发奠定了基础。对于图像资源、音视频资源等，则以“特色标签”方式增加相关人、地、时、事、物的标注。基于“古村落文化本体”和所有已标注实体，利用protégé软件创建了高迁古村文脉图谱，可视化呈现高迁古村数字资源的历史文化内涵与联系。

案例之三是上海市图书馆的“上海年华”。该项目定位为城市记忆，设有“图片上海”“电影记忆”“上海与世博”“从武康路出发”等板块。为了真实再现上海的历史变迁，“图片上海”发掘和整理上海图书馆馆藏地方文献中的图片资源，对其数字化后，将图片解析成时间、地点、人物、机构、关键词等各类元数据信息，形成各种穿插关联，实现对图片多角度、多层次的解读，并采用图文并茂的形式展示给读者。“从武康路出发”通过AR导览，介绍武康路历史人文建筑信息，这些信息来自上海图书馆的馆藏资源，包括第一手资料和经专家深度加工的专题库、知识库资源，将不可移动的历史文化建筑与文化记忆资源深度整合，具有旅游文化导航功能。上述数字记忆项目的资源汇聚和加工与大多数数字人文项目在目标、原则、方法上的重合性显而易见。

（四）项目成果的复合性

数字人文界对于“伞”或“大帐篷”的形象诠释有很高的认同度，而对于其下究竟罩住了什么则是见仁见智，各有视角。布雷特·博布利“倾向于将材料开放、知识产权、工具开发、数字图书馆、数据挖掘、原生数字资源储存、多媒体出版、可视化、地理信息系统（GIS）、数字重建、技术对多领域影响的研究、

①Eero Hyvönen et al., “CULTURESAMPO-A Collective Memory of Finnish Cultural Heritage on the Semantic Web 2.0,” 2008, https://seco.cs.aalto.fi/publications/2008/hyvonen-et-al-culturesampo-swc-2008.pdf, accessed Dec. 21, 2022.

教育与学习技术、可持续模式等议题”囊括其中。[①]后来出版的《数字人文争论（2016）》又将“大型图像集可视化、历史文物3D建模、原生数字资源传播、标签行动主义及其分析研究、AR游戏、移动创客空间”扩充进了数字人文的研究对象中。[②]美国国家人文基金会（National Endowment for the Humanities, NEH）设置“数字人文奖项”，近年来重点关注和资助的数字人文方向包括电子出版与编辑、电子文学、沉浸式与虚拟环境、人文领域的计算机游戏与模拟等。[③]张耀铭将国外数字人文项目归纳为GIS历史地理可视化、语料库建设、历史数据库建设、社会及历史场景重建、档案数字化五类；[④]王晓光则归纳为历史地理可视化、文本挖掘与TEI标准、语料库语言学、虚拟实境实现、图像分析与数字重建等六类。[⑤]相关列举不尽相同，并未引起实质性的争议。

很多数字记忆项目是上述多种形态的混合体。比如“北京记忆”数字资源平台，针对不同的记忆对象和记忆场景分别采用多种方式呈现，包括数字叙事、数字重建、地理信息系统、可视化、3D建模、数据建模、VR/AR、动漫游戏等，同时对原生和再生的数字资源进行存储和整合。如此多种数字人文形态的合成并用，自然使数字记忆与数字人文产生多面重合。

综合上述四个方面，数字记忆在使用数字方法处理多样化的数字资源，实现记忆资源的整合、知识呈现与发掘等方面，与数字人文所追求的提高人文研究效率和深度、变革知识生产方式、带动人类文化认知进阶的深层目的和实现路径具有明显的吻合度。

二、现实中的部分不重合

虽然“总体上说，针对数字人文的定义或范围，学者们很少有统一的意见——很多从事数字人文的研究者们也倾向于完全避免回答数字人文是什么的问题”，[⑥]我们还是可以从一些综合性描述中窥见现今数字人文的基本框架。数字

①Taporwiki, “How Do You Define Humanities Computing/Digital Humanities?,” http://www.artsrn.ualberta.ca/taporwiki/index.php/How_do_you_define_Humanities_Computing_/_Digital_Humanities%3F, accessed September 30, 2020.

②Matthew K. Gold ed., *Debates in the Digital Humanities*, Minneapolis: University of Minnesota Press, 2016, p. 600.

③National Endowment for the Humanities, All Grant Program Opportunities, https://www.neh.gov/grants/listing?keywords=digital+humanities, accessed October 5, 2020.

④张耀铭：《数字人文的价值与悖论》，《澳门理工学报（人文社会科学版）》2019年第4期。

⑤王晓光：《“数字人文”的产生、发展与前沿》，全国高校社会科学科研管理研究会：《方法创新与哲学社会科学发展》，武汉：武汉大学出版社，2010年，第216—220页。

⑥戴安德、姜文涛、赵薇：《数字人文作为一种方法：西方研究现状及展望》，《山东社会科学》2016年第11期。

人文领域知名学者加州大学圣芭芭拉分校艾伦·刘（Alan Liu）通过对斯坦福大学“文学实验室”有关文献的分析，指出当前数字人文的四种共同特征：（1）使用已经存在的数字语料库，即处理和分析已经建设好的数据库；（2）使用量化或模型方式来规划人文研究领域中的问题；（3）选择一个特定的学科去设计项目；（4）技能的结合，诸如对编程与批评分析的同时运用。[①]北京大学王军等以数字人文领域最有影响力的两种期刊——《数字人文学刊》（*Digital Scholarship in the Humanities*）和《数字人文季刊》（*Digital Humanities Quarterly*），以及国际数字人文大会稿件共计约1,700篇文献为主要数据源，梳理了数字人文的研究框架。这个框架划分为三个基本模块，即数据采集与资料库构建、研究工具与研究平台的建设、数据分析与结果解读。三个模块包含的基本流程是数据的收集、清洗、资料库的构建，以及数据分析。[②]大卫·M. 贝里（David M. Berry）搭建了“数字人文堆栈”，用界面、系统、公共结构、代码/数据、机构、编码与教育六个层次表达数字人文的构成元素和关系结构，把知识表示、数字方法、研究基础设施和档案作为数字人文研究的主要线索。[③]这些综合性描述的切入点和归纳方式各有不同，但主要线索都是围绕数据的汇集、处理与分析展开，大致揭示了当前国外学者对数字人文内涵的主流认识。

再看数字记忆。数字记忆大多具有记忆资源存储和呈现的双重功能，因此基本上由两个部分构成：一是内容丰富的资源库，收藏、存储记忆资源并为记忆呈现提供支撑；二是充分的展示空间，有效呈现记忆内容。不同记忆项目对于这两种功能的设计处理不尽相同，但大致都形成了相应的资源平台和展示平台，“北京记忆”等则明确为“前站后库”架构，前站承担展示功能，后库侧重保存和知识组织。资源库组织的构建原理和方法与很多数字人文项目基本相同，只是在数字方法应用的规范性、多样性、拓展性方面有程度差异，能达到前文例举的芬兰国家集体记忆平台等资源处理水准的尚属少数，应用深度也有待提升。在资源呈现方面，数字记忆却具有一些特殊之处。总体上看，数字记忆尚未形成明确的以数据组织为核心的研究框架与实施理念。

根据记忆资源呈现方式的不同，目前世界范围的数字记忆项目可以粗略分为展陈型和叙述型两种体例。展陈型主要将该专题数字资源进行系统化展示，叙事型则是以数字记忆资源体系化、逻辑化、情节化、叙述式地呈现该专题内容。适应文化记忆的构建特点，两种类型在不同程度上都有一定的叙事线索和特征，其

---

①戴安德、姜文涛、赵薇：《数字人文作为一种方法：西方研究现状及展望》，《山东社会科学》2016年第11期。

②王军、张力元：《国际数字人文进展研究》，《数字人文》2020年第1期。

③大卫·M.贝里、安德斯·费格约德：《数字人文：数字时代的知识与批判》，第24页。

中叙事型项目更为突出；与大部分数字人文项目相比，算法的应用相对较少，而是混合使用了多种数字呈现方法。

从当前状态看，面向人文学术的数字人文项目和面向个体、群体记忆的数字记忆项目在资源呈现方面有多种差异：前者的使命主要是知识组织、发现与创造，后者更突出通过记忆构建唤起情感共鸣或身份认同；前者侧重以文本为主的各类资源的数据驱动，后者除利用各类可移动、不可移动资源之外，也吸收调查与创作资源，兼有数据驱动和事实阐释驱动；前者以远读为主要资源分析方法，后者则兼用远读和细读——为追求记忆接近真实，对某些资源的细读及文化分析必不可少；前者多采用量化研究，借助算法进行文本分析，后者要兼用质性研究，到相关情境中对社会现象进行整体性探究，通过与对象互动来理解和解释其行为，梳理事实线索；前者追求结论、逻辑严密严谨，其可视化多为计算结果的映射，后者浸入当下意识和情感，融入意义感，可视化中含有源于历史、体现当下认知的创作型表达；前者的公众参与形式多为众包任务，后者更加重视众筹资源；前者的成果主要是数据库和学术结论，主界面注重提供多途径查询入口，后者除资源库、移动端、网站之外，还会有多种表达记忆叙事的数字产品，如动画、3D建模、互动游戏、口述、视频等，主界面注重向用户提供直观、便于理解的资源分类体系或专题列表等导览系统。总之，人类记忆的场景性、情节性、时空性等特质对于数字记忆的叙事性表达需求，使之在呈现界面采用了较多非计算方法，转而利用多样的数字方法，以感性和理性的交织，兼及知识（事实）传播与情感呼唤，形成饱满的再现力和感染力，这样一来，便与大多数面向学术的数字人文项目有了不同的形象性格和方法应用。

三、同向而行的前路

在跨界风行的时代，具有交集的新事物比比皆是，二者相交、多者相交不胜枚举，这是当今及至未来世界存在和发展的必然状态，并无必要也不可能人为纳入逻辑严谨的关系框架。数字记忆与数字人文以部分重合状态相交而立，尽管关系有些模糊，却也各自生长，因此在二者的关系上，与其纠结于概念逻辑，倒不如相向推进，共同关注同样处于成长期的它们怎样交往更有利于认知的完善以及实践方向的把握、实践水平的提升。

（一）从计算方法到数字方法

就数字人文而言，在理论和实践中同步扩大包容性，有利于推动学科共同体和领域共同体的结成，提升包括数字记忆在内的各种数字人文形态的发展和成熟。“人文计算”在大约半个世纪的探索式存在中，不断在文本类型、计算方法、应用领域、环境适应和功能实现等方面寻求突破，进而转型为“数字人文”。这一概念转换所蕴含的内容丰富且纷杂，后者与前者既有着血脉相连的继承性，也有对前者的蜕变和超越。新领域的命名当时经历了很多争论和选择，最终保留“人文”而将“计算”改为“数字”，表达了大多数学者在坚持人文对象、扩大方法和领域包容性方面的基本共识。在数字人文中，人文依然是引领和落点，发现和解决人工研究中耗时费力或无能为力的问题是初衷和目标，为此无须对方法严苛限制。方法需要服从、服务于目标的实现，这种思维逻辑和学术原则正是数字人文走向更大包容性的缘由之一。很多学者主张以开放的态度接纳数字人文发展过程中“各式的可能和想象，扩大数字人文所蕴藏的能量和潜力”[①]，指出“这一全新的命名（数字人文）明确地启发了一个更大的领域，而且也被用在更广阔的环境里，用以从整体上形容介于人文学科和信息科技之间的活动和结构”[②]。在这个大前提下，关注点主要聚焦于数字人文可以扩容到什么地步，必须恪守的原则或方法论是什么。

对于数字人文涵盖范畴的理论推演和直观感觉有时存在一些微妙的错位。与扩展性发展的理论主张不尽同步的是，现实中仍有一些数字人文学者或多或少地执着于人文计算时期形成的主要方法论和格局，对于非计算方法的应用持有疑虑甚至拒绝，如同大卫·M. 贝里所指出的“大规模数据集的‘恋数情节’的兴起”和“日益增长的泛计算主义”，以及由此推高的“数字人文研究在量化计算领域增长而在人文领域衰减的趋势”。[③]尽管专家们列举的数字人文子领域牵涉计算和非计算的多种数字方法，但是现实中将非计算类项目视为旁物或不正宗的若即若离感，一直或明或暗地困扰着数字人文的格局。

数字方法和计算方法的异同并不容易说清楚，不同口径的界定会导致不同结论。在数字人文语境中或许带有宏观与微观、泛指与专指之别，有时互有包含交叉，一些目前主要不是计算的数字方法，随着技术发展也可能逐步融进计算手段。就目前来说，数字方法在含义上比计算方法具有更宽泛的包容和所指，针对各类资源所做的数字化采集、加工、组织、分析、呈现都在此列，但不一定是计算方法。数字记忆和目前理论上被纳入数字人文领域的数字出版、电子文学、数

---

①项洁、翁樱安:《导论——关于数位人文的思考：理论与方法》，项洁:《数位研究的新视野：基础与想象》，台北：台湾大学出版中心，2011年，第9—18页。

②Patrik Svensson, “Humanities Computing as Digital Humanities,” *Digital Humanties Quarterly*, vol. 3, no. 3, 2009, http://digitalhumanities.org/dhq/vol/3/3/000065/000065.html, accessed October 5, 2020.

③大卫·M. 贝里、安德斯·费格约德:《数字人文：数字时代的知识与批判》，第130—131页。

字重建、互动游戏等，都有相当部分并未采用严格的计算方法，而是较多地将人文研究的阐释和叙事性与数字媒介的特征结合起来，应用多种不同的数字方法。

毋庸置疑，计算方法是数字人文普遍且重要的一种方法，此间包含的计算思维是数字人文的基础性思维之一。但是，计算方法是不是数字人文的必要条件却颇有探讨必要。有人认为“数字人文最直截了当的一种解释是，将计算原理、过程及机制应用于人文学科领域”，“简单说来，数字人文就是计算方法在人文学科中应用”。[①]也有人认为数字人文“兼重数字算法与人文诠释”[②]，“使用计算机技术处理人文学科问题的实践已超过了人文计算定义问题，也就是‘数字化’或‘计算’已经不足以概括这一领域的实际情况”[③]。还有学者更进一步指出：使用“数字人文”取代“人文计算”，不管是一种“战术便利”，还是一种“包容更多内容的意图”，都表现出了这一领域新的发展方向；在转变与发展的过程中，使用新技术处理人文学科研究问题的方法也更趋向于多元化，方法的变革对于新问题的挖掘也将起到反向推动作用。[④]究竟是把数字方法还是计算方法作为数字人文的方法基础，成为界定数字人文范围的一种隐形认知差异。

有国外学者将数字人文兴起的重要出发点归结为重构数字时代人文知识的脉络和内容，从新的技术角度构建当代人文知识系统和认知方式。[⑤]也就是说，数字人文不仅会更新现有的人文知识系统，还将改变有关研究的思维体系和认知框架。那么这个改变仅仅来自于“新的技术角度”吗？数字人文是仅需要计算方法蕴含的抽象思维，还是兼而接受特定任务中的形象思维？是仅致力于面向一般结论的模型构建，还是兼而开展面向特殊情景的叙事描绘？是完全立足于数据驱动，还是兼纳问题驱动？是仅注重归纳方法，还是可以兼用演绎推理？思维方式与数字人文的结构、功能相辅相成，数字人文的趣旨要求思维方式的改变方向不是从人文角度转向技术角度，而是走向二者的对接融合。安妮·伯迪克（Anne Burdick）等人认为，数字人文不是一个统一的领域，而是更趋近一组互相交织的实践活动；这些实践活动探索在不以印刷品为知识生产与传播的主要媒介的新世界出现的各种问题。[⑥]当数字人文“大帐篷”下笼罩的人文对象类型足够丰富多样，功能定位各不相同时，单一的思维和方法必然力有不逮，数字人文的开放性发展有赖于底层思维的多维与兼容。

---

①大卫·M.贝里、安德斯·费格约德:《数字人文：数字时代的知识与批判》，第5、77页。
②邱伟云:《判别数字人文的两个准则》,《澳门理工学报（人文社会科学版）》2019年第4期。
③林施望:《从“人文计算”到“数字人文”——概念与研究方式的变迁》,《图书馆论坛》2019年第8期。
④林施望:《从“人文计算”到“数字人文”——概念与研究方式的变迁》,《图书馆论坛》2019年第8期。
⑤陈静:《历史与争论——英美“数字人文”发展综述》,《文化研究》2013年第16辑。
⑥安妮·伯迪克等:《数字人文：改变知识创新与分享的游戏规则》，马林青、韩若画译，北京：中国人民大学出版社，2018年，第121页。

（二）从传统叙事到数字叙事

就数字记忆而言，在实践中加强理论构建和方法论研究，有利于从广阔的数字文化沃土中汲取养分，提升数字记忆的科学性、规范性和功能度。个体或集体记忆都具有很强的个性色彩，每一个数字记忆项目都可以采用独特的表现形式，混合应用多种不同的数字方法，从丰富的个别现象中提炼一般性规律具有挑战性，对于个别事物的反哺和提升价值也很明显。数字记忆项目的构建者们大多不缺少人文情怀，比较重视对实践项目的设计创新，但是对于原理、价值、功能、思维、方法论的抽象提炼和理论构建却关注较少；比较重视记忆对象的脉络追踪、记忆资源整合和记忆受众的体验感受，但是与数字人文等相关领域的交流意识却比较淡薄。或许是这些原因，与数字人文有着许多内在吻合并遍地生长的数字记忆并没有引起数字人文圈子的关注，在数字人文有关类型的列举中鲜有提及。

数字记忆与数字人文家族之间的疏离感很大程度上缘于数字记忆的叙事特性。记忆有赖于时间、地点、人物、情节等要素串联的图景或故事来复现，所以叙事不可缺少。从传统媒介记忆中成长起来的数字记忆，其叙事内容往往缺少结构化组织，较少采用计算方法，与从人文计算中成长起来的数字人文便少有互动。这里有两个问题值得思考和厘清。

一是数字人文的方法中是否包含数字叙事？事实上，数字人文帐下的电子文学、电子游戏、数字重建等都带有不同程度的叙事性。电子文学在互动中形成的开放式情节需要算法支撑，并服务于叙事效果。与传统叙事不同，数字叙事可以借助数据库和新媒体展开，“作为一种文化形式，几乎完全颠覆了传统的叙事结构”[①]。数字叙事多层、多维、多媒介、网状、开放等特点赋予叙事很多新的可能，可以、也需要应用包括计算方法在内的多种数字方法，数字人文事实上已经接纳了数字叙事方法的某些应用。

二是数字叙事是否可以产生知识关联、知识发现的效果？这是数字人文接纳数字叙事的条件之一。从经验出发，人们通常认为叙事不能用零散的数据拼凑而成，随机存取的数据库与叙事没有内在关联性，因而得出“数据库和叙事是天敌”的结论。然而，叙事学专家玛丽-劳尔·瑞安（Marie-Laure Ryan）告诉我们，即使是天敌，有时候也可以召集在“谈判桌上”，数据库不一定不能支持某种叙事体验，这需要进行适当的设计。[②]叙事从来包含多种维度和关联，叙事学主张“必须容许对围绕被述事件的目标、计划、因果联系、心理动机的阐释网络

---

①大卫·M.贝里、安德斯·费格约德:《数字人文：数字时代的知识与批判》，第140页。

②大卫·M.贝里、安德斯·费格约德:《数字人文：数字时代的知识与批判》，第304页。

进行重构”①。实际上，叙事中除了显性的因果关系之外，也含有各种复杂的纵横关联。与传统叙事的线性结构和单向传播不同，数字叙事的非线性组织以及与用户的互动，可以揭示作者、文本、读者与历史语境的交互作用，获取各种显性和隐性的关系信息。恰当应用数字方法完全可以从其中的知识碎片中得到新的连接和发现，而这些效果将来自我们对叙事的设计、对数字媒介和数字方法的应用。

这种设计对于数字记忆的叙事十分必要，可以从两个方面展开。一方面是故事数据化，即对用于叙事的多源多媒体记忆资源进行结构化处理，包括元数据著录，建立概念模型，抽取实体、属性和关系，建立数据关联等，使丰富的记忆资源形成网状关联并实现智能检索，其价值将得到大幅提升和活化；另一方面是数据故事化（Data Storytelling），这是数据泛在背景下一个新兴的研究方向，是指为了提升数据的可理解性、可记忆性及可体验性，将数据还原或关联至特定情景，并以叙述方式呈现的过程。其本质是以故事叙述的方式呈现“从数据中发现的洞察”②。故事数据化、数据故事化，不仅可以使数据库和叙事在“谈判桌”上达成“和解”，彼此成就，也可以逐渐弥合数字记忆与数字人文之间的疏离，让数字记忆获得新的发展路径和能量。

结　语

数字人文是数字时代的产物，很多现象在既有框架中不能得以安放和解释。大跨度的学科相交，“伞”状或“大帐篷”的隐喻，为人们关于数字人文边界的推演留下巨大的想象和思辨空间，接续而来的波澜将卷向人类知识生产与评价的范式规则、现有学科结构，以及诸多学术思维惯性。

从数字人文的视角看待数字记忆，缘自笔者多年从事数字记忆实践和关注数字人文发展的些许思考。把数字记忆看作数字人文的一种形态、分支，抑或是旁系、近邻，各有道理，不急于给出确定结论或许是个好的等待，给二者的前行留下更多探索空间。上述讨论的本意，比起厘清二者关系，更希冀的是找到其中的原因和思维逻辑，并对数字记忆的本质、方法做一点理性思考。

关于“数字人文谱系”，大卫·M. 贝里所做的分析及其引用几位学者的看法耐人思考：“我们的整个文化遗产必须以数字形式和人们喜闻乐见的形式重新组织和编辑（McGamant, 2004: 25）”③，“数字人文不但被‘理想地定位为创造、改

① 玛丽-劳尔·瑞安：《跨媒介叙事》，张新军、林文娟等译，成都：四川大学出版社，2019年，第7页。
② 朝乐门、张晨：《数据故事化：从数据感知到数据认知》，《中国图书馆学报》2019年第5期。
③ 大卫·M. 贝里、安德斯·费格约德：《数字人文：数字时代的知识与批判》，第33页。

变和传播了人文公众交流新方法’，而且‘创造了从根本上重塑人文领域的技术’（Liu, 2012: 496-7）”①。这两段话可以让我们大略领悟作者构建数字人文谱系的远大理想和开阔理念。在这样的构想中，数字记忆有理由成为数字人文的一个特色分支而存在发展，丰富数字人文的形态、功能和方法体系。数字人文谱系形成和延续的故事也将成为人类的美好记忆，采用数字方式加以留存和传播。

Digital Memory from the Perspective of Digital Humanities: Concurrently Discussing the Method Characteristics of Digital Memory

Feng Huiling

Abstract: Digital Humanities and Digital Memory are both the fusion of digital technology and humanistic phenomena. Starting from analyzing on the connotation, structure and methodological characteristics of each, this paper attempts to clarify the relationship between the two and find a collaborative development path. The overlapping fundamentals of the two are mainly manifested in the humanistic attributes of the domain objects, the diversity of digital resources, the similarity in digital methods, and the complex nature of the result form, reflecting the consistency of the two in the deep-level goals and realization paths. The non-overlap at this stage is mainly manifested in the standardization, expansibility, and instrumentalization of digital methods, as well as differences in the concepts and methods of digital resource presentation, including differences in thinking styles. In the process of both going in the same direction, Digital Humanities needs to simultaneously expand inclusiveness in theory and practice, transcend the structure of Humanities Computing, and replace computing methods of digital methods as the methodological basis; Digital Memory needs to strengthen theoretical construction and methodological research to promote digital transformation of narrative. To improve scientificity, standardization and functionality through methods such as story digitization and data storytelling, to strengthen communication with Digital Humanities and jointly build a more open and broad genealogy of Digital Humanities.
Keywords: Digital Humanities; Digital Memory; Digital Method; Narratology; Digital Narrative

---

①大卫 · M.贝里、安德斯 · 费格约德：《数字人文：数字时代的知识与批判》，第34页。

从数字典藏走向数字人文：中国大陆数字史学发展浅思①

胡　恒 / 中国人民大学清史研究所、中国人民大学数字人文研究中心

摘　要： 中国大陆数字典藏进入新世纪以来发展迅速，史学文本的大规模数字化业已改变史学生态，但歧路也已出现，商业化与公益化的抉择、长远规划与公开共享、数据质量控制等方面问题的答案依然有待明确。从数字典藏走向数字人文已成为大势所趋，高校科研机构需要结合自身所具有的条件，选择适合的数字人文发展道路，努力以扎实的数据建设和研究成果回应数字人文面临的种种质疑。

关键词： 数字典藏　数字史学　跨学科团队

一、中国大陆史学数字典藏发展及面临的问题

史学研究中最强调的是如何获取与处理史料，将史料数字化应当是数字人文研究的第一步。中国史学迄今在数字典藏方面取得的成绩非常突出，1990年代中期以后，台湾“中研院”、台湾大学等机构开始对原始史籍进行扫描和识读，使其成为可检索的文本，“瀚典”等资料库曾对海峡两岸的史学工作者产生了巨大影响。20世纪末以后，中国大陆的数字典藏工作进展迅速，标志性事件是1999年由上海世纪出版集团、上海人民出版社、香港迪志文化出版有限公司合作推出《文渊阁四库全书》电子版，实现了对文渊阁《四库全书》的OCR识别与全文检索。该产品一经推出，即引起学界的广泛关注，饶宗颐先生特意强调了

①原文刊载于《数字人文研究》2021年第4期。本次出版已获得作者允许及授权。本文系北京市社科基金青年学术带头人项目“数字人文视野下的清代地方官员群体研究”（21DTR043）阶段性成果。文章基于笔者参加中国人民大学数字人文研究中心举办的“数字人文无界谈”系列沙龙第3期“中英数字史学的对话——从数字典藏走向数字人文”时所作发言整理而成。

《四库全书》电子版对于中国文化普及的深远意义，[①]图书馆界则看到了传统文化信息资源数字化建设的突破性进展及其示范意义。[②]

进入新世纪以来，中国史学的数字典藏发展尤其迅速，其中一个非常显著的特点是商业公司以其技术和资金优势介入，迅速推出一些规模很大的史学数据库，如“爱如生”中国基本古籍库、中国方志库等。经过多年努力，大体而言，历史学特别是中国史的基础设施已大体搭建起来，成为史学研究无法绕开的基本工具。有学者预计，全部史学文本的数字化可能在不久的将来就得以实现。不过伴随着数字典藏的发展，一些问题日益显露，特别是未来发展方向的歧路开始出现。

第一，数字典藏应当走商业化还是公益化的道路。最近数十年间，公益化和商业化两种路径在同步发展。一方面，商业公司推出了系列大型史学数据库，以其先发优势与规模效应占领了海内外市场，且优势日益巩固，数据库的价格也日益高昂，由此引发巨大争议。另一方面，一些公藏单位的数字史料公益化推进也非常迅速，与2000年前后已不可同日而语，如中国国家图书馆的开放资源、中国社科院近代史所的抗日战争与近代中日关系文献数据平台，无论是规模还是质量，都达到了相当高的水准；一些地方文献收藏与利用单位借助于各类数字资源建设项目也开发并共享了规模不等的数字史学资料。但总体而言，商业运营的数据库占了绝大多数，这与海外数字典藏以公益为主、商业为辅的发展路径截然不同，但凡在世界各地网络上寻求过数字资源的研究同仁大概都深有体会。

公益化或商业化的道路各有利弊。公益化受到学界的欢迎，但免费的午餐未必是最好的选择，公益性数据资源如何获得可持续的资金、人力投入和后续运营维护仍然是一个很难解决的问题。对于一些国家级文化机构来说，推进馆藏文献的数字化共享也许还可以实现，但对于一般性的公立机构而言，如何增强其对馆藏文献的分享意愿，并持续地更新与维护，是公益化亟待解决的问题，也许我们不能只是从道德层面予以批评，同样也要考虑他们在资金、技术和人力上的现实困境。商业化有资金、技术和人才保障，效率也很高，但归根到底商业行为要符合商业逻辑，盈利是其最重要目的之一，与学术研究的公益性多少存在一些冲突。在史学这一相对小众的数字典藏建设上，如何实现公益化的终极目标，同时借用好商业化的手段，仍然需要探索并找到平衡点。

第二，宏观而看，数据库的建设缺乏长远规划和协调。中国大陆数据库建设依赖于项目支撑和各类“工程”“计划”引导，往往须在短期内见到成效，这与

---

①弘文:《国学大师饶宗颐谈四库全书电子版普及文化意义》,《出版参考》1999年第16期。

②朱岩:《〈四库全书〉电子版问世的启迪》,《中国图书馆学报》1999年第6期。

数据库建设所需要的较长周期和人力、资金的持续投入存在明显冲突。国内数据库数量不能说少，但真正高质量的却不多，得到学术界广泛引用、对相关学术领域有重大推进的数据集更可谓凤毛麟角。某些主题的数据库建设还存在一哄而上的情况，重复建设时有发生，如近代报刊和地方志数据库，由于不涉及太复杂的版权问题，而成为各商业类数据库重点瞄准的对象，重复收录的现象比较突出。如果不在数据库建设的开始阶段进行长远规划，最终将带来资源的极大浪费。更为恶劣的是，极个别数据库将国外免费公开的数据资源下载后制作成数据集，但又不交代数据出处，转而进行商业开发与销售。一些学者盼望由国家或公立机构出面进行整体规划、统一建设，但所需费用至少几十亿，短期内恐怕还很难实现。当下仍然应当以市场化的方式看待重复建设的问题，即唯有真正满足研究需求的数字典藏产品才能够在激烈的市场竞争中存活下去，这也考验着数字典藏提供商的眼光，需要其深入学术界内部，洞悉学术界的真正需求。

第三，从信息共享角度而言，国内尚普遍缺少资源共享的自觉意识。不少极其宝贵的史料，国内各典藏机构视作珍宝，不愿公开，当然就更无将其制作成数据库的意愿；即使勉强同意进行数字化开发，也多当作获取经济资源的一张王牌，以之要求大量资金的投入，几乎是在被动地“推着走”。不少数据库的开发只是供单一机构或者某个课题组使用，不愿公开发布。而公开的数据库又大多比较粗糙，缺乏稳定的数字化质量标准，与日本、美国等国家的数据质量差距十分明显。凡是经常使用数据库资源的学术界同行，都能直观而清醒地认识到国内与海外数据库建设的巨大差别不仅在技术层面，还在理念和责任心方面。

第四，数据库建设缺乏稳定的、专项的资金投入。目前，世界各国都在加强大数据的开发与研制，未来世界的竞争一定程度上是数据、信息的竞争，史学领域一样如此。因此，加强对数据库开发的支持力量，迎头赶上国外先进的同行，是学界一项急迫的任务和责任。目前，国家自然科学基金和社会科学基金对数据库相关项目给予了一定的支持，但力度还不太大。尤其是社会科学基金资金投入规模和经费使用上的限制，影响了大规模人文社会科学数据库的开发进程，这一进程已远远超过了以往印象中的一个人、一批书籍的作坊式单打独斗的学术生产，需要大规模资金和技术的持续投入与团队协作。

第五，数据库的数据质量需要标准化控制。传统的书籍出版有着严格的评审、校对等流程，已形成业内公认的规范，尽管不免有鱼龙混杂之作，但总体质量是可以得到保证的。数字时代的一个特点是可以形成便利的纠错机制，不少学者将其视作较传统出版物的优越之处。不过，可能是由于上述心理的影响，目前多数数据库的数据质量并不尽如人意，真正利用数据库作出的示范性研究还为数甚少，而且那些高质量的、得到学术界认可的数据库往往是在已经做了大量基础性工作、出版了高质量纸质文献的领域建成的。这将影响学术界对数据库使用和量化方法运用的信心。在笔者看来，无论是数据库，还是传统的工具书，对数据质量的要求应该是相同的。

二、数字典藏如何走向数字人文

当一位研究者获取了海量的资料，他阅读和思考问题的方式也必将随之变化，这并不是数字时代的新现象，而是人类历史发展的常态。可以说人类的阅读方式随着知识载体的转变而演变，而知识生产的方式也与之紧密相连。

表 1　中国古今著作名数统计[①]

时代	部数	卷数
总计	253,453	2,460,424
西汉及其前	1,033	13,029
东汉	1,100	2,900
三国	1,122	4,562
晋	2,438	14,887
南北朝	7,094	50,855
唐	10,036	173,324
五代	770	2,750
宋	11,519	124,919
西夏辽金元	5,970	52,891
明	14,024	218,029
清	126,649	1,700,000
民国抗战前	71,680	91,378

在写本时代，图书与知识总量有限，故读书人可在一段不长的时间内阅读完毕，所思考的问题也多以总体性的知识为主。到了唐宋，印本时代来临，由于印刷术的发展，书籍数量大大增加，获取也变得越来越容易，阅读日益大众化，导致人们的阅读与思考方式也发生了很大变化。叶梦得《石林燕语》曾言，“唐以前凡书籍皆写本，未有摹印之法，人以藏书为贵……学者以传录之艰，故其诵读

①资料来源：杨家骆：《中国古今著作名数之统计》，《新中华》1946年第7期。

亦精详……自是书籍刊镂者益多……学者易于得书，其诵读亦因灭裂……甚可惜也。”[①]自此，原来基于口语传统的诵读衰落了。近代以后，印刷工业兴起，更大大推动了图书出版与知识总量的膨胀。1946年，文献学家杨家骆根据历代正史艺文志、经籍志等文献对中国古今著作的数量进行过统计（表1）[②]，足可见历代特别是清代、民国时期图书资料增长的迅捷程度。新中国成立至今，图书出版的数量大大超过历史时期，以中国国家图书馆藏书数量为例，1949年藏书140多万册，1980年底增长为1,059万册，[③]现在则藏书3,000多万册。

计算机出现以后，特别是随着互联网的发展，知识载体与传播发生了革命性变化，带来了一场“信息革命”，书籍不再是知识的主要载体，知识量呈现几何级的增长。据国际权威机构Statista的统计，近些年全球数据量一直以超过20％的速度在增长，到了2019年全球数据量已达到41ZB，数据正在变成最有价值潜力的“知识”。

人文学科身处时代洪流，自然也无法置身事外，数字与人文的结合，产生了“数字人文”，史学亦成为其中重要组成部分。数字典藏只是第一步，接下来必然面临的问题是数字典藏如何走向数字人文。就史料利用而言，数字典藏显然提供了相当大的便利，但数字典藏的资金支持方——无论是政府还是科研机构，都希望馆藏资源的数字化能够推动学术研究的革新，特别是在新问题的开拓与新方法的应用上。

学界一般认为，“数字人文”的前身是“人文计算”。在2004年出版的《数字人文》一书中，收录了苏珊·霍基（Susan Schreibman）撰写的文章《人文计算的历史》（*The History of Humanities Computing*），此文将人文计算的历史分为“起始：从1949年到1970年代”，“联合：从1970年代到1980年代中期”，“新的发展：从1980年代中期到1990年代早期”及“互联网时代：从1990年代早期到现在”四个阶段。从“人文计算”转入“数字人文”，大约发生在2004年前后，标志性的事件是《数字人文指南》（*A Companion to Digital Humanities*）一书的出版，从此，“数字人文”一词开始用于涵盖这一计算机与人文研究结合的新趋势。[④]也是在2004年以后，数字人文进入飞速发展期，数字化的人文学科所呈现的研究对象及方法要更为多元，数字与人文的融合也愈加深入，表现在：

（1）数字人文项目与日俱增；

①叶梦得：《石林燕语》卷8，上海：上海古籍出版社，2012年。

②杨家骆：《中国古今著作名数之统计》，《新中华》1946年第7期。

③文化部图书馆事业管理局科教处、北京图书馆图书馆学研究部：《全国公共图书馆概况》，北京：图书馆服务社，1982年。

④苏珊·霍基：《人文计算的历史》，葛剑钢译，《文化研究》2013年第16辑。

（2）各国科学研究基金中与“数字人文”有关的项目越来越多，如美国国家人文基金中的“数字人文创新项目”，乃至成立专门的“数字人文办公室”；

（3）数字人文研究中心如雨后春笋般在各国建立；

（4）“数字人文”逐渐融入了教学，不仅相关课程日益增多，还在学科建制内取得了一定的空间，特别是相关学位项目的设立，标志着其在学术体制内取得了越来越大的发展空间。

以“数字人文”为关键词，在中国期刊全文数据库中进行全文检索（截至2020年12月31日），共得到7,541条记录，可以大体显示“数字人文”在中国大陆的发展趋势（见图1）。排除掉一些无效结果，就大陆期刊而言，目前所知较早明确提出“数字人文”概念的可能是2002年12月17—20日由《中国社会科学》杂志社和上海华夏社会发展研究院在上海共同举办的“数字化与21世纪人文精神”学术研讨会，会议主题是“如何认识数字化境遇中的人文精神”。会上陈志良教授提出“数字人文”的概念，认为“数字化”是“一种人性化、以人为本的科技形式与力量，是对人的功能的合成、主体的系统表达，把原本属于人的功能变为‘人化功能’，是对为人所知的、具有同步性、可经验性、以人为主题的世界‘再造’，它超越了传统科技与人文断裂的形式和内容，是新时代科技与人文的一次新综合”。[①]可以说，大陆提出“数字人文”，并非基于计算机介入人文研究的实践角度，而主要是从哲学世界观和认识论的角度提出的。从2004年开始，在一系列期刊上开始出现各类关于“数字人文”的哲学讨论，如黎康先生提出超越技术去界定“数字化”的局限，而期待技术逻辑与人文逻辑相耦合的“数字人文”的出现；[②]鲍宗豪、李振将“数字人文”的提出置于价值论的框架之下，认为“数字人文”思想的提出体现了时代发展对“高技术与高人文”相互融合的企盼。[③]尽管这一时期关于“数字人文”的讨论主要局限于哲学层面，但已可以看出关于“数字化时代人文何以自处”，各家已有显著的分野，既有高度企盼数字化弥合价值与信息鸿沟者，也有警惕“数字化生存”这一概念者，且这一分歧持续至今。后者有如廖祥忠，其撰文提出，“数字化危机”正是由自我的迷失、混乱和异化引发的，也是数字化时代的人文精神危机，因此要拒绝“生存的数字化”，高扬人文精神的旗帜，坚守人的精神家园。[④]正是这篇文章，在中国大陆范围内首先在论文题目上打出了“数字人文”的名号。

---

①李振、奚建武：《信息化进程的前沿探索——“数字化与21世纪人文精神”研讨会综述》，《探索与争鸣》2003年第2期。

②黎康：《数字化时代的“技”与“道”》，《江西社会科学》2004年第1期。

③鲍宗豪、李振：《数字化时代的价值转向》，《社会科学辑刊》2004年第5期。

④廖祥忠：《“超越逻辑”：数字人文的时代特征》，《现代传播》2005年第6期。

如果不局限于具体名称，可以说在2000年前后，数字人文的实践已然发生。2001年1月，“中国历史地理信息系统”项目在罗斯基金会的资助下正式启动，由哈佛大学燕京学社与复旦大学历史地理研究所合作。2004年到2005年，“数字人文”时代具有标志意义的“中国历代传记人物资料库”（CBDB）项目也开始启动，傅君劢建立微软FoxPro程序“CBDBwin”及微软Access数据库“CBDB.mdb”。2005年北京大学中国古代史研究中心、2006年“中研院”历史语言研究所相继加入，CBDB成为一个国际合作的数据库建设项目。这两个项目迄今已成为数字史学发展的两项标志性成果。

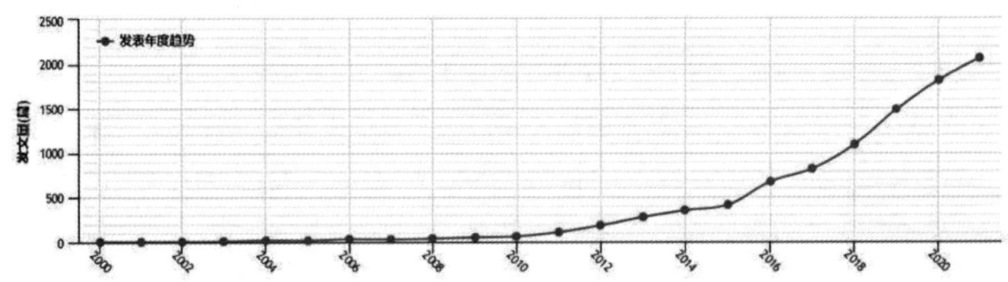

图1　2000—2020年中国期刊全文数据中的“数字人文”

2005年以后，数字人文以肉眼可见的速度飞速成长，而数字史学在其发展过程中起到了相当突出的作用。总体而言，大陆史学界近几十年来在坚守史学传统的同时，也在积极吸收国外社会科学的理论和方法，许多新的方法都有试验甚至试错的空间。这可能为大陆史学界从数字典藏直接跨越至数字人文研究，甚至使数字史学成为当前研究热潮之一提供了契机。

中国人民大学数字史学的发展相对也比较早，2012年华林甫教授立项的国家社科基金重大项目《清史地图集》中就设计了清史地理信息系统的架构，2013年夏明方教授立项的国家社科基金重大项目“清代灾荒纪年信息集成数据库建设”、2016年黄兴涛教授立项的“清末民国社会调查数据库建设”均是规模很大的史学数据库建设项目。2021年中国人民大学又启动了“基于地方志的清代职官信息集成数据库”的建设工作。2016年5月，由《清史研究》编辑部主办的“数字人文与清史研究”学术工作坊是国内较早探讨数字人文与史学发展的专题会议，2018年1月中国人民大学清史所建立了“数字清史实验室”以推动数字清史的发展。迄今数年，中国人民大学在探索数字史学的过程中积累了一些经验，同时对于科研机构介入数字典藏及数字人文的优势和劣势也积累了一些直接体验和观察。

数字清史实验室的定位非常明确，不以数字典藏而以量化数据库和数字人文方法实践为中心，其原因主要有五点：第一，自身独家的原始文献收藏数量有限，如果仅仅是将其他单位已数字化的古籍进行再数字化，意义不是很大；第二，数字典藏对于资金和技术的需求较高，一般的科研机构没有相应的能力；第三，大体而言，数字典藏的本质仍然是传统史学研究方法的数字化进阶，而不是方法论意义上的转变，史学方法的革新应该更多考虑到计量和可视化等手段；第四，量化数据库的建设与计量、统计思维正是以定性研究为主的传统史学研究所亟需补充的方法之一，本身也是研究所需；第五，数字人文的学术评价机制是当下正在热议的问题，建设量化数据库，进而进行科学研究、发表论文等，也是在现有学术评价体制内部获取认可的一条重要途径。

作为一种新的方法，数字人文的起步和兴盛也伴随着质疑，其中的原因比较复杂，发展数字史学的教学与研究不得不常常回应这样的问题。新方法的起步阶段一定会带来一些争议，这是因为除了新方法本身还不成熟之外，可能还涉及思维方式的转变。传统史学对于史料的精确性追求近乎“洁癖”，一系列处理史料的传统技艺是史学研究的传家宝。只是数字人文特别是量化研究尽管对于史料的准确性也有要求，但大概还无法做到像传统史学一样，毕竟要处理的不是一种史料而是大规模的史料集，所以很多量化研究会倾向于用大规模数据来弥补个体数据的误差，用整体的统计学和概率学来研究历史的整体发展趋势。这是完全不同的一种思维，要被史学界完全接受还需要一个相当长的过程，而且对于历史学各个断代而言，其适用范围和接受程度也存在很大差异。大体而言，后半段特别是明清以后，数字人文显然具有更大的应用空间。

另一个重要原因也许是误读。一些学者仍然将数字人文方法简单地视为在数据库中搜索和理解史料的过程，进而以数据库中所收录的文献版本质量不如传统纸质文献、关键词检索方法造成史料遗漏等问题为由而予以批评。这种批评不能说没有道理，不过这些问题在传统史学研究中同样存在，而且造成其反复出现的真正原因不在于数据库，而在于研究者的功力。更需要重视的问题也许是这种批评大大限缩了数字人文的真正内涵。数字人文不仅仅是数据库检索，还包含了计量、可视化、社会网络分析等层次很丰富的研究方法，这些方法在其他社会科学领域长期应用并得到认可，不应该放到史学领域就一定“水土不服”。不少对数字人文的批评实际上是误读了数字人文本身。

此外，数字人文时代的研究模式和传统史学存在很大差异。一是团队模式取代了个体户模式，二是团队知识结构的异质性比较高。当越来越多的学科介入史学研究时，在方法论层面，大家可能没有统一的标准和共识，关于同一问题，历史学家、经济学家、社会学家处理起来就会面临方法论上的矛盾和冲究。可以相信，今后的数字人文绝大多数都是跨学科的研究队伍。就笔者参与数字人文研究的经验而言，可能要注意的有三点：第一，未来跨学科的研究队伍将是一种常态，我们要学会和具有不同思维方式的人沟通；第二，要保持研究方法的开放性，既然另一个学科长期存在，其研究方法必有可取之处，所以要学着尝试去理解和接受；第三，在跨学科的研究团队中，要对其他学科的基础方法论持尊重态度。我们既要创新，又要坚守，中间是痛苦的磨合过程。

数字人文方法不仅是一种工具，也是一种新的思维，包括计量统计、空间分析等，都是传统史学研究中较为薄弱的部分。数字人文研究不仅不会损害传统史学研究方法的价值，更会为传统史学研究增加强有力的工具。从事数字人文研究，数字化是手段，最终还是要回归到传统的人文问题。数字人文不是万能的，在研究方法的应用、数据的处理等方面都存在一定的局限性，不能也不会替代传统人文研究，我们更应该把数字人文看作是如虎添翼之“翼”，而不是同室操戈之“戈”。只有始终明确这一点，数字和人文的结合才能更加完美。

From Digital Archives to Digital Humanities: Thoughts on the Development of Digital History in Mainland China

Hu Heng

Abstract: Digital archives in mainland China have developed rapidly since the 21th century. The digitalization of historical texts have changed the ecology of history. However, there are still some divergences between commercialization and public welfare, long-term planning and public sharing, and data quality control system. The transition from digital archives to digital humanities has become a general trend, as the development of digital humanities, universities and scientific research institutions should combine their own conditions to choose a suitable path of digital humanities development, and strive to respond to all kinds of doubts faced by digital humanities with solid data construction and research results.

Keywords: Digital Archives; Digital Humanities; Interdisciplinary Team

古籍数字化关键技术评述①

苏　祺 / 北京大学数字人文研究中心
胡韧奋 / 北京师范大学中文信息处理研究所
诸雨辰 / 北京师范大学文学院
严承希 / 中国人民大学信息资源管理学院
王　军 / 北京大学数字人文研究中心

摘　要：中国历史文化典籍是中华民族的宝贵财富。在数字环境下，实现古籍的数字化整理与利用，能够为数字人文研究、历史学研究及其他人文研究提供基础性资源，也是推动中华文明创造性转化与创新性发展的重要依托。古籍的数字化整理包括纸本资源的电子化，以及在电子化文本基础上的断句、标点、词语切分等基础性加工和深层知识提取。本文对现有古籍数字化整理的技术方法与平台进行梳理与评述，分析古籍数字化整理的挑战，探讨古籍数字化整理任务的未来发展方向。

关键词：古籍整理　古籍数字化　自然语言处理　数字人文

引　言

古籍是人类知识文化的重要物质载体，它以手写或版刻印刷的文字与图片等形式，记录并传承各民族的历史文明，为社会创造了无比丰富的文化遗产。中

① 原文刊载于《数字人文研究》2021年第3期。本次出版已获得作者允许及授权。本文系中宣部出版局古籍处项目“古籍数字化关键技术创新与应用研究”（2020）课题成果之一。本项目组成员包括北京大学数字人文中心王军、史睿、俞敬松、苏祺、杨浩、陈斌，北京师范大学中文信息处理研究所胡韧奋，北京师范大学文学院诸雨辰，复旦大学软件学院李旻，以及北京大学数字人文中心硕士、博士研究生。本文各部分内容责任作者：“一、古籍自动句读与标点”，胡韧奋、诸雨辰；“二、古籍词语自动切分”，苏祺；“三、古籍命名实体识别”，王军、严承希。

国古籍规模庞大，反映了中华民族数千年文明的发展脉络，有着极高的文化、学术和社会价值。如何高效整理并利用好各类古籍资源，一直以来都是学界和产业界所面临的一个重要而亟待解决的问题。随着科技的进步，利用计算机及网络技术对古籍进行数字化整理、存储、组织与分析，不仅可以实现对古籍的再生性保护，还可以以创新的形式对古籍所承载的丰厚价值进行充分的挖掘、传承与传播，在当今的数字化时代，势在必行。

古籍数字化是一项重要的人文研究基础工程，大体而言包含三个步骤。首先，从原始古籍资源开始，通过光学字符识别技术，将其中的文字部分识别为计算机可以处理的电子化文本。其次，通过自然语言处理技术对所获取的文本进行基础性加工，包括自动句读、标点以及词语切分等。第三，概念与知识的抽取，如对文本中的实体进行识别和抽取，从而为后续更深入的古籍知识挖掘提供重要的基础性支撑。

古籍数字化在很大程度上依赖于自然语言处理的相关工作。自然语言处理（Natural Language Processing, NLP），即是利用计算机对人类的自然语言进行加工和处理。经过学者们的多年探索，从早期的规则方法到基于数据的机器学习模型，许多NLP任务已经有了成熟的算法与解决方案。近年来，随着深度学习技术的日益成熟，自然语言处理又迎来了新的机遇和发展高峰。

尽管NLP技术在近十年有了飞速的发展，但具体到古籍数字化领域，专门针对或可用于古籍数字化的自然语言处理工具并不多，主要有：（1）甲言，2019年由Jiajie Yan和Koichi Yasuoka共同开发的一款专注于古汉语处理的NLP工具包，当前版本支持词库构建、自动分词、词性标注、文言句读和标点五项功能；①（2）UD-Kanbun，由Koichi Yasuoka在2019年开发的另一款NLP工具包，能够对文言文进行自动分词、词性标注、依存句法分析；②（3）Stanza，斯坦福大学自然语言处理组开发的开源工具包，支持分词、词性标注、依存句法分析以及命名实体识别等任务，它虽然不是专门为古汉语研究而开发，但可以同时支持现代汉语和古代汉语的自动分析。③

目前，古籍数字化研究主要集中于光学字符识别、自动句读与标点、古文分词以及命名实体识别等方面。在词性标注和句法分析等任务上，专门针对古籍而进行的研究尚不多见，本文主要关注于古文断句与标点、分词与词性标注、命名实体识别这几个基础性技术模块。

① 网址：https://ypi.Org/project/jiayan/。

② 网址：https://github.com/KoichiYasuoka/UD-Kanbun。

③ 网址：https://stanfordnlp.github.Io/stanza/models.html。

一、古籍自动句读与标点

中文断句及标点任务，是指在连续的汉字字符串中添加断开标记或具体的标点符号，使之成为合理的、更容易阅读的句子。古籍中句与句之间一般连排直下，同样的文本，理解不一样，断句就会不同，所以断句在古代就是古人求学的基础。而当现代人渐渐适应标点符号所建立的阅读环境后，古籍的整理也就势必需要给古文文本添加必要的现代标点。

然而，古文的句读和标点却对专家知识有极高要求。在现有的古籍整理项目中，一部千万字规模的丛书项目大约需耗时6—7年甚至更长时间。此外，人在句读标点时难免犯错。在这个意义上，自动断句标点技术的出现，势必有助于专家开展古籍整理工作，从而提升古籍整理的效率。

目前在计算机自动断句标点领域，研究者们引入NLP中的序列标注模型，在近年来取得了较大进步。张开旭等提出了一种基于条件随机场的古文自动断句方法，其《论语》断句的F1值达到76%左右，而《史记》断句的F1值则在68%左右。[①]王博立等采用基于GRU的双向循环神经网络进行古文断句，该模型对古文断句的F1值达到74%—75%。[②]释贤超等分别对比了LSTM模型和CNN模型在南北、隋、唐、宋、辽、明六朝的佛教、道教和儒家典籍上标点的表现，发现标点准确率最高的是唐代文献数据，LSTM模型的标点准确率可以达到94.3%。[③]俞敬松等以大规模混合古汉语语料库增量训练语言模型BERT，并在此基础上使其进行古文断句标点学习，该模型在单一文本类别和复合文本类别测试集上的断句F1值分别达到89.97%和91.67%，自动标点的F1值达到70.40%。[④]胡韧奋等基于33亿字大规模语料库构建了古汉语BERT模型，提出了BERT + FCL、BERT + CRF、BERT + CNN等序列标注方法，断句F1值在诗、词、古文三种文体上分别达到99%、95%、92%以上。[⑤]

目前，该领域已有一些在线工具和演示系统，例如北京龙泉寺“古籍·酷”

①张开旭、夏云庆、宇航：《基于条件随机场的古汉语自动断句与标点方法》，《清华大学学报（自然科学版）》2009年第10期。

②王博立、史晓东、苏劲松：《一种基于循环神经网络的古文断句方法》，《北京大学学报（自然科学版）》2017年第2期。

③X. C. SHI等：“Principle and Implementation of Automatic Punctuation”，《第九届数位典藏与数位人文国际研讨会论文集》，台湾新北：法鼓文理学院，2018年，第99—108页。

④俞敬松、魏一、张永伟：《基于BERT的古文断句研究与应用》，《中文信息学报》2019年第11期。

⑤胡韧奋、李绅、诸雨辰：《基于深层语言模型的古汉语知识表示及自动断句研究》，《中文信息学报》2021年第4期。

平台[①]、北京大学“吾与点”古籍整理平台[②]、北师大古诗文分析工具[③]、古联自动标点系统[④]等。此外，前文提到的开源工具甲言也提供了自动断句与标点功能。

由于古汉语的特殊性，古籍自动句读标点任务存在诸多困难。首先，古籍句读标点存在较多模棱两可情况。比如，需要在句号与逗号、句号与分号之间做选择时，往往会因为标点者的语言习惯差异而标注两可。这种现象使得数据集标注不一致的情况较为突出，也为模型的评估造成了困难。第二，引号标注存在困难。古人常常在引述了别人的话语之后直接接上自己的表述，因此引文的边界时常难以准确辨识。而且古人引述并不像今人写作有核查文献的习惯，很多情况下引文与原典并不完全一致，因而即便是希望通过溯源式的文本比较来确定引文的范围也并非易事。第三，断句标点常常需要引入文外知识。如果缺乏相关联的外部知识，则难以疏通文意，甚至会造成理解及整理的错误。此外，在面对特殊文本或领域特性较强的古文时，古籍句读标点易出现误判。

未来该领域研究或可针对上述几个难点问题进行突破。首先，增强对模棱两可标注的处理能力，提升模型的鲁棒性。第二，注重远距离语义信息编码，同时引入引文核验机制，提升引号标注的效果。第三，在模型构建中引入古代文学、文献学的专业知识，通过对文内和文外之意的联合建模提升模型理解与加工文本的能力。最后，对于特殊的文体可进行增量训练，并辅以领域迁移来提升效果。

二、古籍词语自动切分

词语自动切分（或称分词）任务就是要让计算机自动识别文本中词语的边界。相较于英语等西方语言，汉语书面语的词与词之间没有明确的分割标记，而是以连续字符串的形式呈现。因此在NLP领域，分词是中文等非字母文字处理的首要任务，并对后续其他语言处理任务起着至关重要的作用。

由于任务和视角的不同，语言学上对于“词”的定义并不统一。因此汉语分词首先要面对的就是分词标准的问题。在现代汉语分词中，目前已有了较为通用的几个分词标准，如PKU标准、MSRA标准、CTB标准等，并提供了相应的评测语料库；然而在古文方面仍缺乏清晰而统一的分词标准。另一个特殊的问题是，汉语词汇的发展经历了从上古时期以单字词为主到近代时期以双字词为主的变

① 网址：http://www.gj.cool/gjcool/index。
② 网址：https://wyd.pkudh.xyz。
③ 网址：https://seg.shenshen.Wiki/。
④ 网址：http://autopun.Ancientbooks.cn/。

化，古籍文本中的词汇演变情况十分复杂，这给古籍分词带来了较大的挑战。除此之外，个体字在古代汉语中具有比在现代汉语中更丰富的意义，这使得从字符组合中定义“词”更加模糊。以上这些因素都导致了古籍分词任务比现代汉语更难以定义和实现。

汉语分词技术的发展先后经历了几次演变。（1）基于词表和统计的分词方法：常使用现有词表，并结合n-gram、互信息、共现度、结合强度和信息熵等统计指标帮助分词。代表性工作如邱冰、皇甫娟基于《汉语大词典》结合最大匹配法和互信息的启发式混合分词；[①]徐润华、陈小荷对《左传》及其注疏文献进行自动对齐，利用注疏帮助分词，F1值为89.0%。[②]（2）机器学习的序列标注方法：常见的模型有最大熵模型、隐马尔可夫模型、最大熵马尔可夫模型和条件随机场（CRF）。石民等采用CRF模型对《左传》语料进行分词，最优F1值为94.60%。[③]严顺运用古汉语词汇的语言学规则构建CRF特征模板，对上古文献语料库中的27部经典著作进行分词，F1值达到90.33%。[④]王姗姗等利用词性特征、字符类别、语音特征等，结合CRF模型对《诗经》进行分词，F1值为97.39%。[⑤]（3）深度神经网络分词模型：相对于传统的机器学习而言，深度学习算法无需人工进行特征选择，并可有效地保留长距离句子信息，是对传统机器学习算法的有效补充。程宁等基于BiLSTM-CRF模型进行了古汉语自动断句与词法分析一体化研究，在分词任务上的F1值为85.73%。[⑥]在此之上的改进方案可包括引入注意力机制或外部知识，如词典、拼音、字根等。（4）在现有深度学习模型的基础上，有效结合预训练和后处理方式已成为深度学习的一种趋势。语言模型预训练既可以根据领域需要和任务特点进行，也可以直接使用现有的预训结果进行微调。俞敬松等联合非参数贝叶斯模型与BERT模型，提出无监督多阶段迭代训练分词框架，在部分数据集上F1值达到95.32%。[⑦]

未来古籍分词研究或可集中于以下几方面。（1）弥补语料不足。目前公开可用的古汉语分词标注集和评测集较为缺乏，不同语料库间分词标准的差异问题还有待解决。（2）改进框架和算法。现代汉语分词目前已开始关注多标准下的分词，并提出多任务学习框架，古文分词也可以尝试类似思路；算法方面，未来可以进

①邱冰、皇甫娟:《基于中文信息处理的古代汉语分词研究》,《微计算机信息》2008年第24期。
②徐润华、陈小荷:《一种利用注疏的〈左传〉分词新方法》,《中文信息学报》2012年第2期。
③石民、李斌、陈小荷:《基于CRF的先秦汉语分词标注一体化研究》,《中文信息学报》2010年第2期。
④严顺:《基于CRF的古汉语分词标注模型研究》,《江苏科技信息》2016年第8期。
⑤王姗姗等:《多维领域知识下的〈诗经〉自动分词研究》,《情报学报》2018年第2期。
⑥程宁等:《基于BiLSTM-CRF的古汉语自动断句与词法分析一体化研究》,《中文信息学报》2020年第4期。
⑦俞敬松等:《基于非参数贝叶斯模型和深度学习的古文分词研究》,《中文信息学报》2020年第6期。

一步集成不同的分词算法，充分利用领域知识，将知识与数据模型有效集成将会是值得研究的方向。（3）开发一体化模型。割裂自然语言处理各子任务、单纯地进行中文分词研究的管道模型存在错误传播的先天缺陷，且不利于模型之间的信息共享。因此，同时处理多个自然语言处理子任务的联合模型将成为未来研究的热点之一。（4）处理词汇历时差异问题。古文在不同历史时期的用词有较大差异，在分词上也需要考虑到这种差异，可以分别训练，也可以应用迁移学习技术，并考虑领域自适应问题。

三、古籍命名实体识别

古籍命名实体识别的目的是自动化抽取古籍善本中的明确实体对象，实体类型包括人名、地名、机构名以及其他可定义的实体类型（官职、书名）等。无论是对于古汉语自然语言处理研究，还是对于数字人文环境下历史人文数据库和工具的构建，古籍命名实体识别研究都具有显著的学术价值和现实意义。

尽管与许多其他自然语言处理任务同属于序列标注任务，实体识别技术更加强调对命名实体特征的捕捉以及不同实体类型与表达的规范性和一致性，因而在具体实践中会遇到许多复杂的问题，如文本缩写、指代识别和歧义辨析等。另外，在古籍实体识别任务中，一方面，繁体古文字在不同时代和不同类型文本格式中存在丰富的字形变化和语境含义；另外一方面，相关标记数据非常稀少且不均衡，且人工标注成本显著高于现代汉语，因此古籍命名实体抽取的工作面临更加严峻的挑战。

目前在古籍命名实体识别方面比较常见的模型有以下三类。（1）基于启发规则的模型。CBDB项目组提出基于特征匹配模板与CRF模型的混合方法对中国古籍地方志文本中的命名实体（人名和地点）进行识别，模型查准率为90%。相关工作还有朱晓[①]、皇甫晶等[②]。（2）基于模板统计的模型。肖磊采用CRF对《左传》中的地名进行识别，先以字符本身为特征，然后逐渐增加分词词性、部首特征，模型F1值94.71%。[③]汪青青对《春秋左传》中的人名进行分析，归纳人名内部特征以及在文本中的分布特征，然后使用CRF进行先秦人名识别，准确率92.48%。[④]李娜标注了《方志物产》山西卷中的9,085条句子作为语料，构建

①朱晓：《古汉语编年体的人名实体识别与词性标注》，硕士学位论文，复旦大学，2012年。
②皇甫晶、王凌云：《基于规则的纪传体古代汉语文献姓名识别》，《图书情报工作》2013年第3期。
③肖磊：《〈左传〉地名研究初探》，《文教资料》2009年第18期。
④汪青青：《先秦人名识别初探》，《文教资料》2009年第18期。

了基于CRF的古汉语地名自动识别模型，采用十折交叉验证，最佳模型准确率达98.16%，召回率91.55%，F值94.57%。[①]（3）基于深度神经网络的模型。崔竞烽等人比较了CRF、Bi-LSTM、Bi-LSTM-CRF和BERT四个模型对4,974首菊花诗词中的七种命名实体的识别效果，发现BERT在菊花古诗词的实体识别任务中表现最好，F1值为91.60%。[②]徐晨飞利用深度学习对《方志产物》云南卷中的引书、人物、产地进行识别，并比较了Bi-RNN、Bi-LSTM、Bi-LSTM-CRF、BERT四个模型的识别效果，Bi-LSTM-CRF的表现相对较好，F1为81.87%。[③]

现阶段，可以支持古籍实体抽取的应用工具和平台有MARKUS[④]、Docusky[⑤]、甲言、LoGaRT[⑥]、CkipTagger[⑦]等。尽管这些平台和工具可以提供丰富的集成化文本处理功能，但其抽取算法本质上仍然以基于启发规则的算法为主。

随着数字人文技术的发展，实体抽取任务不仅仅是古籍数据库构建的数据来源和知识基础，在知识图谱技术的影响下，如何丰富和抽取具有语义关系的知识单元将成为知识网络构建中重要的基础环节。一方面，从实体形式来看，目前研究水平和技术应用很大程度上已经可以处理独立的规范性实体，但是嵌套实体以及实体规范性表达问题仍然是很多NER模型的瓶颈点。另一方面，由于目前古籍实体标记数据较少，且实体识别模型仍然采用基于传统特征的模板表征，这不仅导致模型依赖于训练语料的领域特征，同时性能上很难进一步提高。

因此可以预见，在古籍实体识别方面可能会有如下几个研究和技术方面的探索与突破。（1）古籍实体的知识库与语料库的建设，主要包括更合理的实体标记方法、更多的实体类型标记和更丰富的数据源。（2）领域适应的深度学习NER模型，主要包括深度学习网络的设计、模型学习的优化预训练模型的引入等方面的课题。（3）多粒度的古籍实体识别技术，主要包括嵌套实体任务的处理、实体省略与指代消解技术，以及联合关系抽取和分词模型的多任务学习模型等。（4）古籍训练方法的提升技术，主要包括基于主动学习的古籍实体识别方法和基于半监督的古籍实体识别方法。

---

①李娜：《面向方志类古籍的多类型命名实体联合自动识别模型构建》，《图书馆论坛》2021年第12期。

②崔竞烽等：《基于深度学习模型的菊花古典诗词命名实体识别》，《情报理论与实践》2020年第11期。

③徐晨飞、叶海影、包平：《基于深度学习的方志物产资料实体自动识别模型构建研究》，《数据分析与知识发现》2020年第8期。

④网址：https://dh.Chinese-empires.eu/markus/。

⑤网址：http://cc.docusky.org.tw/。

⑥网址：https://www.mpiwg-berlin.mpg.de/research/projects/logart-local-gazetteers-research-tools。

⑦网址：https://github.com/ckiplab/ckiptagger。

结 语

目前，自然语言处理技术在古籍数字化的各个层面都得到了较为广泛的应用，并取得了一定的成绩。未来工作仍需针对古籍文本的特点，提升模型的适应性。要实现系统性能的突破，同时也离不开古籍专家的支持，应继续将专家知识引入模型，并结合人机交互的方式，以期真正达到实用化水平。

Key Technologies for Digitization of Ancient Chinese Books

Su Qi, Hu Renfen, Zhu Yuchen, Yan Chengxi, Wang Jun

Abstract: Chinese historical and cultural classics are the great treasure of the Chinese nation. In the digital environment, the realization of digital documentation and utilization of ancient books can provide basic resources for digital humanities research, history research and other humanities researches, and it also serves as an important support for promoting the creative transformation and innovative development of Chinese civilization. The work of digitization includes the electronization of paper resources, as well as basic processing and deep knowledge extraction such as sentence segmentation, punctuation, and word segmentation based on electronic texts. This article reviews and comments on the existing technical methods and platforms of the digital collation of ancient books, analyzes its challenges, and discusses its future development direction.
Keywords: Collation of Ancient Book; Digitization of Ancient Books; Natural Language Processing; Digital Humanities

大数据技术与古代文学经典文本分析研究①

刘　石 / 清华大学人文学院

一、背景与基础

文本数据分析一直是国外计算语言学、信息统计学等交叉学科研究的前沿热点。美、英、法、德等西方发达国家都已成立了国家级项目组或研究中心，致力于对包括《圣经》、莎士比亚戏剧、法国中世纪诗歌等多语种文学经典的内容分析，产生了一批引人注目的实证性与理论性成果。1950年代，瑞典汉学家高本汉也已运用统计学方法研究《红楼梦》的作者问题。近年来，这些交叉学科在中国获得了长足发展，并开始进入古典文学与文献学学科，在对古典文献的分词、标注等方面有了较多应用。基于深度学习的古典诗歌生成与分析系统、基于统计学模型的中文文本分析等技术在古籍文本切词、比对、计算等方面已具有初步成果。数据库在研究中日益发挥着不为人所熟知的诸多功能。

作为工具的计算机，已从文献检索时代进入到数据分析时代。计算机不仅能帮助我们从海量文献中快速检索到所需的资料，还能以数据为基础帮助我们发现问题和分析问题。顺应学科交叉融合的大趋势，有助于促进文理结合及创新突破。新一代关系型、结构化数据库结合大数据分析技术及相关方法与范式，既可为基础文科的研究提供数据、技术支持，也能够促进研究方法和范式的创新。随着数字人文技术的发展，数据分析的技术和方法越来越具针对性和有效性，能更清晰地揭示隐藏在文学史背后的作家与社会之间、作家与作家之间、文本与文本之间的直接与间接、显性与隐性的多种关联，能以全知型的视角系统整体地还原和呈现文学史的立体景观，改变传统的思维方式和研究范式。

①原文刊载于《数字人文》2020年第1期。本次出版已获得作者允许及授权。本文为国家社会科学基金重大项目“基于大数据技术的古代文学经典文本分析与研究”（18ZDA238）阶段性成果。

清华大学在开展数字人文研究方面兼具历史传承与学科优势。1922年，梁启超已提出“历史统计学”，开“量化史学”风气之先。目前，清华大学人文学院、社科学院、计算机系、统计学中心等院系，已有多个研究团队在从事与数字人文相关的课题。清华大学人工智能研究院成立了以孙茂松教授为主任的“自然语言处理与社会人文计算研究中心”，引起了学界的高度关注。由本人主持的“基于大数据技术的古代文学经典文本分析与研究”于2018年11月立项，是国内第一个直接面对古典文学经典文本进行分析和研究的国家社科基金重大招标项目。

作为首席专家，我曾主持“中华字库”工程分项目“宋元印本文献用字搜集与整理”工作。“中华字库”项目致力于穷尽式收集所有古今汉字和少数民族文字形体，在专业、科学的方法和原则指导下，建立中国文字编码和主要字体字符库，最大程度地满足中华各民族各类古今文字数字化传输、检索和处理的需要。我同时作为主编之一，协助清华大学中国古典文献研究中心主任傅璇琮教授，用六年时间规划、开展并圆满完成《续修四库全书总目提要》这一当代最大规模的古籍提要类著作，受邀参与此项工程的海内外学者近300人，2019年获得北京市第十五届哲学社会科学优秀成果特等奖。这些项目或著述从一代或多代之总体文献着眼，类聚相关资料，做研究性整理，研究的方式虽是传统的，与数字化时代文献整理的基本研究思路与方法却是相通的，即追求全面占有文献，通过大规模的类聚、排比相关资料，实现全面考证的目的。只是受到人工爬梳整理的工作方法、纸质文献线性排列及文本容量等方面的限制，尚无法做大规模的结构化整理、大量资料汇聚排列、人物关系网络化构建等方面的工作。

清华大学中国古典文献中心从2017年起酝酿中国古代知识库建设工程，拟利用大数据时代背景下的技术手段和研究方式，分门别类地穷尽式汇集、聚类中国古代各类知识谱系，经纬交错地构筑基于历代典籍的知识架构，为今天及后人的古典学术研究提供一个高起点宽口径的通用平台。目前，张力伟研究员领衔的中心知识库建设团队全面提取古籍文献中人名、地名、纪年、职官、事件等重要的概念本体的工作已经开展，在析取概念独有的或共有的属性，依靠相同属性组建不同结构模式的基础上，形成了数十万条关系型数据库，这既是课题得以展开的数据基础，也是基于古代知识库平台进行研究的一个聚焦式的尝试。[①]

大数据及其相应技术已经成为当代科技发展的重大标志，渗透到社会的各个领域，对社会知识体系及思维方式产生了重大影响，而基于这一技术对古代文

①张力伟:《走向深度学习—大数据背景下“中国古典知识库”的构想》,《光明日报》2018年10月15日，第13版。

学经典文本进行高效和深度分析，可将文学研究纳入一个更宏观的视野，提高研究结论的精准性、稳定性及可验证性，促生新的研究理念、方法与范式。但总体来看，古典文学研究领域对大数据的运用目前还停留在数据建设和全文检索的初级、表层阶段。

二、目标与思路

经典文本是古代文学学科的基石，以先秦至明清品类纷繁的古代文学经典文本为研究对象，利用计算机、统计学等学科的新兴技术手段，发掘依靠阅读经验难以发现的文本组织特征及相互关系，可定量统计、分析及归纳单凭人力难以解决的诸多问题。选择先秦至明清时段古代文学经典文本进行相似性、关联性、规律性研究，有望解决古典文学研究领域长期存在的疑而难决的作品归属、作品辨伪、异文辨析、修辞特色、风格生成、题材变迁、因革影响等方面的问题：

一是重新验证已有成说的经典史论问题。比如，提出“文必秦汉，诗必盛唐”的以明代前后七子为代表的文人群体，其诗文创作是否落实和如何落实其文学创作的主张？利用共词分析、语义分析、人物事件交杂等技术方法，正可尝试创新分析和解决诸如文体形式、社团流派、人物关系、情节演进、阶段特征、历史影响等问题。

二是解决人力难以彻底解决的疑难问题。为作品归属、重出异文、改编续写、风格流派、文类划分等提供新的证据、思路与方法。如唐宋诗“体格性分之殊”的判断，诗词曲三种相近文类格律、用韵、题材、语词、典故、句法、意象、风格的穷尽性统计，为定性分析提供数据支撑，提高研究结论的精确性、稳定性及可验证性。

三是超越主观感受与印象分析层面，科学梳理文学发展史长时段中存在的特征、规律及作家作品之间的各种关联。比如陆游诗近万首，词自中唐产生而历经各代，他或它们的题材、修辞、风格变化轨迹究竟如何，数者之间的关系怎样？通过对一个作家或一类作品的深度学习，发挥其文本比对、关联分析等技术优势，追踪挖掘以往不曾注意到的迹象或线索，能够大幅度提高文学经典研究的可靠性与科学性。

以上研究设想的实现，建立在两个基础之上。

其一，古代文学经典文本数据的结构化。采用大数据语义分析中常用的联系算法进行关键词管理。同时，利用已有人名、地名、职官、俗语、典故等专名词库进行辅助，提高分词、标注的速度及准确率。发挥精细化语料库的功能，使其从

"字联网"形态进入到更深层的"意联网"脉络，借以快速检阅各种庞大的文类和文本，发掘其中的隐含信息和潜在规律。

其二，利用大数据技术构建多样化文本分析系统。运用深度学习的方法和技术手段，对古代文学经典文本进行多维度、多模块和多属性分析，识别文本中的关键词，针对不同问题选定语料库和设定算法。通过搜寻、比对、聚类等方式，评估不同文本语段之间的相似度和相关性，构建符合学科规范的立体知识网络。

大数据分析可以让研究者具有"上帝视角"，做到整体和系统地重新认识经典文本的形态特征、生成演变和相互关联，从而带来研究视野、观念和方法的转变。不过，大数据毕竟只能作为学术研究的辅助手段而非替代方式，文学研究中新技术手段的应用需要充分依靠计算机科学和统计学的专业研究人员，文学性问题的提出和分析处理却不可能完全交给机器，相反，从问题的设置到语料的选取再到分析结果的解读、意义的阐释、体系的建构等，都将由古代文学和文献学相关领域高水平的专家学者完成。

三、内容与结构

清华大学中国古典文献研究中心通过承担及参与"中华字库"工程、"中华基本史籍知识库"等项目，积累了较为丰富的可用于科研的数字文献资源。同时，拟与哈佛大学"中国历代人物传记资料"（CBDB）、中文在线集团等合作，在进一步充实资源的基础上进行数据化、结构化加工。实体名词的识别一直是中文信息处理的难题，而古籍中的实体名词数量及类型繁多，因此除了不同时期的核心词库，我们还拟建设适用于所有古籍的文献题名词表、历代人物词表、称谓词表、官职词表、年号词表、地名词表及古代虚词表，实体名词词表的建立提高了分词的准确率。本课题将以大规模中国古籍文本为研究对象，通过对古籍进行整理、标注、自动分词等处理，并采用新的可视化分析方法对古籍文本进行挖掘，创建一个可辅助研究者进行以文学文本研究为主的古籍实时统计分析平台。

在依靠经典文本库、运用大数据技术手段的前提下，我们列出古代文学文本研究的问题清单，对文本及基于文本的相关问题进行计算机与统计学的深度分析，再结合文学史论及具体作品对分析结果进行阐释和研究。现阶段数字人文研究的主要技术方法，包括机器学习与人工智能、数据库建设、计算语言学、社会网络与地理信息系统、数据与文本挖掘等方面。[①] 这些技术方法在人文社科领域

---

① 刘石、孙茂松:《大数据时代的古典文学研究》,《光明日报》2018年10月15日，第13版。

正在被推广使用，且取得了突破性成就。我们将有针对性地创建和改进算法和理论模型，以增强解释的准确性与有效性。

我们所聚焦的古代文学经典文本研究的主要问题，具体而言，有以下几个方面。

（一）大数据时代的古代文学文本分析技术研究。利用已经成熟的统计学、计算语言学等技术方法，构建适用于文学文本研究的统计分析、数据挖掘与算法模型。同时，针对古代文学文本的特点，研发具有针对性和适用性的工具，并在此基础上构建分析平台。

（二）基于人工智能技术的古典诗歌分析系统构建。以经典诗词文本为研究对象和文献基础，通过机器学习和模型构建，衍生出模拟创作和研判作品的计算机系统，输出多维度、研究型、体验式经典文本交互系统。预期完成的系统不但可以为经典文本的研究者提供时代、风格、用韵等专业领域的判定，辅助经典文本整理中的辨伪、辑佚、系年等工作，还能提升普通读者的人机互动学习和创作体验。

（三）基于文献知识库的汉代至元代作家生平事迹研究。在中国古代文学经典文本库及知识库建构的基础上，促进古代文学经典文本数据的结构化，发挥精细化语料库的功能，快速搜检各种庞大的文类和文本，发掘其中传统汉代至元代作家研究中未曾触及的潜隐信息，为文学经典的解读提供更为广阔坚实的基础。

（四）基于计算风格学的明清小说研究。从语言学的角度探讨词汇特征、语法特征和语义特征在明清小说中所起作用和所充当的功能角色；从数学角度发现适宜特征选取和特征比较的统计模型；从计算机科学角度优化假设检验、聚类、分类和深度学习算法，自动对小说作品进行词汇、句法和语义的计量风格特征统计和分析。尤其以中国古典小说名著《红楼梦》《三国演义》《水浒传》《西游记》《三遂平妖传》《金瓶梅》等为研究对象，将语言学、数学和计算机科学的相关理论相结合，从交叉学科的角度研究四大名著的风格特征。多方面多角度运用科学的研究方法，来判断《水浒传》《西游记》和《红楼梦》后40回的作者归属等问题。此项研究，亦对其他存在作者争议的作品分析具有借鉴意义。

（五）基于复杂网络的文本与人物研究。以唐宋时期经典作家作品为主要研究对象，兼及明清小说，围绕文学文本生成、文学文本经典化、人物生平及社会网络分析等问题展开研究。以韩愈、苏轼等个案为例，详细考察和直观呈现韩、苏二人真实可靠的社会网络与社会交往过程。借助于传统的小说叙事、修辞分析以及文体测量手段，从文体学和文学社会学的总体视角对元明以来的长篇章回小说经典文本做长时段、总体性考察。考察大规模叙事性文本中所形成的人物关系网络在关键节点和群体层面可能具有的结构性特征，以及近代以来叙事性文体观念、虚构性叙事文学的人物角色功能变化等问题。

（六）基于文本深度挖掘的文体与文论研究。基于数字人文领域中广泛使用的“文本挖掘”方法，对不同文类文体的语言特征及其文本功能进行分析，尤其对声韵词句特征、格律形成演变、情感表达等做出新的探寻。利用文本深度挖掘得出的数据，对文学研究中重要的两个领域“文体”与“文论”中出现的重要论题进行具体而微的专题研究。

各专题之间的关系如下：

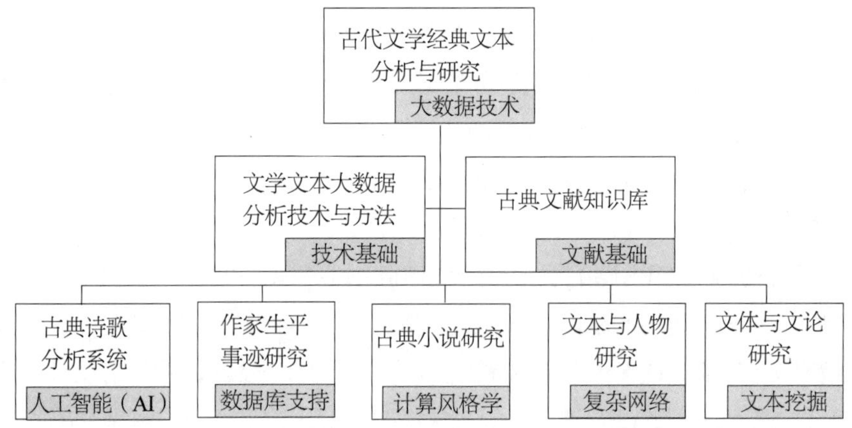

四、相关研究

在开展重大项目研究的同时，我们还申报了“清华国强研究院‘人工智能’研究项目”，尝试创建“中国古典诗歌分析系统”与“中国古典诗歌文献数据库”。目前主流的古典诗歌数据库尚存在数据不大、底本不精、预先分类工作欠缺等问题，而高质量的AI古典诗歌分析系统仍付阙如，人机互动和数据共享开发仍然处于起步阶段。我们期望借助清华大学的技术优势，完善和优化诗歌文献数据库，充分运用大数据技术，以期优化学科交叉顶层设计，使用专业技术进行针对性研发。

以经典诗词文本为研究对象和文献基础，在处理、阐释文本的基础上，通过机器学习和模型构建，衍生出模拟创作和评判作品的AI系统，并与“文本生成”“文体与文论”等领域的研究成果形成链接，输出多维度、研究型、体验式经典文本交互系统，为经典文本的研究者提供时代、风格、用韵等专业领域的判定，辅助经典文本整理中的辨伪、辑佚、系年等工作，同时提升普通读者的人机互动学习和创作体验。

我们今后拟从下面几个方面同时开展工作。

一是古典诗歌分词及知识图谱。运用计算语言学和自然语言处理技术自动实现针对古典诗歌文本的词汇抽取、分词和关联分析。开发适合古典韵文特别是诗歌的文本分析模型和工具；通过共现分析、关联关系挖掘等技术手段，在诗歌及其语言以及相关各文化要素之间建立关联关系，并上线首个“古典诗歌知识图谱”。

二是古典诗歌的声律模式研究。古典诗歌在声韵、平仄等方面符合某种较为严格的规律和范式，但实际上也有不少突破经典声律模式的案例。我们将尝试采用大数据分析的方式，为海量古典诗歌建立声律统计模型，处理古音韵及多音字等问题，发现“拗救”等变体的规律和原则，对古典诗歌声律规律实现穷举和归纳，突破传统研究范式的局限性。

三是面向溯源的中国古典诗歌风格研究。诗歌的“风格”问题可谓古典诗学的元问题，时代之争、地域流派、影响流变等诗学问题，无不与此相关。我们将借助海量古典诗歌样本，综合运用统计学习方法和深度学习技术，建立可对抽象的诗歌“风格”进行表示、量化、计算、溯源的新技术、新方法，为解读传统人文经典的风格特征、人物塑造、本事源流、影响追踪等提供新的途径。著名数学家邱成桐先生提出，能否经由《红楼梦》中诗词作品的风格、艺术和思想、内容溯源，探寻作品中的人物原型。这是一个有创意的想法，我们亦将就此试做努力。

从学科交叉的角度来看，文学研究所讨论的文学本体及其文学性，向来是基于阅读经验的文学研究，这一“经验”很难为人工智能所复制。本研究试图以计算的方式分析和理解此“经验的文学性”，以期获得可量化甚至为机器所学习的“计算的文学性”，若能达成这一创举，则有望成为人工智能在文学艺术领域的进步台阶。配合本研究开发的阶段性工具，如“古典韵文分词工具”“计算风格及匹配方法论”“古典诗歌声律模型”等，皆具有技术层面的探索意义。本研究的预期目标之一“古典诗歌知识图谱”，亦属具有创新性的研究。

目前可用于统计分析的关系型古籍数据库建设还比较薄弱，适用于人文研究的分析工具、分析方法、分析模型还相当有限。近年研究依赖较大的一些电子古籍库主要用于检索，还不是结构化的能进行统计分析和再生知识的数据库。未来的学术研究很大程度上将是基于数据驱动，数据平台、技术平台和研究平台三位一体的模式将成为常态。在结构型数据库和数字人文时代，研究成果将立足于数据和分析，同时也将加载到数据平台被分享。超越现有基本电子古籍库的新一代关系型知识库正在出现。清华大学数字人文研究的中长期目标将致力于围绕“中国古典诗歌分析系统”与“中国古典知识库”（Chinese Classics Knowledge Base，简称CCKB）等科研项目和重大工程开展工作。

经典的传承与研究关系到民族文化与精神的塑造，具有不可估量的重要价值。利用大数据技术研究经典文本，将会大大提升古典文学研究的科学化水平。大数据技术作为一门新兴技术，不仅能改变我们的思维方式，还有可能在相当程度上改变我们的世界观。当然，由于人文社会现象的复杂性、多样性，尤其是精神交往和思想沟通具有个性化、非量化和多义性的特点，完全依赖大数据的人文社会科学研究又很容易陷入科学抽象弱化、人文关怀缺失和情景化的研究逻辑被打破等危机，如何避免陷入这些危机，也是需要我们同时关注的问题。

面向海量典籍文本的深度学习自动断句与标点平台构建研究①

王　倩 / 南京农业大学信息管理学院
王东波 / 南京农业大学信息管理学院（南京农业大学领域知识关联研究中心）
李　斌 / 南京师范大学文学院
许　超 / 南京师范大学文学院

摘　要： 为促进数字化古汉语的组织与利用，通过建立标注体系并构建层叠深度学习模型实现古汉语自动断句与标点，从而推动人文社科领域发展，本研究以《四库全书》构成海量典籍的语料库，将自动断句与标点作为序列标注问题研究，确定层叠式思路。通过构建BERT-LSTM-CRF模型得到未断句古文的自动断句结果，将该结果作为新的特征，输入到多特征LSTM-CRF模型，迭代学习，最终给出标点标记。利用训练出的模型，在Django框架下搭建相应的应用平台。实验结果表明，在大规模语料下，本文方法针对经、史、子、集4部自动断句与标点的调和平均值分别为86.41%与90.84%，对于标点体系的处理有待细化。所利用的模型显著提升任务效果，所搭建的应用平台实现是数字人文工程化的体现。

关键词： 自动断句　数字人文　BERT　古汉语

引　言

古汉语作为中华民族所特有的瑰宝，记载了千年来的文化精华，其中的价值不言而喻。古文不标点、不断句是长久以来形成的文化习惯，其原因既包括起初

---

①原文刊载于《数据分析与知识发现》2021年第3期。本次出版已获得作者允许及授权。本文系国家自然科学基金面上项目“基于典籍引得的句法级汉英平行语料库构建及人文计算研究”（71673143）和国家社会科学基金重大项目“基于《汉学引得丛刊》的典籍知识库构建及人文计算研究”（15ZDB127）的研究成果之一。

的文言语言具有无需断句的语言文化特质，也包括后人思想保守，盲目遵从行文无标点的做法。[①]然而，无断句的文本形式却成为现代人学习与利用古汉语的障碍。网络时代下，海量的古汉语典籍已经实现数字化，但原文的标点缺漏很不利于人文学者对这些典籍资料的组织与利用。因此，构建相应的平台解决该问题是有必要的。除此之外，古汉语经过断句与标点后，有利于进一步实现基于子字段的古文全文检索。

事实上，通过众多学者的研究可以发现，以古汉语为对象，以自然语言处理技术为手段，大大方便了古汉语研究。相比之下，人工断句需要建立在明确语义、语法、用韵以及标志词等基础之上，[②]耗时耗力。目前，已有少数学者利用自然语言处理技术对古文自动断句和标点展开探索。陈天莹等[③]以古汉语为对象，建立基于前后文的n-gram模型实现古汉语句子自动切分。该方法充分考虑上下文信息从而预测出切分位置，有效地解决数据稀疏问题，为本文使用具有上下文学习能力的深度学习模型提供思路。黄建年等[④]利用词汇、句法等探索农业古籍的断句、标点识别模式，断句、标点的平均准确率分别达到48%和35%。随着统计学习模型的发展，张开旭等[⑤]提出一个基于条件随机场（Conditional Random Field, CRF）的古汉语自动断句与标点方法，引入互信息和t-测试差作为模板特征，该方法取得了一定的突破，并指出层叠CRF在自动标点上表现更优。张合等[⑥]设计出更好描述古文特点的六字位标记集，建立层叠式CRF模型进行古文断句和标点，开放测试中F值分别达到71.42%和67.67%。这一思路对本文建立层叠式神经网络模型具有借鉴意义。随着深度学习的发展，王博立等[⑦]采用基于门控循环单元（Gated Recurrent Unit, GRU）的双向循环神经网络进行古文断句，这种基于循环神经网络的方法取得了比传统方法更好的效果。

上述方法多是立足于自然语言统计建模的角度，效果有待改善。诚然，古文断句必定离不开对语义的理解，而深度神经网络建模能有效解决基于规则或统计的方法所暴露的语义理解不足问题。因此，本文建立由《四库全书》组成的海量典籍语料库，设计五字位标记集，通过构建并选择最优的层叠式深度学习模型，

---

①阚景忠：《古文不标点断句的文化阐释》，《徐州师范大学学报（哲学社会科学版）》2005年第2期。
②叶方石：《文言文断句标点的方法与技巧》，《长江工程职业技术学院学报》2012年第1期。
③陈天莹等：《基于前后文n-gram模型的古汉语句子切分》，《计算机工程》2007年第3期。
④黄建年、侯汉清：《农业古籍断句标点模式研究》，《中文信息学报》2008年第4期。
⑤张开旭、夏云庆、宇航：《基于条件随机场的古汉语自动断句与标点方法》，《清华大学学报（自然科学版）》2009年第10期。
⑥张合等：《一种基于层叠CRF的古文断句与句读标记方法》，《计算机应用研究》2009年第9期。
⑦王博立、史晓东、苏劲松：《一种基于循环神经网络的古文断句方法》，《北京大学学报（自然科学版）》2017年第2期。

实现古汉语的自动断句和句读标记。基于此，本文构建了专门的应用平台，为人文学者进行历史典籍研究提供直接的帮助。

一、数据源与模型简介

1. 数据源简介

相较之前局限在特定的少量古籍上的研究，本文尝试构建由海量典籍组成的语料库。首先，通过调查了解，选择《四库全书》作为数据源。《四库全书》作为比较权威的历史典籍，是清代乾隆时期编修的大型丛书，分经、史、子、集4部，故名四库。它不仅内容众多，同时涵盖的学科范围很广，呈现出中国古典的知识体系，因而非常适合作为数据源。与之前集中于特定少量典籍上的研究相比，该语料规模有了明显的扩增。之后，通过爬虫技术获取古籍网站公开的数据资源。因网页结构的原因呈现非结构的特点，同时包含若干特殊字符，在人工观察和修正的基础上，利用程序将非相关特殊字符删除。

通过考证，了解到从晋荀勖开始以甲、乙、丙、丁亦即经、史、子、集4部分类，直至清朝。因此，本文也遵循此种分类方法，对《经部》《史部》《子部》和《集部》各部分别进行训练与测试。

2. BERT 模型

在自然语言处理中，字嵌入已然成为利用计算机捕捉潜在语义关系的重要方式，它使计算机能够在理解自然语言的基础上做出决策与判断。目前，已存在的字嵌入方式主要有 Word2Vec、ELMo 等。然而，Word2Vec 对于同义词的处理上存在明显的缺点，ELMo 利用长短期记忆网络（Long Short-Term Memory, LSTM）编码并没有实现真正的双向。

BERT（Bidirectional Encoder Representation from Transformers）是一种基于 Transformer 编码的双向的预训练的方法，目的是实现对语言的表征。相较于 Word2Vec 和 ELMo，BERT 具有明显的优越性，原因在于它通过大量的编码层增强了字嵌入模型的泛化能力，是深层次的双向训练语言模型。根据谷歌所发布的论文，BERT 的应用场景众多。[①]而在本文的实验中，利用 BERT 进行特征提取，如图1所示，使用经过大型语料库预训练的 BERT 创建语境化的字嵌入，进而作为后续模型的输入。

---

①J. Devlin et al., "BERT: Pre-training of Deep Bidirectional Transformers for Language Understanding," arXiv Preprint, arXiv:1810.04805, 2018.

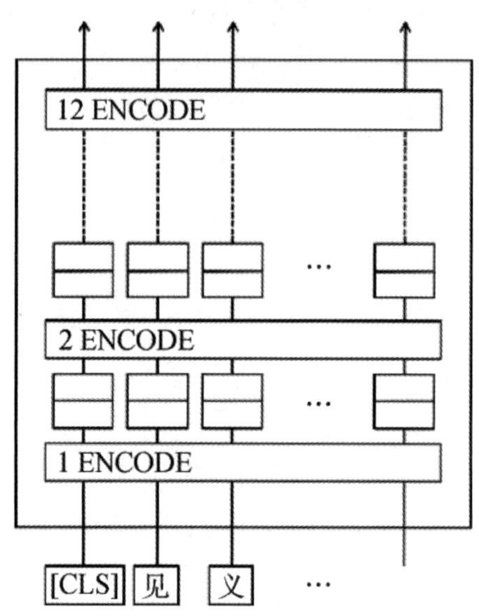

图1 BERT生成语境化的字嵌入

3. LSTM-CRF模型

LSTM是循环神经网络①（Recurrent Neural Network, RNN）的一种延伸，由Hochreiter等②提出，专门用来避免RNN的长时间依赖问题，默认保持记忆长期信息的行为。LSTM具有链式结构，链中的循环单元由4个以某种方式相互影响的神经网络层共同组成，如图2所示。

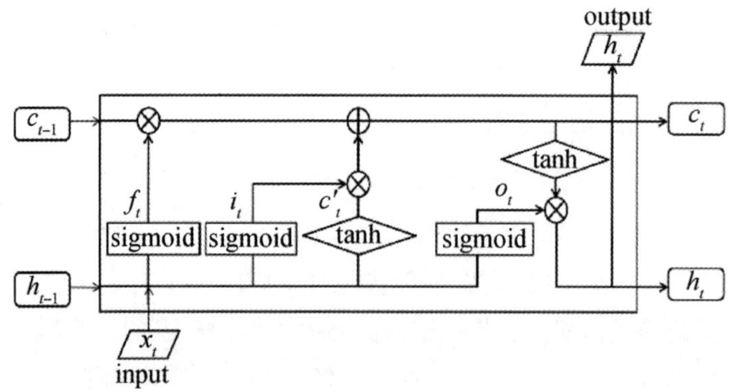

图2 LSTM神经网络模型

①David E. Rumelhart, Geoffrey E. Hinton, Ronald J. Williams, "Learning Representations by Back-Propagating Errors," *Nature*, 1986, vol. 323, no. 6088, pp. 533-536.

②S. Hochreiter, J. Schmidhuber, "Long Short-Term Memory," *Neural Computation*, 1997, vol. 9, no. 8, pp. 1735-1780.

LSTM循环单元中输入数据x(*t*)，隐藏层输出h(*t*)。其中h(*t*)的表达形式比较复杂，包括三个门结构：输入门i（Input Gate）决定加入多少新信息；遗忘门f（Forget Gate）决定丢弃多少旧信息；输出门o（Output Gate）控制输出到下一个单元多少信息以及一个记忆控制器c存储当前单元的信息。整个过程如公式（1）—公式（5）所示，其中W和b为模型参数，tanh为双曲正切函数。

$$f_t = \sigma(W_f \bullet [h_{t-1}, x_t] + b_f) \quad (1)$$

$$i_t = \sigma(W_f \bullet [h_{t-1}, x_t] + b_i) \quad (2)$$

$$c_t = f_t \otimes c_{t-1} + i_t \otimes \tanh(W_c \bullet [h_{t-1}, x_t] + b_c) \quad (3)$$

$$o_t = \sigma(W_o \bullet [h_{t-1}, x_t] + b_o) \quad (4)$$

$$h_t = o_t \otimes \tanh(c_t) \quad (5)$$

然而，LSTM模型只能在一个方向上处理信息，忽视了对下文信息的依赖。Schuster等①提出双向循环神经网络（BRNN），每一个训练序列向前和向后分别是两个循环神经网络，而用LSTM模型的循环单元替代BRNN模型中的单元，既能从上下两个方向处理单元信息，又能处理信息的长期依赖关系。

因此，本文采用双向LSTM模型与CRF模型相结合的方式，构建LSTM-CRF模型。该模型通过在双向LSTM模型的隐藏层后加入一层CRF线性层，实现线性统计模型与神经网络结构相结合，通过双向LSTM层提取文本上下文信息的同时，可以通过CRF层有效地利用句子级别的标志信息。

二、实验方法介绍

1. 实验流程

本文的正式实验流程如图3所示。首先，选择合适的古籍网站，利用爬虫技术得到未清洗的数据。由于得到的数据受网站自身结构的影响，格式不够规范，因此通过手工和机器的方式对语料库展开清洗工作，并最终构建语料库。针对系统任务的特点，可视为文本的序列标注问题。本文研究内容涉及断句和标点两个步骤，借鉴已有的相关研究，确定了层叠式模型的思路，先后实现断句和加标点两个过程。在确立语料库与模型实验思路的基础上，确定语料的标注体系，并根据标注体系对语料进行机器标注，以待模型的训练。针对自动断句任务的特点，

①M. Schuster, K. Paliwal, "Bidirectional Recurrent Neural Networks," *IEEE Transactions on Signal Processing*, 1997, vol. 45, no. 11, pp. 2673-2681.

结合具有良好实验效果的预训练模型BERT，在利用其表征的基础上加上LSTM和CRF层解码映射出输出标签，构建了BERT-LSTM-CRF模型。通过该模型，可以得到未断句古文的自动断句的基本结果。接着，利用预测得到的结果作为新的特征，作为下一步多特征LSTM-CRF模型的输入，迭代学习，最终给出标点标记的结果。前期工作准备完成后，开始正式的网站搭建工作。前端开发采用超文本标记语言（HTML）、层叠样式表（CSS）和JavaScript语言，后端开发采用Django框架，最终实现交互，包装成一个效果好、易操作的用户友好的一体化平台。

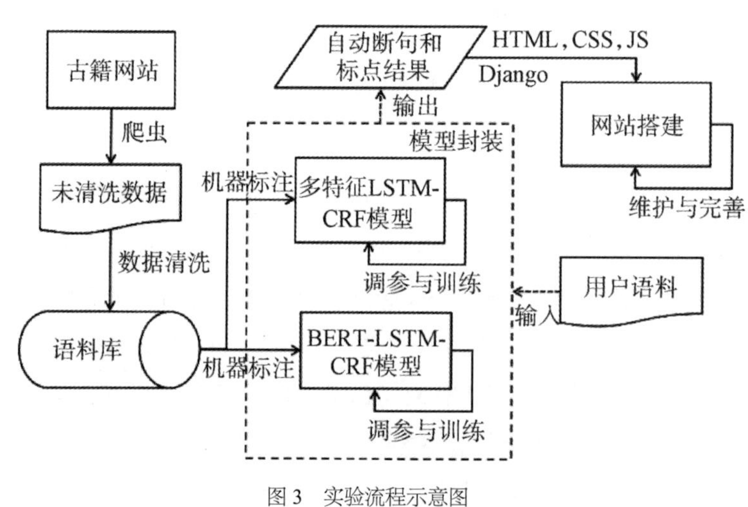

图3　实验流程示意图

2. 语料预处理

前期的清洗工作主要是纠正不合法的文章格式与特殊符号，通过手动调整与Python语言编写程序进行清洗，得到一个基本规范的语料库。值得注意的是，考虑到对于文本级别的自动断句与标点，段落由多个句子组成，因此实验不再以单个句子为训练单位。结合BERT模型对于序列长度的要求，实验采取上下文段落作为每次输入的基本单位，即“大/B/O 学/I/O 之/J/O 道/E/D 在/B/O 明/I/O 明/J/O 德/E/D 在/B/O 亲/J/O 民/E/D 在/B/O 止/I/O 于/I/O 至/J/O 善/E/J……物/B/O 有/I/O 本/J/O 末/E/D 事/B/O 有/I/O 终/J/O 始/E/D 知/B/O 所/I/O 先/J/O 后/E/D 则/B/O 近/I/O 道/J/O 矣/E/J”，其中具体标记的含义见下文标签体系介绍。

将各部的数据进行划分，以8:1:1的比例划分训练集、验证集与测试集。数据规模与划分结果如表1所示，其中以字符个数表示数据集大小。海量规模的语料有利于训练出迁移性更好的模型，从表1可以看出，实验所用的数据规模较大，最少的《经部》亦有百万级别的大小，其他各部皆有千万级别字符数。

表 1　各类别古籍数据

类别	训练集	验证集	测试集	总计
经部	4,572,819	575,947	572,576	5,721,342
史部	31,446,274	3,920,904	3,930,548	39,297,726
子部	19,434,858	2,426,688	2,428,228	24,289,774
集部	26,795,226	3,343,104	3,344,001	33,482,331

注：数据集大小指字符个数。

3. 模型构建

本文的实验目标是对于无断句的文本进行标点位置的预测，给出对应的标记，进而插入相应的标点符号，最终形成可读文本格式。由于古文的直接自动标点缺少相应的特征，等价于基于字符级别的标签预测，效果不佳。因此，借鉴张合等[①]提出的层叠CRF模型，本文采用了层叠式深度学习模型。在实验中，将该目标分为两步进行，即自动断句与自动标点，两者都可被视为文本的序列标注问题。其中，自动断句的标签结果作为下一步自动标点的特征输入，两步所用模型形成线性关系。因此，实验任务转化为基于序列的标签预测。

模型构建的第一步，利用BERT进行编码表征，再通过LSTM和CRF层训练学习，映射出输出标签，构建BERT-LSTM-CRF模型框架，可以得到未断句古文的自动断句的标签结果，模型如图4所示。

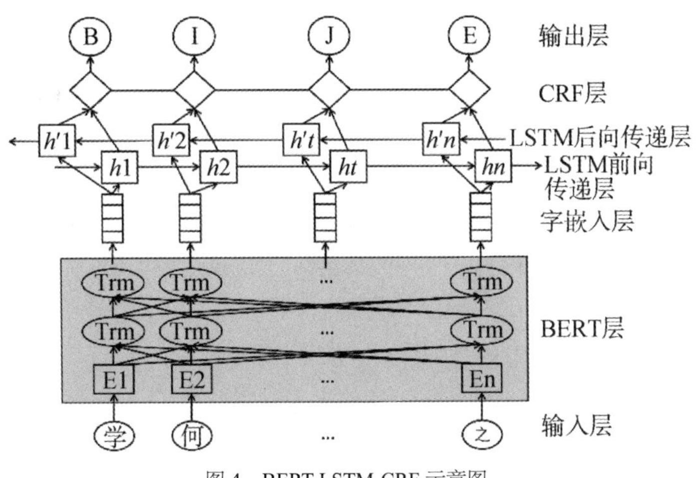

图 4　BERT-LSTM-CRF 示意图

①张合等:《一种基于层叠CRF的古文断句与句读标记方法》,《计算机应用研究》2009年第9期。

从图4可以看出，模型的框架总共分为6层，从下往上依次为第1层至第6层。第1层为输入层，实验中，序列的输入是以随机整合后的若干句子为单位进行抽取。第2层为BERT预训练模型，同时考虑到字的位置信息和所属句子信息，利用Transformer进行编码，而实验中将这个强大的预训练好的模型作为获得字嵌入工具。第3层为通过BERT得到的字嵌入层。第4层为LSTM 循环神经网络层，拥有两个相反方向并行的Bi-LSTM，序列中每一个训练单位向左和向右分别连接两个LSTM单元。第5层为条件随机场（CRF）层，有效地利用标志之间的顺序约束，将循环神经网络输出标签在这一层被转化为最优标签序列，实现线性统计模型与神经网络结构相结合。最后一层是输出层，自动断句的预测标签在这一层输出，其中B，I，J，E为本文实验中所用的特征标记。

接着，利用预测得到的结果作为新的特征，作为下一步多特征LSTM-CRF模型的输入，迭代学习，最终给出标点标记的结果，模型如图5所示。

自动标点阶段的模型框架总共分为5层，从下往上依次为第1层至第5层。其特殊之处在于输入是以多特征的形式作为输入层，即存在包括字序列本身在内的两列输入，并对它们都进行编码，再将结果输入到下一层中，其他各层与前者类似。

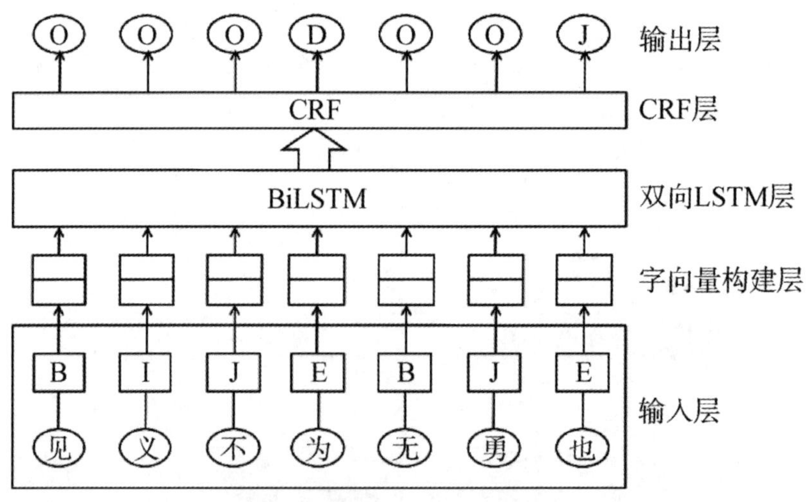

图5　多特征的LSTM-CRF示意图

4. 标签体系

对于实验思路的不同步骤，本文确立不同的标注方法。对第一步BERT-LSTM-CRF模型的输出标记，以{B，E，I，J，S}为标记集合，其中，B表示句首字，J表示句长大于2时句尾字前面的一个字，E表示句尾字，I表示句长大于3时的中间字，S表示单字句。在进行实验之前，将语料中所有的句读标记进行记录，分别记以断句标签和标点标签，再删除句读，对语料进行处理，并且以句子为单位进行随机整合，以保证最后可以实现对段落的自动断句与标点。标签示例如表2所示。

表2　BERT-LSTM-CRF 模型标注体系标注示例

观测序列	5-tag
初	S
郑	B
武	I
公	I
娶	I
于	J
申	E
曰	B
武	J
姜	E

对于第二步多特征LSTM-CRF模型的标点输出标记，以{D，J，F，G，W，M，S}为标记集合，其中，D表示该字后面是逗号，J表示字后面是句号，F表示字后面是分号，G表示字后面是感叹号，W表示字后面是问号，M表示字后面是冒号，S表示字后面是书名号。标签示例如表3所示。

表3　多特征 LSTM-CRF 模型标注体系标注示例

观测序列	特征	标签
尔	B	O
何	I	O
如	J	O
者	E	D
子	B	O
路	I	O
既	J-	O
对	E	D

续表3

观测序列	特征	标签
三	B	O
子	I	O
无	J	O
言	E	D
故	B	O
孔	I	O
子	I	O
复	I	O
历	I	O
问	J	O
之	E	J

5. 评价指标

在所有阶段中，模型优化阶段是整个实验中重要的研究部分，通过不断地调整参数，配合以文本特点选择更加适合的参数与模型，最终得到效果最优的模型。通过计算准确率P（Precision）、召回率R（Recall）与调和平均值F评测结果。

在BERT-LSTM-CRF模型中，三个测试指标的计算方法如公式（6）—公式（8）所示。

$$P = \frac{\text{正确识别的断句数量}}{\text{模型识别出的断句数量}} \times 100\% \qquad (6)$$

$$R = \frac{\text{正确识别的断句数量}}{\text{测试集中的断句总数量}} \times 100\% \qquad (7)$$

$$F = \frac{2 \times P \times R}{P + R} \times 100\% \qquad (8)$$

在多特征LSTM-CRF模型中，评价指标仍然采用上面三个测试指标，准确率和召回率对应的计算方法如公式（9）和公式（10）所示，调和平均值F与上面相同。

$$P = \frac{\text{正确识别的标点数量}}{\text{模型识别出的标点数量}} \times 100\% \qquad (9)$$

$$R = \frac{\text{正确识别的标点数量}}{\text{测试集中的标点总数量}} \times 100\% \qquad (10)$$

三、实验结果与分析

考虑到古籍图书种类的不同，本文采用清代使用的《四库全书》分类方法，将古籍分为经部、子部、史部与集部。经过考证，不同类别的古籍的行文特点存在一定的差异，因此分别对它们进行模型的训练与预测。图6展示了对于不同部的自动断句与自动标点结果，4部自动断句结果的等权平均调和平均值为86.41%，4部自动标点结果的等权平均调和平均值为90.84%，具有一定的应用价值。

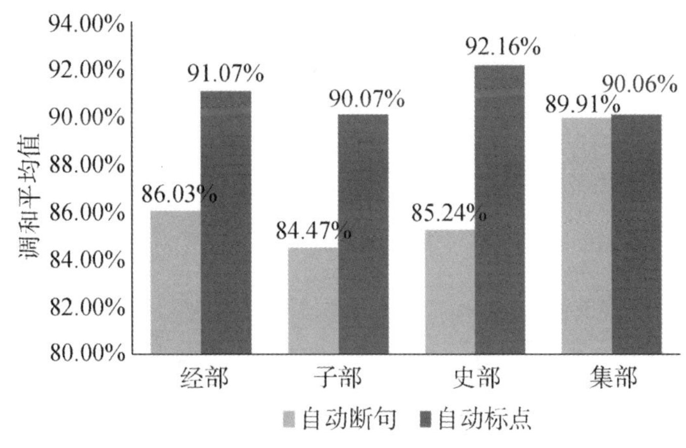

图6　自动断句与标点模型的评价结果

对于自动断句，对是否使用BERT获得字嵌入展开对比实验，字嵌入都输入的双向LSTM-CRF模型中，结果如图7所示。对于使用Word2Vec的断句训练，实验设置的字嵌入维数为128，模型的初始学习率为0.001并在循环训练过程中递减。为减轻神经网络模型过拟合现象，实验采用Dropout技术①，并设置为0.5；为防止出现梯度爆炸，实验采用梯度裁剪技术（Clipping Gradient），并设置为5.0。LSTM层维度为200，整个模型采用小批量随机梯度下降法进行反向梯度传递，其中使用了梯度优化算法Adam，并将交叉熵作为损失函数。当梯度不再下降时，终止训练并保留训练结果。对比各组实验结果可以看出，是否使用Word2Vec的效果差异并不显著，对于本文所用的语料库，采用BERT预训练模型更能准确表达字词的语义，从而取得较优的结果。

①N. Srivastava et al., "Dropout: A Simple Way to Prevent Neural Networks from Over Fitting," *Journal of Machine Learning Research*, vol. 15, no. 1, 2014, pp. 1929-1958.

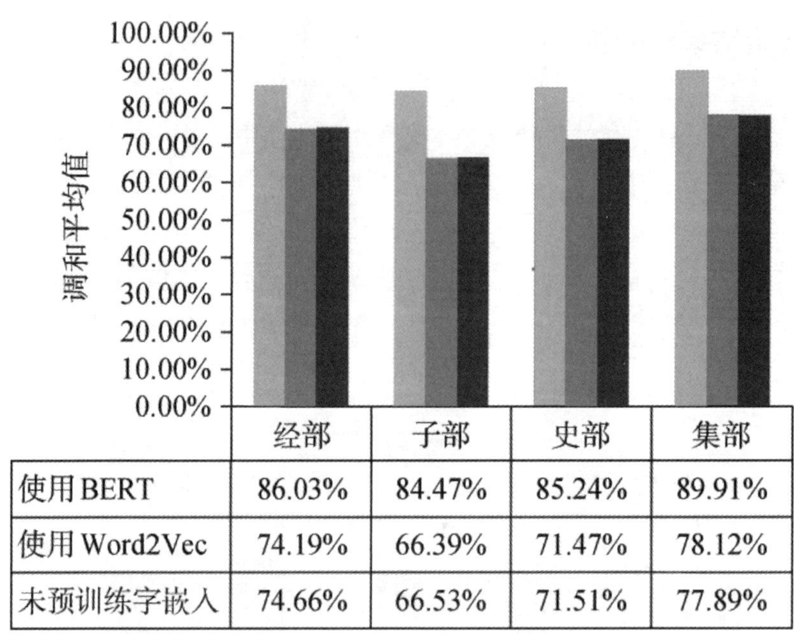

	经部	子部	史部	集部
使用BERT	86.03%	84.47%	85.24%	89.91%
使用Word2Vec	74.19%	66.39%	71.47%	78.12%
未预训练字嵌入	74.66%	66.53%	71.51%	77.89%

图7　预训练模型对断句效果的影响对比

同时，可以发现，模型在集部上表现更好，其原因是它收录的主要是历代作家的散文、骈文、诗、词、曲和文学评论等著作，这些文本具有较为规范的结构，因此在断句上表现优异。相反，模型在子部上则相对效果较差，它集合诸子百家及释道宗教等著作，文本种类多样，语言用法也存在差异，不同学说对于同一事物往往对应不同的理解，这也加大了模型学习与理解的难度。

对于自动标点实验的评价结果，这里以经部为例，各个标点标签的准确率、召回率与调和平均值如表4所示，其中加粗的数据为调和平均值的突出值。对于不同的标点，预测的效果存在较为明显的差异。对于书名号、逗号、冒号以及句号，预测表现良好，原因在于这些标点出现的位置具有较强的特征，因而易被模型学习与掌握。对于分号和感叹号，预测表现则有待提高。尤其是分号，其使用的场景不确定性较强，这一点与人为行文的特点相一致，增加了模型学习与预测的难度。通过查错，可以发现分号大多数都被错预测为逗号，符合本文的一般猜测，分号与逗号的区分是一大难题。而感叹号主要被预测为问号和句号。同样都是作为句末的句读标记，它们的前面大概率都会出现句末语气词，这些语气词字形相同，因而给识别造成难度。同时，感叹号在行文时使用频率较小，数据稀疏也会影响结果。

表4 经部自动标点结果评价（%）

指标	S（书名号）	W（问号）	F（分号）	G（感叹号）	D（逗号）	M（冒号）	J（句号）	总计
P	92.98	83.39	63.40	70.81	90.73	97.14	91.55	91.05
R	91.45	87.22	37.90	38.76	94.80	95.63	87.88	91.08
F	92.21	85.26	**47.44**	**50.10**	92.72	**96.38**	89.42	91.07

四、基于层叠式深度学习模型的应用

为促进实验成果对数字人文研究工程化的作用，本文搭建了基于深度学习层叠模型的句读自动标记平台。该平台能够根据用户指定的古汉语句子或文本文件，自动给出断句与标点的标记结果，可成为人文社科领域切实有用的研究工具。

进行自动断句与标点时，通过编写Python程序进行序列化的自动处理，再利用已训练好的模型预测输入的内容对应的标签。例如，输入未断句古文为“斗韦龟属成然焉且曰弃礼违命楚其危哉”，调用模型自动识别后，句子被模型自动标注为“斗/B/O 韦/I/O 龟/I/O 属/I/O 成/I/O 然/J/O 焉/E/S-D 且/B/O 曰/E/S-M 弃/B/O 礼/I/O 违/J/O 命/E/S-D 楚/B/O 其/I/O 危/J/O 哉/E/S-G”，之后通过程序转换，即可得到：“斗韦龟属成然焉，且曰：弃礼违命，楚其危哉！”。

在平台的搭建上，本文在前端开发中使用HTML5、CSS、JavaScrip，后端开发则利用基于 Python的Django框架（Django 2.1.7），并利用数据库进行反馈留言的收集。该平台通过将已训练好的模型载入其中，实现直接的预测与输出。平台的具体实现与使用说明如下。

1. 前端布局设计

首先是平台的前端设计，静态设计主要利用HTML、CSS。HTML构建整个平台各网页的内容布局，并灵活运用Django支持的DTL（Django Template Language）模板；CSS用于定义和修饰 HTML元素，即影响着网页整体显示风格；动态页面利用JavaScript技术，JS负责网页的脚本，并使用jQuery与Ajax技术实现前后端的交互，动态展现平台。

基于深度学习的古汉语句读自动标记系统的前端布局如图8所示。

2. 后端搭建

后端搭建工作在Django框架下进行。该设计模式的主要逻辑是，对发送来的请求，首先由视图函数进行逻辑处理，再通过模型块与数据库进行交互，并将交互结果返回给视图函数，再将视图函数对应的模板编译后渲染成字符串和包装成Http Response对象返回到浏览器。

图 8　古汉语句读自动标记平台首页

进入实际应用环境，通过载入已训练的模型，实现与用户之间的交互。进入句子级别自动断句与标点应用，首先将文本数据转化成序列格式，再将序列输入到已嵌入的深度学习模型中，调用模型进行预测，返回标签结果，之后对相应的HTML模板文件进行渲染，文本数据中的定中语块被高亮标记，最后将响应返回给浏览器，测试输出结果如图9所示。

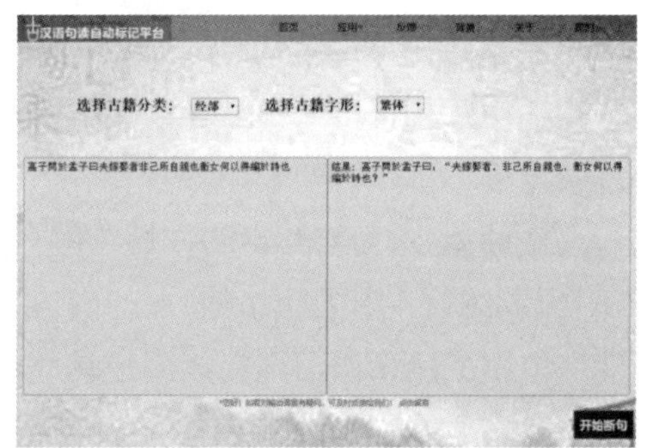

图 9　句子级别自动断句与标点标面

进入文本级别的自动标点应用，针对文本文件提供整体的标点功能。测试输出结果如图10所示。除此之外，每个使用页面都为用户提供了反馈页面。如果用户对该系统断句结果存疑，可以填写反馈内容，以待完善与解决。

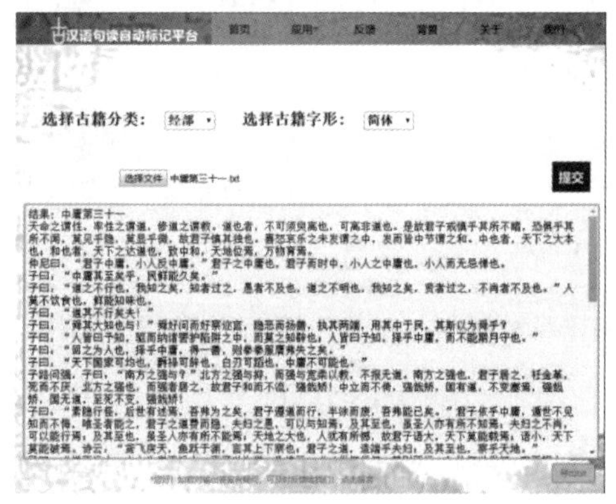

图 10　文本级别自动断句与标点页面

结　语

在网络共享的信息环境下，受各种历史原因的影响，现仍存在大量未断句的数字化典籍。因此，为促进数字化古汉语的组织与利用，本文通过建立标注体系并构建层叠深度学习模型实现古汉语自动断句与标点，从而推动人文社科领域的发展。与已有的相关研究相比，本文创新性地以《四库全书》构成海量典籍的语料库，大规模地对古汉语典籍进行实验。同时，本文利用BERT技术，通过深度学习的方法取得突出的效果，一定程度上证明该平台的优越性。该平台的创建是数字人文的落地，为后续对古籍的深入研究打下基础。通过该平台的应用，使用自然语言处理技术对古汉语展开分析研究，真正做到现代与传统的结合，帮助人们学习与研究丰富而灿烂的古代文明。

与此同时，本文的实验仍然存在以下不足。

（1）受BERT预训练模型最大序列的影响，训练所得模型对于一次性的超长文本输入仍然存在问题。

（2）汉语的标点符号种类繁多，如何确定合适的标注体系仍然值得探索，本文所设置的标点标记仍然显得粗糙。

（3）标点的多样造成了区分的难度，标点符号的使用频率相差较大造成了数据稀疏，通过实验结果可以发现，感叹号与分号的识别效果较差。

针对实验得到的结果与存在的不足，未来值得研究改进的方向如下。

（1）由于未断句文本的段落长度参差不齐，对BERT模型可进一步改进，使其适应更长序列的问题。

（2）寻找并确立更加完善的标点符号标注体系，进而获得更加准确且有应用价值的结果。

（3）尝试添加特征展开实验，判断是否能够改善效果。

（4）利用本文的实验结果，对古文开展进一步的自然语言处理工作，如分词、词性标注、命名实体识别等，以获得更多的应用空间。

Deep Learning Based Automatic Sentence Segmentation and Punctuation Model for Massive Classical Chinese Literature

Wang Qian, Wang Dongbo, Li Bin, Xu Chao

Abstract: This study establishes an annotation system with cascaded deep learning model, aiming to automatically conduct sentence segmentation and punctuation for ancient Chinese literature. First, we created a massive corpus of Chinese books from *Siku Quanshu*. Then, we studied the automatic sentence segmentation and punctuation as sequence labeling issues, and determined the cascaded ideas. Third, we obtained the results of automatic sentence segmentation for the uninterrupted sentences based on the BERT-LSTM-CRF model. Fourth, we processed these results with the multi-feature LSTM-CRF model and received the final punctuation marks after iterative learning. We built an application platform with the trained model and the Django framework. The average F values of the proposed method for automatic sentence segmentation and punctuation were 86.41% and 90.84%, respectively. The punctuation system needs to be refined. The proposed model and platform significantly improve the sentence segmentation and punctuation of ancient Chinese literature, which benefits digital humanity and social science projects in China.
Keywords: Automatic Sentence Segmentation; Digital Humanities; BERT; Ancient Chinese

基于先秦语料库的古汉语地名自动识别模型构建研究[①]

黄水清 / 南京农业大学信息科学技术学院
王东波 / 南京农业大学信息科学技术学院
何　琳 / 南京农业大学信息科学技术学院

摘　要：在数字人文研究这一大趋势下，基于先秦古汉语语料库和条件随机场模型，构建古汉语地名自动识别模型。对《春秋左氏传》中的地名的内部和外部特征进行统计分析，构建模型的特征模板。在规模为187,901个词汇的训练和测试语料上，对比条件随机场模型和最大熵模型的地名识别效果，把调和平均数为90.94%的条件随机场训练模型确定为最佳，作为本文所要构建的模型，并在《国语》语料上进行验证。在古汉语地名自动识别中，条件随机场模型优于最大熵模型，基于人工标注过的语料构建条件随机场自动识别模型能取得较好的识别效果。

关键词：古汉语地名　条件随机场　词汇特征　先秦语料库

引　言

命名实体识别（named entity recognition, NER）[②]是组块标注、自动句法分析、信息检索和机器翻译等深层次和应用方面的自然语言处理研究的基础，而地名的识别又是整个命名实体中最主要的任务之一。目前对古代汉语中的地名自动

①原文刊载于《图书情报工作》2015年第12期。本次出版已获得作者允许及授权。

②E. F. Sang, Fien De Meulder, "Introduction to the CoNLL-2003 Shared Task: Language-Independent Named Entity Recognition," Special Interest Group on Natural Language Learning of the Association for Computational Linguistics, *Proceedings of the Seventh Conference on Natural Language Learning at HLT-NAACL*, Edmonton: CONLL, 2003, pp. 142-147.

识别研究较少，已有研究集中于针对现代汉语语料。随着数字人文[①]研究的深入发展，古代地名的自动识别对于历史地理的可视化、地名知识图谱体系的呈现以及古地名知识库和本体的构建将会起到资源支撑的作用。在数字人文这一大的研究趋势下，基于文本挖掘中的条件随机场模型，本文面向主要由《左传》和《国语》构成的语料库，对先秦地名自动识别模型的构建进行探究，并进行简单的识别验证。

在现当代的地名识别研究中统计和机器学习的方法是主体，少量的研究以规则的方法进行。李丽双等[②]在MSRA语料上，通过递增式学习策略获取经过优化的特征，结合语言学相关知识，基于条件随机场模型，完成对中文地名的识别。邱莎等[③]在字一级的标注单位上，通过融合地名的词汇和词性特征知识，基于条件随机场模型，在大规模的《人民日报》语料上，构建了中文地名自动识别模型，调和平均值达到了92.37%。唐旭日等[④]在以篇章为基础的语料基础上，基于多特征的条件随机场模板，完成了对简单和复杂的中文地点命名实体的识别，最好的开放测试F值达到了89.76%。钱小飞和侯敏[⑤]通过地名匹配、概率竞争、分词碎片整合和组合扩展的统计方法，在《人民日报》语料上，对基本地名进行了识别，开放测试的F值达到了87.74%。黄德根等[⑥]基于词典和真实语料，利用词汇的单词频度和双词频度，对带特征的地名命名实体进行了抽取，并在SWK翻译系统中进行了验证。李颖等[⑦]从作战文书的特点出发，利用句类分析的标点、介词和动词特征，基于规则的方法对作战文书中的地名进行了识别。面向古代汉语文本进行地名识别的探究非常少，主要集中在构建相应的知识库和对相对规范的古文本中的地名进行识别。肖磊[⑧]基于先秦古汉语文本给出了地名知识库构建的整体流程和方法，并构建了一个小规模的地名知识库。朱锁玲和包平[⑨]基于地方志构建语料，在标引词典与地名识别规则库知识的基础上，结合统计的方法，完成了

①R. Busa, "The Annals of Humanities Computing: The Index Thomistic Us," *Computers and the Humanities*, vol. 14, no. 2, 1980, pp. 83-90; J. Unsworth, "What is Humanities Computing and What is Not," 2020, https://www.ideals.illinois.edu/items/202, accessed March 36, 2015.

②李丽双等:《CRF与规则相结合的中文地名识别》,《大连理工大学学报》2012年第2期。

③邱莎等:《基于统计的中文地名自动识别研究》,《计算机技术与发展》2011年第11期。

④唐旭日等:《基于篇章的中文地名识别研究》,《中文信息学报》2010年第2期。

⑤钱小飞、侯敏:《中文基本地名识别》,《语言文字应用》2009年第3期。

⑥黄德根、岳广玲、杨元生:《基于统计的中文地名识别》,《中文信息学报》2003年第2期。

⑦李颖、王青海、池毓焕:《句类分析准则在作战文书地名识别中的应用》,《计算机工程与设计》2013年第8期。

⑧肖磊:《先秦地名知识库构建》，硕士学位论文，南京师范大学，2010年。

⑨朱锁玲、包平:《方志类古籍地名识别及系统构建》,《中国图书馆学报》2011年第3期；朱锁玲、包平:《方志类古籍地名识别及分析研究——以〈方志物产〉(广东分卷)为例》,《图书馆论坛》2012年第4期。

对物产地名的自动识别。孙虹和陈俊杰①通过两次条件随机场训练的策略，在第一次获取字的特征基础上，融合到第二次条件随机场模型的训练上，整体性能得到了很大的提高。何炎祥等②从地理信息系统入手，通过把人工制定的规则转换为特征知识，构建了针对地理命名实体的条件随机场模型，F值达到了91.61%。从上述关于地名识别的简单综述中可以看出，地名命名实体的识别主要是在机器学习模型上完成的。目前自然语言处理中常用的机器学习模型有隐马尔科夫模型、条件随机场模型和最大熵模型，隐马尔科夫模型在命名实体识别中的实际应用中近年有减少的趋势。本文拟将条件随机场模型和最大熵模型分别应用于古汉语地名自动识别模型的构建，并基于真实语料分别测评精确率和召回率，从中选取最优结果作为先秦古汉语地名自动识别的最优模型。

一、多条件随机场模型与最大熵模型

在有效解决了马尔科夫性假设和输出独立性假设问题的基础上，J. Lafferty等③提出了条件随机场模型（CRF）。该模型在知识挖掘中主要被应用于基于条件概率来处理序列标注的问题，已有成熟的开源工具，很适合自然语言处理的词语序列化标注，在自然语言处理过程得到广泛应用。在开源工具的选用方面，本文选用的条件随机场开源工具是基于C++开发的CRF++④（0.54版本）。

最大熵模型（ME）是以E. T. Jaynes⑤等提出的最大熵原理为基础的。最大熵原理的基本思想是，如果概率分布信息不确定，那么最不会产生偏置的做法，就是均等看待概率分布，不要做任何主观假设。在给定关于训练数据的限制条件下，使模型的熵最大的那个分布，就是所求分布。最大熵模型在人工智能和自然语言处理等领域也得到了广泛应用，但由于最大熵模型本身存在标注偏置的问题，错误识别和未识别的情况较多，导致在某些情况下其效果不如CRF等模型。

本文分别依照条件随机场模型与最大熵模型的要求构建命名实体的自动识别

---

①孙虹、陈俊杰:《双层CRF与规则相结合的中文地名识别方法研究》,《计算机应用与软件》2014年第11期。

②何炎祥、罗楚威、胡彬尧:《基于CRF和规则相结合的地理命名实体识别方法》,《计算机应用与软件》2015年第1期。

③J. Lafferty, A. McCallum, F. Pereira, "Conditional Random Fields: Probabilistic Models for Segmenting and Labeling Sequence Data," *Proceedings of 18th International Conference on Machine Learning*, Williamstown: Williams College, 2001, pp. 282-289.

④CRF++, https://sourceforge.net/projects/crfpp/.

⑤E. T. Jaynes, "On the Rationale of Maximum-Entropy Methods," in *Proceedings of the IEEE*, vol. 70, no. 9, 1982, pp. 939-952.

模型，并将其应用于同一语料的古汉语地名识别，对比识别的实际效果，检验条件随机场模型和最大熵模型在古汉语地名自动识别时的差异与优劣，为构建古汉语地名自动识别的最佳模型创造条件。

二、语料库简介及地名内部和外部特征统计

（一）语料库简介

综上可知，现阶段有关古汉语地名自动识别的研究成果相对较少，个别构建或应用了语料库的成果所涉及的语料库规模都较小，基于人工标注的规模型语料库对先秦典籍中的古汉语地名进行自动识别的研究目前暂未发现。目前国内已建成的经人工标注的最大规模先秦典籍语料库由南京师范大学语言科技研究所构建。该语料库经人工标注和机器辅助校对方式构建，共包括了《左传》《国语》等25种先秦典籍。该语料库对词汇进行了分词，部分典籍还通过人工进行了词性标注，地名在语料库中统一被标注成了“ns”。其中，对包含了187,901个词的《左传》语料进行了人工词性标注，标注最完善，质量最高。本文选取《左传》语料作为古汉语地名自动识别模型的语料。针对该语料，首先，基于《左传》语料统计了地名的内部和外部特征，并构造地名识别的条件随机场特征模板。然后，把《左传》语料按照9:1的比例切分成不同的训练与测试集，进行地名识别模型的训练和测试，进而从中确定调和平均值最高的模型。最后，选取未进行词性标注的《国语》文本作为测试集，验证所构建的地名识别模型的性能。

（二）语料库中地名的内部和外部分布特征统计

为保证地名自动识别模型的精确率和召回率，需要对语料库的地名分布特征进行统计分析，并将统计结果作为模型参量应用到模型构建中。《左传》语料中，所有地名均以“ns”标出，统计《左传》中所有标注为“ns”的词，可以得到语料库地名的内部特征（整体状况、长度等）和外部特征（左右一元词汇、词性等）的分布情况。

1. 地名内部特征统计

在整个《左传》语料中共有1,037个地名，这些地名总共出现了6,320次，占整个语料所有词汇出现总次数的3.36%。1,037个地名中，出现次数高于20的共有30个。其中，出现次数最多的地名是“晋”，总共出现了684次。出现次数为20的地名的是“随”。30个地名总共出现了3,924次，占整个地名分布的

62.09%，对这些高频次的地名完成有效识别是确保整个地名识别模型性能的基本保障。

将某个地名所包含的汉字的个数定义为该地名的长度。统计地名长度分布，可以确定词位集数量，同时可以确定序列跨度长度。对《左传》中的全部地名的统计表明,《左传》地名中，地名长度为1的有370个（占比35.68%），地名长度为2的有645个（占比62.20%），地名长度为3的有10个（占比9.64%），地名长度为4的有12个（占比11.58%）。由此可见，先秦地名的长度主要集中在1和2上，占整个地名的97.88%，长度为3或4的比较少，仅如“靡角之谷、解梁城、章华之宫、子驹之门”等，因此词位标注集数应该在4左右。

2. 地名外部特征统计

如果语言的构成序列可以表示成“SLm，…，SLi…，SL1，[R，R1，…，Rn]，SR1，…，SRj…，SRn”，把SL1和SR1界定为地名的一元左右边界词，SL2、SL1和SR1、SR2界定为二元左右边界词，SL3、SL2、SL1和SR1、SR2、SR3界定为三元左右边界词。机器学习模型判定线性序列中的地名过程中，主要使用了地名左右边界的一元邻接特征知识。

以词性标记“ns”作为地名识别标记，可以获得所有地名的左右一元词汇。对这左右一元词汇的统计表明，左边界一元词中,“于”出现的频次最高，为785,“以”排到第10位，为86。频次最高的10个左边界一元词主要是介词和动词，其中介词占据整个高频词的78.72%。在右边界一元词中,“之”出现频次最高，为436,“于”的频次为35，排到第10位。右边界一元词没有左边界一元词集中，排名前10位的右边界一元词出现的频次仅占整个右边界一元词总频次的37.09%。因此，在模型构建过程中，左边界词会比右边界词作用大。这些关于词的知识可以直接应用于特征模板的构建。

先秦语料中地名的左右一元边界词汇的词类分布通过以下公式[①]获取:

$$p_c(w)=\frac{f_\beta(w)}{\sum_w f_\beta(w)} \qquad (1)$$

其中，$f_\beta(w)$为左右一元边界词W在边界词位置上出现的频次，$P_c(w)$为W在某一词性下出现的频率。高频左右一元边界词在词类中的具体分布情况如表1所示。

①吴云芳:《面向中文信息处理的现代汉语并列结构研究》，博士学位论文，北京大学，2003年。

表1 地名左右边界词高频词类分布

编号	左边界词类		频率	编号	右边界词类		频率
	标注符号	词性			标注符号	词性	
1	v	动词	56.47%	6	n	普通名词	20.82%
2	p	介词	33.55%	7	v	动词	20.60%
3	c	连词	3.53%	8	nr	地名	15.75%
4	j	兼词	1.76%	9	u	助词	14.59%
5	r	代词	1.31%	10	d	副词	8.03%

根据表1可知，左边界词以虚词为主，右边界词实词居多。助词、连词和介词既具有语义的区别性又具有边界的确定性，可以作为特征模板中的特征。

三、《左传》语料的预处理

在对《左传》进行地名自动识别之前，先要对用于自动识别的《左传》语料进行预处理。首先从语料库中筛选出所有词性标注为“ns”的词，然后确定用模型的标注集。标注集的生成基于以下公式[①]：

$$L=\frac{1}{N}\sum_{i=1}^{k} i^{*}\ Ni \qquad (2)$$

式中，L为当$i \leqslant k$时地名平均加权后的长度，Ni为语料库中长度为i的地名出现的次数，k和j分别为语料库中地名长度的最大值与最小值，N为语料库中地名出现总次数。通过计算和相应的实验，确定在地名自动识别中使用4词位的标注集，可表示为P={B，C，E，S}。其中，B表示地名开始，称为初始词，C为地名的中间部分，称为中间词，E为地名最后部分，称为结束词，S表示地名以外的其他所有字词，称为外词。S可以出现在地名之前，也可以出现在地名之后。当地名长度大于3时，C表示处于地名之中除B、E之外的地名中的所有其他字词。

经过上述过程，语料预处理后的样例如表2所示。

①陈小荷等:《先秦文献信息处理》，北京：世界图书出版公司，2013年，第71页。

表 2　古汉语地名语料预处理结果样例

编号	词汇	词性	标记
1	致	v	S
2	方	ns0	B
3	城	ns1	E
4	之	u	S
5	外	f	S
6	于	p	S
7	缯	ns0	B
8	关	ns1	E

在模型构建过程中，为获得更多的地名的外部特征知识，训练和测试时把地名拆分成字进行标注，扩充了地名及其词性在语料中的接触序列。

四、自动识别模型的构建及测评

（一）自动识别模型特征模板的确定

训练语料中的上下文语境知识，应该被加入到模型的特征模版中，成为模型的组成部分。通过对语料的统计可以发现，古汉语地名有其自身的分布特点，这些特点可以被作为特征知识，加入到自动识别模型的特征模板中。具体的特征知识如下。

1. 词语长度分布

统计表明，语料中地名左右的高频词全是单字词，即长度为 1 的词汇，如“郑伯克段于鄢”。基于此，词汇长度可被作为一个特征添加到特征模板中，用阿拉伯数字标注。

2. 虚词特征

对地名左右高频词的词类统计表明，介词、连词、副词、助词这样的虚词较多，因此可以把以p（介词）、c（连词）、d（副词）、u（助词）为词性标记的词作为一个地名识别模型构建的特征，若属于这4个虚词，则统一标注成“Y”，反之则标注为“N”。

3. 左右边界特征词

显而易见，如果确定了命名实体的左右边界词，命名实体的识别就完成了。

具体到地名识别，如果确定了地名的左右边界特征词，地名也就被抽取出来了。因此，寻找地名的左右边界特征词在模型构建过程中极为重要。具体到《左传》语料，统计结果表明，可以把“于、於、伐、如、及、之、师、也、而、人”10个古汉语高频地名左右边界词作为特征知识添加到训练模板中，如果语料中出现这10个词中的某一个，用“Y”进行标注，否则用“N”进行标注。

在上述特征分析的基础上，表3给出了古汉语地名自动识别特征模板下的训练语料样例。

表3　特征模板下的古汉语地名自动识别训练语料样例

编号	词汇	词性	词语长度特征	虚词特征	边界词特征	标记
1	致	v	1	N	N	S
2	方	ns0	1	N	N	B
3	城	ns1	1	N	N	E
4	之	u	1	Y	Y	S
5	外	f	1	N	N	S
6	于	p	1	Y	Y	S
7	缯	ns0	1	N	N	B
8	关	ns1	1	N	N	E

（二）古汉语地名自动识别模型的测评流程及方法

依照惯例，古汉语地名自动识别模型选用精确率（P）、召回率（R）和调和平均数（F）[①]作为测评指标。

古汉语地名自动识别模型的测评流程如下：首先，基于《左传》训练语料确定自动识别模型的特征模板，得到的特征参数与权重如上文所述；然后，将其应用于测试语料，完成对测试语料中地名的自动识别；最后，针对测试语料所识别出的地名，计算对应的精确率、召回率、调和平均值数。比较得到的精确率、召回率、调和平均值数的值，就可以分析、判断模型的优劣。

（三）古汉语地名自动识别模型的测评过程

为了获得调和平均数最高的自动识别模型，测评过程采用交叉验证的方式。

①M. Atterer, H. Schütze, “Prepositional Phrase Attachment without Oracles,” *Computational Linguistics*, vol. 33, no. 4, 2007, pp. 469-476.

即把包含187,901个词汇的《左传》语料分成10等份，每次测评时，选取其中1份作为测试语料，其余9份作为训练语料，这样，共得到10种内容不同的语料（包括训练语料与测试语料）。

对这10种内容不同的语料从1至10进行编号，分别应用条件随机场模型、最大熵模型逐一完成训练和地名自动识别，再对自动识别的结果分别计算精确率、召回率、调和平均数。测评指标的具体数值如表4、表5所示。

表4 基于条件随机场的古汉语地名自动识别模型的测评数值

编号	训练语料	测试语料	精确率（P）	召回率（R）	调和平均数(F)
1	2—10	1	89.46%	91.62%	90.53%
2	1，3—10	2	89.04%	91.79%	90.39%
3	1，2，4—10	3	90.63%	89.75%	90.19%
4	1—3，5—10	4	91.64%	89.31%	90.46%
5	1—4，6—10	5	87.94%	92.08%	89.96%
6	1—5，7—10	6	91.43%	90.01%	90.71%
7	1—6，8—10	7	89.22%	90.13%	89.67%
8	1—7，9—10	8	89.65%	89.32%	89.48%
9	1—8，10	9	87.64%	87.31%	87.47%
10	1—9	10	89.68%	92.24%	90.94%

表5 基于最大熵的古汉语地名自动识别模型的测评数值

编号	训练语料	测试语料	精确率（P）	召回率（R）	调和平均数（F）
1	2—10	1	85.45%	84.10%	84.77%
2	1，3—10	2	88.87%	84.26%	86.50%
3	1，2，4—10	3	89.90%	85.90%	87.86%
4	1—3，5—10	4	88.93%	83.83%	86.30%
5	1—4，6—10	5	89.51%	86.55%	88.01%
6	1—5，7—10	6	87.77%	85.85%	86.80%
7	1—6，8—10	7	87.22%	85.45%	86.33%
8	1—7，9—10	8	86.24%	85.63%	85.93%
9	1—8，10	9	86.03%	85.06%	85.54%
10	1—9	10	87.45%	83.86%	85.62%

对比表4和表5可以看出，最大熵模型整体性能不如条件随机场模型，两个模型上的最好F值相差了2.93%，并且最大模型熵最差的模型性能低于85%。在现有语料的基础上，对两个模型的测评对比证明，条件随机场模型性能比最大熵模型更优。如果有更大规模的古汉语语料，基于语料库对两者的性能作更大规模的测评对比分析，将更有价值。

在条件随机场的10组测评数据中，编号为10的语料测评指标最佳，故可确定10号语料对应的第10个条件随机场模型可作为先秦古汉语地名自动识别的最佳模型。

对产生识别错误的古汉语地名进行分析，发现两种类型的识别错误比较常见：一种是通用字、词造成的识别错误。比如“郑忽以其有功也，怒，故【有郎】之师。”在这个句子中，“有郎”被作为一个词处理，并当成地名被错误地识别出来。正确识别结果是单字词“郎”才是本句中的地名，自动识别模型此时没有得到正确结果。还有一种情况是对比较冷僻的地名，也很容易造成识别错误。例如“不至，杀诸野幕之下，葬诸【殳】冒淳。”在这个短句中，本来“殳冒淳”是一个地名，由于受“殳”这个冷僻字的影响，自动识别模型同样没有得到正确结果，造成地名自动识别错误。

（四）古汉语地名自动识别模型的应用

本文在第10个模型的基础上，应用该模型对未进行词性标注的《国语》中的地名进行识别，以验证该模型在类似语料上的性能。以《国语》中《周语》的一段文字为例，地名识别后的结果如下：“襄王十六年，立晋文公。二十一年，以诸侯朝王于【衡雍】，且献【楚】捷，遂为【践】土之盟，于是乎始霸。”从识别结果来看，对于通用的“楚”和专有的“衡雍”这一类地名的识别，模型整体性能表现比较突出，而对“践土”这一类由通用字构成但整体表现形式为专有地名的词，识别效果会出现错位。

结　语

本文在对古汉语地名的内外部特征的分布规律进行统计分析的基础上，构建了古汉语地名自动识别模型的特征模版，包含词汇、词性、词汇长度、虚词词性、左边界词、右边界词等6个特征。通过《左传》语料的10次交叉验证，证明基于条件随机场模型构建的古汉语地名自动识别模型相较于基于最大熵模型构建的自动识别模型效果更优，调和平均数为90.94%的条件随机场训练模型可作为古汉语地名自动识别的最佳模型。将其应用《国语》语料的地名自动识别，能够达到预期的效果。基于人工标注过的真实语料，统计语料库中的词语分布规律，构建地名自动识别模型，针对先秦典籍中的地名进行自动识别，在前人的研究中还未曾发现。与几项针对现代汉语语料进行地名自动识别的研究成果相比，本文所构建的模型测评数据与之相若。如果有更多的人工标注过的语料用作古汉语地名自动识别模型的训练集，模型的性能将更好，适应性将更强。本文关于条件随机场模型优于最大熵模型的结论若能在更大规模的语料库中得到验证，将更为可信。进一步地，还可尝试把支持向量机模型引入到地名关系的抽取上，并探究地名的语义关系。

Research on Constructing Automatic Recognition Model for Ancient Chinese Place Names Based on Pre–Qin Corpus

Huang Shuiqing, Wang Dongbo, He Lin

Abstract: Under the trend of digital humanities research, the automatic recognition model for ancient Chinese place names is constructed based on Pre-Qin ancient Chinese corpus and conditional random field. The internal and external characteristics of ancient Chinese place names in *Zuo Commentary* are analyzed, and the feature template of model is constructed. The training model, which is gained in train and test corpus of 187,901 words and the F-score of which is 90.94%, is best identified the ancient Chinese place names recognition model and applied the model to recognize the place name in *Guo Yu* by comparing the recognition results of the models of conditional random field and maximum entropy. The model of conditional random field is better than the model of maximum entropy in recognizing ancient Chinese place names. The performance of automatic recognition model based on conditional random field trained in annotated corpus is very well.

Keywords: Ancient Chinese Place Name; Conditional Random Field; Lexical Feature; Pre-Qin Corpus

字料库建设的必要性与可行性[①]

李国英 / 北京师范大学文学院、中国文字整理与规范研究中心
周晓文 / 北京师范大学文学院、中国文字整理与规范研究中心

摘　要：随着语料库的建设和发展，基于语料库的语言研究已经成为当代语言学研究的重要方法，但是由于缺乏满足文字学研究需要的字料库，基于字料库的文字学研究还是一片空白。首次提出的字料库的概念，是指以文字的整理和文字学的研究为目标，按照语言学和文字学的原则，收集实际使用中能够代表特定文字或文字变体的真实出现过的文字书写形态，运用计算机技术建成的具有一定规模的大型电子文字资源库。字料库是在大规模真实文本的基础上生成的真实的文字书写形态的有序集合，是利用计算机对文字形体进行各种分类、统计、检索、综合、比较等研究的基础。字料库的性质和特点与语料库有四种不同之处。建设汉字字料库、开展基于汉字字料库的汉字整理与研究的设想，不仅丰富和深化了语料库理论，也为汉字研究与规范提供了新的方法，开拓了新的领域，对汉字的理论研究和汉字整理与规范的实践具有重要的理论意义和实践价值。

关键词：字料库　语料库　字形　汉字形体

一、字料库建设的必要性

随着计算机技术的发展和信息化程度的不断提高，基于语料库的语言研究已经成了不可逆转的潮流，取得了重要的研究成果。而文字学，特别是汉字学的计算机辅助研究相对滞后，其根本原因在于缺乏能够满足文字整理与文字学研究的数字化文字资源库。要实现文字整理与研究的数字化，就必须建立能够满足文字

①原文刊载于《北京师范大学学报（社会科学版）》2009年第5期。本次出版已获得作者允许及授权。本文受北京师范大学文学院“211”三期工程项目资助；北京师范大学创新团队支持计划资助。

整理与文字形体研究所需要的字料库。

目前，由于缺少大规模字料库的支持，计算机超大字符集的收字、汉字规范的制定等，大多从古今字书的第二手资料中获取字形信息，而中国历代字书大多重视字音、字义的整理，对字形的处理则着眼于广泛收集、多多益善，因而辗转互收、南北古今交杂，不分层面与体系，因此，不能满足指导应用的需要，只有从字料库中整理、提取出的社会实用字形表，才能更有针对性、更有效地指导应用。

字形是文字存在的形式，是文字的本体，字形信息在文字研究中具有重要的意义。汉字的字形异常复杂，存在字体、字样和字式等多方面的共时差异与历时变化。字体是汉字形体的一个重要属性，但是前人对字体的理解并不相同。比较重要的有郭绍虞、启功、王力三家的观点。

郭绍虞认为:“就汉字而论字体，有三种不同的含义：一指文字的形体；二指书写的字体；三指书法家的字体。就文字的形体讲，只须分为正草二体。就书写的字体讲，一般又分为正草隶篆四体，或真行草隶篆五体。就书法家的字体讲，那是指各家书法的风格，可以分得很多，最流行的如颜体、柳体、欧体、赵体之类便是。”①

启功认为:“所谓字体，即是指文字的形状，它包含两个方面，其一是指文字的组织构造以及它所属的大类型、总风格。例如说某字是象什么形、指什么事，某字是什么形什么声。或看它是属于‘篆’、‘隶’、‘草’、‘真’、‘行’的哪一种。其二是指某一书家、某一流派的艺术风格。例如说‘欧体’、‘颜体’等。”②

王力认为:“关于字形应该分为两方面来看：第一是字体的变迁；第二是字式的变迁。字体是文字的笔画姿态，字式是文字的结构方式，二者是不能混为一谈的。大致说起来，汉语的古今字体只有两大类：第一类是刀笔文字，其笔画粗细如一，不能为撇捺；第二类是毛笔文字，其笔画能为撇捺，粗细随意。甲骨文、金文、小篆等，都属于第一类，隶书、草书、行书、楷书等，都属于第二类。”③

上述三家界定的字体包括了复杂的内容，有字的结构问题，如启功的“文字的组织构造”；有字的正体与手写变体问题，如郭绍虞的“文字形体”所指的“正草”二体；有文字在笔画形态方面书写的总体风格问题，如郭绍虞的“书写的字体”、启功的“大类型、总风格”、王力的“文字的笔画姿态”大致都是指文字

①郭绍虞:《从书法中窥测字体的演变》,《学术月刊》1961年第9期。

②启功:《古代字体论稿》，北京：文物出版社，1999年，第1页。

③王力:《王力文集(第九卷)》，济南：山东教育出版社，1988年，第52—53页。

的总体书写风格；有书法家和书法流派的书写风格问题，如郭绍虞的“书法家的字体”、启功的“某一书家、某一流派的艺术风格”。

本文的“字体”限定在文字的书写风格的范围内，把文字的结构排除在字体的范围之外。字体的差异和变化，主要体现为书写风格的差异和变化。如汉字发展史上篆体、隶体、楷体的变化，现代汉字印刷体中的宋体、仿宋体、楷体、黑体的变化都是字体的变化。字体的变化主要体现在书写的基本单位线条或笔画形态的总体风格上，表现为同一类型字的类型特征。文字除了有书写风格上的类型特征之外，每个个体字符都有外部形态，表现为部件和笔画的组合体。本文把个体字符的外部形态称作字样，把抽象的线条或笔画构成的字称作抽象字样，把具体笔画构成的字称作具体字样。所谓抽象笔画指同一笔画类别共有特征，不实现为具体的笔画形态，如横的抽象形式是一条水平的直线，没有具体的形态。具体笔画则是实现为具体形态的笔画。字是写出来的，同一个字在一次又一次的不断书写过程中，就会发生一些变化，这些变化由少到多，由隐而显，由很多细小的变化的不断积累发展成大的变化。字式也是汉字形体方面的一个重要属性。本文的字式采纳王力先生的定义指“文字的的结构方式”，相应字式的变化指字的结构层面发生的变化。字体、字样、字式这样一些字形不同层面的变化还会形成交互影响，产生更为复杂的变化。同时，这些变化又会在时空中展开，由此产生汉字形体时空上的差异。从时间的维度看，汉字经历了从古文字到今文字的变化，形成了甲骨文、金文、小篆、隶书、楷书等字体类型的重大变化。从空间的维度看，战国时期存在楚文字、秦文字、晋文字等区域性字形差异。在当代，存在着大陆、港台文字的差异。如果从广义汉字的视角看，还存在大陆、港台和日韩汉字的差异。

汉字字形在字体、字样和字式上的差异和变化是汉字学理论研究的重要内容，其差异的类型及变化的规律是汉字整理和规范的重要指导原则和依据，字形的原始形态在文字学的研究中具有重要意义。

汉字的演变研究离不开历代真实文本中保存下来的原始文字形体。“字是写出来的”这是一个看似简单实则内涵深刻的命题。“从汉字书写过程中的细微变化来考察汉字形体的演变，即从动态的角度来研究汉字和汉字的发展，可以弥补长期以来只对汉字作静态研究的不足。”①启功先生也曾指出“古代有些字体风格，从甲一大类型变到乙一大类型时，也常是从一些细微的风格变起的。例如篆和隶现在看来是两种大类型，但在秦代，从篆初变隶时的形状，只是艺术风格比较潦草

①秦永龙:《汉字书写漫谈》,《语文建设》1997年第1期。

一些、方硬一些而已。这足见字体的演变常是由细微而至显著的”。[①]汉字形体的演变是一个渐变过程，是一个以笔形变化为先导，由量变到质变的过程，而笔形的渐变过程隐藏在社会实用状态下的大量的真实文本中，看似杂乱的、个性化的社会实用状态下的真实的字形材料才是真正能够真实再现汉字发展脉络、全面展示汉字性质的重要材料，是研究汉字形体演变的不可或缺的宝贵财富。因此，建设以储存社会实用状态下的字形原形材料为目的的大型字料库是非常必要的。

进行汉字的整理与规范离不开对社会实际使用状态下的汉字真实形体的考察。汉字整理与规范是保护汉字、提高汉字使用效率的重要手段，以往的汉字规范研究大多是运用相关的文字学知识，结合字典、辞典，对与规范相关的字、词表本身以及由其引发的理论问题进行探讨，而缺少对现实基础的测查和研究，没有充足、准确的原始材料支撑，只注重了文字发展规律的科学性，却忽略了文字使用的社会性。“理想的汉字规范应当考虑汉字的科学性和社会性。科学性指的是汉字的自身规律，包括它的结构规律、演变规律、互相关联的规律和自成系统的规律，这种内在的规律是客观的。社会性指的是汉字在使用时受社会制约的人文性，语言文字是符号，但不是单纯的数理符号，它是在人文社会中被全民使用着也改变着的符号。科学性与社会性二者是互相制约的——汉字客观规律的形成与它的社会背景有密切的关系；而社会对汉字的人为调节，无论如何不能违背它自身的规律。”[②]科学地规范社会用字，必须从社会实际用字状况出发，客观、全面地描写社会实际用字状况，总结规律，才能有的放矢，制定出科学、合理的规范标准。由于受技术手段的限制，对简繁字、异体字及规范字形等方面在社会实际使用状况的大规模测查很难实现。字料库建设使得对社会实际用字状况的大规模测查成为可能，只有在保存了真实字形材料的大规模字料库的基础上，才能对社会实际用字状况做出全面、细致、客观的测查。

保存古代汉字的文物和文化价值，离不开对历代汉字原始形体的保护。汉字是目前世界上惟一已有三千多年历史的表意文字，是中华民族五千年光辉灿烂的文明史的承载者、传播者、见证者和昭示者，是中华民族最宝贵的非物质文化遗产。从整理、保护的角度讲，字料库可以对散见于出土材料、传世文献等材料中丰富的原始字形进行收集、类聚、整理，进行有效的保护和利用，因此字料库的建设不但对汉字学研究具有重要作用，同时也对继承和弘扬汉字文化保护汉字遗产具有重大意义。

---

①启功：《古代字体论稿》，第2页。

②王宁：《论汉字规范的社会性与科学性——新形势下对汉字规范问题的反思》，《中国社会科学》2004年第3期。

综上所述，字料库建设在文字研究、文字整理与规范、文字文物保护、文字信息处理等方面具有重要的理论意义和应用价值。字料库建设将为诸多研究领域提供新的研究方法及视角，开拓出新的研究空间。

二、字料库的界定与特点

本文所说的字料库是从语料库延伸出来的一个概念。按照一般的理解，语料库是“文本的有序集合。各种分类、检索、综合、比较的基础。”[①]张普进一步把语料库界定为“大规模真实文本的有序集合，是利用计算机对语言进行各种分类、统计、检索、综合、比较等研究的基础。”[②]用“大规模”和“真实”对“文本”进行了限定，用“语言”和“计算机”对“分类、统计、检索、综合、比较”的对象和手段进行了定性描述，同时对其中的文本也作出了界定，他指出：“而‘文本’（text）则是语言的符号串，文字信息处理的对象是依据语言学的原则和数理统计的方法从自然语言中抽取出来的。”[③]从上述语料库的界定不难看出，语料库中存放的是在语言的实际使用中真实出现过的语言材料；语料库是以电子计算机为载体承载语言知识的基础资源。语料库的建设目的是语言研究，手段是计算机技术，作为语料库呈现形态的有序集合的文本是根据语言学的原则抽取出来的。

本文提出的字料库是指以文字的整理和文字学的研究为目标，按照语言学和文字学的原则，收集实际使用中能够代表特定文字或文字变体的真实出现过的文字书写形态，运用计算机技术建成的具有一定规模的大型电子文字资源库。字料库是在大规模真实文本的基础上生成的真实的文字书写形态的有序集合，是利用计算机对文字形体进行各种分类、统计、检索、综合、比较等研究的基础。

语料库的建库目的通常是为语言学研究和计算机信息处理服务的，因此语料库在建设中追求内容上的完整，在字形处理上，由于受计算机汉字编码技术及编码字数的局限，对文本中出现的大量复杂的形体各异的字形，做不到字形保真，大都采用计算机中编码字库所提供的有限字形替代并统一原文本中的不同形体，即在字形处理上采取“字形认同”“形体替代”的基本原则，忽略原文本中存在的字形差异，致使大量具有文字学研究价值的原始字形信息在进入语料库的过程中丢失。字料库为文字学的研究与应用服务，追求字形保真处理采用字形系联、分类的基本原则。总体来讲，字料库与语料库的不同之处主要表现在以下几

---

①国家标准总局：《汉语信息处理词汇01部分：基本术语》，北京：中国标准出版社，1997年，第242页。
②张普：《关于大规模真实文本语料库的几点理论思考》，《语言文字应用》1999年第1期。
③张普：《关于大规模真实文本语料库的几点理论思考》，《语言文字应用》1999年第1期。

个方面：

第一，建设目的不同。语料库的建设目的是为语言的研究与应用服务的，而字料库的建设目的是为文字的整理研究与应用服务的。

第二，建构原则不同。由于建设目标的不同，字料库与语料库的建构所遵循的原则也不同，语料库是根据语言学的原则建构的，在字形处理上采用“认同、替代”的基本原则；而字料库则是根据文字学的原则来建构的，在字形处理上采用的是“存真、系联、分类”的基本原则。

第三，所要求的“真实性”不同。与语料库一样，字料库也强调文本的真实性，但是真实性的含义有所不同。语料库要求的是语言的真实，要求保留语言研究所必须的语境的原始面貌，而字料库追求的是文字形态的真实，字料库要求保留对文字使用状况与文字形体研究有意义的字形的原始形态。

第四，实现方法不同。从技术实现上讲，语料库可以凭借现有的编码字符集实现文本的数字化，而字料库则需要以文字图形的方式储存真实文本中的原始字形，并通过文字图形与编码字符的映射关系等方式来实现文字原形的数字化处理及数据研究。

与传统的语言学研究相比，用语料库来研究语言主要有两个特点：一是突破了材料的局限，计算机以其强大的搜索功能，使语言研究从过去的重在材料的搜集，转变为重在对材料的处理和对语言规律的总结；二是突破了主观因素，经过科学选材、具有适当规模的语料库能够客观反映和记录语言的实际使用状况，具有充分的客观性和材料的完整性，能够最大限度地避免由片面材料得出的片面结论，增强了研究结果的普遍性和科学性。人们可以通过语料库观察和把握语言事实，分析和研究语言系统的规律。与语料库相同，字料库所提供的研究基础，同样具有材料的真实性与充分性，因此，基于字料库的文字学研究将有效增强研究成果的普遍性和科学性。

语料库方法是一种经验的方法，它所提供的大量的自然语言材料，有助于研究者根据语言实际得出客观的结论，这种结论同时也是可观测和可验证的。在计算机技术的支持下，语料库方法对语言研究的许多领域产生了越来越多的影响，为各种不同目的而建设的语料库广泛应用在词汇、语法、语义、语用、词典编纂等众多领域。新兴的语料库语言学，就是围绕着建设计算机语料库与利用语料库进行研究和应用的一门学科，是将语言学与计算机技术整合起来的一门新兴交叉学科。“计算机语料库所提供的丰富鲜活的真实语料与强有力的开发软件相结合，使语言学研究产生了丰硕的成果，使词汇学从过去的次要地位上升到主流地位。”[①]同样，字料库所提供的实验方法，有助于研究者根据文字使用中的客观现象，提炼、归纳文字使用、发展规律，这种结论同样具有可观测性和可验证性。

三、字料库建设要点

字料库在建库过程中，首先要在文字学理论的指导下，确定字料分类及选取原则，然后对入选样本材料进行扫描，同时录入样本的电子版并对照电子文本切取原始单字字形入库。在保存原始形体的基础上，通过对字形的属性描述，以实现对字形的分类、系联及类聚，由此可以建立起简繁字、异体字、新旧字形等字际关系并能够呈现出社会实际用字状态及变化情况。要达到这一目标，需要解决很多问题。首先，为了保证采集数据的准确率、代表性、涵盖面等，必须对汉字材料进行抽样、筛选，兼顾不同类别著述的用字特征、不同出版人的用字偏好等，同时还要准确、高效、全面地将不同形体从大量的原始材料中筛选出来，并能进行比对、认同。因此，如何借助信息技术手段实现文字的筛选、比对和认同也是字料库建设要解决的问题之一。字料库建设要在文字学深入研究的基础上，制定文字收集、整理的方法与原则，开发相应的软件工具，探索人—机结合的文字收集、整理与管理流程。具体讲，在字料库建设、实施过程中要重点解决如下三方面的问题：

1. 字料库建设的理论与方法研究：字料库建设为文字学研究提供了新的视角与方法，但是字料库本身还是一个新概念，还有很多理论与实践的课题需要深入探讨与研究。字料库与语料库之间既有联系又存在差异，二者的建设目标、所能提供的功能以及数据的存储、管理模式均不相同。因此，要在语料库建设的理论基础上，研究字料库建设的基本理论与方法，完善字料库建设的可行性方案。

2. 字料的分类及属性标注规范研究：设计与建设字料库是一项非常艰巨的工程，需要做大量细致的工作，在对字料库的功能、充分性和规模等进行充分论证的基础上，要根据字料库的不同分类，研究制定字料属性的标注系统及标注规范，建立字形间关系网，确定对字料提取的可操作方案以及对字料的组织、存储形式。

3. 研制开发字料库建设的自动、辅助工具及管理与应用平台：字料库所要处理的数据量大，数据结构复杂，必须借助计算机提供自动、半自动的辅助开发工具，设计并开发基于网络数据库的管理与应用平台，提供远程数据输入及数据共享，方便用户使用及数据的检索与提取。

---

① 王建新：《计算机语料库的建设与应用》，北京：清华大学出版社，2005年，第3页。

汉字古今形体变化较大、地域性强、数量庞大、字形复杂，在字料库建设中会遇到很多复杂的关系需要处理，主要表现在以下三个方面：

1. 共时与历时的关系

汉字的发展，自商代甲骨文到今天的现代汉字，已有三千多年的历史。在三千多年的发展过程中，汉字形体变化复杂多样；变化速度既非匀速，也非周期，而是呈现出一种连续性和阶段性。启功先生曾精辟地概括说："试计字体变迁，甲骨不出殷商，金文沿续稍久，小篆与秦偕亡，隶书限于两汉。此谓其当日通用之时，不包括后世仿古之作也。惟真书自汉末启端，至今依然沿用，中间虽有风格之殊，而结构偏旁，却无大异。"[①]可见汉字主流字体的发展具有明显的阶段性和连续性，阶段性是指在一定的时间范围内汉字形体具有较为稳定的共性即共时性。连续性是指汉字在三千多年的历程中从未中断过使用，且"每一个时代，字体至少有三大部分：即当时通用的正体字；以前各时代的各种古体字；新兴的新体字或说俗体字。前一时代的正体，到后一时代常成为古体；前一时代的新体，到后一时代常成为正体或说通行体。"[②]汉字字体的演变具有交叉性和传承性。研究汉字演变的全貌就是在共时性的基础上展现历时性的变化，因此，字料库建设首先要处理好共时汉字与历时汉字形体之间的关系问题。

2. 共性与个性的关系

所谓共性是指：汉字形体在社会长期书写过程中，由于书写工具、载体、社会风尚等原因，经过演变在某一时期形成的相对固定的式样特征和体态风格的大类别。它是一个阶段某种统一风格字群所具有的共同性质。所谓个性是指：在某一时代的大类别基础上，由个人书写所产生的特性，即在共性基础上的变异。个人书写不论个性多强，都不能离开大类别的总体风格。书写者使主流字体向实用化、快捷化、艺术化方向发展，大众化的书写一旦形成趋势将引起主流字体的改变。因此，书者个人的书写风格会在一定程度上影响主流字体的发展，正如"没有草化就没有隶变"，隶变是由于书写中大量使用新的笔形而引起的，隶变的笔形变化最终导致汉字结构的改变。因此，字料库建设要处理好字形材料的共性与个性问题，在断代数据上用社会通用的主流字体引领具有个性的书写变体。

3. 地域性与多样性的关系

汉字的形体千差万别，具有地域性和多样性。汉字的故乡地域辽阔，不同区

---

① 启功：《论书绝句》，香港：商务印书馆，1990年。

② 启功：《古代字体论稿》，第35页。

域使用的汉字会有所不同，尤其是战国时期诸侯割据，不同诸侯国的文字书写差异较大。用途不同、工具不同也会造成文字形体书写的多样性。简单说来，在下列条件下，各有不同的字体，例如:（1）时代不同，如商代、周代、秦代等;（2）用途不同，如鼎彝、碑版、书册、信札等;（3）方法不同，如笔写、刀刻、范铸等;（4）写者、刻者不同，如普通个人、专业书法家等;（5）区域不同，如楚国、秦国、齐系文字等;（6）依附材质不同，如玉石文字、铜器铭文、简帛文字等。因此，字料库中字形的来源、类型、书者、时间等信息都是至关重要的。

综上所述，选择何种类型的字料对字料库的建设具有重要影响。字料库要能真实地再现各时期汉字使用的状况，又能充分地展现出汉字在不同时期发生的变异，即在共时字料库的基础上组成历时字料库，体现字料的时代性。在字料选取中，既要采用随机抽样方法解决材料在数量上的不均衡问题，又要兼顾主流字体与个人书写风格的取材。字料库建设的目的就是要利用事实对文字变化现象进行研究，因此，合理设计字料库的存储格式，科学标注字料中的各种有用信息是字料库建设中一项重要工作。

字料库建设是一项复杂的系统工程，涉及诸多领域及技术，只有对收集与建设字料库有实际操作经历的人，才能充分理解建库过程的复杂与艰辛，关于建库所涉及到的相关问题，我们将会在后续文章中进一步论述。

Necessity and Feasibility of Building Chinese Character Database

Li Guoying, Zhou Xiaowen

Abstract: The corpus-based language study today along the corpus construction and advancement worldwide, has become the mainstream study of modern linguistics and applied linguistics. However, for lack of support from a large scale of Chinese character database, the Chinese character study and the relevant criterion has relatively lagged behind. The authors in the present paper put forward the basic ideas for building a Chinese character database. That is the Chinese character database should be an ordered congregation based on a large scale of Chinese characters in all forms from real texts, the goal of which is to serve the relevant theoretical research and social applications in terms of digitized technology. The paper demonstrates the necessity and feasibility.

Keywords: Chinese Character Database; Corpus; Font; Chinese Character Form

历史文本的词汇标记及应用[①]

项　洁 / 台湾大学资讯工程学系、台湾大学数位人文研究中心
胡其瑞 / 台湾大学数位人文研究中心

摘　要：历史文本是历史学研究的基础素材，通过对文本内容的爬梳，历史学家将文本中有意义的信息整理、拼凑并脉络化。历史学是一门研究人在时间中的活动轨迹的学科，在加入地理空间的概念之后，历史文本将变得更加立体。跳脱以往在纸本数据中的线性阅读，对信息时代的历史文本，通过技术的协助增添词汇标记，再利用对标记词汇的分析与可视化，鸟瞰并掌握历史文本中隐含的脉络。通过探讨历史文本中人物、时间、地名与对象词汇标记对历史研究的意义，描述各种标记的目的与特性，尤其指出词汇标记不只是辨识词汇，还需要达到“消歧”与“聚合”的功能。同时介绍两个自动标记工具——“码库思古籍半自动标记平台”（MARKUS）和“批次标记工具”（CT Tool）。这两个工具使得大量快速标记人、时、地、物成为可能。透过实际的研究成果案例，说明如何运用标记过的文本；透过时间、人物、地理与对象词汇标记的实际效益，说明历史文本中的词汇标记及其在历史研究中的应用。最后讨论事件标记的问题，指出事件标记与其他词汇标记本质上的不同。

关键词：词汇标记　数字人文　历史文本　DocuSky　MARKUS

前　言

自从文史研究者弗朗哥·莫莱蒂（Franco Moretti）提出“远读”（distance reading）概念，试图将一个文体类型（genre）透过整体性的观察来分析、探讨文学发展的关联性以及文学形式转变的原因后，这种将大量文本融于一炉的想法

① 原文刊载于《数字人文研究》2021年第1期。本次出版已获得作者允许及授权。

似乎暗示只要通过大量的电子全文，辅以适当的数字工具，就能够在其中找到一种脉络关系用于分析。[①]基于这种理念的颠覆性，许多数字人文相关文章纷纷引用莫莱蒂的想法，用以说明数字人文研究在“远读”的理念下获得实践。在数字人文研究者的诠释下，莫莱蒂所提出的“远读”概念被认为是在可能“牺牲信息的情况下看到超级大量文本中的趋势、结构等普通阅读无法发现的现象”[②]，更有论者称“远读”就是数字人文的起点。[③]

莫莱蒂在其所撰的《标题公司：对七千个标题的反思》(*Style, Inc. Reflections on Seven Thousand Titles*)一文中利用对1740—1850年所出版的七千部小说的标题长短、标题词汇进行量化分析的结果，探讨这时期小说出版的发展与写作风格的转变，[④]给文学风格分析（literary style analysis）或作者判定（authorship attribution）等议题带来许多开创性的研究观点。以巨量的文本实践数字人文方式的探讨，确实突破了以往的研究路径。信息技术的协助使以往力有未逮的人文研究方法获得了突破性的发展。

历史文本和文学创作却有很大的差别。譬如小说的创作，它的时间、背景可以是虚构也可能为真实，地点也是一样，人物更可能是作者天马行空的创意。而不同的小说与小说之间，很难从“内容”或“人物”看出有脉络可循，除非是系列的创作如《名侦探福尔摩斯》(*Sherlock Holmes*)，小说的主人公很少重复，剧情也很难发生跨小说文本的延续关系。历史文本却不同，同一个人物在同一时期的不同历史文本中往往重复出现，同样的事件也可以在不同文本中用迥然不同的角度描述。地点和时间更是如此，同一个地点可以在上千年的不同文本中扮演重要而不同的角色，同一个时间更是会在大量同时代的文本中被提及。而且不同时代、地域的历史文本，虽然出自不同的作者，但是书写的格式往往大同小异，以至如莫莱蒂希望的借由文本进行的风格分析在历史文本上似乎无用武之地。然而阅读大量文本本就是历史研究重要的工作，诚如王泰升所说，历史文本的论述必须基于史料，参考的史料越多，对历史论述的掌握就越发精确，因为“看得愈多，遗漏相关史实的可能性愈低，甚至对于某特定历史/社会现象之属常态与否的疑问，也可从发生频率见其端倪”。[⑤]换而言之，历史研究的一个重要课题就

---

①F. Moretti, *Distant Reading*, London: Verso, 2013, pp. 43, 56. 赵薇:《“社会网络分析”在现代汉语历史小说研究中的应用初探——以李劼人的〈大波〉三部曲为例》，项洁编:《数位人文：在过去、现在和未来之间》，台北：台湾大学出版中心，2016年，第399页。

②向帆、何依朗:《“远读”的原意：基于〈远读〉的引文和原文的观察》,《图书馆论坛》2018年第11期。

③姜文涛、戴安德:《“数字人文：观其大较”》,《山东社会科学》2017年第9期。

④杨玲:《远读、文学实验室与数字人文：弗朗哥·莫莱蒂的文学研究路径》,《中外文论》2017年第1期。

⑤王泰升:《数字化历史数据库与历史研究——以明清档案、淡新档案、日治法院档案等数据库为例》，项洁编:《从保存到创造：开启数位人文研究》，台北：台湾大学出版中心，2011年第33页。

是在文本中寻找有意义的脉络，但是当史料量大到单靠阅读无法快速且有效地找到脉络的时候，有没有可能运用一个像莫莱蒂建议的"远读"方法来快速掌握这些史料？要回答这个问题，首先须了解莫莱蒂提出的"远读"架构有一个隐藏的假设，也就是除了同属一个文体类型外，各个文本间并没有紧密的关联。历史文本则不同，在各个文本中不断出现的人名、地名、时间或重要的对象等具有特殊意义的词汇，有形无形地将大量文本串联在一起，甚至可以夸张地说，可以把一个历史文本的集合想象成一个单一的文本，[①]透过共同出现的词汇探索隐含在跨文本间的各种脉络。但是要做到这样的连接，就必须把相关的词汇做适当的标记。如何在历史文本中有效地提取与标记词汇，又如何运用它们在历史研究上萃取并观察脉络，就是本文要探讨的议题。

一、历史文本中的人、事、时、地、物

英国史学家卡尔（E. H. Carr, 1892-1982）在其《何谓历史？》(*What is History?*) 一书中为"历史"一词做了定义："历史就是史学家与史实间不断交互作用的过程，是'现在'与'过去'之间永无止境的对话"。[②]这句话说得相当简洁，但是却把"何谓历史研究"这个问题作了言简意赅的诠释：所谓的历史研究，正是历史研究者在时间长流当中从现在的时空探索过去的史实。因为历史学是一门研究时间之流里所发生事件的学问，所以历史文本中人、事、时、地、物的记载，往往是史学家所关注的重要元素。

史学家布洛克（Marc Bloch）认为，历史学不仅仅是一个以人为研究对象的学科，而且是"在时间中的人的科学"。布洛克把时间比喻成为有机的生命实体，每一个历史事件，都是浸泡在"时间血浆"里的物质，而"历史学者在人与文明二者的生命航图上，描绘出精确的时刻时，才会感到他已给予一幅真确的图像"。[③]"人"是事件的主角，而"文明"则是人在事件当中所创造出来的成果，历史学家的工作，就是将这些零散的信息尽力拼凑起来。

不过，人与时间只是历史研究中的两个元素，加入了"地理空间"信息后，历史研究便更为立体。中国传统学术中有所谓的"舆地学"，即"沿革地理研究"。班固《汉书·地理志》以降的史书中，地理信息及其沿革可谓汗牛充栋，

①一千年前郑樵就做过"集天下书为一书"的想象，详见其《通志·总序》。
②（英）卡尔：《何谓历史？》，江政宽译，台北：博雅书屋，2009年，第126页。
③（法）布洛克：《史家的技艺》，周婉窈译，台北：远流出版事业股份有限公司，2020年，第33—34页。

但这仅止于信息的整理与保存，学者更好奇的反而是这些地理信息的变化及其原因，也因此才有“历史地理学”的出现。历史地理学又可概分为“历史人文地理研究”与“历史自然地理研究”两大领域，其下又可再细分更多独立的研究主题。[①]然而，探究一个空间点位上所发生的种种事件，其根本要素还是地理空间的定位。

近年来由于信息技术的发展，地理信息系统（GIS）被大量运用在历史研究中，历史事件被放上了地图，让原本只在文字中的史实，能够在空间中被观察；透过图层的数字化工作，许多以往只能在纸本上运用的地理图层，现今都能透过网络的共享取得。如“中研院”地理资讯科学研究专题中心（GIS中心）搭建的“中华文明之时空基础架构”（CCTS）[②]、“台湾百年历史地图”[③]等，借由资源的整合，让历史上许多宝贵的地图图资在共通的标准下得以被研究者使用，历史文本的内容也能够跃然于地图上。

对象词汇在历史文本中相当广泛，举凡考古报告中的出土文物、朝贡国书中的进贡物品、田野调查的文物采集、地方志所记载的人造建物（宫庙、墓葬等），乃至于交易商品或是科仪文本中的宗教器物，都是在历史研究中会被注意到的研究对象。对象的记载，反映出人类文明发展的进程，在人类学研究中，常以“物质文化”（material culture）这个专有名词去探讨对象与创作者之间的关系；在历史研究中，对象在时间中的发展，则是探寻历史发展的重要脉络。除此之外，一些非物质性的词汇，如官名等，更是历史研究探索的重要主题。

以上人、时、地、物四个元素都是可以从文字直接识别出的，“事件”却是一个比较抽象而主观的概念，因为事件的名称往往是后人所给予，在事件发生的当时，历史文本中该名称不会出现。举例来说，1911年的“辛亥革命”“武昌起义”等事件名称，都是从革命党人的角度事后所赋予的。对清政府而言，这个事件是地方上的动乱，只是最后导致了政权的覆亡。若是对当时的报纸进行检索，不难发现，“辛亥革命”这个词最初是在1913年1月以后的天津《大公报》上出现的。[④]因此，事件词汇往往都是见诸事后，在事件发生当时的历史文本中并不会明确出现。

然而，历史的研究不是只有年表的排列和历史图层的呈现而已，更重要的是研究者在大量的历史文本中透过词汇来串连丰富的人、时、地、物信息，从文本

① 葛剑雄、华林甫：《五十年来中国历史地理学的发展（1950—2000年）》，《汉学研究通讯》2002年第4期。
② “中研院”中华文明之时空基础架构系统，http://ccts.sinica.edu.tw/，2020年10月10日。
③ “中研院”地理资讯科学专题研究中心：台湾百年历史地图，http://gissrv4.sinica.edu.tw/gis/twhgis/。
④ 不著撰人：《预备赔偿外人损失办法》，http://tk.dhcdb.com.tw/tknewsc/tknewskm，2020年10月10日。

当中寻找可供研究的脉络。这种寻找与提取词汇的过程在数字人文方法中就是所谓的文本词汇标记。

二、历史文本词汇标记的目的与功能

随着信息技术的进步，大批的历史文本被数字化成电子文本。举凡1971年所启动的“古腾堡计划”（Project Gutenberg）[①]，以及中国台湾“中研院”于1980年代开始的“汉籍全文数据库计划”[②]，将大量的历史文本通过扫描与全文缮打、文字辨识等方式制成电子文本，一些商业古籍库更是动辄数十亿字的全文；再提供全文检索；让史学研究的资料变得唾手可得。然而，大量的电子资源虽然降低了研究者在茫茫字海中寻找的困难，却也带来巨量的检索结果，以及许多数据上的噪音（noise），致使研究者反而陷入电子文本“求全”（recall）或是“求准”（precision）的困扰当中。因此，透过电子文本进行历史研究如果只是单纯仰赖电子全文，其实并不能完全满足历史学者的期待。也因此需要将不同类别的词汇进行注记与分类，以利计算机协助研究者进行文本的探勘与分析。而这种将词汇进行注记与分类的动作就被称为“标记”（tagging）。

从文本中提取词汇不是一个新的议题，信息学者透过“自然语言处理”（NLP）的技术，已经可以将文本中的词汇切分，让不同的词汇被撷取出来。大约在1980年代末期，利用机器学习（Machine Learning）建立的算法模型，已能让计算机在大量的中文文本中学习如何分析句子中的不同词汇类型；或是通过“断词”，从一长串的文字分辨出主语、谓语、宾语等，甚至能够协助文本区分不同的词汇类别并进行语义分析。目前较广为使用的中文断词处理工具，如“结巴（jieba）中文断词程序”[③]，及由“中研院”的“中文词知识库小组计划”（CKIP Lab）所建置的“中文断词系统”[④]，均是经历大量的机器学习过程之后所开放出来的公开工具，为现代中文的断词与分析带来许多的便利与技术上的突破。

但是中文历史文本词汇标记的需求和一般断词又不太相同。历史文本大多是古文，而古文的文法与白话文差别甚大，为白话文设计的断词工具遇到文言文，效率通常大打折扣。但从另一方面看，历史文本的断词需求又比较简单，因为历史文本标记的目的不是分析词性或句子的构造，而是找出一段文字中的特殊词汇

①Project Gutenberg, https://www.gutenberg.org/, accessed October 10, 2020.

②“中研院”历史语言研究所：汉籍电子文献资料库，http://hanchi.ihp.sinica.edu.tw/，2020年10月10日。

③GitHub：结巴断词工具，https://github.com/fxsjy/jieba，2020年10月10日。

④“中研院”中文断词系统，http://ckipsvr.iis.sinica.edu.tw/，2020年10月10日。

（通常是名词），这样的技术在信息工程领域叫做“命名实体识别”（NER）。这项工作通常被认为是自然语言处理的一个子问题（subproblem），在技术上比了解句子构造或语义分析要容易得多。然而历史词汇的标记不单单是找出词汇，还有其他的需求。以下将对历史文本中人、事、时、地、物的词汇标记需求做整体性的介绍。

1. 时间的标记

“时间”当然是历史研究中最重要的信息之一。中国历史特殊的纪年方式使得读者在阅读时不易明白事件的先后，面对大分裂的时代（如南北朝）尤其如此。第一个明显指出时间排列重要性的是《史记》，太史公用《十二诸侯年表》，让阅读“自共和讫孔子”之“世家”和“列传”的读者获得一定的时间先后感。

标记时间的关键是用一个共通的方法把不同的时间放在同一个体系下做衡量，也就是需要一个共同的标准来进行时间的正规化。时间正规化通常是以公元作为标准，[①]各种不同的纪年方式与其对应，但需要强调的是，这并不是用公元时间取代原有的时间记录，而仅是用共同的公元时间当作时间对应的锚点（anchor）。举例来说，清咸丰年间，正值清政府与太平天国作战。太平天国有自己的“纪元”，如咸丰八年四月六日是“太平天国八年四月九日”，同时是日本孝明天皇的安政五年四月六日，也是朝鲜哲宗的九年四月六日。这样紊乱的时间信息，确实相当需要统一的时间规范。上述这一天是公元纪年的1858年5月18日，以“1858-05-18”这个锚点为标准，可以将上述四个不同的纪年进行串连，使同一天内东亚不同国家/地区发生的事情得以并列进行观察。

时间是一个绝对的观念，也是一个相对的观念。有时历史记录不会记载确切的时间，关心的反而是事情发生的先后。而且有些时间是无法考证的，如上古的诸多传说；或无法进行确认，如只记录“光绪十三年”而没有月份，甚至只有“光绪年间”。对这些情况，代表时间的标记最好均以“起”“讫”来界定，如咸丰八年四月，标记时的“起”为“1858-05-13”（咸丰八年四月初一），“讫”则为“1858-06-10”（咸丰八年四月二十九日）。如果是咸丰八年四月初六日，则“起讫”均以“1858-05-18”标记。

对东亚时间标记研究比较早的是日本开发的“HuTime”[②]，至于公开的中公

---

①在1582年教宗格里高利十三世（Gregorius PP. XIII）颁布“格里高利历”（Calendarium Gregorianum）之前，西方的历史记载大多采用的是“儒略历”(Julian calendar）。由于格里高利历与儒略历之间有着些许的误差，在进行两历的换算时需要一些工具协助，在准确的历法日期确认后方能进行时间信息的标记。通常做法是用儒略历做标准，但为简明起见，本文以格里高利历说明。

②Tatsuki Sekino: HuTime Project, http://www.hutime.org/, accessed October 10, 2020.

历时间对应参考库，至少有法鼓文理学院提供的“佛学规范资料库”之下的“时间规范资料库”①，以及可以查找更大时间范围的“中研院”“两千年中公历转换工具”②等。其中，法鼓文理学院的“时间规范资料库”甚至可以提供邻近的日本、朝鲜等国的纪年对应。台湾大学亦创建查找明代以降时间信息的“中西历对照查询系统”③。

2. 人名的标记

除了辨识出某个字符串是否为人名外，历史人名的标记还有另外两个重要的目的，就是“消歧”与“聚合”。“消歧”的意思是确认同样的名字指的是不同的人。根据“中国历代人物传记资料库”（以下简称“CBDB”）的记录，姓名为“王维”的人历史上就有11个之多，其中唐朝两人、宋朝四人、明朝五人，人名标记系统需要知道文本中出现的“王维”是哪个王维。“聚合”的目的恰恰相反，由于中国历史人物往往除了本名还有字、号或是别名，在一个文本当中，有时以全名记录，有时以字号称呼，有时甚至只记载姓名当中的一两个字。以《台湾郑氏纪事》的一段文字为例：

> 庆长十七年壬子（明万历四十年），明郑芝龙及祖官来谒幕府于骏府，幕府亲问以外国事。芝龙献药品（武德大成记、国史、武德编年集成。按祖官不详何人），幕府命馆之长崎（逸史）。芝龙字飞黄（郑成功传。本书曰：“小名一官”。按当时明人来我邦，率匿名称某官，盖一、二排行之类，官称爷若郎之类，犹唐人五郎、三郎称也；为小名者恐误，故不取焉），后号飞虹将军（武经开宗、华夷变态），泉州南安县石井巡司人也。父绍祖。芝龙兄弟四人，仲芝虎，叔鸿逵，季芝豹，伯为芝龙。芝龙生而姿容秀丽（郑成功传）……按芝龙至骏府与居平户，岁月前后不可得而详，姑系于此），称平户老一官（琉球事略）。后乘商舶数来往本邦（长崎夜话草）。④

上文中框内的词指的都是郑芝龙。如果只是针对相异词汇进行统计，“郑芝龙”“芝龙”“飞黄”“一官”“飞虹将军”“平户老一官”这六个不同的词就会被认

①法鼓文理学院：时间规范资料库，https://authority.dila.edu.tw/time/，2020年10月10日。

②“中研院”数位文化中心：两千年中西历转换，https://sinocal.sinica.edu.tw/，2020年10月10日。

③台湾大学数位典藏与自动推论实验室、数位人文研究中心：中西历对照查询系统，http://thdl.ntu.edu.tw/datemap/index.php/，2020年10月10日。

④川口长孺：《台湾郑氏纪事》，https://zh.Wikisource.org/w/index.php・title=%E8%87%BA%E7%81%A3%E9%84%AD%E6%B0%8F%E7%B4%80%E4%BA%8B&oldid=1316886，2020年10月10日。

定为六个不同的人物，词汇与词频的统计就会与事实不符。

以上例子说明，中文的人名词汇，不是单纯地只要能够识别就好，真正能够建立文本间脉络关系的，是将不同意义的词汇进行“消歧”，将相同意义的词汇予以“聚合”。处理消歧和聚合的关键在于给不同的人物一个不同的识别序号（Reference ID）。例如唐朝诗人王维在CBDB里的序号是cbdb32174，明万历进士王维则是cbdb212634，就像身份证号码一样。在词汇标记的时候将该人物所属的序号一并加入到人物词汇当中，就能够实现历史上众多同名者之间的消歧。聚合也可以通过使用同一个识别序号的方式实现。如将郑芝龙在CBDB的序号cbdb59197标记于其六个别号词汇后，这些别号就会获得同样的ID，聚合在一起（图1）。这样系统在进行词汇统计的时候，可以将这六个词汇的总数量合并统计在“cbdb59197”这个序号之下。

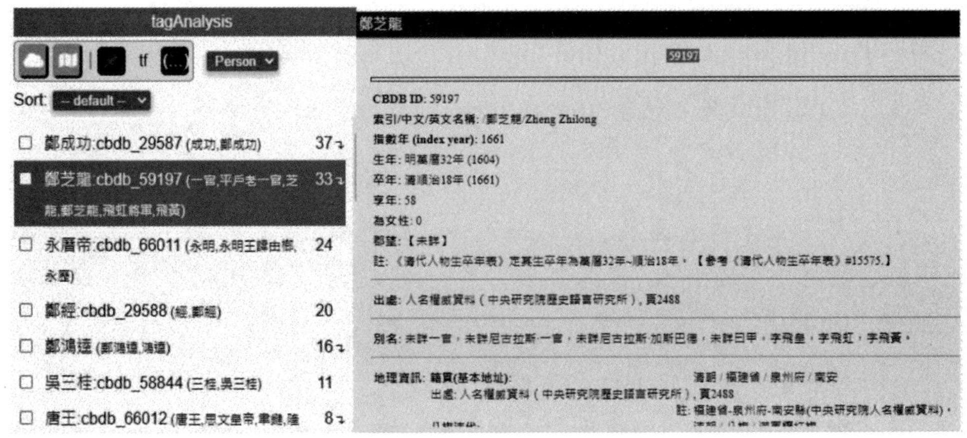

图1　以识别序号实现人名词汇聚合示例（以DocuSky制图）

除了CBDB外，可以协助人名标记的历史人物参考数据库还有法鼓文理学院以佛教人物为主的“人名规范资料库”①。这两个数据库不仅仅提供人名与序号，还提供每个人名的相关信息，如字号、生卒年、亲属关系、籍贯等。这些信息可以为进一步的脉络萃取所用，且提供一些不易察觉到的关系，譬如在一个书信的数据集中，如果人名是用CBDB标记，则很容易可以看出哪些书信往来者有相同的籍贯。这些序号也能够协助我们向序号的提供者进行相关数据的取用，即为“资源参照”。

①法鼓文理学院：人名规范资料库，https://authority.dila.edu.tw/person/，2020年10月10日。

3. 地名的标记

文本中地名词汇标记的挑战与人名类似，在识别文本中的地名之后，也有消歧和聚合的需求。这不难想象，因为中国本来就有许多重复的地名，一个地方多次改名的例子更是屡见不鲜。地名标记比较特别的是，每个地名理论上都应该有一个地理经纬度坐标，如果能够把这个坐标标出，利用地理信息系统来呈现，会有强烈的可视化效果，所以通常研究者也希望标出地名的经纬度坐标。然而地名亦有时间的纵深，历史上同一个地名即使看似指代同一个地方，在坐标上差异可能很大。譬如浙江的永嘉县，自东晋建郡以来一直主要在瓯江以南，然而1949年后改至瓯江以北（原来瓯江南岸县治变成温州市市治），如果对照地图阅读史籍的时候忽略了这个变化，可能会产生很大的困惑。

和人名标记一样，地名标记的消歧、聚合与历史名称更迭的问题也可以通过赋予各个地理位置一个唯一的识别序号来解决。在这里需要说明，经纬度坐标本就是一个地理位置的唯一标志，再加一个识别序号似乎是多此一举，但需要多一个识别序号的原因在于不是每一个历史地名都可以找到坐标：有的考察不到，有的连存在与否都存疑，所以还是需要一个唯一的识别序号来标记。

有一些提供历史地名序号的参考数据库也同时提供了该地名的经纬度坐标，搭配适切的工具就能够从数据库中同步取得坐标信息，并将坐标转化成点位标记在地图上。目前公开的可以通过应用程序接口（Application Programming Interface, API）进行介接使用，且可提供目标历史地名的数据库至少有哈佛大学“中国历史地理信息系统”（以下简称“TGAZ”）[①]、“中研院”GIS中心的“中华文明之时空基础架构系统”、台湾大学数位人文研究中心为台湾地名制作的“台湾历史地名坐标资讯库”（以下简称“TWGIS”）[②]，以及法鼓文理学院为佛学研究制作的“地名规范资料库”[③]。

4. 对象的标记

对象的种类可以很多，在我们处理过的数据里至少有官名、草药、疾病、贸易商品、契书、墓葬、动物和植物。消歧的问题一般来说比较少见，[④]聚合的问

①Fairbank Center for Chinese Studies of Harvard University & the Center for Historical Geographical Studies at Fudan University, China Historical Geographic Information System, CHGIS, http://sites.fas.harvard.edu/~chgis/, accessed October 10, 2020.

②台湾大学数位人文研究中心：台湾历史地名坐标资讯库，https://docusky.org.tw/DocuSky/docuTools/Geocode/map.Html，2020年10月10日。

③法鼓文理学院：地名规范资料库，http://authority.dila.edu.tw/place/，2020年10月10日。

④但也有例外，如有些药名在不同时代代表不同的草药，官名亦同。

题则十分常见，如《历代宝案》中记有琉球王国对中国进贡胡椒，[①]但文书中有时写“胡椒”，有时写“槲椒”，后者或许是笔误，但也可能是“胡椒”的另一种称呼。若是单纯将上述两个“胡椒”独自标记，对于计算机而言就会变成两种不同的对象而分别独立计算。解决这些问题的方法也是唯一的识别序号，但与人名、地名不同的是，通常没有像CBDB这样现成的参考数据库可以使用并协助消歧与聚合，所以针对一个特定的对象标记需求，要创造一个需要标记的词汇列表，再赋予列表上每个代表不同对象的词一个识别序号。

事实上这个问题在其他的标记中也会发生。譬如，并不是每个出现在历史记录中的人物都在CBDB里，尤其是像地方契约文书中的小人物，几乎没有哪位会在其他的历史记录中出现，也不是每个地名都被某个地理数据库收入。遇到这种情形，需要用一些词汇萃取的方法去发掘未知的词汇。如前所言，命名实体识别是自然语言处理的一个子领域，虽然研究成果丰硕，但仍然没有一个完全自动的方法可以从文本中萃取出所有需要的词汇，尤其对于中文的文言文，效果通常不是很理想。文言文的人名萃取可使用主动学习（active learning）的方法，[②]也可使用逐点互信息（PMI）的方法，即对研究文本进行断词，配合规则找出候选人名，然后针对文本中的人名特性，进行人名验证。[③]在一个用《资治通鉴》做文本的实验中，这个方法萃取了18,893个人名、10,085个地名和13,888个官职。[④]一个比较互动和有效的做法是词夹子，就是利用名词前后相关词的特性，“夹”出有相同性质的词汇，[⑤]直观且具有高互动性，如在“DocuSky数位人文学术研究平台”（以下简称“DocuSky”）[⑥]中的“文本撷词工具2020版”即是以词夹子萃取词汇的工具。[⑦]

---

①台湾大学数位人文研究中心：历代宝案脉络分析系统，http://lidaibaoan.digital.ntu.edu.tw/，2020年10月10日。

②叶智豪、王昱钧、蔡宗翰：《历史文献的命名实体撷取——结合主动学习法之半监督式模型》，项洁：《从保存到创造：开启数位人文研究》，台北：台湾大学出版中心，2011年，第131—144页。

③彭维谦等：《自动撷取中文典籍中人名之尝试：以PMI（Pointwise Mutual Information）断词于〈资治通鉴〉的应用为例》，第四届数位典藏与数位人文国际研讨会，台北，2012年。

④彭维谦：《不同脉络中的历史文本之自动分析以〈资治通鉴〉〈册府元龟〉及〈正史〉为例》，硕士学位论文，台湾大学资讯网路与多媒体研究所，2013年。

⑤谢育平：《同位词夹子：主题式分类词库萃取演算法》，项洁编：《数位人文研究的新视野：基础与想象》台北：台湾大学出版中心，2011年，第133—162页。

⑥“DocuSky数位人文学术研究平台”，是由台湾大学数位人文研究中心、资讯工程学系数位典藏与自动推论实验室规划，项洁教授主持、杜协昌博士设计开发的以向人文学者提供数据转文件、上传、建置个人化数据库与运用数字工具进行文本分析服务为目的的数字人文研究平台，详见：http://docusky.org.tw。

⑦杜协昌：《一个数位人文内容研究的文本撷词工具》，第十一届数位典藏与数位人文国际研讨会，台北，2020年。

5. 事件的标记

事件标记的性质和前四种标记不同，前四种标记主要是对词汇的标记，事件标记则是对一段文本的注释，所以事件的标记往往会以元数据（metadata）的一个字段表示。自动标记事件的困难在于事件和文本的内容性质是息息相关的，也和文本的语义（semantics）相关，所以无法设计一个一般用途的事件标记方法。在“台湾历史数位图书馆”（以下简称“THDL”），我们为古地契文件集设计了一个“土地移转图”的事件标记，先设计自动方法找出同一块土地的上下手契关系，并用它们的传递闭包（transitive closure）①形成一个土地移转图，所代表的是那块土地在数据中集中显示的整个活动历史。②借助这种方法所形成的最大的土地移转图包含103张土地契约文书。③针对THDL中的明清台湾相关行政档案，我们也设计了“奏折/上谕引用关系图”的事件标记，将前后引用的奏折和上谕串联起来，④其中最大的引用关系图与林爽文事件有关，有153份奏折和上谕互相引用。另外一个有趣的例子是关于巡台御史存废问题的，从引用关系图中可发现迭次引用的奏折/上谕有28件，而且时间从康熙六十年（1721年）到道光十二年（1832年），跨越112年。这种文件间的脉络用人工的方式几乎无法发现。蔡宗翰也设计了一种基于自然语言的处理方法并应用在《明实录》上发掘事件。⑤

因为事件标记的语义特性，目前并没有具有一般性的标记方法，为了特定领域而设计的做法也都只能以前处理（pre-process）的方式应用，本文的讨论部分将做进一步的说明。

三、标记文本词汇的数字工具

一个数字文本中需要标记的人、时、地、物的词汇很多，如果人工进行标记，显然旷日费时，所以需要自动的方法。本节介绍两种方法，一种是荷兰莱顿

①“传递闭包”是一个数学名词，在此处大意就是把相关的上下手契一个一个串起来，直到没有可串的为止。

②Shih-Pei Chen et al., “Discovering land Transaction Relations from Land Deeds of Taiwan,” *Literary and Linguistic Computing*, vol. 28, no. 2, pp. 257-270.

③涂丰恩：《善化地区的环境变迁、土地开发与地权纠纷（1890—1920）》，《第六届台湾总督府档案研讨会论文集》，台湾南投：“国史馆”台湾文献馆，2010年，第504—505页。

④Jieh Hsiang et al., “Discovering Relationships from Imperial Court Documents of Qing Dynasty,” *International Journal of Humanities and Arts Computing*, vol. 6, no. 1-2, pp. 22-41.

⑤Richard Tzong-Han Tsai et al., “Event Extractionon Classical Chinese Historical Texts: A Case Study of Extracting Tributary Events from the MingShilu,” The Digital Humanities 2019, Utrecht, 2019.

大学开发的“码库思古籍半自动标记平台”（以下简称“MARKUS”）①，一种是台湾大学开发的“批次标记工具”（Content Tagging Tool，以下简称“CT Tool”）。

MARKUS的标记原理类似阅读文本时“画重点”的习惯，将不同类型的词汇用不同的颜色显示出来，而且大部分画重点的动作都能够以自动的方式协助使用者完成。在开始自动标记之前，用户可以分别选择用内建的CBDB或法鼓“人名规范资料库”标记人名，用TGAZ或TWGIS标记地名，用法鼓“时间规范资源库”标记时间及用法鼓佛学词汇库标记佛学词汇。其他研究所需的词汇类别也可用自建词汇表的方式处理。②选择完后，只需要一键操作，MARKUS就会把在各种词汇集里的词汇用不同的颜色标注。图2是对《新唐书·列传文艺》（卷127）中关于王维的文字进行标记所得的结果。

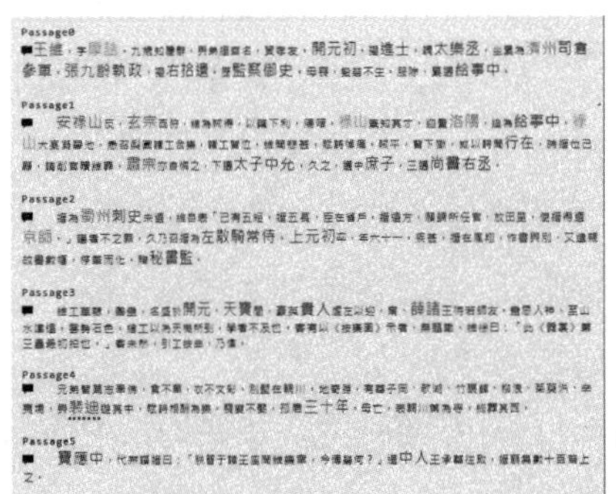

图2　MARKUS对《新唐书》“王维”段的标记

图3　MARKUS中所显示的CBDB人名ID信息

MARKUS是半自动而不是全自动的工具，因为在MARKUS标记完后，用户还是需要进行除错的步骤。除了要添加MARKUS没有标记到的词汇与修正标错的词汇外，使用者还须手动消歧，因为一个人名可能代表不同的人。在图3中出现的人名“裴迪”下面有打点的标记，这表示“裴迪”在CBDB中有多于一个的ID，所以使用者需要手动决定这位“裴迪”是历史上的哪位裴迪，并在四个ID中选取适合的代码。

人名聚合的问题在MARKUS中可以比较自动地解决。如果一个人名是用CBDB标记，MARKUS会将同一个人的姓名和其在CBDB中的别号、别名等用同一个ID标记。

①Hou Ieong Ho Brent, Hilde De Weerdt, “MARKUS Text Analysis and Reading Platform,” http://dh.chinese-empires.eu/beta/, accessed October 10, 2020.

②MARKUS最近也内建了朝鲜相关的人、地、官名词汇表，详见：http://dh.chinese-empires.eu/beta/。

地名的标记也相仿。如图4所示，借由MARKUS与TWGIS的介接，可以把“中庄仔”标记为地名之后，在TWGIS中查找出合适的ID——twgis36813。在标记地名ID之后，对于数据库中所记录的该地名的坐标信息，也能够经由这个ID向数据库取用，并通过合适的工具在地图上显示位置。

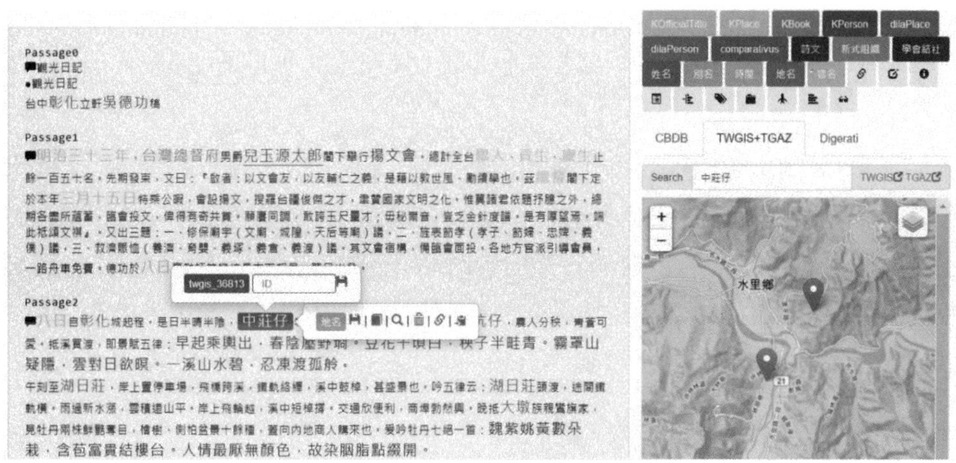

图4　MARKUS与TWGIS介接使用示例

MARKUS的时间词汇标记参照法鼓文理学院的“时间规范资源库”，自动标记功能可以自动识别可能的中历时间（年月日须以中文书写）并进行标记，为较为明确的中历时间加上“公元年月日：朝代帝号”形式的时间的权威信息，如图5所示。

图5　MARKUS的自动标记时间功能

MARKUS有几个可以改进的地方。第一是目前每次只能标记一个文本，所以如果有许多个文本需要标记，同样的步骤需要重复很多次；第二是标记非内建词汇类别的流程有些繁复，对不同的对象种类需要建不同的词表。为了解决这些问题，我们在DocuSky系统里设计了CT Tool。该工具的工作方法，是将需要标记的词汇以EXCEL表格进行整理，依照词汇类别（tagName）、标记词汇（tagVal）与权威控制词汇（@Term）填入。其中，tagVal是可能在文本中出现的词，@Term则是代表同样名词但不同写法的标记词汇（tagVal）的标准词汇（相当于上节所叙述的识别序号，只是不用一串数字表示，而是用文字）。表1是一个例子。

从表1中可以看出不同的标记类别可以在一个窗体里处理，如果用这个窗体标记一个文本，"蕃茄"和"西红柿"都会被标成标记类别"Udef_fruits"，它们的权威控制词汇都是"西红柿"。换句话说，聚合的目标就简单地达成了，而被标到的陈氏到底是郑进之妻还是王英之妻（消歧）则还是需要使用者以手动的方式决定。[①]CT Tool的另一个重要功能是可以同时（批次）标记许多文本。

表1 用于批次标记工具中的EXCEL表格范例

tagName	tagVal	@Term
PersonName	陈氏	郑进之妻
PersonName	陈氏	王英之妻
PersonName	林满妹	郑进之妻
Udef_fruits	蕃茄	西红柿
Udef_fruits	西红柿	西红柿
Udef_goods	胡椒	胡椒
Udef_goods	椡椒	胡椒

MARKUS和CT Tool各有优缺点。作为首个这种类型的标记工具，MARKUS的功能与设计思维的细腻让人不得不敬佩，而且因为MARKUS没有和任何系统捆绑在一起，标记过的文本可以用不同的格式输出，所以很有弹性。但是弹性太大也是一个弱点，文本被标记好以后，我们希望知道下一步要做什么，因为标记文本这件事当然不应该是最终的目标。这个问题也是DocuSky在进行规划设计时想要回答的核心问题之一。DocuSky最重要的功能，就是将标记完的文本一键建成一个可以全文检索，有检索成果后可进行分类、词汇分析（如词频、共现等）

①关于"批次标记工具"更详尽的使用说明，参见：http://docusky.org.tw/DocuSky/docuTools/ContentTaggingTool/index.html。

和拥有各种可视化呈现功能的数据库。[①]

数据库中通常有许多文件，让标记工具能够一次同时标记所有文件当然是比较有效率的做法，所以CT Tool是MARKUS的自然延伸。但是因为CT Tool初始的设计就是为了在DocuSky的环境下做批次标记，所以我们限定CT Tool输出的格式是DocuXML（DocuSky建数据库所用的格式）。但CT Tool的原理和做法均具有普遍性，因此不难想象一个结合MARKUS和CT Tool优点的工具。

四、历史文本词汇标记后的运用

在电子文本上标记了人物、地点、时间和对象之后，接下来就是思考如何利用数字人文的研究方法来运用这些标记。以DocuSky为例，标记过词汇的电子文本在上载进入个人的DocuSky账号后便会成为一个具有标记词汇功能的个人化数据库。被标记的词汇可以在DocuSky中以后分类的方式进行统计（如图6），而具备序号（RefId）的标记词汇，则可以在此统计中完成聚合与消歧。

此外，在带入序号信息后，DocuSky可以根据序号，通过权威数据库所提供的API向该数据库请求序号人物或地名的权威信息。人物的相关信息及地名的空间坐标，都可以透过API从权威数据库的提供者处取得并直接在画面上显示。借由这种阅读方式，使用者可以更容易地掌握文本当中人物的相关讯息，或是将地点在地图上进行空间的呈现，达到所谓“左图右史”相互参照的阅读体验。

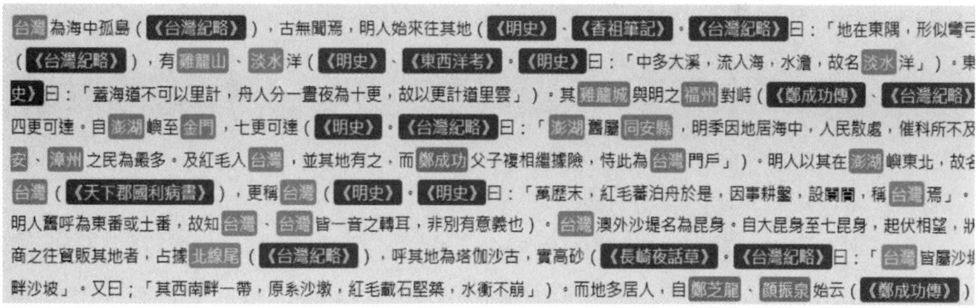

台灣為海中孤島（《台灣紀略》），古無聞焉，明人始來往其地（《明史》、《香祖筆記》、《台灣紀略》曰：「地在東隅，形似彎弓
（《台灣紀略》），有雞籠山、淡水洋（《明史》、《東西洋考》、《明史》曰：「中多大溪，流入海，水澹，故名淡水洋」）。東
史》曰：「蓋海道不可以里計，舟人分一晝夜為十更，故以更計道里雲」）。其雞籠城與明之福州對峙（《鄭成功傳》、《台灣紀略》
四更可達。自澎湖嶼至金門，七更可達（《明史》、《台灣紀略》曰：「澎湖舊屬同安縣，明季因地居海中，人民散處，催科所不及
安、漳州之民為最多。及紅毛入台灣，並其地有之，而鄭成功父子複相繼據險，恃此為台灣門戶」）。明人以其在澎湖嶼東北，故名
台灣（《天下郡國利病書》），更稱台灣（《明史》、《明史》曰：「萬歷末，紅毛番泊舟於是，因事耕鑿，設闤闠，稱台灣焉」。
明人舊呼為東番或土番，故知台灣、台灣皆一音之轉耳，非別有意義也）。台灣澳外沙堤名為昆身。自大昆身至七昆身，起伏相望，
商之往貿販其地者，占據北線尾（《台灣紀略》），呼其地為塔伽沙古，實高砂（《長崎夜話草》、《台灣紀略》曰：「台灣皆屬沙
畔沙坡」。又曰：「其西南畔一帶，原系沙墩，紅毛載石堅築，水衝不崩」）。而地多居人，自鄭芝龍、顏振泉始云（《鄭成功傳》）

图6　标记过词汇的文本在DocuSky中的显示

除了词频的统计、词汇的消歧聚合，以及词汇背后信息的延伸链接外，词汇标记最重要的功能，是将有关联的词汇借由标记链接起来，探讨文本之间的脉

①Hsieh-Chang Tu et al., "DocuSky, A Personal Digital Humanities Platform for Scholars," *Journal of Chinese History*, vol. 4, no. 2, pp. 564-580.

络关系，发掘以往线性阅读中无法探究的问题。诸如时间标记的对应、人物标记的关联，乃至于人、时、地、物标记的综合运用，都是在数字人文研究上重要的发展。

1. 时间标记的运用

时间无疑是最直观的脉络之一。在台湾大学数位人文中心所建构的所有脉络分析系统中，时间都是最基本的检索后分类。透过可视化，观察检索成果的时间分布，可以对检索到的文件子集进行很清晰的时间鸟瞰。[①]

时间标记的另外一个运用是辅助阅读。许多文本（如编年体史书或日记）是根据时间来排列的，对时间信息进行标记之后，就可以时间作为锚点，在数字工具的协助下将不同文本中同一时间所发生的事情同时呈现出来。我们以赖思频所建置的“春秋三传对读系统”为例说明。[②]

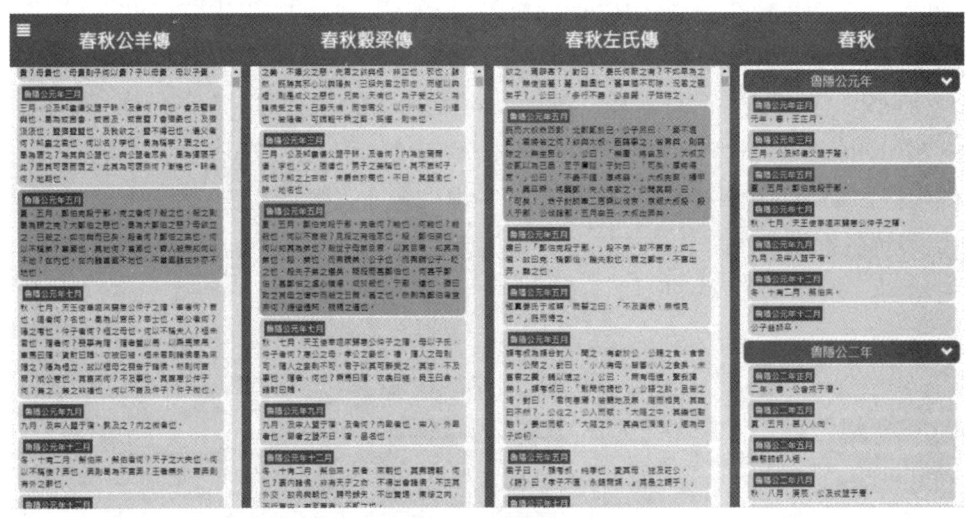

图 7 台湾大学“春秋三传对读系统”应用示例（一）

《春秋》记录了春秋时期鲁国鲁隐公元年（公元前722年）至鲁哀公十四年（公元前481年）的历史。由于《春秋》的文字相当精简，因此后世有《公羊传》《穀梁传》与《左传》为之进行补充式的批注（以下简称“春秋三传”）。《春秋》是一部编年体的史书，受其影响，“春秋三传”也是以鲁国纪年作为段落区分，如此可以依据纪年的标记锚点来进行四部书之间的对应。

①涂丰恩、杜协昌、陈诗沛等：《当信息科技碰到史料：台湾历史数位图书馆中的未解问题》，项洁编：《数位人文研究的新视野：基础与想象》，台北：台湾大学出版中心，2011年，第21—44页。

②赖思频、项洁：春秋三传对读系统，http://doi.org/10.6681/NTURCDH.DB_AR3C/Service，2020年10月10日。

在“春秋三传对读系统”中，点选任一文本中的任一段文字，系统都会通过时间的锚点将其他三部书中关于同一时间的文字拉到一个画面当中。

如图7所示，点选《穀梁传》中的“鲁隐公元年五月”，此时，不但《穀梁传》中关于鲁隐公元年五月的段落成为红色，其他三部书的“鲁隐公元年五月”也会同步被带入同一画面当中。在文本中，我们可以看到《春秋》里只简短地记述了“夏，五月，郑伯克段于鄢”寥寥数字；在《公羊传》与《穀梁传》中，两位作者都评论了郑伯寤生杀其弟段这件事情正当与否；《左传》则花了更多的篇幅记叙了段叔背叛郑伯的全部经过，郑伯对其母所言“不及黄泉，无相见也”的誓言，以及颍考叔如何化解这对母子间的龃龉等历史。进一步往事件之前的《左传》探询，还可以看到作者如何描述郑伯、段叔与母亲姜氏之间的关系。

当点选《左传》的“鲁哀公元年三月”时（见图8），会看到“三月，越及吴平，吴入越不书，吴不告庆，越不告败也”这段文字。这场吴国大败越国的战争，在《春秋》与《公羊传》《穀梁传》中皆未记载。而在此段落之前，《左传》所述正是我们所熟知的越王句践与吴王勾差之间的纠葛，然而，在《春秋》与其他二传之中，这段发生在东南沿海一隅的故事被忽略了。

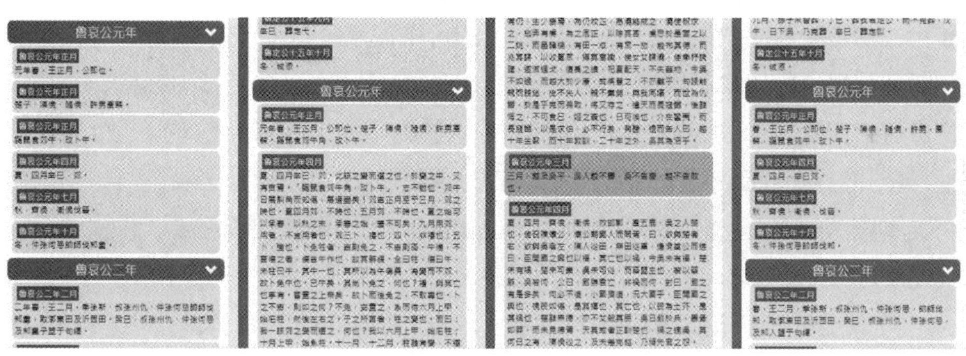

图8　台湾大学“春秋三传对读系统”应用示例（二）

《公羊传》与《穀梁传》未曾记载，是因为《春秋》本无此事，但《左传》的作者却留下了这段记录。是《春秋》在撰写之时缺乏这段史料？又或者是刻意没有书写？比较作传者的叙述角度其实可以帮助我们更好了解《春秋》“微言大义”背后的历史事件与历史评价。《公羊传》与《穀梁传》的作者多半探讨的是《春秋》为何如此记载，《左传》的作者则偏好将事情的来龙去脉交代清楚，其他留给读者自行判断。古伟瀛就认为，诠释者的思维往往会烙印在被诠释的对象上，这样读者不仅可以对被诠释者更了解，同时也可以对诠释者本身的处境及内心思想有进一步的理解。[①]“春秋三传对读系统”确实也提供了观察上的便利。

至于前面提到中公历之间的对应，则反映出多种纪年文本之间的对应与对读需求。司马迁在撰写《史记》的《十二诸侯年表》与《六国年表》时已经看到这个问题。为了将不同诸侯国的历史并列呈现，司马迁以周王纪年为基准，让各国的历史可以与之对应。司马光在编写《资治通鉴》的六朝时期时也遇到同样的问题。他发现当时各国林立，“皆与古之列国无异”，若把任一国当作正统，岂不是把其余的国家当成了“僭伪”？为了避免有所谓“正伪之别”，司马光“不得不取魏、宋、齐、梁、陈、后梁、后唐、后晋、后汉、后周年号，以纪诸国之事，非尊此而卑彼，有正闰之辨也”。[②]《资治通鉴》保留了诸国的纪年以一视同仁，却也把各国的历史变成独立而断裂的“国别史”。司马迁之所以能够完成年表，是因为春秋战国时期有周王室纪年可以作为权威参照，六朝时期却没有，当时也还没有公元纪年的概念。方佩雯的硕士论文《应用中历时间标准化于六朝正史对读》就是将六朝时期各国的纪年予以标准化，再利用前述“春秋三传对读系统”所使用的对读工具将纷乱的六朝历史并列呈现，[③]类似应用如图9。

方佩雯的研究将法鼓文理学院的“时间规范资料库”作为参照，以系统性的方式提取出六朝各国的时间词汇，再透过“时间规范资料库”进行系统性的批次转换，使各国独立的纪年时间信息对应公历时间，如此，便能依照所取得的标准化时间信息进行史实的排序。除此之外，方佩雯将原有对读工具中以单一时间标记进行对应的方式改变为时间的区间对应。因为每段文本都会有零至多个时间词汇，单独对应反而会更加混乱，因此，方佩雯采取的是以时间区段作为对应，即将文本段落中的起迄时间作为标记，让起迄时间相互涵盖的段落可以透过对读工具连结起来。

方佩雯以陈高祖（霸先）与梁国大将王僧辩的冲突为例，分别在《北齐书·帝纪》《陈书·帝纪》与《梁书·列传》中进行探索。背景是南梁贞阳侯萧渊明在攻打东魏时兵败被俘，公元550年，东魏权臣高欢之子高洋篡位自立，建立北齐，是谓齐文宣帝；公元554年，梁元帝被西魏将领所杀，南梁陷入立帝之争。此时上场角逐帝位的，有陈霸先属意的萧方智与北齐文宣帝特意于公元555年送回南梁的萧渊明。通过方佩雯建立的对读工具，在《北齐书·帝纪》中可以看到，梁元帝死后“梁将王僧辩在建康，共推晋安王萧方智为太宰”[④]；而

---

①古伟瀛:《顾炎武对〈春秋〉及〈左传〉的诠释》,《台大历史学报》2001年第28期。

②（宋）司马光等:《资治通鉴》，北京：中华书局，1956年，第2188页。

③方佩雯:《应用中历时间标准化于六朝正史对读》，硕士学位论文，台湾大学资讯网路与多媒体研究所，2020年。

④（唐）李百药:《北齐书》，北京：中华书局，1972年，第59页。

《陈书·帝纪》记叙同一时期的文字中提到立萧方智为太宰是陈霸先与王僧辩共同的决定，之后，王僧辩立贞阳侯萧渊明为帝，陈霸先对此感到不悦，故“高祖居常愤叹”。[①]这两段记载反映出两件事情，其一，陈霸先不愿立萧渊明为帝；其二，北齐积极于立萧渊明为帝。但我们却无法得知王僧辩立萧渊明是否与北齐有直接的关系。不过，若审视《北齐书·帝纪》中关于王僧辩立萧方智为太宰的前后文，并透过时间区段的对读，便可在《梁书·列传》中找到北齐文宣帝高洋曾致书王僧辩，希望王僧辩能够支持立萧渊明为帝的记叙，而王僧辩却也因此招致杀身之祸。[②]

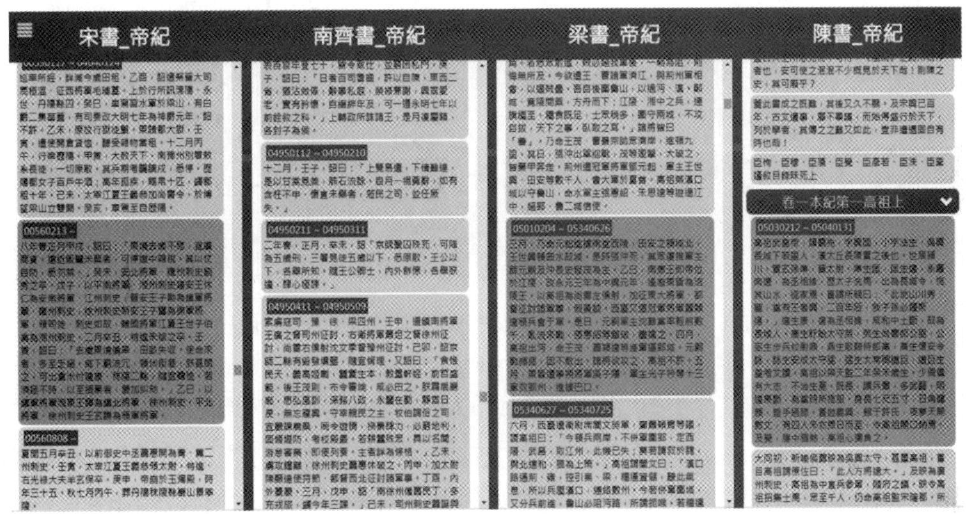

图9　基于中历时间标准化的对读系统应用示例（南朝史书“帝纪”对读）

可见，散见于《北齐书》《陈书》与《梁书》的记载，因为时间的标记而能够以数字工具进行串连，使看似独立的历史事件全都被兜组在一起，原本只能线性阅读的史料有了更多元的探讨方向。

2. 人物标记的运用

经过标记后的人名让研究者可以对不同人物出现的频率在数字工具中进行快速统计，也能够快速掌握所关注的人物在不同文本、章回或是档案中的出现。许多多（Xu Duoduo）等人所撰的《新加坡华人庙宇碑铭所载芳名录的数位人文探索》（*Chinese Singaporean Temples: Digital Humanities Approaches to Frequency Lists of Sponsors*）即是对《新加坡华文铭刻汇编1819—1911》进行词汇标记后

①（唐）姚思廉：《陈书》，北京：中华书局，1972年，第7页。
②（唐）姚思廉：《梁书》，北京：中华书局，1973年，第632—635页。

开展数字人文研究的作品。该文对新加坡华人庙宇中碑刻上的“芳名录”内人名进行了标记与统计，再利用DocuSky进行统计，便可看出哪些信徒在多间庙宇进行过捐款，也可借此理解哪些人物在新加坡华人信仰圈中可能有一定的声望与重要性。[①]

依 df 降冪排列

人名				
Term t		df	t→q	回報
林爽文	生平	1666	1.000	
福康安	生平	636	0.370	
常青	生平	614	0.418	
李侍堯	-	543	0.311	■■■
柴大紀	生平	462	0.405	
黃仕簡	生平	253	0.267	
普吉保	生平	243	0.464	
任承恩	生平	237	0.572	
海蘭察	生平	212	0.596	
恒瑞	-	205	0.470	■■■
普爾普	-	92	0.652	■■■
和珅	-	90	0.279	■■■
王芬	-	84	0.923	■■■
魏大斌	-	84	0.344	■■■
梁朝桂	生平	82	0.412	
阿桂	-	81	0.280	■■■
邱能成	-	79	0.632	■■■
陳泮	-	76	0.826	■■■
楊起麟	生平	72	0.514	
黃奠邦	-	70	0.515	■■■

图10　“台湾历史数位图书馆”（THDL）词频工具应用示例

人物词汇标记过后，除了可进行单一人物的统计外，还可以进行人物与人物之间的关联运算。在THDL的明清档案文献集中检索“林爽文”，可得1,666笔资料，而排在文件出现次数（document frequency, df）第二位的是“福康安”，出现于已检索出来的1,666笔资料中的636笔。乍看之下，福康安与林爽文的关系应该最密切，其实不然。THDL的词频分析工具中，除了文件出现次数外，还有一个“相关系数（t→q）”指数。如图10所示，“福康安”的相关系数是0.370，代表THDL里所有出现福康安的文件中，只有37%也同时提到林爽文。的确，虽然福康安去台湾的主要任务是镇压林爽文，但在平定了林爽文之后，福康安还向乾隆提了一连串的建议，如屯番等，[②]这些事迹对往后清代对台湾的治理产生很大的影响，但这些文件均与林爽文无关。相对之下，一些其他检索“林爽文”的共现（co-occurrence）人物如王芬（92.3%）、何有志（94.1%）、林劝（92.7%，林爽文父）等，相关系数都超过90%，代表这些人与林爽文的关系较福康安高出许多。这些相关系数高的人，不是与林爽文有亲戚关系，就是与林爽文一同举兵

①许多多、丁荷生、马德伟:《新加坡华人庙宇碑铭所载芳名录的数位人文探索》,《数位典藏与数位人文》2020年第4期。

②台湾银行经济研究室:《台案汇录壬集》，台北：台湾银行，1966年，第1—8页。

反抗政府。所以在实际的关联性上，就可以透过共现频率和相关系数迅速掌握词汇与词汇之间的关系，而前提则是必须进行人名词汇的标记。

标记后的人物词汇还可以进行可视化的呈现，比如可以利用斯坦福大学所开发的Palladio将多份文件中重复出现的人物联结起来，将共现关系制作成词汇关联图。这种在不同历史文本间找寻相同人物并进行可视化呈现的方法，有助于在庞大的历史文本数据中迅速锁定研究对象。例如，《淡新档案》的11509案中有一件关于竹北二堡红毛港庄教会的教民调查清册。若利用教民的姓名词汇在整份《淡新档案》文献集中查找，可以发现其中有几位教民也出现在其他红毛港庄一带相关案件中。因此可以利用Palladio将这样的关联性制作成关联图呈现（图11）。

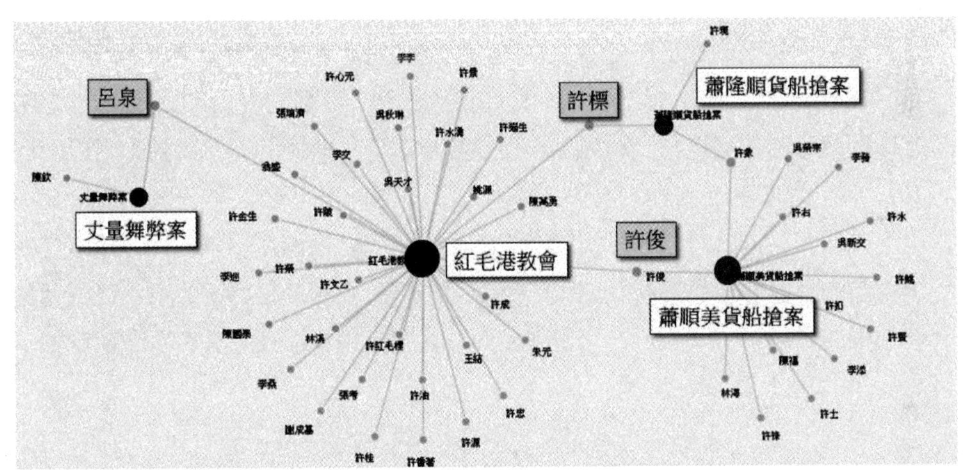

图11　跨文本人名词汇关联图呈现示例（以Palladio制图）

如图11所示，教民吕泉同样出现在丈量舞弊案中，而许标、许俊则是在货船抢案中出现。这些案件中，涉案教民都是以“被告”身份出现。红毛港教会设立的时间约在1877年，11509案的成案年为光绪十七年（1891年），吕泉所涉案件发生在光绪十三年（1887年），货船抢案约在光绪十一年（1885年）前后。无论涉案教民是在案前或案后信教，多少也反映出地方恶徒成为教徒或者倚仗教徒身份进行犯罪的现象，因此有学者认为清末一般民众批判基督教信徒“靠番仔势”的形象可能不是空穴来风。[①]

由上述的例证可知，对于完成人名词汇标记的文本，我们可以进行多样化的

①胡其瑞：《数位人文视角下淡新档案中的教堂、教士与教民》，2020年基督教宣教士文史国际学术研讨会，台湾彰化，2020年。

分析与呈现。透过数字人文工具的协助，可以快速掌握人物在历史文本中的出现情形与关联性，从而进行更多研究上的探索。

3. 人时地物标记的综合运用

地名词汇的标记，可以通过权威信息的带入在地图上显示历史文本中事件发生的地点。透过空间的观察，也能够探询作者在撰写文本时的空间知识，若加上时间因素进行排序，还能认识到历史事件在空间中的迁移。举例而言，《水浒传》中许多角色出场时，施耐庵都会提及他们的出生地，例如“九纹龙”史进是华阴县人，“及时雨”宋江是郓城县人，“旱地忽律”朱贵是沂水县人。若将这些籍贯标示在地图之上，可以看到施耐庵笔下人物的籍贯北不过河北，西不过陕西，大部分集中于长江以北，但也有祖籍琼州（海南岛）的孙新。由这个分布可以看出作者当时的“天下知识”到达哪些地方。

对象标记与时间标记的结合有助于理解某些特定对象在历史中出现或消失的变动。以收录琉球国与周边国家往来文书的《历代宝案》为例，“胡椒”曾是明代琉球国重要的朝贡物与交易商品，但是经过对象与时间的交叉比对，可以发现1579年后“胡椒”在文件中消失了好多年，直到清初才恢复了一些，之后又不再出现琉球国。依此对象在时间轴当中的呈现，可以推论在明末清初，胡椒在朝贡贸易上的重要性已经降低。这可能是因为中国已经出产足够的胡椒，又或者是有别的渠道供应了中国所需，又也许和西方人垄断香料贸易有关，以致琉球国不再需要向中国进贡或贩卖胡椒。

讨　论

历史是研究人在时间中的活动轨迹的一门学问，但地理空间和各种对象不可避免地穿插其间，使得历史研究成为结合人物、时间、地理空间与对象的工作。传统的研究方法是通过在历史文本中爬疏文字，记录人物、时间、对象与地理位置的关系，从中探寻在时间之流中曾经发生的史实。

然而在数字时代，研究者面对大量的文本，有效、快速地标记人、时、地、物就成了当务之急。本文先针对人、时、地、物标记的目的与需求分别做说明，指出对时间标记而言，最主要的工作是时间的正规化；对人名和地名，除了认出词汇外，标记还需要处理消歧和聚合两大问题，而地名更有标记坐标经纬度的需求；对象标记也有消歧和聚合的问题，但对象种类繁多，所以词汇辨识是比较大的挑战。

接下来本文介绍了两个工具——MARKUS和CT Tool，以及如何结合这两者与现有的参考数据库，如CBDB、TGAZ，法鼓文理学院的人名、地名、时间规范及TWGIS等，达到快速标记的目的；并且介绍了如何通过标记序号，达到词汇的聚合、消歧，以及权威信息的延伸阅读。最后通过一些例子，展示标记能够提供的脉络观察与鸟瞰。

本文没有详细介绍的是事件标记的做法。谈到事件的标记，不能不提南宋袁枢写的《通鉴纪事本末》。袁枢将《资治通鉴》的部分内容标记成239个事件，而且无意中创造了一种新的历史书写方式——纪事本末体，对中国传统的历史书写产生很大的影响。然而《通鉴纪事本末》并没有涵盖所有《资治通鉴》的内容（后者有294卷，前者只有42卷），而且所解析出的事件，明显反映作者自己的偏好。钱穆批评《通鉴纪事本末》对战国只选取“三家分晋”和“秦并六国”两个事件，“把整个战国史都忽略了”，又言“历史不能只管突发事件，只载‘动’与‘乱’，不载‘安’与‘定’，使我们只知道有变，不知道有常”；他甚至严厉地说，“袁枢实当不得是一个史学家，他这书的内容也不能算是一部史学名著”。[①]姑且不论钱穆的批评是否过苛，他至少指出了标记事件的困难与主观的本质。

事件标记的第一个挑战是标记的全面性。假设一位研究者要对一位文本集当中的人物做标记，但如果只标记其中三分之一的文本，不标另外三分之二，那么这些标记从统计上来说是没有任何代表性或用处的。如果囿于人力或时间，无法标记所有的人物，那么可以选择一些特定的人物（譬如研究者特别感兴趣的人或所有巡抚以上官员等）去标记想要研究的文本集，而不是只标记一部分文本中的人物。钱穆对袁枢的批评多少和后者没有对《资治通鉴》做全面性标记的做法有关。无论《资治通鉴》本身取材有无偏见，这本书反映了司马光对治理国家的看法，然而袁枢仅仅取了其中三分之一做纪事本末，而且只取“乱”，不取“治”，完全达不到“鸟瞰”《资治通鉴》的目的，这样如何可以称为《资治通鉴》的纪事本末？

但是如何全面性地标记事件呢？事件是一个语义型（semantic）概念，而其他四个词汇类型（人、时、地、物）则是语法型（syntactic）概念，语法型的词汇通过字符串匹配（string matching）即可萃取，语义型词汇则困难得多。以前文提到的土地移转图为例，要判断两张契约文书是否为上下手契，必须先萃取出契约种类、买方、卖方、土地位置、四至（土地的东南西北界）、买卖时间等；如果是阄分契或隔代才交易的契书，就更复杂，在用自动方法从契书中取出

①钱穆:《中国史学名著》，台北：三民书局，2019年，第248、250页。

这些信息后，还需再设计一个算法去判断是否为上下手契。[①]即使如此，这个算法仍然会遗漏一些上下手契（我们的方法求全率是71%）。但至少这一上下手契的计算和标记是针对THDL当时的整个古契书文件集做的，不是只拿一个子集合做实验，所以勉强具有全面性，也可以从中发掘出一些前人看不到的脉络与研究议题。无论如何，这个例子体现了标记事件的第二个挑战，也就是事件内在的语义性。

第三个挑战是所谓事件一定是关联着文件特性的。上下手契的关系不会在明清行政档案中出现，奏折/上谕引用关系也不会对地方契书有意义，所以针对不同的文件性质，需要设计不同的方法。而又因事件分析往往牵涉对文件集整体的分析，计算起来需要很多的资源，所以通常只能用前处理的方式找出事件关系，而无法做实时（real time）的标记。这使得事件标记的做法在思维和策略上均与其他的标记类别大为不同。

如果把现在的历史研究环境和30年前比较，大量电子文本的出现显然对研究方法造成很大的冲击，若要同时驾驭大量的历史文本，鸟瞰或从中发掘脉络，词汇标记应该是必不可少的步骤。MARKUS与CT Tool这类工具的出现，固然简化了在大量文本中进行语法型词汇标记的工作，让研究者能够快速掌握人、时、地、物词汇之间的关联，但这些工具仍有改进的空间，尤其是面对语义型“事件”的识别与标记，还有许多理论和技术上的问题需要克服。本文希望能够抛砖引玉，让学界关注历史文本标记的议题，进而发展更完善的理论基础和更便利的数字工具，让历史文本的词汇标记可以更有效率，使数字人文的研究方法能够更加丰富。

①黄于鸣:《台湾古地契关系自动重建之研究》，硕士学位论文，台湾大学资讯工程研究所，2009年。

Vocabulary Marking and Application of Historical Text

Hsiang Jieh, Hu Chijui

Abstract: Historical text is the basic material of historical research. By crawling the content of the text, historians organize, piece together and contextualize meaningful information in the text. History is a discipline that studies the trajectory of human activities in time. After adding the concept of geographic space, historical texts will become more three-dimensional. Instead of linear reading in paper data in the past, historical texts in the information age can add a lot of vocabulary tags with the assistance of technology, and then use the analysis and visualization of tagged vocabulary to take a bird's eye view and grasp the implicit context in historical texts. By discussing the meaning of person, time, place name and object vocabulary marks in historical texts for historical research, describing the purpose and characteristics of various marks, especially pointing out that vocabulary marks not only identify words, but also need to achieve "disambiguation" with the "aggregation" function. At the same time two automatic tagging tools are introduced, "Code Library Semi-automatic Marking Platform for Ancient Books"(MARKUS) and "Batch Tagging Tool"(Content Tagging Tool, CT). These two tools make it possible to quickly mark a large number of people, times, places, and things. Illustrate how to use marked texts through actual research results; use time, person, geography, and object vocabulary to mark actual benefits to illustrate the use of vocabulary marking and application in historical texts and historical research. Finally, we discuss the issue of event markers, and point out that event markers are essentially different from other lexical markers.

Keywords: Text Annotation; Digital Humanities; Historical Text; DocuSky; MARKUS

敦煌智慧数据研究与实践[①]

王晓光 / 武汉大学信息管理学院
谭　旭 / 武汉大学信息管理学院
夏生平 / 敦煌研究院

摘　要： 以敦煌莫高窟研究为例，探索数字人文视角下建设文化遗产领域智慧数据的总体思路，为数据资源的语义化处理和应用服务提供实用的研究方法和技术工具。通过介绍敦煌壁画主题词表构建与关联数据发布、敦煌石窟本体及相关数据模型、图像深度语义标注、图像数字资产管理系统、敦煌壁画图像交互式数字叙事系统，以及敦煌石窟知识图谱与应用服务，概述了敦煌智慧数据的创新研究成果和实践近况，以期为类似的文化遗产和数字人文项目提供参考与借鉴。

关键词： 敦煌文化遗产　数字敦煌　智慧数据　数字人文

敦煌莫高窟是世界文化遗产，也是中华文明的记忆宝藏，具有重要的历史文化意义与学术研究价值。自1930年代以来，围绕敦煌莫高窟的研究与保护工作形成了海量的知识资源，包括学术著作、洞窟档案、考古报告、摄影图像、年表目录等。1980年代开始，敦煌文化遗产数字化工程逐渐兴起，并且积累了极为丰富的数字资源。这些海量的学术文献资料与高保真数字资源为敦煌莫高窟文化遗产的保护、研究和传播提供了良好的基础保障。

近年来，随着数字人文的兴起，人文领域的大尺度宏观研究、量化计算研究、统计挖掘研究和时空可视化研究随之产生。这些新的研究取向给资源管理和数据基础设施建设带来了新要求和新挑战。而现有的敦煌莫高窟相关主题数据库在资源组织体系框架上还难于支撑数字人文研究，[②]资源组织方法主要是传统的

①原文刊载于《数字人文》2020年第4期。本次出版已获得作者允许及授权。

②See X. Wang, X. Tan, Q. Duan, “Enhancing Scholar Supportive Data: Surveying the Landscape of Information Resources for Digital Dunhuang,” Annual Meeting of the Association for Information Science & Technology, 82nd, Melbourne, Australia, 2019.

元数据和分类法，资源的语义特征缺乏深度描述和揭示，资源之间的语义关联不足，数据孤岛现象明显。此外，现有资源组织体系的知识单元粒度不够细致，知识服务模式也较为单一，缺乏语义检索和数据挖掘功能，无法支撑知识的自动发现。如何针对此类规模庞大、格式多样、增长迅速的数据资源进行组织与表示、挖掘与分析、展示与服务，探索"数据驱动"的数字人文新范式，已经成为大数据时代图情学科和敦煌学界共同面临的新课题。

大数据、人工智能、深度学习、图像识别、领域本体、关联数据、知识图谱、语义增强、人机协同等智慧数据方法的快速发展及其在图书馆、档案馆和博物馆（Libraries, Archives and Museums, LAMs）中的应用拓展，为实现敦煌文化遗产领域数据到智慧数据的价值提升提供了可能。近年来武汉大学与敦煌研究院通力合作，围绕敦煌智慧数据开展了一系列探索工作。本文概述了建设敦煌智慧数据的总体思路和建设过程中所产生的一系列创新研究成果。敦煌智慧数据的建设为敦煌文化遗产的保护、研究和传播奠定了丰富而智慧化的数据基础，亦为数字资源向智慧数据的转换提供了实用的研究方法和技术工具，对类似的文化遗产和数字人文项目具有参考与借鉴意义。

一、敦煌智慧数据的建设基础

（一）信息资源基础

建设敦煌智慧数据的资源基础是具有海量、多源、异构、多模态、跨时空、跨文化、分布广、内涵杂等特点的敦煌文化遗产数字信息资源。敦煌文化遗产数字信息资源既包括了针对石窟、壁画、彩塑、写本内容、专家手稿、历史照片等原生或非原生数字资源，涉及文本、图像、音视频、二维数据与三维模型等数据类型，并以非结构化文本和视觉资源为主；同时，还涵盖了敦煌学研究论文、图书、报纸、书目等敦煌研究的文献资源，内容涉及宗教、艺术、历史、考古、语言等多方面主题。[①]

目前，洞窟、彩塑与壁画的数字图像与三维数字资源是敦煌文化遗产数字信息资源的主要增长热点，仅以"数字敦煌"为例，该项目（截止2018年）已开展了包括221个洞窟数字化摄影采集，141个洞窟的图像处理，143个洞窟结构三维重建，45身彩塑三维重建，2处大遗址三维重建，144个洞窟全景漫游节目制作，获取45,000张档案底片的数字化资源，[②]数据总量超过1,000TB。

①樊锦诗、李国、杨富学:《中国敦煌学论著总目》，兰州：甘肃人民出版社，2010年。
②吴健等:《数字敦煌项目综述》,《中国计算机学会通讯》2019年第9期。

（二）文化遗产领域相关数据标准

参照或复用国际上成熟的数据标准和模型，进行文化遗产数据资源的语义描述，是敦煌智慧数据建设的前提，也是实现其管理与利用的关键。目前，文化遗产领域已经制定了一系列较为成熟的通用型数据标准。例如艺术作品描述类目（Categories for the Description of Works of Art, CDWA），艺术和建筑词表（Art & Architecture Thesaurus, AAT），CIDOC概念参考模型（CIDOC Conceptual Reference Model, CIDOC-CRM），以及国际图像互操作框架（International Image Interoperability Framework, IIIF）。

CDWA①是用于描述艺术品、建筑，以及艺术品的视觉或文字替代品的元数据方案，能够满足艺术历史研究、艺术品管理者以及相应的信息技术专家等人员在记录、保存、检索艺术信息上的需求。在概念框架设计上，CDWA确定了能够兼容各种信息系统的内容描述框架，有利于保持数据的完整性，也便于长期保存和数据迁移。同时，CDWA还制定了与其他元数据标准（如DCMI、MARC、VRA等）的映射表，以便实现数据的交换与共享。②

AAT③是为了满足艺术图书馆馆员对艺术图书馆和艺术期刊索引服务的需求，以及视觉资源策展人和标引人、档案管理员、博物馆人员对视觉资源集合、档案集合及馆藏品对象进行编目的需要，面向艺术和建筑领域建立的受控词表系统。AAT使用层次结构进行叙词的组织，并通过“层面”来将同构的相关概念划分到统一的分类中。④学界和业界通常基于AAT进行艺术与建筑领域的元数据框架设计，以及数字资源分类与索引等工作，⑤同时，它也被广泛应用在相关领域的语义聚合、语义检索与语义关联等研究之中。⑥

CIDOC-CRM⑦是国际文献工作委员会（International Committee for Documentation, CIDOC）开发的面向对象的概念参考模型，旨在促进多样化的

①Getty Research Institute, “The Categories for the Description of Works of Art,” http://www.getty.edu/research/publications/electronic_publications/cdwa/, accessed December 15, 2019.

② 肖婷：《应用CDWA标准描述数字宋画作品的探索》，《图书情报工作》2011年第9期。

③Getty Research Institute, “Art & Architecture Thesaurus,” http://www.getty.edu/research/tools/vocabularies/aat/, accessed December 15, 2019.

④P. Molholt, T. Petersen, “The role of the 'Art and Architecture Thesaurus' in Communicating about Visual Art,” *Knowledge Organization*, vol. 20, no. 1, 1993, pp. 30-34.

⑤P. Alonso Gaona García et al., “A Usability Study of Taxonomy Visualisation User Interfaces in Digital Repositories,” *Online Information Review*, vol. 38, no. 2, 2014, pp. 284-304.

⑥C. Binding, D. Tudhope, and A. Vlachidis, “A Study of Semantic Integration Across Archaeological Data and Reports in Different Languages,” *Journal of Information Science*, vol. 45, no. 3, 2019, pp. 364-386.

⑦CIDOC Documentation Standards Working Group., “CIDOC CRM ,” http://www.cidoc-crm.org/Version/version-6.2.3, accessed December 15, 2019.

文化遗产数字资源的集成、转换和互操作。它涵盖了围绕文化遗产发生的历史史实、人文艺术、考古遗迹、时间地点、人物类资讯以及版权声明等信息，为文化遗产数字资源的标准规范及描述框架构建奠定了基础。目前，WarSampo[①]等多个文化遗产领域的重要项目已采用CIDOC-CRM模型对文化遗产数字资源中所涉及的隐性概念、显性概念及它们的关系进行定义及形式化描述，通过提供一个通用、可扩展的语义框架，以达到对异构文化遗产数字资源的交换和集成，并确保所提供的信息细节和精确度能达到博物馆专业人员和研究人员的期望和要求。[②]

国际图像互操作框架（International Image Interoperability Framework, IIIF）[③]，是一个用于解决互联网图像互操作问题的技术框架，它定义了用于图像及其元数据传递的通用应用程序编程接口（Application Programming Interface, API），通过设计图像API、展示API、资源检索API和认证API，以达到质量更高、速度更快、成本更低地在不同系统间进行图像共享与传输的目的。目前，梵蒂冈图书馆的DigiVatLib项目[④]、欧盟的Europeana项目[⑤]及日本国立国会图书馆的数字图书馆实验[⑥]等项目均支持IIIF，以此实现文化遗产数字图像及相关资源的互联网共享与交换服务。

（三）敦煌相关信息组织研究

在数字化的早期阶段，研究者们主要依照分类法组织敦煌石窟数字信息资源，其中尤以分面分类思想为主，制定了例如基于《中国图书馆分类法》的敦煌学论著分类词表，[⑦]以及结合保护史与保护对象的敦煌石窟保护文献资料分类表[⑧]等各类分面分类表。同时从文物保护、敦煌学学科体系等角度出发，按照“分面—亚面—类目”的逻辑设计了多种数据库信息资源类目。[⑨]随着需求多元化与数字技术的发展，有学者开始聚焦于元数据研究，包括敦煌石窟壁画及彩塑元数

①E. Hyvönen et al., “Warsampo Data Service and Semantic Portal for Publishing Linked Open Data about the Second World War History,” European Semantic Web Conference, Springer, Cham, 2016, pp. 758-773.

②J. Allinson, “Describing Scholarly Works with Dublin Core: A Functional Approach,” *Library Trends*, vol. 57, no. 2, 2008, pp. 221-243.

③International Image Interoperability Framework Community, "International Image Interoperability Framework," https://iiif.io/, accessed December 15, 2019.

④Vatican Library, “DigiVatLib,” https://digi.vatlib.it/, accessed December 15, 2019.

⑤Europeana Foundation, “Europeana Pro,” https://pro.europeana.eu/resources/apis/iiif, accessed December 15, 2019.

⑥National Diet Library, “kuniDeCo Wall,” https://lab.ndl.go.jp/dhii/kunidecoview/, accessed December 15, 2019.

⑦顾虹:《敦煌学论著分类号—检索词对应表的编制》,《敦煌研究》2007年第6期。

⑧刘瑛、曾俊琴、陈港泉:《敦煌石窟保护文献资料整理与分类的探讨》,《敦煌研究》2007年第5期。

⑨江志学、韩春平:《关于敦煌学数字图书馆》,《敦煌研究》2005年第6期。

据标准[①]、敦煌遗书元数据标准[②]、基于都柏林核心元数据（Dublin Core Metadata Initiative, DCMI）的敦煌图像中文元数据标准方案[③]、关系型数据库中的敦煌文化遗产数字资源元数据组织模式[④]、以及文物数字化保护元数据标准规范[⑤]等。这些分类表和元数据方案侧重描述资源外部属性，为资源保护和利用提供了一定的规范依据，但缺乏对资源内容的描述。

本世纪初期，为进一步揭示资源内涵及资源之间的关系，王平[⑥]和宋志浩[⑦]分别开展了敦煌本体研究。前者提出了一套围绕敦煌石窟文物资源实体关系的本体方案，后者则通过构建基于艺术对象分类的敦煌壁画本体，实现了壁画与相关研究文献的关联。这两套本体方案都是语义网技术崛起的产物，但尚未构建针对敦煌石窟知识内容的高层概念本体，也未对细粒度知识进行深入分析。

二、敦煌智慧数据的建设内容

随着数字人文的兴起，人文研究从文献检索时代进入到数据分析时代，数据资源对于人文学术研究具有重要的支撑价值。目前，敦煌文化遗产领域具有海量的学术文献资料与高保真数字资源，存在诸多可借鉴的国际文化遗产领域权威数据标准，并且已经在资源采集、存储、加工、组织方面有了一定的工作基础，但仍存在资源分散、互操作性差、弱关联、语义模糊和知识服务单一等问题，在语义表示与组织方法、多维度信息内容聚合、细粒度知识关联、集成服务等方面还有着很宽广的实践需求与研究潜力。

智慧数据理念的兴起为敦煌文化遗产数据资源的创新利用提供了可能。智慧数据（Smart Data），旨在基于大数据的规模庞大、格式多样、流动速度快、易变性、真实性等特征，通过提供可操作的信息和完善决策以实现数据价值（Value），[⑧]在表现上具有可解释性、自描述机制以及可溯源性的特点。智慧数据

---

①杨西宁、杜义涛、赵书城：《敦煌石窟艺术元数据标准的设计及实现》，《上海交通大学学报》2003年第s1期。
②刘华等：《敦煌学数字图书馆遗书元数据标准的设计与结构》，《上海交通大学学报》2003年第s1期。
③杜方、蒙应杰、赵书城：《基于XML的敦煌图像数据存储的研究》，《计算机应用研究》2004年第1期。
④赵雅洁、蒙应杰、万毅荣：《主题数字图书馆中元数据组织模式及实现的研究》，《计算机科学》2004年第10期。
⑤北京大学图书馆：《文物数字化保护元数据标准规范征求意见稿发布》，https://www.lib.pku.edu.cn/portal/cn/node/2889，2019年12月15日。
⑥王平等：《"数字敦煌"建设方案设计》，《现代图书情报技术》2006年第11期。
⑦宋志浩：《基于本体的敦煌壁画信息语义检索系统研究与实现》，硕士学位论文，浙江大学，2010年。
⑧曾蕾、王晓光、范炜：《图档博领域的智慧数据及其在数字人文研究中的角色》，《中国图书馆学报》2018年第1期。

是信息资源的高级编码方式与组织形态，在数据的结构化、语义化和关联化程度相比现有信息资源组织程度更高，更能满足人文研究对数字资源的智能计算的需要，是数据科学理论体系中的新概念和信息资源建设的新方向。如何基于现有的数字资源进行数据化和智慧化加工，建设形成内容数字化、编码结构化、表示语义化、组织网络化和关联智能化的敦煌智慧数据是一个极具挑战的研究问题，也具有较为重要的现实意义。

鉴于此，本项目借助元数据、主题词表、本体、语义增强、关联数据、知识图谱等技术，以及海量的敦煌研究文献和敦煌数字资源，以探索敦煌文化遗产智慧数据集的结构、功能、形式以及构建路径和方法，并通过集成平台开展数据共享和智慧服务。主要建设内容包括敦煌壁画主题词表构建与关联数据发布，敦煌石窟本体及相关数据模型研究，图像深度语义标注方法研究，设计并开发图像数字资产管理系统、文化遗产图像交互式数字叙事系统，以及实现敦煌石窟知识图谱的构建与应用服务（尚在进行，如图 1）。

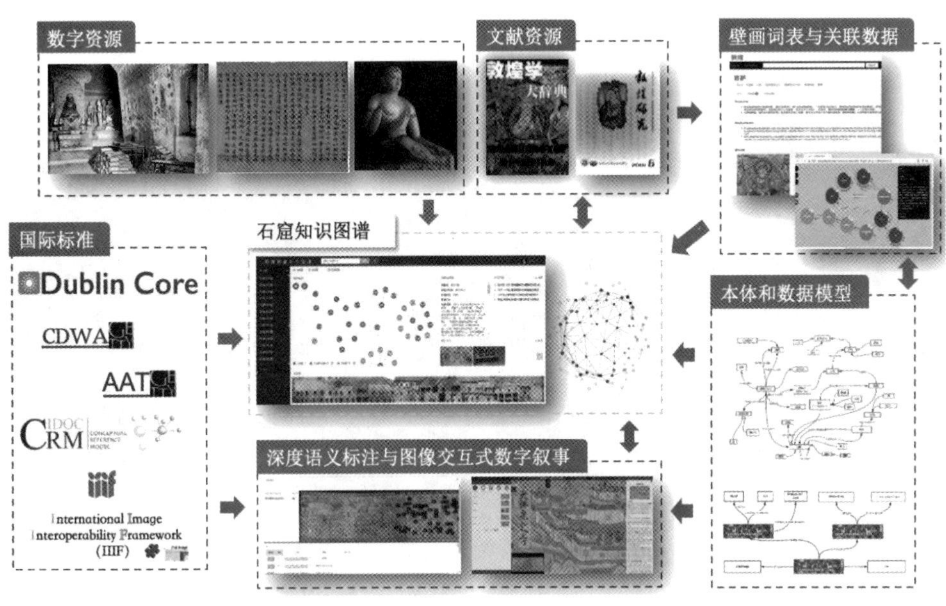

图 1　敦煌智慧数据体系架构

（一）敦煌壁画主题词表构建与关联数据发布

敦煌壁画主题词表（Dunhuang Mural Thesaurus）是针对敦煌壁画研究领域而编制的具有规范细分语义关系、权威多源注释内容的一套受控词表。[①] 主题词

---

①王晓光等：《敦煌壁画叙词表构建与关联数据发布》，《中国图书馆学报》2020年第4期。

表的建设试图解决敦煌壁画领域统一规范受控词表缺失、壁画数字资源对象描述与语义互操作性差等问题。参考AAT、艺术与图像分类系统ICONCLASS等权威词典的结构，以敦煌学基础辞典《敦煌学大辞典》及两本敦煌学中文权威期刊《敦煌研究》《敦煌学辑刊》自发刊以来的700余篇敦煌壁画相关论文为文献基础，利用人机协同的方法进行领域主题词发现与归类。敦煌壁画主题词表由代理者、物理特质、活动、时间、物件五大分面构成，设置了25个二级类目，目前共收录4,276个词汇，并与AAT、Wikidata等国际开放关联数据集实现了自动关联。同时，本项目还基于关联数据（Linked data）技术开发了敦煌壁画主题词表关联数据服务平台，以提供词表可视化、主题词查询、SPARQL查询、关联数据下载等功能与服务（如图2）。敦煌壁画主题词表全面涵盖了壁画修复、考古、图像志、人文艺术等壁画相关的研究视角。其推广应用将加快敦煌壁画信息资源组织和利用的语义化进程，提高信息加工处理的规范化水平。敦煌壁画主题词表不仅是敦煌智慧数据建设的重要组成，也为艺术史、美术、图像志等人文艺术类学科的研究提供了重要的基础数据支撑。

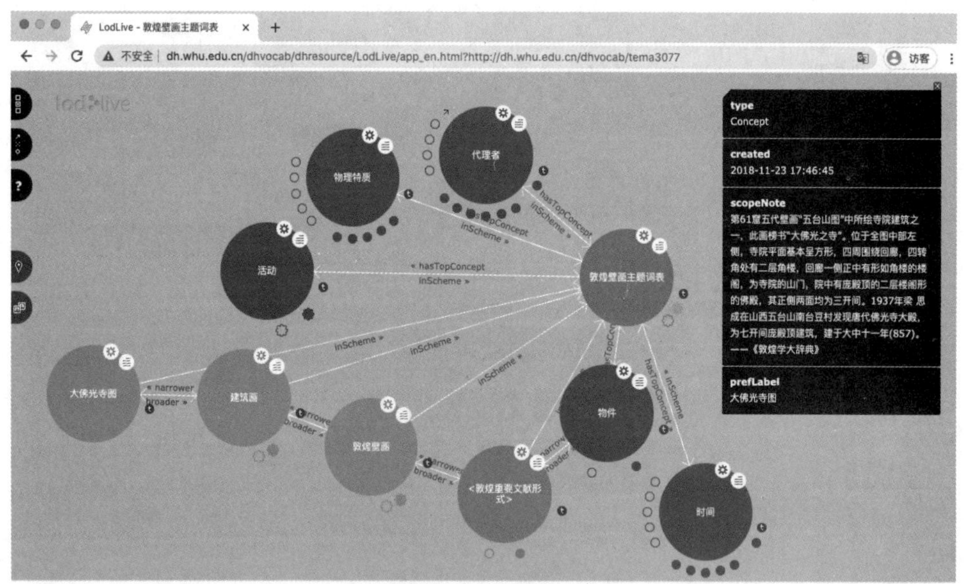

图2 敦煌壁画主题词表语义关系可视化

（二）敦煌石窟本体及相关数据模型研究

构建领域本体可以在语义表示的层面上较为全面地揭示敦煌文化遗产数字资源的语义特征和文化内涵，继而设计统一规范的多粒度表示模型与数据模型，满足智慧数据的计算性和语义互操作要求。因此，项目团队在明确敦煌文化遗产知识的结构、概念、组成元素以及之间的关系的基础上，参考DCMI、CDWA等元数据标准，以及CIDOC-CRM、FOAF、ABC等国际通用本体模型，根据敦煌石窟文化遗产的特征进行扩展和自定义，构建了敦煌文化遗产领域本体模型。该模型是对敦煌文化遗产领域知识的高度抽象与概括，将非形式化的知识明确表达为领域内各种概念及其之间的关系，深度描述和揭示敦煌石窟相关研究文献资源的语义特征、资源之间的语义关联。

除了构建领域本体模型外，本项目还针对图像类数字信息资源，尤其是壁画数字图像的细粒度化和语义化表示问题开展研究，并形成了一系列方法和模型，主要包括敦煌壁画层次性数字图像语义描述框架（SDFDI）[①]、叙事型图像语义标注模型[②]、利用低层语义数据生成高层知识信息的图像语义表示方式[③]，以及基于角色关联的叙事型文化遗产多粒度知识表示方法。[④]这些研究通过构建图像的多维语义描述框架，剖析了图像细粒度知识所蕴含的语义内涵及知识间的语义关系，为建设敦煌智慧数据提供了坚实的方法基础。

（三）图像深度语义标注方法研究

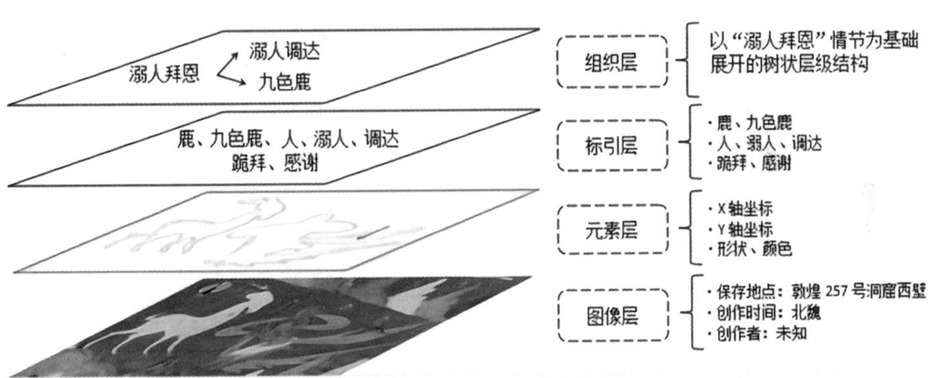

图3　文化遗产图像语义标注层次模型[⑤]

为提高图像的检索与获取效率，增强计算机对图像语义的理解程度，实现跨域的图像资源自动整合与知识发现，项目团队提出了面向文化遗产图像资源的通

①王晓光、徐雷、李纲:《敦煌壁画数字图像语义描述方法研究》,《中国图书馆学报》2014年第1期。
②徐雷、王晓光:《叙事型图像语义标注模型研究》,《中国图书馆学报》2017年第5期。
③李旭晖、吴燕秋、王晓光:《演化视角下图像的语义表示》,《图书情报知识》2017年第6期。
④李旭晖、吴燕秋、王晓光:《基于角色关联方式的叙事型文化遗产知识表示方法》,《图书情报工作》2017年第4期。
⑤王晓光、刘雪梅、夏生平:《文化遗产图像深度语意标引方法设计与实现》,《图书馆学与资讯科学》2017年第1期。

用性深度语义标注框架（Deep Semantic Annotation for Cultural Heritage Images, DSA-CH）①，以运用于敦煌壁画图像标注工作。该框架以文化遗产图像语义标注层次模型为基础（如图3），借鉴潘诺夫斯基的图像志理论，融合元数据描述、实体标注、信息组织、结构化叙事展示功能，能够揭示图像蕴含的主题、概念、实体、事件、文化背景等深层次信息及其关系结构。将文化遗产图像深度语义标注框架运用于敦煌壁画图像内容解读，不仅能够描述壁画图像的整体特征，还能够描述图像内部的细粒度对象与语义单元，是建设文化遗产领域的高质量图像语义数据集和构建敦煌智慧数据的重要环节。

（四）图像数字资产管理系统

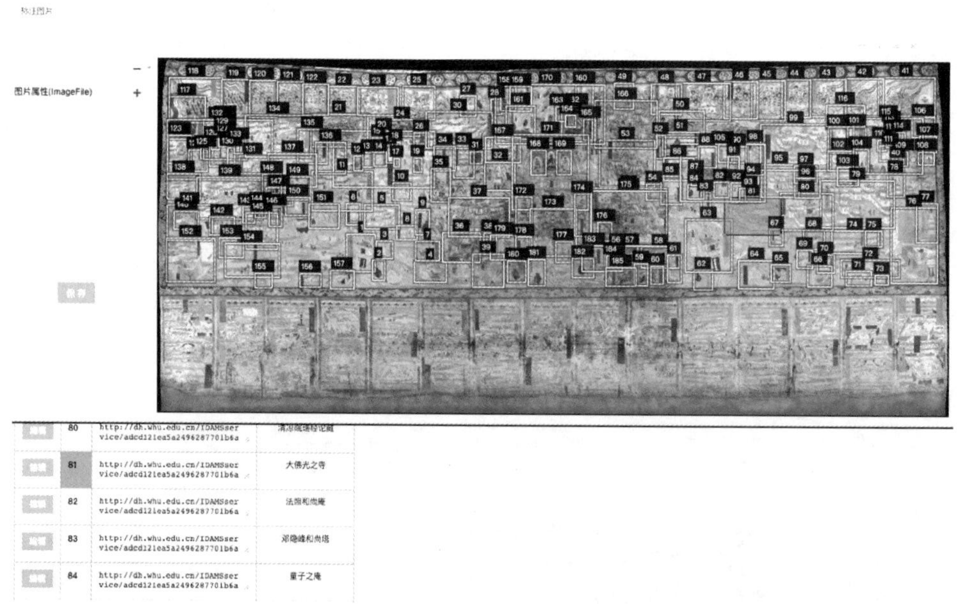

图4　图像数字资产管理系统标注页面示例

图像数字资产管理系统（Image Digital Assets Management System, IDAMS）是一套支持IIIF的WEB管理系统，针对图像类数字信息资源进行深度化的功能定制。系统的注册用户不仅可以对文化遗产等领域的图像数字信息资源进行上传、查看、语义化检索与元数据管理，还支持用户按照其设定的元数据框架或本体模型对图像中的兴趣点（Point of Interests, POI）进行人工语义标注。使用IDAMS开展敦煌领域数字图像的具体标注工作时，标注者通过鼠标拖移并在图像上选择

①王晓光、刘雪梅、夏生平:《文化遗产图像深度语意标引方法设计与实现》,《图书馆学与资讯科学》2017年第1期。

具体的选区，进而对选区内的POI内容进行标注。针对已创建选区的POI，标注者还可以添加、修改或删除标注的内容，并为其添加相关的描述型富文本（如图4）。IDAMS的开发使得项目团队能够有效地对内部图像数字资产进行高效、便捷地运营和管理，实现图像数字资产的保值与增值。同时，项目团队还在积极搭建适用于多组织以及各个组织中多个用户的SAAS平台，这将使IDAMS具有更加重要的现实意义和一定的商业价值。

（五）文化遗产图像交互式数字叙事系统

图5　大佛光之寺POI信息页面示例

文化遗产图像交互式数字叙事系统是利用元数据、语义标注、IIIF等技术与标准而构建的图像增强展示系统，[①]是结合语义增强方法与数据叙事思想的创新性研究成果。该系统贯以数字人文视角，以莫高窟第61窟《五台山图》壁画的高清数字图像为样本，从“人—事—时—地—物”五个维度出发对图像中的语义内涵进行分解，提取出寺庙、佛塔、灵异瑞现、地点、人物五类概念或实体的共计185个细粒度语义单元，继而通过IDAMS进行语义标注以揭示图像语义单元的元数据信息及其上下文信息，并与AAT、敦煌壁画主题词表等外部知识资源建立链接，以实现图像的语义增强表示与组织。同时，系统引入数据叙事思想，以POI为核心，辅以多媒体资源和关联数据对图像进行深度解读，以助研究者或普通浏览者实现其知识发现和画作欣赏（如图5）。本系统的开发与应用将有利于

①X. Wang et al., “Representation and Display of Digital Images of Cultural Heritage: A Semantic Enrichment Approach,” *Knowledge Organization*, vol. 48, no. 3, 2021, pp. 231-247.

促进大众对于文化遗产图像的认知、理解和欣赏，也为图书馆、档案馆、博物馆等公共文化机构开展数字策展、数据可视化、美育教学等方面提供了借鉴和参考。

三、未来工作——敦煌石窟知识图谱构建与应用服务

高质量、大规模的领域知识图谱构建与应用是一个工程性工作，不光要有效地解决技术上的难点，而且要有一套完整的方法论和落地流程。目前，团队已在敦煌石窟领域本体模型与数据标准方面有了诸多成果，但仍需在聚合海量多模态数据资源的基础上，进一步研究知识图谱构建过程中的知识抽取、知识融合、知识加工、知识推理等关键技术环节，并基于数字人文研究领域的实际需求，设计并开发智慧服务应用平台。建设敦煌石窟知识图谱需要四步走，包括领域数据的组织与顶层设计、以特窟为主的细颗粒度知识图谱构建、大规模敦煌石窟知识图谱的建设、敦煌石窟知识图谱的完善与智慧化服务的开发。

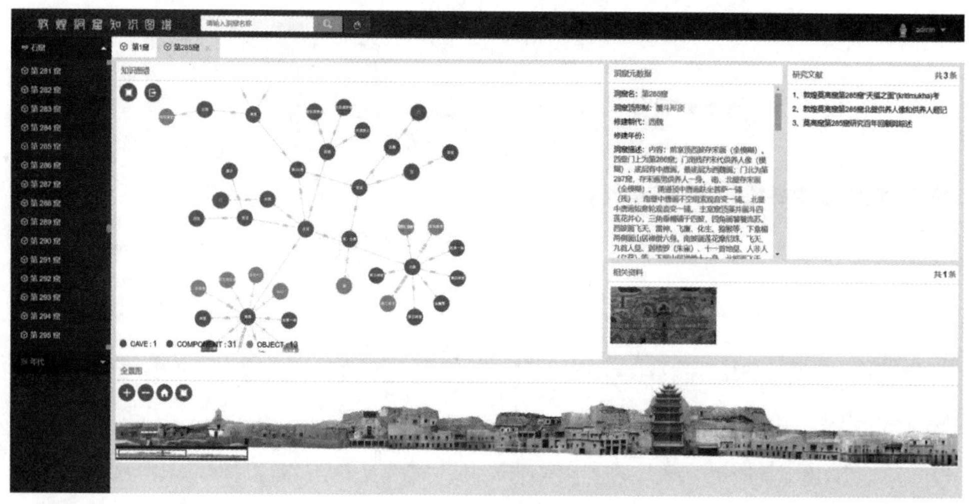

图 6　第 285 窟信息页面示例

首先，调查分析敦煌学研究及人文学者的现实需求，梳理并明确敦煌石窟信息资源的分布规律和分布特征，明确构建知识图谱的数据渠道，并基于敦煌石窟领域本体和相关数据模型，对国内外知名图书馆、博物馆和档案馆以及数据库服务商的敦煌文化遗产相关数据资源进行聚合和语义化处理，以此为根据设计敦煌石窟知识图谱的理论框架和技术方案。然后，选取代表性石窟，设计出知识图谱的雏形；同时，结合众包的方式，对壁画中出现的实体对象进行分层语义标注和

描述，以此开展细粒度的知识图谱建设（如图6）。再次，扩大敦煌石窟知识图谱建设范围和数据来源，通过人机协同的方式半自动化地对海量非结构化、半结构化的图文数据进行抽取、语义化关联和可视化的呈现，并与中国历代人物传记资料库（CBDB）、敦煌壁画主题词表、AAT、GeoNames、WikiPedia等进行实体关联，增强知识图谱的数据质量和知识广度。最后，在知识图谱的基础上，依托于大数据集成管理、智能检索与推理、知识可视化、数字叙事重构、语义增强、人机交互、虚拟现实、云计算等技术，设计并开发面向学术用户和大众用户的敦煌文化遗产智慧服务平台，即搭建智慧数据的聚合平台、学术研究的支撑平台以及知识服务平台，以为用户提供高效、多元、个性并兼具知识性与趣味性的智慧服务。

结　论

本研究借助元数据、主题词表、本体、语义增强、关联数据、知识图谱等语义技术，以及海量的敦煌研究文献和敦煌数字资源，以探索敦煌文化遗产智慧数据集的结构、功能、形式以及构建路径和方法，并概览了相关创新研究成果和实践近况。敦煌智慧数据为敦煌文化遗产的保护、研究和传播奠定了丰富而智慧化的数据基础，亦为数字资源向智慧数据的转换提供了实用的研究方法和技术工具，对类似的文化遗产保护和数字人文项目建设具有参考与借鉴意义。未来，我们将进一步扩大敦煌智慧数据的规模，将遗书、彩塑等数字资源和佛教、艺术、文学、建筑等文献数据逐步纳入到智慧数据中，并进行更加深入地数据集成与开放关联。此外，我们还将深入研究敦煌学研究人员及人文学者在量化分析、可视化呈现、文献考据、理论阐释等不同学术研究阶段的具体需求，并探索公众用户在文学阅读、文学鉴赏、知识获取、文艺作品创作等方面的多元化需求，利用敦煌文化遗产智慧服务平台，为学术用户和大众用户提供更加模块化的定制服务，以促进人文学术研究、新文科建设、传统文化传播、文化产业发展等社会价值的实现。

Research and Practice of Dunhuang Smart Data

Wang Xiaoguang, Tan Xu, Xia Shengping

Abstract: Taking the study of Dunhuang Mogao Grottoes as an example, this paper explores the general idea of building smart data in the field of cultural heritage from the perspective of digital humanities, and provides practical research methods and technical tools for semantic processing and application service of data resources. This paper introduces the construction of the Dunhuang fresco thematic list and related data publication, the Dunhuang grottoes ontology and related data model, image depth semantic annotation, image digital asset management system, Dunhuang fresco image interactive digital narrative system, and Dunhuang grottoes knowledge graph and application services. It also summarizes the innovative research results and practice of Dunhuang smart data, in order to provide reference for similar cultural heritage and digital humanities projects.

Keywords: Dunhuang Cultural Heritage; Digital Dunhuang; Smart Data; Digital Humanities

海内外中文古地图数字化成果述评①

田　清 / 宁夏大学人文学院
李新贵 / 宁夏大学人文学院

摘　要：20世纪末以来，随着国外古地图数字化工作逐步兴起，国内对古地图数字化技术的引介和探讨也渐趋成熟。研究者和使用者对中文古地图在整理研究和存藏利用等方面的需求，不同程度地推动着古地图数字化的工作。目前海内外的相关成果颇丰，对其进行整理成为中文古地图研究的一项基础工作。通过文献信息检索和网络信息收集等路径对这些成果加以梳理、比对后，发现海内外既有数字化成果虽各有特点，但是在支持人文研究方面均仍有较大不足。借鉴相关研究成果优化分类和重视关联文字、文献的数字化应成为中文古地图数字化工作的改进方向。

关键词：古地图　数字人文　数字图书馆

引　言

中文古地图作为一种图像文献，能够补充和佐证文字史料，从而推进史学研究。对于古地图的研究和利用首先建立在调查和整理的基础之上，但长久以来，中文古地图的取得困难重重。一方面，古地图经久易碎，难以保存其原貌且修复困难；另一方面，大量中文古地图分散海内外，难以获取和整合利用。幸而数字技术日新月异，作为珍贵的物质文化遗产，古地图得以数据形式储存和传播，不再囿于时空，可为广泛的研究者所用，此时对海内外中文古地图数字化成果的整理成为一项基础工作。

①原文刊载于《数字人文研究》2021年第3期。本次出版已获得作者允许及授权。本文为宁夏大学研究生创新项目“《宁夏镇战守图略》整理与研究”(GIP2020096)阶段性成果之一；宁夏哲学社会科学和文化艺术领军人才培养工程“明清黄河古地图整理与研究”阶段成果。

古地图与历史地图有所不同，简言之，古地图（antique maps）指古人采用传统方法绘制的地图；历史地图（historical maps）指绘制者以其所处年代的地图为底图，依需求表现历史时期内容的地图。[①]古地图的数字化工作可分为两个阶段。第一阶段为高清扫描，即通过数码相机拍摄和扫描仪扫描等方式，将传统以纸质或绢质等为介质的地图进行数字化加工，依托电子信息技术，将其转化为数字形式进行储存、传输和处理；第二阶段是在前一阶段的基础上，通过栅格图矢量化、地图配准、属性赋值等步骤制成电子地图。搜集和整理现存中文古地图是进阶研究的基础，鉴于目前海内外涉及中文古地图的数字化成果颇丰，能够为研究者的整理和研究工作提供极大便利，因此本文集中关注古地图数字化工作的第一阶段。

1989年起，威廉·伍尔夫（William A. Wulf）提出的“数字图书馆”（Digital Library）概念逐渐被付诸实践，[②]许多国家和地区纷纷启动数字图书馆计划。众多机构之中，美国国会图书馆是最具代表性且最早开展中文古地图数字化的。1995年，美国国会图书馆开启图像数字化计划，并在2002年邀请北京大学李孝聪教授对馆藏中文地图进行鉴定，为互联网编目奠定基础，之后利用无失真影像压缩（MrSID）等手段进行古地图数字化，[③]为其他机构的同类工作树立起典范。紧接着，日本国会图书馆于2001年起对其收藏资料进行数字化处理，其中包括中文古地图。自此之后，哈佛大学图书馆、华盛顿图书馆、大英图书馆、法国国家图书馆、澳大利亚图书馆、台北故宫博物院等机构陆续展开对各自馆藏的中文古地图的数字化。

国内对古地图数字化概念的引介约起自20世纪末。朱复成在1998年发表的一篇文章中介绍了日本国会图书馆1993—1995年的数字化发展计划，其中即涉及古地图的数字化。[④]刘子刚提出应将数字化技术应用于古地图的复制和传播当中。[⑤]随后，国内各古地图馆藏机构结合自身特点，不断探索古地图数字化和建设数据库的方法和路径，如李佳结合国家测绘档案资料馆馆藏的古地图档案现状，制定了规范详细的数字处理流程；[⑥]白鸿叶、成二丽结合中国国家图书馆馆

①华林甫：《中国历史地理学·综述》，济南：山东教育出版社，2009年，第470页。

②National Research Council, *National Collaboratories: Applying Information Technology for Scientific Research*, Washington, D.C.: The National Academies Press, 1993, p. 7.

③National Digital Library Program, https://memory.loc.gov/ammem/dli2/html/lcndlp.html, accessed October 5, 2021.

④朱复成：《日本国会图书馆对馆藏数字化的做法及有关经济学观点的探讨》，《江苏图书馆学报》1998年第1期。

⑤刘子刚：《中华古地图的收藏、整理、研究与出版》，《中国测绘》2001年第2期。

⑥李佳：《谈扫描数字化技术在古地图档案保护中的应用》，《天津档案》2005年第6期。

藏古地图资源，探讨了古地图数字资源库的建设路径。[①]总体上，国内的古地图数字化工作是一个从引介学习到内化吸收的逐步深入的过程。

经过20余年的发展，海内外的中文古地图数字化成果已十分丰富，本文将从人文研究者的使用角度对其进行梳理和汇总，并作简要述评，以期为中文古地图数字化工作的推进提供有益参考。

一、研究回顾

对中文古地图数字化成果的既有介绍多以以下两种方式呈现。

一是出现在整理和归纳海内外中文数字资源的相关文章中，此时，中文古地图是作为中文古籍文献的一部分被涉及。例如，毛建军介绍了国外公共图书馆、科研院所、协会、个人各类主体建设中文古籍数字化资源的情况，其中提及美国国会图书馆、“古滕堡计划”的数字化资源包含中文古地图。[②]耿元骊在总结欧美地区的古代中国古籍、文物、图像数字资源时，介绍了中文地图数据库资源，提供了哈佛大学、德州大学、华盛顿大学、美国国会图书馆、世界数字图书馆、莱斯大学、台湾“中研院”所藏中文地图的类型和数字资源。[③]王国强将与汉学有关的数字资源分为综合类、书籍档案类、报刊论文类、图像类、地图和历史地理信息系统类、工具类、数字博物馆及其他进行介绍，在地图资源部分整理了18个含有中国地图的数字平台，但其中也包含外国人所绘中国地图。[④]

二是一些以某一图书馆为研究对象，介绍其数字馆藏概况和数字化历程的文章提供了该机构所藏中文古地图数字化状况的信息。例如，文凤和蒋欢以俄罗斯国立图书馆的馆藏数字化成果为例介绍其数字化转型的过程，其中提及该馆的数字化内容也包括中文古地图，但对于地图的主题和类型并未予以介绍。[⑤]文峰和罗亚泓以牛津大学图书馆“数字博德莱”项目为例，介绍了其馆藏古地图（包括中文古地图）可以通过IIIF查看器实现数字图像基于WEB的引用、分享和嵌入等。[⑥]孟健介绍了哈佛大学数字图书馆的HOLLIS专题数据库，其中含中文古地

①白鸿叶、成二丽:《古地图数字资源库建设与思考》,《文津学志（第七辑）》，北京：国家图书馆出版社，2014年，第273—280页。

②毛建军:《国外中文古籍数字化资源概述》,《当代图书馆》2006年第4期。

③耿元骊:《欧美地区的古代中国数字资源概述》，包伟民、戴建国:《开拓与创新：宋史学术前沿论坛文集》，上海：中西书局，2019年，第100页。

④王国强:《网洋撷英：数字资源与汉学研究》，南昌：江西高校出版社，2020年，第95—98页。

⑤文凤、蒋欢:《俄罗斯图书馆的发展及启示》,《农业图书情报学刊》2018年第6期。

⑥文峰、罗亚泓:《虚拟延伸：牛津大学图书馆“数字博德莱”的建设与启示》,《图书馆学研究》2018年第19期。

图资源。[①]

纵观上述成果，由于均未以中文古地图为专门的研究对象，所提供的相关信息都存在零散而不深入的情况。而对于中文古地图的研究者和数字资源的使用者而言，专以中文古地图数字化成果为对象的系统性研究是非常必须的。本文即是基于此考虑的先导性研究，以下将立足于中文古地图数字化资源如何更好服务于研究者这一问题意识，通过文献检索和网络信息收集等方法，遴选出海内外具有代表性的中文古地图数字化成果，进行了梳理、归纳、比较、分析。对于所综汇的诸多案例，本文进行了分类述评，将图书馆、档案馆等公共机构、学术机构自身典藏的数字化成果归为一类，私人收藏的数字化成果以及仅致力于汇集各方数字化成果的平台（包括公益和商业性质）归入另一类。在比较、分析的基础上，提出可优化方向，以期对古地图数字化服务于人文研究提供一些有益的观察与建议。

二、国内中文古地图数字化成果概览

国内存藏中文古地图较为丰富的机构有中国第一历史档案馆（现藏约7,000种）、中国国家图书馆（现藏约6,400余种）、北京大学图书馆（现藏约2,000余种）、中国科学院图书馆、辽宁省大连图书馆、天津市图书馆、中国国家博物馆、台北故宫博物院（现藏约500余种）、台湾“中研院”历史语言研究所傅斯年图书馆和近代史研究所档案馆、澳门科技大学图书馆和香港科技大学图书馆。目前除中国第一历史档案馆、中国国家图书馆、北京大学图书馆、台北故宫博物院外，其他机构的馆藏地图数量不明。另有少量中文古地图收藏于市县等各级地方博物馆、档案馆，如江西省横峰县博物馆、镇江博物馆，以及一些收藏家手中，具体收藏情况也不甚明晰。大陆馆藏机构中仅北京大学图书馆将所藏中文古地图进行了数字化并建立用户平台，中国国家图书馆、中国第一历史档案馆、中国科学院图书馆等机构也将部分中文古地图进行了数字化，但成果并未公开。相比之下，前述港澳台地区的几家机构均已建立了公开的数字资源平台。

在作为典藏机构的各类图书馆、博物馆、科研单位之外，也有出版社、公司、古地图爱好者等在为古地图数字化事业努力。这些机构或个人未收藏有古地图原件，其所致力于的是汇集海内外古地图数字资源，建设资源平台（往往聚焦于某类古地图或做专题整理）。以下便择若干在古地图存藏量、存藏种类和平台建设等方面具有特色的成果加以介绍。

---

①孟健:《哈佛大学档案馆在线电子资源建设及启示》,《北京档案》2018年第10期。

（一）典藏机构的数字化成果

1. “秘籍琳琅—北京大学数字图书馆古文献资源库”

北京大学图书馆藏中文古地图主要来自燕京大学图书馆、中法大学和中德学会等机构，舆图内容广涉行政区域、道路里程、京畿名胜、江河水利等。[①]在CALIS技术支持下建成的“秘籍琳琅”古文献资源库，可进行关键词检索并查看地图的缩略图，该资源库便于研究者了解北京大学图书馆藏中文古地图的总体数量和类型。

2. 台北故宫博物院“明清舆图资料库”

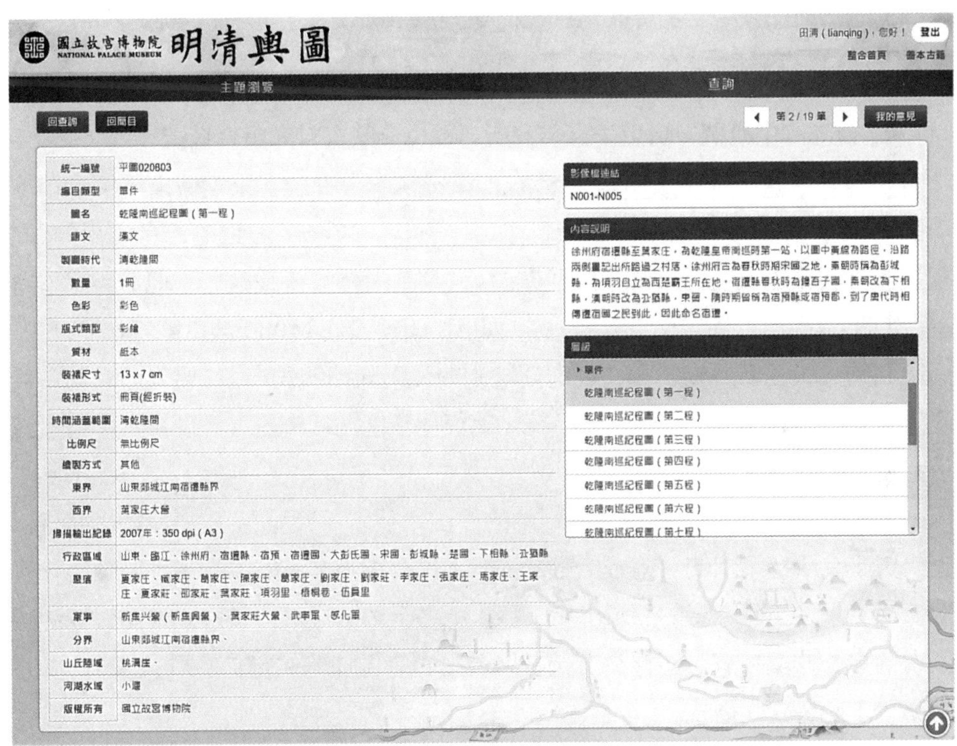

图 1　台北故宫博物院“明清舆图资料库”中对《乾隆南巡纪程图（第一程）》的介绍

台北故宫博物院图书文献处庋藏舆图约500余种、1,200余幅，皆为原内阁大库红本拾出的明清旧本舆图，以明代和清朝初年绘制的舆图居多，绘制内容包括江河、道路、军事、名胜等，十分珍贵。[②]该院“图书文献数位典藏资料库”之下的“明清舆图资料库”现已收录数字化舆图1,170余幅，该平台录入的信息

①北京大学图书馆:《皇舆遐览：北京大学图书馆藏清代彩绘地图·概述》，北京：中国人民大学出版社，2008年。

②李孝聪主编:《中国古代舆图调查与研究》，北京：中国水利水电出版社，2019年。

除图名、绘制者、绘制时间等一般内容外，还包括图中要素（如行政区划、军事建置、山川河流等）的名称，如图1所示。使用者可以通过此平台阅览和下载高清图像。台北故宫博物院收藏的中文古地图包括348幅清代奏折附图，与其相配套的奏折可在“图书文献数位典藏资料库”之下的“清代文献—清代宫中档及军机处档折件”中找到。

3. 台湾“中研院”的“地图数位典藏整合查询系统”

“地图数位典藏整合查询系统”整合了来自台湾“中研院”人文社会科学研究中心、傅斯年图书馆善本室、近代史研究所，“内政部国土测绘中心”“内政部地政司”，及台湾图书馆、台北市立图书馆等机构收藏的部分中文古地图共一万余种，这些地图多绘于清中叶至民国时期。该系统录入了地图的图名、地区、编绘者等信息，使用者能在线查看高清图像。

4. 台湾“中研院”历史语言研究所“数位典藏资料库整合系统”

该系统含若干数字资料库，“善本古籍资料库”收录了来自傅斯年图书馆的舆图17种，绘制时间较早的有清乾隆二十五年（1760）彩绘的《台湾番界图》和乾隆年间的墨绿绘写本《宁夏河渠图》，绘制内容与行政区划、地形和军事有关。“内阁大库资料库”收录舆图7种，如明永乐六年（1408）至宣德五年（1430）间绘制的《长江图残卷》和清朝时期绘制的《大同镇图残本》；另外还有与古代建筑有关的若干图样。收录于该系统中的舆图皆能在线浏览高清图像，申请授权后亦可下载高清图像。

此外，香港科技大学图书馆网站的“古籍及特藏阅览区”、台湾“中研院”近代史研究所档案馆的“馆藏检索系统”中也有相当丰富的中文古地图数字化资源。笔者从人文研究者的需求出发，将以上各个数字化平台著录古地图时标注的基本信息、分类方式、图像浏览情况以及是否有图注等关键信息列入表1，以方便比较。后表同此格式。

表1 国内典藏机构代表性中文古地图数字化成果信息汇总

平台	所属机构	著录信息	分类方式	图像状况	可否下载	图注
秘籍琳琅—北京大学数字图书馆古文献资源库[①]	北京大学图书馆	图名、绘制者、绘制时间、版本、外观形态、主题、语言	版本	缩略图	否	无

① 秘籍琳琅—北京大学数字图书馆古文献资源库，http://rbdl.calis.edu.cn/，2021年10月5日。

续表1

平台	所属机构	著录信息	分类方式	图像状况	可否下载	图注
明清舆图资料库①	台北故宫博物院	图名、语言、绘制时间、数量、色彩、版式、材质、尺寸、装裱形式、主题、年代、比例尺、绘制方式、内容说明	天文、舆地、江河湖渠、水陆路程、铁路、军务战争、行宫、寺庙、名胜、矿场、建筑、陵墓和其他共13类	高清图像	是（PDF）	自然人文要素名称
地图数位典藏整合查询系统②	台湾“中研院”	图名、地区、编绘者、出版者、比例尺、绘制日期、出版日期、出版地、色彩、语言、尺寸、典藏机构	按地图所绘地区、存藏地和地图的绘制时间分类	高清图像	否	无
数位典藏资料库整合系统③	台湾“中研院”历史语言研究所傅斯年图书馆	图名、绘制者、绘制时间、色彩、材质、比例尺、典藏机构	分为善本古籍和内阁大库档案	高清图像	否	无
近史所档案馆馆藏检索④	台湾“中研院”近代史研究所档案馆	资料类别、图名、绘制时间、比例尺、省区、编绘者	分为经济部和外交部两类	高清图像	否	无
香港科技大学图书馆古籍及特藏阅览区⑤	香港科技大学图书馆	图名、绘制时间、尺寸、绘制者、主题、区域、比例尺、简介、语言	按地图绘制时间、语言、区域、绘制者分类	高清图像	否	无

（二）其他数字化成果

国内古地图数字化工作的不断推进，催生出一些致力于综汇数字古地图的平台。这些平台并非由地图的典藏机构搭建，而是由出版社、研究机构、研究者或爱好者建立，以下为其中具有带代表性的几个平台。

1. 中国水利水电出版传媒集团“中国经典水利史料库”

“中国经典水利史料库”由中国水利水电出版传媒集团开发，收录了来自世界各地的中文古地图约6,000余幅，以水利图为主，还有一定数量以行政区划、

①明清舆图资料库，https://rbk-doc.npm.edu.tw/npmtpc/npmtpall?ID=56&SECU=1442775362&PAGE=rbmap/mapdb/search&ACTION=SC%2Cmapdb%2A@@2047456154，2021年10月5日。

②地图数位典藏整合查询系统，https://map.rchss.sinica.edu.tw/cgi-bin/gs32/gsweb.cgi/login?O=dwebmge&cache=1630397864098，2021年10月5日。

③史语所数位典藏资料库整合系统，https://ihparchive.ihp.sinica.edu.tw/ihpkmc/ihpkm?@@0.4304653951544697，2021年10月5日。

④近史所档案馆馆藏检索，http://archdtsu.mh.sinica.edu.tw/filekmc/ttsfile3?9:713444671:50:/data/filekm/ttscgi/ttsweb.ini:::@SPAWN，2021年10月5日。

⑤香港科技大学图书馆古籍及特藏阅览区，https://lbezone.ust.hk/rse/?page_id=31967，2021年10月5日。

城市、军事、交通等为主题的舆图，使用者可通过该平台查阅舆图的基本信息和高清图像。该平台将与水利相关的古地图划分为被灾图、河源图、泉源图、河口图、水道图、堤工图、流域图等几个类别，使研究水利图的学者能较快地找寻和了解相关地图。

2. 台湾“中研院”的“数位方舆”

“数位方舆”由台湾“中研院”数位文化中心主办，目的在于征集海外存藏的数字中文古地图。从2014年起，该平台收录美国国会图书馆藏舆图157幅，2016年起陆续收录大英图书馆藏中文舆图128幅。依据绘制内容，平台将舆图分为“全国政区总图”“地方行政区图”“河运水利及河工图”等九大类，每幅地图都登载其图名、典藏单位、简介等，读者可以在线浏览并下载JPG格式的高清图像。

3. 澳门科技大学“全球地图中的澳门”

“全球地图中的澳门”（Global Mapping of Macao）是由澳门科技大学主持的古地图数字化平台，收录了来自世界各地的涉及澳门的中文古地图共230余幅，其中既有世界舆图《坤舆万国全图》《坤舆全图》《地球五大洲图》等，也有专门以澳门为对象的《澳门市全图》《广东省舆图》等。可在线浏览高清图像。

4. 睿则恩公司“睿则恩古地图数据库”

“睿则恩古地图数据库”由上海睿则恩信息技术有限公司研发，现已收录中文古地图2,500余幅，以行政区图、城市图和军事交通图为主。该数据库提供了地图的基本信息并且可以在线浏览高清图像。但该平台未标识出地图的馆藏来源，不利于使用者追根溯源。

5. “观沧海”网站之“中国古地图”

“中国古地图”是由公益性网站“观沧海”开发的一个汇集中国古地图开放资源的集中索引知识库。该平台由志愿者自由上传和编写地图信息，收录的数字资源主要来源于美国国会图书馆、哈佛大学图书馆、大卫·拉姆齐地图中心等。该平台录入的地图信息较为完善，并附有地图原馆藏地的网站，但未对地图进行分类。

包含以上示例的国内部分非典藏机构中文古地图数字化成果的具体信息见表2。

表2　国内非典藏机构代表性中文古地图数字化成果信息汇总

平台	创办主体	著录信息	分类方式	图像状况	可否下载	图注
中国经典水利史料库①	中国水利水电出版传媒集团	图名、数量、绘制年代、典藏单位、流域、专题、版本、绘制技法、区域、色彩	按绘制年代、专题（包括地方行政区图、城市图、军事交通图、路程图、全国政区总图、世界地图、周边国家及边界图、陵墓图、景观图、宫殿图、经济分布图、港口图、沿海图、海塘图、被灾图、建筑图、驿路图、河源图、泉源图、雨量图、水量图、河口图、水道图、堤工图、流域图、其他）、版本、绘制技法、流域分类	高清图像	否	无
数位方舆②	台湾“中研院”数位文化中心	图名（中文、英文、拼音）、典藏单位、简介、征引书目、数量、版式、材质、色彩、主题、尺寸	按全国政区总图、地方行政区图、河运水利及河工图、军事交通图、城市地图、边界及周边国家、山陵寺庙宫苑帝陵、民生经济图、复合式地图分类	高清图像	是（JPEG）	无
全球地图中的澳门（Global Mapping of Macao）③	澳门科技大学图书馆	图名、绘制者、绘制时间、语言、图像格式、比例尺、尺寸、主题、区域、馆藏地	按地图内容、区域、绘制者、绘制时间分类	高清图像	否	无
台湾文化资料库④	台湾文化事务主管部门	图名、主题、绘制者、出版者、数量、绘制时间、语言、来源网站、版本	依典藏单位分类	缩略图	否	无
睿则恩古地图数据库⑤	上海睿则恩信息技术有限公司	图名、绘制者、绘制时间、版本、色彩、尺寸、部分图有简介	分为天文图、坤舆图、全国行政区图、地方行政区图、城市图、官署学宫书院谷仓、山陵寺庙宫苑帝陵、水利图、军事交通、社会经济、宗教地图、风景名胜图、边界及周边国家、其他国家、复合式地图、地球仪	高清图像	否	无
观沧海·中国古地图⑥	“观沧海”网站	图名、绘制时间、尺寸、馆藏地及网址	无	高清图像	否	无

①中国经典水利史料库，https://slsl.digiwater.cn/pictures.jspx?Locale=zh_CN，2021年10月5日。

②数位方舆，https://digitalatlas.asdc.sinica.edu.tw/，2021年10月5日。

③Global Mapping of Macao, http://lunamap.must.edu.mo/luna/servlet, accessed October 5, 2021.

④台湾文化资料库，https://nrch.culture.tw/Default.aspx，2021年10月5日。

⑤睿则恩古地图数据库，http://map.reasonlib.com/，2021年10月5日。

⑥观沧海·中国古地图，https://www.ditushu.com/book/10/，2021年10月5日。

续表2

平台	创办主体	著录信息	分类方式	图像状况	可否下载	图注
书格①	个人（未曾）	图名、绘制者、绘制时间、绘制方法、尺寸、馆藏地、网址、简介	无	高清图像	是（JPG）	无
古地图数字博物馆②	公益性数字博物馆网站	图名、馆藏地、绘制时间	无	无	否	无

三、海外中文古地图数字化整理成果概览

中日韩三国自古交流频繁，日本和韩国历史上曾大力搜罗中国各王朝绘制的舆图，并加以摹绘，因此日本和韩国集中保存了近200幅中文古地图。据不完全统计，韩国的中国古地图收藏机构有首尔大学奎章阁、韩国学中央研究院藏书阁、韩国中央图书馆、首尔历史博物馆、诚信女子大学博物馆、崇实大学基督教博物馆、高丽大学博物馆和岭南大学博物馆，③以及韩国民俗博物馆等，共收藏有70余幅中文古地图。目前了解到的已经将所藏中文古地图数字化的机构有首尔大学奎章阁、韩国中央图书馆、首尔历史博物馆以及韩国民俗博物馆。日本收藏中文古地图的机构主要有国立国会图书馆、早稻田大学图书馆、筑波大学附属图书馆、横滨市立大学鲇泽文库、京都大学图书馆等，共收藏中文古地图近100幅，这些机构均已将各自藏品进行了数字化。

16世纪以来，中西文化交流频繁，中国的许多古地图被来华西人以各种途径带到域外，分散至欧洲、美洲、大洋洲等各大洲，目前主要的存藏机构有美国国会图书馆、大英图书馆、法国国家图书馆、澳大利亚国家图书馆等，保存的中文古地图数量极多。西方国家的存藏机构大多数都将所藏中文古地图进行了数字化整理，但通常将中文古地图置于“中国地图”或“亚洲地图”条目之下，因此难以统计其具体存藏数量。

以下同样就其中具有代表性者进行介绍。

（一）典藏机构的数字化成果

1. 美国国会图书馆网站

美国国会图书馆（Library of Congress）地图部收藏中文古地图400余幅，

---

①书格，https://new.shuge.org/collection/map/，2021年10月5日。

②古地图数字博物馆，http://www.map-china.cn/#/home，2021年10月5日。

③李孝聪主编:《中国古代舆图调查与研究》，第101—113页。

是目前海外中文古地图藏品最丰富的机构，[①]这些舆图多绘制于明清时期。关于该馆所藏中文古地图的基本情况和初步研究，李孝聪先生在其《美国国会图书馆藏中文古地图叙录》一书中已经作了十分完备的介绍，兹不赘言。使用者可以在该馆网站浏览数字化中文古地图的高清图像，以及下载JPEG、GIF和TIFF格式的图像文件。

2. 法国数字图书馆

法国国家图书馆（Bibliothèque nationale de France）创办的数字图书馆（Gallica）收录中文古地图100余种，多为明清时期绘制的政区图、交通图和风景名胜图。读者可在线浏览高清地图，下载时仅提供PDF格式和96dpi的JPEG图像。

3. 澳大利亚国家图书馆数字资源平台

澳大利亚国家图书馆（National Library of Australia, NLA）的数字资源平台（NLA digital material）收录中文古地图50余种，以政区图为主。值得注意的是，该平台注明了所收舆图绘制范围的经纬度，如标明清代舆图《潮州府：澄海、潮阳、惠来、南澳岛防御图》的经纬度范围为“E116°30′—E117°10′ /N2°346′—N23°06′”（图2）。读者可在线浏览并下载高分辨率图像。

[Chaozhou fu: Chenghai - Chaoyang - Huilai - Nanao Dao fang yu tu] [cartographic material]
[潮州府: 澄海 - 潮陽 - 惠來 - 南澳島防御圖] [cartographic material]

Bib ID	3643386
Format	Map, Online
Online Versions	National Library of Australia digitised item. MAP LMS 638 copy
Scale	Scale not given. (E 116º30'--E 117º10'/N 23º46'--N 23º06').
Description	[China : s.n., 1850?] 1 ms. map : col., mounted on linen ; 64 x 136 cm., folded to cover 24 x 15 cm.
Series	London Missionary Society map collection.
Notes	Manuscript map of the area surrounding Shantou (汕头), Guangdong, showing the locations of Imperial Chinese Army units, observation posts, gun emplacements, land and sea patrol boundaries, towns, temples, roads and tracks. Relief shown pictorially. Map is oriented with south to the top. Title supplied by cataloguer. Special collection of the London Missionary Society. MAP LMS 638 copy Also available online https://nla.gov.au/nla.obj-230559800
Subjects	Guangdong Sheng (China) -- History -- 19th century. | Chenghai Xian (Guangdong Sheng, China) -- Map. | Chaoyang Xian (Guangdong Sheng, China) -- Maps. | Huilai Xian (Guangdong Sheng, China) -- Maps. | Nan'ao Xian (Guangdong Sheng, China) -- Maps.

图2　澳大利亚国家图书馆数字资源平台上的《潮州府防御图》著录信息

①李孝聪：《美国国会图书馆藏中文古地图叙录》，北京：文物出版社，2004年，第14页。

4. 横滨市立大学的古地图数据库

横滨市立大学的古地图数据库（古地図データベース）收录中文古地图十余幅，汇集在“世界部分图”的“亚洲”一类中，可在线浏览高清图像。该校1990年、2013年分别出版了《鮎泽信太郎文库目录》[①]和《横滨市立大学贵重资料集成Ⅱ古地图》[②]两部目录，以便各界查考利用。

包含以上示例的海外典藏机构部分数字化成果信息见表3。

表3　国外典藏机构含中文古地图代表性数字化成果信息汇总

平台	所属机构	著录信息	分类方式	图像状况	可否下载	图注
美国国会图书馆网站[③]	美国国会图书馆	图名（拼音、中文、英文）、绘制者、绘制时间、尺寸、材质、绘制内容	无	高清图像	是（JPEG/GIF/TIFF）	无
莱斯大学方德伦图书馆“威尔逊的历史地图收藏”[④]	莱斯大学方德伦图书馆	图名（拼音、英文）、绘制者、数字化图像大小、绘制时间、简介、关键词	无	高清图像	是（JP2/JPG）	无
佩里 - 卡斯塔涅达图书馆地图收藏网站[⑤]	佩里 - 卡斯塔涅达图书馆	图名（英文）、比例尺、绘制者、绘制时间、版本	无	高清图像	是（JPEG）	无
康奈尔大学珍稀手稿收藏平台[⑥]	康奈尔大学图书馆	图名（拼音）、绘制者、时间、尺寸、比例尺	无	高清图像	是（JPEG）	无
大都会艺术博物馆网站[⑦]	大都会艺术博物馆	图名（中文、英文）、绘制者、时间、国别、材质、尺寸	无	高清图像	是（JPG）	无
明尼阿波利斯美术馆网站[⑧]	明尼阿波利斯美术馆	图名（英文）、绘制者、时间、材质、简介、所绘区域、尺寸	无	高清图像	是（JPG）	无
詹姆斯·福特·贝尔图书馆网站[⑨]	詹姆斯·福特·贝尔图书馆	图名（英文、拼音）、绘制者、时间、简介、尺寸、语言、绘制范围	无	高清图像	是（JPG/PDF）	无
大英图书馆网站[⑩]	大英图书馆	图名（英文）、关键词、时间、语言、尺寸	无	高清图像	是（PNG）	无

①横浜市立大学図書館:《鮎澤信太郎文庫目録》，横浜：横浜市立大学図書館，1990年。

②横浜市立大学戦略的研究プロジェクト:《横浜市立大学貴重資料集成Ⅱ古地図》，横浜：横浜市立大学，2013年。

③Library of Congress, https://www.loc.gov/, accessed October 5, 2021.

④Rice University Fondren Library, https://onesearch.library.rice.edu/discovery/search?vid=01RICE_INST:RICE&lang=en&mode=advanced, accessed October 5, 2021.

⑤Perry-Castañeda Library Map Collection, https://maps.lib.utexas.edu/maps/historical/history_china.html, accessed October 5, 2021.

⑥Cornell University Library Rare and Manuscript Collections, https://rare.library.connell.edu/, accessed October 5, 2021.

⑦The Metropolitan Museum of Art, https://metmuseum.org, accessed October 5, 2021.

⑧Minneapolis Institute of Art, https://collections.artsmia.org/, accessed October 5, 2021.

⑨James Ford Bell Library, https://www.lib.umn.edu/collections/special/bell, accessed October 5, 2021.

⑩British Library, https://imagesonline.bl.uk/search/?searchQuery=china+, accessed October 5, 2021.

平台	所属机构	著录信息	分类方式	图像状况	可否下载	图注
博德莱图书馆中文数字馆藏①	牛津大学博德莱图书馆	图名（英文）、时间、简介、语言	无	高清图像	是（PDF/JPEG）	无
柏林国家图书馆数字收藏平台②	柏林国家图书馆	图名（中文）、语言、数量、绘制者、绘制时间	无	高清图像	是（PDF/TIFF/JPG）	无
巴伐利亚州立图书馆东亚数字资源库③	巴伐利亚州立图书馆	图名（拼音）、语言、尺寸	无	高清图像	是（PDF/JPG）	无
法国数字图书馆④	法国国家图书馆	图名（拼音、法文）、语言、绘制对象、数量、尺寸	无	高清图像	是（PDF/JPEG）	无
澳大利亚国家图书馆数字资源平台⑤	澳大利亚国家图书馆	图名（拼音、中文）、绘制者、绘制范围及经纬度、绘制时间、数量、色彩、尺寸、绘制内容	无	高清图像	是（JPG/TIFF）	无
日本国会图书馆数字馆藏⑥	日本国会图书馆	图名（中文）、绘制者、绘制时间	无	高清图像	是（JPG/PDF）	无
筑波大学附属图书馆网站⑦	筑波大学附属图书馆	图名、绘制者、绘制时间、数量、尺寸、色彩、语言	无	高清图像	否	无
横滨市立大学古地图数据库⑧	横滨市立大学鲇泽文库	图名、绘制者、分类、绘制时间、版本、册数、尺寸	无	高清图像	否	无
古籍综合数据库⑨	早稻田大学图书馆	图名（日文）、绘制者、绘制时间、尺寸、装帧方式、保存情况	无	高清图像	是（JPG/PDF）	无
京都大学稀有古籍档案馆⑩	京都大学图书馆	图名（中文、日文）、装帧方式、尺寸、简介	无	高清图像	是（JPG）	无

①Digital Bodleian, https://digital.bodleian.ox.ac.uk/, accessed October 5, 2021.

②Staatsbibliothekzu BerlinDigitised Collections, https://digital.staatsbibliothek-berlin.de/, accessed October 5, 2021.

③DigitalenSammlungenOstasien der Bayerischen Staatsbibliothek, https://ostasien.digitale-sammlungen.de/?locale=zh_TW, accessed October 5, 2021.

④Bibliothèque nationale de France, https://gallica.bnf.fr/html/und/asie/france-chine?mode=desktop, accessed October 5, 2021.

⑤National Library of Australia, https://catalogue.nla.gov.au/Search/Home?lookfor=&filter[]=format%3AMap%20AND%20access_type%3A%, accessed October 5, 2021.

⑥国立国会図書館デジタル コ レクシ ョン，https://dl.ndl.go.jp/，2021年10月5日。

⑦筑波大学附属図書館，https://www.tulips.tsukuba.ac.jp/pub/tree/Kochizu/asia.php，2021年10月5日。

⑧横浜市立大学所蔵の古地図データベース，http://www-user.yokohama-cu.ac.jp/~ycu-rare/list1.html，2021年10月5日。

⑨早稲田大学図書館古典籍総合データベース，.https://www.wul.waseda.ac.jp/kotenseki/search.php，2021年10月5日。

⑩京都大学貴重資料デジタルアーカイブ，https://rmda.kulib.kyoto-u.ac.jp/en/collection，2021年10月5日。

续表3

平台	所属机构	著录信息	分类方式	图像状况	可否下载	图注
韩国民俗博物馆网站[①]	韩国民俗博物馆	图名（韩文）、用途、尺寸、简介	无	高清图像	是（JPEG）	无
韩国国立图书馆数字馆藏[②]	韩国国立图书馆	图名（中文）、绘制者、绘制时间、版本、尺寸	无	否	否	无
俄罗斯国立图书馆网站[③]	俄罗斯国立图书馆	图名、尺寸、主题、数字化图像大小、语言	无	高清图像	是（PDF）	无

（二）其他数字化成果

国外非典藏机构的古地图数字化成果可分为三类，分别为公益性质的多方合作平台、以营利为目的的古地图销售平台以及私人收藏平台。

1. “在线古地图”

“在线古地图”（Old Maps Online）是由瑞士的袋鼠科技公司（Klokan Technologies GmbH）和英国朴茨茅斯大学合作完成的公益性平台，目前汇集了40余家机构（含个人）的地图，如苏格兰国家图书馆、捷克共和国土地调查局、大卫·拉姆齐（David Rumsey）、布拉格查理大学、纽约公共图书馆、大英图书馆、哈佛图书馆、荷兰国家档案馆、曼彻斯特大学地图图书馆等。该平台中的古地图依所绘区域分类，可以通过“View this map”链接到地图的馆藏网站。

2. 世界数字图书馆

世界数字图书馆（World Digital Library）是美国国会图书馆与联合国教科文组织共同创办的数字图书馆，该平台中的“中国书籍、手稿、地图和印刷品”专区收录有来自中国国家图书馆、美国国会图书馆等机构收藏的数字地图25幅左右。可以在线浏览高清图像并下载PDF、PNG格式的图像。

3. “大卫·拉姆齐历史地图收藏”

美国地图收藏家大卫·拉姆齐将自己的藏品数字化后，展示在“大卫·拉姆齐地图收藏”（David Rumsey Map Collection）这一网站中，免费对公众开放。相较于其他平台，其中的中文古地图仅用英文录入图名，几乎每一幅都配有一段英文介绍地图的背景和内容。该平台提供JP2、SID两种格式的图像下载。

①국립민속박물관소장품검색，https://www.nfm.go.kr/user/extra/home/102/totalKeyWord/coll_search/jsp/LayOutPage.do，2021年10月5日。

②국립중앙도서관，https://www.nl.go.kr/NL/contents/N20103000000.do，2021年10月5日。

③Российская национальная библиотека, https://search.rsl.ru/en#ef=1&s=fdatedesc&l=315&d = xmap, accessed October 5, 2021.

4. “丹尼尔·克劳奇珍本”

“丹尼尔·克劳奇珍本”(Danel Crouch Rare Books) 网站由古地图经销商丹尼尔·克劳奇搭建。丹尼尔·克劳奇是15—19世纪古董地图集、地图、平面图、海图和航海图的专业经销商，藏品销往的机构包括大英博物馆、大英图书馆、美国国会图书馆、法国国家图书馆、荷兰国立博物馆、阿布扎比卢浮宫、新加坡国家档案馆、香港海事博物馆，以及牛津、剑桥、哈佛、耶鲁、普林斯顿和斯坦福等大学的图书馆。该平台将古地图依所绘地区进行分类，对每幅中文古地图名称都用繁体中文、汉语拼音和英文标注。对于地图的形态、尺寸和数量记录得极为细致，如对《皇朝一统舆地全图》，在材质方面的描述为：“Physical description: Wood-block printed map of the unified Qing Empire, comprising sixty-four sheets. Two titles in seal script to upper centre and upper right in two lines.” 尺寸精确到毫米：“Dimensions: (if joined) 1780 by 2340mm. (70 by 92.25 inches). (each sheet) 203 by 277mm. (8 by 11 inches).” 虽然提供在线浏览高清图像，但并不支持下载。

5. “巴里·劳伦斯·鲁德尔曼古地图”

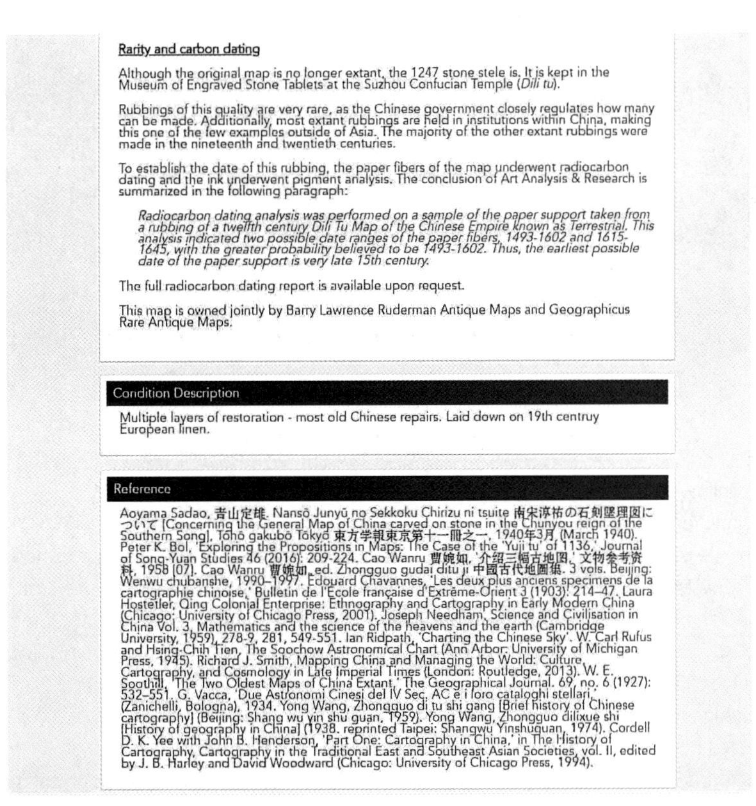

Rarity and carbon dating

Although the original map is no longer extant, the 1247 stone stele is. It is kept in the Museum of Engraved Stone Tablets at the Suzhou Confucian Temple (*Dili tu*).

Rubbings of this quality are very rare, as the Chinese government closely regulates how many can be made. Additionally, most extant rubbings are held in institutions within China, making this one of the few examples outside of Asia. The majority of the other extant rubbings were made in the nineteenth and twentieth centuries.

To establish the date of this rubbing, the paper fibers of the map underwent radiocarbon dating and the ink underwent pigment analysis. The conclusion of Art Analysis & Research is summarized in the following paragraph:

> *Radiocarbon dating analysis was performed on a sample of the paper support taken from a rubbing of a twelfth century Dili Tu Map of the Chinese Empire known as Terrestrial. This analysis indicated two possible date ranges of the paper fibers, 1493-1602 and 1615-1645, with the greater probability believed to be 1493-1602. Thus, the earliest possible date of the paper support is very late 15th century.*

The full radiocarbon dating report is available upon request.

This map is owned jointly by Barry Lawrence Ruderman Antique Maps and Geographicus Rare Antique Maps.

Condition Description

Multiple layers of restoration - most old Chinese repairs. Laid down on 19th centruy European linen.

Reference

Aoyama Sadao, 青山定雄. Nansō Junyū no Sekkoku Chirizu ni tsuite 南宋淳祐の石刻墜理図について [Concerning the General Map of China carved on stone in the Chunyou reign of the Southern Song], Tōhō gakubō Tōkyō 東方学報東京第十一冊之一, 1940年3月 (March 1940). Peter K. Bol, 'Exploring the Propositions in Maps: The Case of the 'Yuji tu' of 1136,' Journal of Song-Yuan Studies 46 (2016): 209-224. Cao Wanru 曹婉如, '介绍三幅古地图,' 文物参考资料, 1958 [07]. Cao Wanru 曹婉如, ed. Zhongguo gudai ditu ji 中國古代地圖集. 3 vols. Beijing: Wenwu chubanshe, 1990–1997. Édouard Chavannes, 'Les deux plus anciens specimens de la cartographie chinoise,' Bulletin de l'École française d'Extrême-Orient 3 (1903): 214–47. Laura Hostetler, Qing Colonial Enterprise: Ethnography and Cartography in Early Modern China (Chicago: University of Chicago Press, 2001). Joseph Needham, Science and Civilisation in China Vol. 3, Mathematics and the science of the heavens and the earth (Cambridge University, 1959), 278-9, 281, 549-551. Ian Ridpath, 'Charting the Chinese Sky'. W. Carl Rufus and Hsing-Chih Tien, The Soochow Astronomical Chart (Ann Arbor: University of Michigan Press, 1945). Richard J. Smith, Mapping China and Managing the World: Culture, Cartography, and Cosmology in Late Imperial Times (London: Routledge, 2013). W. E. Soothill, 'The Two Oldest Maps of China Extant,' The Geographical Journal. 69, no. 6 (1927): 532–551. G. Vacca, 'Due Astronomi Cinesi del IV Sec. AC e i loro cataloghi stellari,' (Zanichelli, Bologna), 1934. Yong Wang, Zhongguo di tu shi gang [Brief history of Chinese cartography] (Beijing: Shang wu yin shu guan, 1959). Yong Wang, Zhongguo dilixue shi [History of geography in China] (1938. reprinted Taipei: Shangwu Yinshuguan, 1974). Cordell D. K. Yee with John B. Henderson, 'Part One: Cartography in China,' in The History of Cartography, Cartography in the Traditional East and Southeast Asian Societies, vol. II, edited by J. B. Harley and David Woodward (Chicago: University of Chicago Press, 1994).

图3 “巴里·劳伦斯·鲁德尔曼古地图”网站对《堕理图》相关文献的介绍

“巴里·劳伦斯·鲁德尔曼古地图”（Barry Lawrence Ruderman Antique Maps）网站是一个兼具收藏展示和销售功能的古地图数字化平台，由巴里·劳伦斯·鲁德尔曼创办。该平台与各地收藏机构和收藏家联络并销售古地图，其中对每幅地图的介绍值得研究者关注和参考。介绍的内容包括该图的价值、绘制内容、与之版本相似的地图在中国的存藏情况、绘制背景、放射性碳测年代、参考文献等，示例见图3。该平台提供在线高清图像浏览和低分辨率图像下载。该平台为外界提供了许多罕见的中文古地图，如绘制于清代的《长乐县全图》。

含以上示例的海外非典藏机构部分数字化成果信息见表4。

表4　国外非典藏机构含中文古地图代表性数字化成果信息汇总

平台	创办者	著录信息	分类方式	图像状况	可否下载	图注
在线古地图①	Klokan Technologies GmbH、英国朴茨茅斯大学	图名（中文）、简介、数量、版式、语言、尺寸、典藏单位及网址、绘制者	按所绘地区分类	于原网站查看高清图像	于原网站下载	无
世界数字图书馆②	美国国会图书馆、联合国教科文组织	图名（中文）、绘制内容简介、年代、语言、绘制者、绘制时间、尺寸、典藏单位	无	高清图像	是（PDF/PNG）	无
意大利图书馆的数字馆藏③	意大利图书馆与书目联合目录中央研究所	图名（意大利文）	无	高清图像	是（PDF）	无
大卫·拉姆齐历史地图收藏④	David Rumsey	图名（英文）、绘制者、绘制时间、尺寸、比例尺、简介	无	高清图像	是（JP2）	无
丹尼尔·克劳奇珍本书⑤	Daniel Crouch	图名（拼音、英文、中文）、绘制时间、绘制者、尺寸、简介	无	高清图像	否	无
巴里·劳伦斯·鲁德尔曼古地图⑥	Barry Lawrence Ruderman	图名（拼音、英文、中文）、绘制时间、尺寸、色彩、简介	无	高清图像	否	无
珍稀古地图⑦	经销商 Kevin J. Brown 等	图名（英文、中文）、绘制者、时间、尺寸、简介、参考文献	无	高清图像	否	无
德国 Götzfried 的古地图⑧	经销商 Rainer J. Götzfried	图名（德文）、绘制者、时间、尺寸、简介	无	高清图像	否	无

①Old Maps Online, https://www.oldmapsonline.org/, accessed October 5, 2021.

②World Digital Library, https://www.wdl.org/, accessed October 5, 2021.

③Le Collezioni Della Biblioteca Digitale, http://www.internetculturale.it/it/1/home, accessed October 5, 2021.

dDavid Rumsey Map Collection, https://www.davidrumsey.com/luna/servlet/view/all/where/China?sort=pub_list_no_initialsort%2Cpub_date%2Cpub_list_no%2Cseries_no, accessed October 5, 2021.

⑤Danel Crouch Rare Books, https://www.crouchrarebooks.com/maps?order-by=date-asc&location=china, accessed October 5, 2021.

⑥Barry Lawrence Ruderman Antique Maps, https://www.raremaps.com/category/Maps/Asia/East_Asia/China, accessed October 5, 2021.

⑦Raremaps, https://www.raremaps.com/gallery/detail/65048kb/zhuili-dili-tu-geographical-map-of-china-zhiyuan-shang, accessed October 5, 2021.

⑧Götzfried Antique Maps, https://www.vintage-maps.com/en/, accessed October 5, 2021.

四、海内外中文古地图数字成果比较及评价

（一）创建主体

海内外中文古地图数字化成果的创建主体类型多样，国内主要有藏图机构、出版社、科研院所、公司、公益机构以及爱好者；国外除相同类型主体外，还有古地图收藏家和经销商。若从主体的角度进行比较，首先，就同为主力的藏图机构和科研院所而言，国内较为重视地图的分类整理，台北故宫博物院和台湾“中研院”近代史研究所档案馆尤为突出，而海外机构或者仅依绘制时间对地图进行排序，或完全没有进行排序。

其次，作为特色主体，在国内，出版社、公益性网站在汇集和整理数字化成果方面做出了很大努力；在海外，古地图经销商、收藏家则贡献了不容忽视的成果。

（二）功能

一方面，由于地图象征着一个国家的领土与主权，[①]存藏于我国的中文古地图长期以来不予公开；另一方面，留存至今的纸本古地图纸张脆弱且修复过程繁复，因此数字化进程较为缓慢。如前所述，目前仅有北京大学图书馆将所藏中文古地图进行数字化并建立数据库，但图像数字化成果实际并未完全开放，仅提供缩略图在线浏览。港澳台地区的相关平台则在提供地图基本信息的同时，还供使用者浏览和下载高清图像，并且注重对地图分类整理。但部分平台如台湾“中研院”的高清数字化图像需要申请才能免费或付费获得。

相比之下，海外的中文古地图的数字化成果大多可开放利用。除韩国、日本的几家外，海外典藏机构的数字化平台皆提供高清图像浏览和免费下载，并且提供包括JPG、JPEG、PDF、TIFF等不同格式的图像。但也存在需要改进之处，如这些平台中对于馆藏古地图的分类还处于初级阶段，即依照地图所绘地区、绘制时间进行初级划分，这对于专门查找中文地图的使用者来说十分不便，而其实只要增加“语言”这一分类就能帮助使用者做出筛选。

（三）数字化内容

从所提供的信息种类上看，海内外中文古地图数字化成果的相似之处在于皆著录了图名、绘制者、绘制时间、比例尺、尺寸、色彩、材质等基本信息，差异之处在于，国内的数字化成果如台北故宫博物院，关注到了古地图中的图注这类文字信息。

---

①李孝聪主编:《中国古代舆图调查与研究》，第2页。

也许由于语言和文化的限制，致使海外的数字化成果中均未体现古地图相关文字的数字化。但海外的数字化成果中，经销商和收藏家群体主办的数字化平台呈现出一独有特点，即对地图来源和所牵涉的历史文化背景介绍得尤为详细，并且还提供与之相关的参考文献。究其原因，应是创办主体想为使用者尽量提供全面详实的信息，这样做也有助于推销地图。如Geographicus网站[①]在介绍《吴郡康城地域图》时，介绍了图中印文的内容，以及与之相关的“金山”和“俞氏家谱”等，最后注明以上资料的文献来源是《金山卫春秋》，如图4。

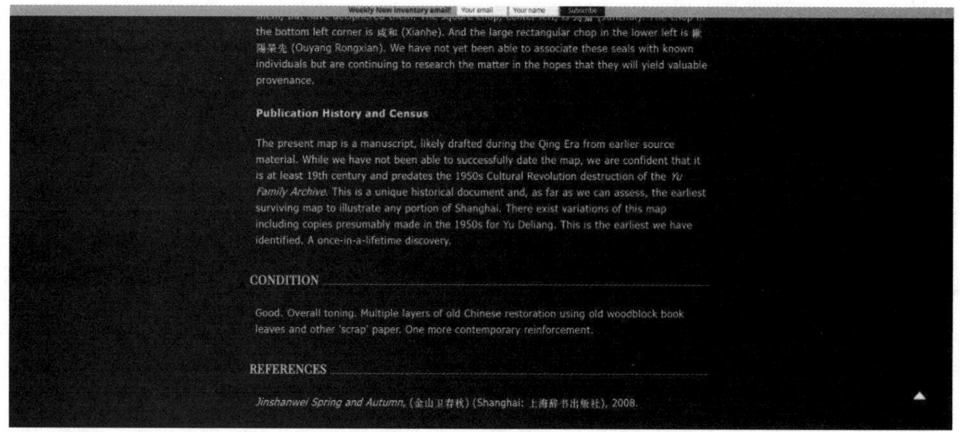

图4　Geographicus 网站上对《吴郡康城地域图》的介绍

五、优化方向

从中文古地图数字化成果的呈现来看，可以说分类是骨架，图像和与之相关的文字是血肉。若无分类，一幅幅地图杂乱而无所依附。唯有在适当的分类体系之中，地图才能在时空序列中有明确的归属，作为血肉的图像与文字才能在其基础上得以丰满。因此，对现存中文古地图进行合理分类、将之应用到数字化工作中，并基于中文古地图图文并茂的特点制作图文结合的数字化成果，才能进一步提升相关数字化平台的利用价值，使之更好服务于人文研究。

（一）分类是古地图数字化整理的基石[②]

回顾前人对中文古地图所作编目，可以看出分类在整理工作中的标志性和重要性。迄今为止的中文古地图的整理历程可分为三个阶段。首先是清代，我国对

①Geographicus Rare Antique Map, https://www.geographicus.com/, accessed October 5, 2021.

②本节内容参考李新贵、田清《海内外珍稀黄河古地图整理研究综述》未刊稿。

古地图的整理以清代为起点。清前期代表作即雍正末年编撰的内务府造办处舆图房所藏图目《天下舆图总折》[①]，该《总折》对罗列舆图没有进行明确分类，仅依时间顺序对康熙二十四年（1685）至雍正末年进呈的舆图进行逐次抄录。清中期的代表作有乾隆二十六年（1761）编撰的《萝图荟萃》[②]、乾隆六十年（1795）编撰的《萝图荟萃续编》[③]以及嘉庆十一年（1806）编撰的《国朝宫史续编》[④]。对所录舆图进行分类是从《萝图荟萃》开始的，共分为天文、舆地、江海、河道、武功、巡幸、名胜、瑞应、效贡、盐务、寺庙、山陵、风水十三类。《萝图荟萃续编》与《国朝宫史续编》中的分类，都是在其基础上进行增删。

其次是民国时期。这一时期的代表作有《国立北平图书馆特藏清内阁大库舆图目录》[⑤]（1013—1035）、《国立北平图书馆藏新购地图目录》[⑥]（1037—1041）、《国立北平图书馆中文舆图目录》[⑦]（1043—1222）和《国立北平图书馆中文舆图目录·续编》[⑧]（1223—1659）。1932年王庸先生在编纂《国立北平图书馆特藏清内阁大库舆图目录》时认为清时期古地图的编排不是按照图之性质，遂对清内阁大库所藏舆图重新编目，特点是“区域图”与“分类图”二元划分法。

第三个阶段是从1949年至今。1949年至1980年代，古地图的整理成果并不多见。局面从1990年代开始发生转变，总体上可以分为地图编目与古代地图集编纂两条主线。就前者而言，成果首推北京图书馆（今中国国家图书馆）善本特藏部舆图组所编《舆图要录》。[⑨]该要录将北图当时所藏6,827种中外文古地图分为世界地图与中国地图两大类，每类之下都分设专题，如自然地图、社会经济地图、政治军事地图、历史地图。就后者而言，成果首推曹婉如先生等编选的《中国古代地图集》，分战国—元、明代、清代三辑。[⑩]随后的《中华古地图集珍》[⑪]、

①《天下舆图总折》，内务府舆图房第一号档案，中国第一历史档案馆藏。

②《萝图荟萃》，汪前进：《中国地图学史研究文献集成（民国时期）》，西安：西安地图出版社，2007年，第1873—1882页。

③《萝图荟萃续编》，汪前进：《中国地图学史研究文献集成（民国时期）》，第1883—1884页。

④庆桂等：《国朝宫史续编》，北京：北京古籍出版社，1994年，第1019页。

⑤王庸、茅乃文：《国立北平图书馆中文舆图目录》，汪前进：《中国地图学史研究文献集成（民国时期）》，第1043—1222页。

⑥《国立北平图书馆藏新购地图目录》，汪前进：《中国地图学史研究文献集成（民国时期）》，第1037—1041页。

⑦王庸、茅乃文：《国立北平图书馆中文舆图目录》，汪前进：《中国地图学史研究文献集成（民国时期）》，第1043—1222页。

⑧王庸、茅乃文：《国立北平图书馆中文舆图目录》，汪前进：《中国地图学史研究文献集成（民国时期）》，第1233—1659页。

⑨北京图书馆善本特藏部舆图组：《舆图要录：北京图书馆藏6827种中外文古旧地图目录》，北京：北京图书馆出版社，1997年。

⑩曹婉如等：《中国古代地图集》，北京：文物出版社，1990—1997年。

⑪阎平、孙果清等：《中华古地图集珍》，西安：西安地图出版社，1995年。

《中华古地图珍品选集》[①]都受其影响，均按时间顺序进行编排。另外一些图文并茂的地图集，则是按照图之性质进行分类，比如《中国古地图精选》[②]《皇舆遐览——北京大学图书馆藏清代彩绘舆图》《舆图指要——中国科学院图书馆藏中国古地图叙录》[③]。

中国学者对海外所藏中文古地图的调查和整理工作始于李孝聪教授著《欧洲收藏部分中文古地图叙录》。[④]该著将所收地图分为世界图、外国图、山脉图、河流湖泊图、海岸图、交通图、城市图、历史地图、天文星象图、中国全图/连省合图/地图集、地区图。比照《国立北平图书馆中文舆图目录》分类法，可以将该著中的世界地图、外国图、中国全图/连省地图/地区图归为区域图，余下的山脉图、河流湖泊图等归为类图。李孝聪教授在随后所编著的《美国国会图书馆藏中文古地图叙录》中采用了区域和类图的分类法。林天人在李孝聪教授提供的信息基础上编撰的《皇舆搜览》[⑤]以及后来的《方舆搜览——大英图书馆所藏中文历史地图》[⑥]，还有谢国兴、陈宗仁主编的《地舆纵览——法国国家图书馆所藏中文古地图》[⑦]等地图集同样遵循着二元划分法。

从以上回顾和梳理中可以发现，先行中文古地图的分类方式可大致分为两个系统。一是按照时间顺序的编年系统，二是根据图之性质进行的分类系统。目前学界在中文古地图的分类上仍未得出统一结论，从整理和研究角度来说，暂且依照《萝图荟萃》的分类方式是较为合适的对策。

而对于专题古地图，分类方法则要视地图之具体性质而定。如李新贵在明代万里海防图的研究中提出的古地图谱系研究法，认为在专题古地图研究中既要考虑地图图形特征，又要考虑绘制者思想。质言之，地图图形特征只是系列地图分类的浅层认知，如果要进一步判断这种认知是否合理，还要考察特定时代背景下绘制者的思想与该思想的继承性。基于这种研究方法，他将明代万里海防图分为初刻系、筹海系、全海系和章潢系。[⑧]就中国海图而言，韩昭庆认为，以1929年海图绘制开始实现国家层面的统一管理为界，可将中国海图史分为前后两期；1929年之前的海图种类有航海图、航海指南和海防图等，航海图又可分为海区

①中国测绘科学院:《中华古地图珍品选集》，哈尔滨：哈尔滨地图出版社，1998年。
②刘镇伟:《中国古地图精选》，北京：中国世界语出版社，1995年。
③孙靖国:《舆图指要：中国科学院图书馆藏中国古地图叙录》，北京：中国地图出版社，2012年。
④李孝聪:《欧洲收藏部分中文古地图叙录》，北京：国际文化出版公司，1996年。
⑤林天人:《皇舆搜览：美国国会图书馆所藏明清舆图》，台北:“中研院”数位文化中心，2013年。
⑥林天人:《方舆搜览：大英图书馆所藏中文历史地图》，台北:“中研院”台湾史研究所，“中研院”数位文化中心，2015年。
⑦谢国兴、陈宗仁:《地舆纵览：法国国家图书馆所藏中文古地图》，台北:“中研院”台湾史研究所，2018年。
⑧李新贵:《明万里海防图初刻系研究》，《社会科学战线》2017年第1期。

总图、航行图和港湾图，航行图又可按照航行的距离和地区细分为远洋、远海航行图和近洋、近海图以及沿岸航行图等。[①]针对黄河古地图，李新贵、田清依据存世黄河古地图的总体特征、时代背景、区域职能、地图图形特征和绘制者思想，将其分为全图、河源图、水利图、军事图、河患图、河工图、水势图、河道图、城镇图、交通图、地形图、经济图、其他共十三类。以上举例进一步说明，对于古地图分类的探讨既有助于地图分门别类的搜集与整理，也有利于研究者开展比较研究。因此，确定古地图的分类是数字化整理的基石。

（二）应重视相关文字、文献的数字化

如前所述，目前海内外中文古地图数字化成果大部分都提供了比较全面的舆图基本信息，但对于与之相应和相关联的文字、文献，则缺少应有的关照。与其他图像资料的不同之处在于，中文古地图具有图文并茂的特点，即舆图的图面中不只有各种图形符号和色彩，还有图注、图说文字以及与之相配的奏折等资料。这一特点也就决定了中文古地图的数字化，应该包括对图面中的文字信息和与之对应的配套文献的数字化。

图注方面，目前仅有台北故宫博物院的“明清舆图资料库”对图注进行了整理录入（见前文图1）。

图说类地图的文字方面，海内外现有中文古地图数字化成果皆没有对这类内容进行数字化。图说类地图，如明嘉靖时期《宁夏镇战守图略》、清乾隆时期《石门镇北第二站至海宁县塘栖镇大营道里图说》、清顺治六年（1649）的《山西边垣图说》等，“说”的部分往往较“图”蕴含着更为全面、细致的内容。若将图说的文字通过OCR等技术数字化，并提供对图说内容的检索，定能更全面而准确地为研究者提供支持。以现存于台北故宫博物院的《宁夏镇战守图略》为例，该图册中含有舆图16幅，左文右图，“说”占整套图册58%的版面。

文字部分述及图中建置之兴废、地势之险要，如其中的《平虏城图说》（图5），内容便十分丰富：

> 平虏城，在宁夏镇之北一百二十里，为镇之北面屏蔽。北当镇远、打硙诸关口之冲，东当套虏浮河之扰，西南当汝箕、大风、小风、归德、镇北、宿嵬、黄硖诸口之警，三面受敌，其地最为紧要。内设守备一员，马步官军不满八百，防御实难。先是守备官，每每偾事解任者，非皆夫

① 韩昭庆：《中国海图史研究现状及思考》，李庆新：《海洋史研究（第十五辑）》，北京：社会科学文献出版社，2020年，第489—505页。

人之罪也。后于城之北十里许，修筑长城一道，西抵贺兰，东抵沙湖，约五十余里。设墩布戍兼之打硙、归德诸口，修筑谨密，居民视昔颇安。

此段文字包含很多图中未绘出的建置、山河名称，以及各种兵制和水头名称。如果将这套图册的图说文字数字化，那么使用者在利用该平台检索明代宁夏镇的某一营堡、山河、关口或水头名称时，便能检索到这套《宁夏镇战守图略》。

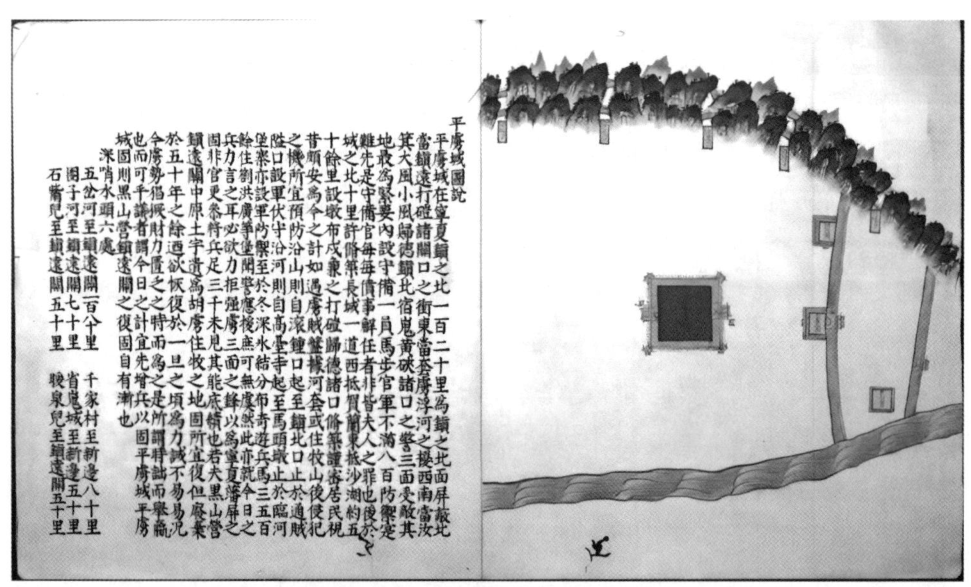

图 5　台北故宫博物院藏《宁夏镇战守图略》（局部）

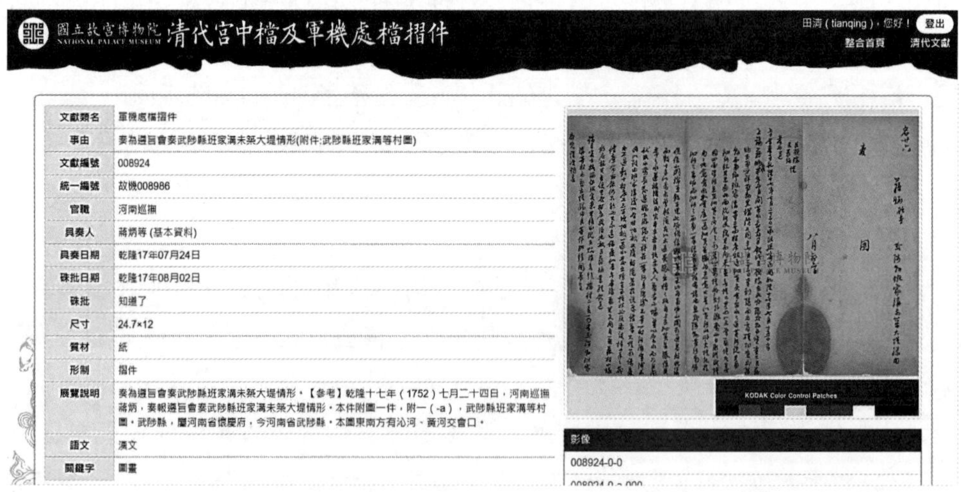

图 6　台北故宫博物院“清代文献”资料库所录《奏为遵旨会奏武陟县班家沟未筑大堤情形（附件：武陟县班家沟等村图）》

对于奏折附图，如清乾隆十四年（1749）的《黄河清口木龙图》、乾隆十七年（1752）的《武陟县班家沟等村图》、乾隆五十四年（1789）的《睢宁县黄河南岸周家楼堤工漫溢情形图》等，与其配套的奏折也应纳入数字化对象之中。北京大学图书馆、台北故宫博物院、美国国会图书馆、法国国家图书馆等均藏有一定数量的奏折附图，而目前仅有台北故宫博物院将图与折相匹配，整理至“清代文献”资料库的“清代宫中档及军机处档折件”中（如图6）。但仅将奏折图像高清扫描还远远不够，将奏折进行整理、点校、录入才能够实现有效地检索利用，这是奏折附图一类中文古地图数字化需要继续深耕的方向。

结 语

本文通过梳理比对海内外43家中文古地图数字化成果的创办主体、功能和数字化内容，发现现存中文古地图虽主要汇集于中国大陆，但大陆地区数字化工作整体还处于起步阶段，相对迟缓。而目前已有的海内外成果，从支持人文研究的角度来看，则存在着分类不明、忽视文字文献等不足。

本文的写作初衷在于对现有的中文古地图数字化成果进行概观和特点总结，从而为整理者与利用者提供更多的研究线索和可借鉴案例，因此着眼于代表性，而未着力于将所有数字化成果网罗殆尽，也由此无可避免地有局限和不足之处。基于对现状的分析，本文认为中文古地图数字化工作若要上一台阶，需要解决以下问题。首先，完善中文古地图的总体分类和专题地图的分类；其次，明确中文古地图相关文献的数字化流程和可操作性；最后，挖掘中文古地图数字化所采用的技术手段还有哪些优化方向。这些问题亟待更多学者的关注和讨论。

A Review of the Digitization Achievements of Chinese Antique Maps at Home and Abroad

Tian Qing, Li Xingui

Abstract: Since the end of the 20th century with the gradual rise of antique map digitization abroad the introduction and discussion of antique map digitization technology in China has gradually matured. The needs of researchers and users for the sorting research storage and utilization of antique Chinese maps have promoted the digitization of antique maps to varying degrees. At present there are abundant relevant achievements at home and abroad and sorting them has become a basic work of Chinese antique map research. After sorting out and comparing these results through literature information retrieval and network information collection it is found that although the existing digital results at home and abroad have their own characteristics, they still have major deficiencies in supporting humanities research. Using related research results to optimize the classification and attach importance to the digitization of related texts and documents should be the direction of improvement for the digitization of antique Chinese maps.

Keywords: Antique Maps; Digital Humanities; Digital Library

考古发掘资料图数据库的语义关联构建研究[①]

高劲松 / 华中师范大学信息管理学院
韩牧哲 / 华中师范大学信息管理学院

摘　要：针对原始资料整理中存在的问题，提出一种可实现考古发掘资料数据化转换和语义关联的方法，帮助考古学工作者规避低效流程。首先，结合实例对人文学科原始资料的特征进行解析，设计原始资料数据化转换的过程和方法：其次，选取新疆和静察吾呼墓地的考古发掘资料为实证数据来源，构建考古发掘资料图数据库：最后，以文物间的共存关系为例，实现考古发掘资料图数据库的语义关联构建。考古发掘资料图数据库及其语义关联的构建，为考古发掘资料的数据化转换提供了新的方法和思路，在数字人文领域有推广价值和实际意义。

关键词：考古发掘资料　图数据库　语义关联　察吾呼墓地

引　言

考古学在人文学科中属于史学大类，是较早采用数字人文技术作为研究手段的学科之一。在数字人文实践的6个主要方向中，“历史学方面的基于GIS的历史地理可视化”和“考古学方面的图像分析、色彩还原和数字重建”都是与考古学密切相关的数字人文方向。[②]在基于DH Commons所做的英国数字人文项目统计中，有542个标注了研究领域的项目，其中考古学被标注了88次，并认为“历史研究（含考古）、语言文学研究、图书馆/信息和博物馆研究是英国数字人文

①原文刊载于《图书情报工作》2021年第9期。本次出版已获得作者允许及授权。本文系中央高校基本科研业务费自由探索项目“面向用户的文物信息资源知识服务研究”（CCNU20A06025）和国家社会科学基金重大项目“新时代我国文献信息资源保障体系重构研究”（19ZDA345）研究成果之一。

②王晓光：《“数字人文”的产生、发展与前沿》，http://blog.sciencenet.cn/home.php?mod=space&uid=67855 & do=blog&id=275758，2021年4月2日。

项目最重要的研究领域”。[①]

目前，相较于考古学领域，直接与图书馆、档案馆、博物馆（Library, Archive, and Museum, LAM）机构结合的文物和文化遗产领域对于数字人文及面向人文学科的知识服务的学术敏感性更强，这得益于我国在过去20多年间已经基本完成的LAM机构馆藏资源大规模数字化转换进程。[②]然而，在考古发掘工作过程中，会持续产出零散且种类丰富的考古发掘资料，其通常不具备直接进行结构化组织和数据化应用的条件，这使得新发现的资料难以融入现有的知识组织体系，进而影响到考古学数字人文研究的整体进程。因此，探索适用于考古发掘资料直接录入与整理的数据组织和语义关联构建方法有重要的现实意义。

一、相关研究

目前，国内外在考古信息资源的组织、存储、管理与应用方面均取得了相应的实践成果，较具代表性的包括英国ARCH资助的STAR项目[③]和雷丁大学的IADB数据库[④]、德国的Archeo-Info系统[⑤]、美国芝加哥大学的OCHRE系统[⑥]以及中国社会科学院考古研究所和清华大学合作研发的E-Arch系统[⑦]等。上述项目所包含的信息资源以经过整理的数字化资源为基础，但对于更原始的考古发掘资料而言，纸质档案仍然是国内外很多机构主要的保存方案。大量考古发掘资料会按照传统方法以实物和数字化副本形态分布存储在不同的机构中，这种资源存储方式会造成非常严重的知识揭示与分享障碍，蕴含着丰富知识的发掘资料在有序性、开放性、安全性乃至研究价值上都会因此大打折扣。其中，在考古发掘资料的记录、整理和数据化过程中所面临的效率和技术难题是不容忽视的。

综合数字人文其他领域的成果来看，有关技术和方法的研究主要集中于数据

---

①林泽斐：《英国数字人文项目研究热点分析——基于DHCommons项目数据库的实证研究》，《情报资料工作》2018年第1期。

②刘炜等：《面向人文研究的国家数据基础设施建设》，《中国图书馆学报》2016年第5期。

③K. May, C. Binding, D. Tudhope, “A STAR is Born: Some Emerging Semantic Technologies for Archaeological Resources,” *Proceedings of the 36th Conference on Computer Applications and Quantitative Methods in Archaeology*, Budapest: CAA, 2008, pp. 402-407; C. Binding et al., “Semantic Technologies for Archaeology Resources: Results from the Star Project,” *Proceedings of the 38th Conference on Computer Applications and Quantitative Methods in Archaeology*, Granada: CAA, 2010, pp. 555-561.

④Integrated archaeological database, http://iadb.org.uk/, accessed April 2, 2021.

⑤I. Battenfeld et al., “Unifying Archaeological Databases Using Triples,” *Proceedings of the 4th International Conference on Cooperation and Promotion of Information Resources in Science and Technology*, Beijing, 2009, pp. 281-284.

⑥OCHRE Data Service, https://voices.uchicago.edu/ochre/, accessed April 2, 2021.

⑦张双羽：《考古数据挖掘研究与E-Arch考古信息系统优化》，博士学位论文，清华大学，2012年。

库建设和知识可视化，以及在此基础上的学科服务平台开发，其热点话题涵盖数字人文领域的关联数据发布①、文本挖掘②、元数据组织③、本体建模④和知识图谱开发⑤等。上述研究涉及实证部分的数据源通常来自LAM馆藏体系中已有的结构化和半结构化的数字资源，通常具有较为确定的框架结构和可参照的元数据控制方案，使研究者可以根据信息需求完成知识抽取和知识表示，以及进一步的关系型数据库的构建、知识图谱的开发和后续的知识服务工作，对于异构的外部数据库也可以通过知识融合方法实现数据互联。

从过程上分析，上述研究起点多为知识组织环节，其面对的数据通常是经过数字化和文本化梳理的二次或三次情报，而本文的研究对象———考古发掘资料，则属于更基础的一次情报，对应的是从各个场景中采集到的原始资料，在考古学以外的其他人文学科中也普遍存在。在数字人文研究的前期，几乎都要经历对LAM机构馆藏资源进行数字化（Digitalization）转换的阶段，一般做法是将结构化水平很低的资源进行结构化整理后存入关系型数据库，该阶段需要借助大量的人力参与，尤其是需要人文学者从事大量低水平且繁杂的资料搜集和整理工作。⑥从宏观进程来看，国内对大规模馆藏资源的数字化转换阶段已经告一段落，但在人文学科领域，与考古发掘资料类似的新的原始资料仍在不断产生，各领域人文学者们以传统的低效方法进行资料采集和整理的现象依然普遍存在，而当前数字人文领域的技术研究对于这些零星产生于各学科一线、不适合或无法直接纳入关系型数据库的原始资料并无妥善的解决方案。因此，笔者以人文学者的现实需求导向，面向数字人文研究过程，构建一种人文学科的原始资料整理模型，以考古发掘资料为对象，提出能够实现原始资料数据化（Datalization）转换的数据库构建方法，以及在此基础上实现语义关联，以帮助考古工作者及其他领域人文学者规避工作中的低效流程，为进一步的语义化知识服务做好数据准备。

---

①祝帆帆、高劲松、梁艳琪：《馆藏文物资源关联数据的创建与发布——以中国十大绘画为例》，《图书馆理论与实践》2018年第4期。

②郭金龙、许鑫：《数字人文中的文本挖掘研究》，《大学图书馆学报》2012年第3期。

③王丽丽、朱小梅：《古籍钤印元数据著录规范设计与应用研究》，《图书馆》2020年第1期。

④周耀林、赵跃、孙晶琼：《非物质文化遗产信息资源组织与检索研究路径——基于本体方法的考察与设计》，《情报杂志》2017年第8期。

⑤周莉娜、洪亮、高子阳：《唐诗知识图谱的构建及其智能知识服务设计》，《图书情报工作》2019年第2期。

⑥陈涛等：《知识图谱在数字人文中的应用研究》，《中国图书馆学报》2019年第6期。

二、原始资料的分析与整理

（一）原始资料的特征解析

原始资料（Primary source）是指包含了原始信息的文献、实物、现象和其他事物，从中直接获取的原始信息往往结构不统一，资料分布更为碎片化。一份资料所承载的是否是未经过知识揭示的原始信息，是界定其是否为原始资料的标准。常见的LAM数据资源实例可归纳为“无结构数据”“半结构化数据”和“结构化数据”3类，无结构数据的表现为“文献、文物、物件自带的原始信息”，这些原始信息及其载体均可被视为原始资料。[①]在考古工作中，通过田野调查和考古发掘直接记录、采集、汇总、统计所得的文献、实物和数据资料均属于原始资料。换言之，考古学中的原始资料可细分为田野调查资料和考古发掘资料。在针对考古发掘资料的整理方法进行讨论之前，有必要对人文学科中原始资料的一般特征进行解析。

相较于自然科学和社会科学，人文学科知识元素之间的关联关系与发展演化规律更加隐晦，这使得对其知识框架整理的难度也有所加大，且对对象和过程的描述通常具有主观性。因此，在研究工作完成之前，很难对其中的大量内容和知识直接进行结构化描述与存储。经过人文学者的研究，通常会在外部结构化描述的基础上，依据从原始资料中抽取出的信息对其进行分类命名、内容描述和其他知识揭示，有效知识揭示所产生的知识成果是原始资料具备进一步数据化转换的条件，即资料可以通过相应的数据进行描述、表达、存储和应用。职能上面向公众服务的LAM机构的馆藏结构中虽然包含了一定比例的原始资料，但其中大部分馆藏资料都有研究基础，为方便区分，笔者将有研究基础、具备数据化转换条件的资料称为馆藏资料。

人文学科中的原始资料在各方面的特征都与馆藏资料存在差异，详见表1。在研究的不同阶段，二者所面对的资料实体可能会发生重叠。总的来说，随着研究的深入，对资料解析程度的提升，原始资料会逐渐向数据化条件完善的馆藏资料转变。

---

①曾蕾、王晓光、范炜：《图档博领域的智慧数据及其在数字人文研究中的角色》，《中国图书馆学报》2018年第1期。

表1　原始资料和馆藏资料（LAM机构）特征对比

对比项	原始资料	馆藏资料
资料来源	观察、田野调查、社会调查等	研究、整理和创作
资料内容	实物、现象、过程、概念及其衍生物	文献及与文献内容相关的实物
命名规则	缺乏参照，不确定或不完全确定	可参照，较为确定
分类规则	部分明确	明确
结构化效果	较差	好
数据规模	中小规模	大规模
产出模式	零散、持续且不规律	集中、单次或定期
操作人员	人文学者	人文学者和知识管理人员
研究基础	通常较差或无研究基础（新材料）	较好
使用目的	研究过程、资料保存	公共教育、研究服务、商业用途等
共享范围	业内或私密	公共领域或有条件开放
共享形式	非正式	正式

元素名称				原始资料	馆藏资料
基本信息	类别			青铜器	青铜器
	名称	器名		青铜盘	青铜盘
		异名		蟠蛇纹盘*	保媜盘**
	时代			春秋晚期	春秋晚期
	族属			徐国	徐国
	现藏地			Null	邳州市博物馆
器物内容	形制	度量		口径22.6厘米 高10厘米	口径22.6厘米 高10厘米
		器型		盘，口沿方折，颈略收，肩稍斜，弧腹，平底	盘，口沿方折，颈略收，肩稍斜，弧腹，平底
	纹饰			腹部饰两道绳纹，颈、腹部均饰细密、整齐的蟠蛇纹，腹下部饰两周三角纹，内填蟠蛇纹	腹部饰两道绳纹，颈、腹部均饰细密、整齐的蟠蛇纹，腹下部饰两周三角纹，内填蟠蛇纹
	铭文	位置		Unknown	器内底
		阴阳文			阴文
		字数			21字，重1
		行数			4行
		释文	内容		叡句徐之孙、肤旨[illegible]之子保，保煅公之妻媜，同铸用锗
			来源		马永强，程卫．江苏邳州九女墩三号墩出土铜盘铭文考释[J]．文物，2019(10):79-81.
出土信息	时间			1993年	1993年
	地点			江苏省邳州市戴庄镇	江苏省邳州市戴庄镇
	遗址			九女墩，三号墩	九女墩，三号墩
	类型			墓葬	墓葬
	器物编号			M3:43	M3:43
	来源			孔令远，陈永清．江苏邳州市九女墩三号墩的发掘[J]．考古，2002(5):19-30.	孔令远，陈永清．江苏邳州市九女墩三号墩的发掘[J]．考古，2002(5):19-30.

*按照青铜器类文物的命名规则，无铭文的青铜器通常依照特征纹饰+器型命名。

**带铭文的青铜器命名有“名从主人”原则，该铜盘为保与其妻媜两人所铸。

器型（照片）

纹饰（拓片）

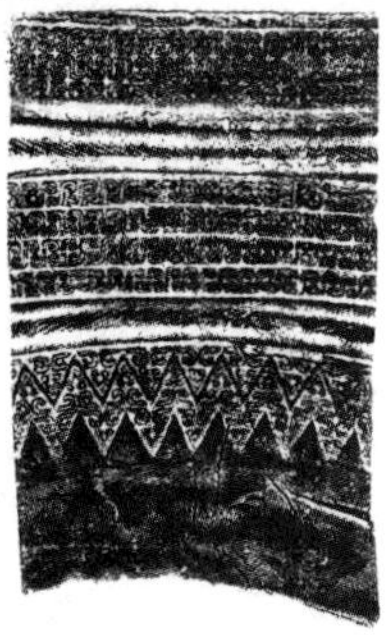

铭文（拓片）

图1　原始资料与馆藏资料的结构化描述效果对比

笔者以1993年出土于江苏邳州九女墩三号墩的一件铭文铜盘作为实例进行解析，解析细节如图1所示。“原始资料”栏的考古发掘资料来自2002年发表的考古发掘简报，[①]“馆藏资料”栏补充了2019年的铭文释读信息。[②]同一墓葬中出土的纹饰、器型相同的青铜盘共5件，且实例中的青铜盘是在清理过程中被发现底部刻有铭文。由于考古报告上并未对其做区分，故而原始资料栏中的外部结构化描述无法对这件铭文青铜盘给予准确的专属性命名。而随着研究过程的深入，铭文被释读之后，馆藏资料栏中基于研究内容对这件铭文青铜盘的结构化描述足以将其与共同出土的4件蟠蛇纹盘进行区分，此时才能将其作为结构化数据存储到关系型数据库中，为进一步的知识管理和知识服务工作做准备。

结合特征对比与实例解析可知，在相关研究取得一定成果之前，原始资料中的对象很难通过描述性命名和层级制分类进行定义。现有的结构化描述方法不能对原始资料中存在差异的对象进行辨识与区分，使得这些资料所转换的结构化信息即便被纳入现有关系型数据库和知识图谱中，也无助于进一步的学科研究和知识共享，还有可能导致语义模糊。但是，原始资料中的对象在知识网络中关系是相对稳定的，通过对对象在已有知识体系中已知关系的描述，可将原始资料转换为确定关系、开放命名、未定分类的中间态数据（Intermediate data）。由原始资料直接转化而来的中间态数据本身包含诸多未知或待定的属性，并不适合直接面向公众进行数据共享，但在功能上可以满足进一步人文研究的相应需求，帮助人文学者进行资料的录入、整理、统计与分析，促进原始资料向馆藏资料转换。此外，中间态数据以关系结构描述对象，本身具有相应的知识揭示功能，若能与目标领域的本体结构进行语义匹配，即可促使其标准化、规范化，作为外部数据库融合到现有的知识图谱中，直接实现原始资料的数据化转换。

（二）原始资料整理方法

陈涛等将数字人文的研究进程划分为资源数字化转换、数字资源的文本建设和研究、对文本化资源的数据化和智慧化研究三个阶段，是对当前数字人文研究宏观进程的描述，并就此提出了宏观数字人文研究框架。[③]宏观研究框架中的馆藏资料将经过数字化转换和结构化描述，存储到关系型数据库中并转换为人文数据。我国在过去的20多年间已经基本完成了第一阶段的工作，目前正处于第二阶段颇具成效，向第三阶段逐步迈进的过程。从微观上看，对于从各人文学科持续性产出的轻量化原始资料而言，在短时间内人文学者很难主动进行数字化转换和结构化描述，无法直接将其存储到关系型数据库中，按照宏观的数字人文研究

①孔令远、陈永清：《江苏邳州市九女墩三号墩的发掘》，《考古》2002年第5期。

②马永强、程卫：《江苏邳州九女墩三号墩出土铜盘铭文考释》，《文物》2019年第10期。

③曾蕾、王晓光、范炜：《图档博领域的智慧数据及其在数字人文研究中的角色》，《中国图书馆学报》2018年第1期。

框架，后续的文本化、数据化和智慧化也难以推进。尽管关系型数据库和语义知识图谱具有严格的元数据控制和本体结构，且在严谨性、标准化和长期保存与共享方面表现更为优秀，但对于原始资料的整理工作并非上佳之选。笔者认为有必要对人文学科中原始资料的处理方法和过程进行重构，促使其以较高的效率与宏观数字人文进程实现同步，较为可行的思路是对原始资料中方便进行结构化描述的内容进行外部结构化描述，复用现有关系型数据库的结构和元数据规范进行数字化和文本化：对于其他难以与现有关系型数据库进行规范、统一、标准化描述的内容，则以对象间的关系对其进行描述。

图数据库善于处理大量复杂、互连接、低结构化的数据，具有更强的数据兼容性，且对关联关系的表达更直观、处理更高效，其功能方面“更侧重于知识挖掘和计算，发现隐性知识并可视化，实现诸如提问式检索、时空展示等功能，推动人工智能环境下数字人文研究方法的创新”。[①]尽管图数据库简单易用，但是由于缺乏标准化的规范词表控制，不同图数据库之间难以互通，数据孤岛问题仍难以避免。不过，笔者对原始资料处理的直接目标是将其转换成中间态数据，这一思路是面向人文学者的研究过程而非面向公众的知识共享，图数据库在原始资料的录入、整理和存储方面更为适用。综合考虑多方面因素之后，笔者决定选择Neo4j进行考古发掘资料图数据库的构建。图数据库简单的“N-E”（Nodes & Edges，节点和边）和“K-V”（Keys & Values，键和值）结构可以包容大量中间态数据，同时其易用性也可以满足非专业人士的数据维护需求。

综上所述，宏观框架从整体上将数字人文研究进程分为3个阶段，考虑到微观形态上轻量化原始资料不断产出的过程，笔者引入图数据库并提出了可进一步与宏观框架关联的原始资料整理过程，如图2所示。将宏观研究框架的起点向前回溯：1.在获取原始资料之后，由各个领域的人文学者接触并处理原始资料，依托人文研究方法对原始资料进行分类、整理、辨识、解析，使之转化为具有一定研究基础的馆藏资料，并与相关成果一同归档于典藏机构，这一过程本质上属于传统人文研究阶段，在宏观上属于数字人文研究的基础和前提，在数字人文兴起之前，这种传统的人文研究进程已经持续上百年，相应的人文研究成果也有着丰厚的积淀。2.宏观数字人文研究框架的真正起点是对馆藏资料的数字化转换，自21世纪以来，在LAM等典藏机构先后开展的数字化建设和数字人文理念下推动了大规模的馆藏资料数字化，其主要工作是对各类馆藏资料做结构化描述和基于关系型数据库的存储，以元数据规范各类资料的著录信息，并将其作为索引指向

① 曾蕾、王晓光、范炜：《图档博领域的智慧数据及其在数字人文研究中的角色》，《中国图书馆学报》2018年第1期。

各类数字化存储的信息资源、纸质文献和实物。3.对馆藏数字化资源的文本化和文本分析、语义化和基于语义知识图谱的推理、共享是数字人文宏观研究在当前的主要方向，在此基础上开展的各项知识服务也是数字人文研究的目的。

但是，对于宏观研究框架而言，在传统人文研究和大规模数字化阶段所做的积淀是后续步骤推进的前提，这使得在微观上，近些年持续零星产出的人文学科原始资料在短时间内难以跟进宏观进程，因此，笔者重构了针对原始资料整理的微观框架，对于新发现的轻量级原始资料而言，人文学者可以同时进行两项工作：1.对原始资料进行数字化和外部结构化描述，对应宏观研究框架的数字化进程，其结果可以存储至关系型数据库中，主要用作资料对应存储和归档。2.进行数据分析和数据建模，明确原始资料中包含的各类对象及对象间的关系和属性，将其转化为能够辅助人文研究的中间态数据，并以图数据库的形式进行存储和应用。3.上述步骤的目标不在于获取宏观研究框架下数字化和文本化阶段完成后的中间成果，而是基于图数据库存储的中间态数据，进一步实现原始资料的语义化描述和语义关联构建：对于中间态数据而言，既可复用已有的元数据框架将其规范化，实现与宏观研究框架的数据整合，也可以通过语义关联构建转化为语义知识图谱，进而实现与现有知识图谱的融合。

（三）原始资料整理模型与模型交互

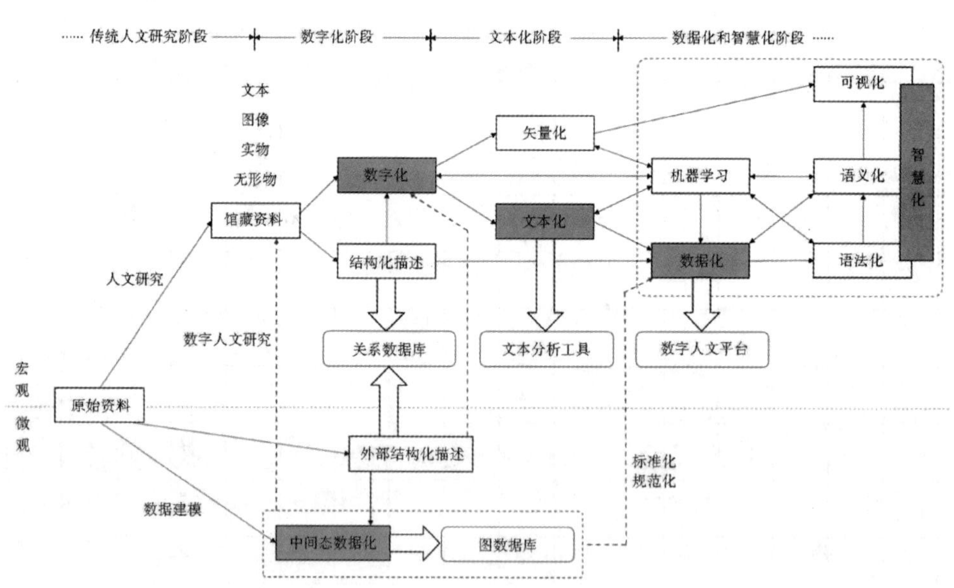

图2　原始资料整理过程与宏观数字人文研究框架的关系

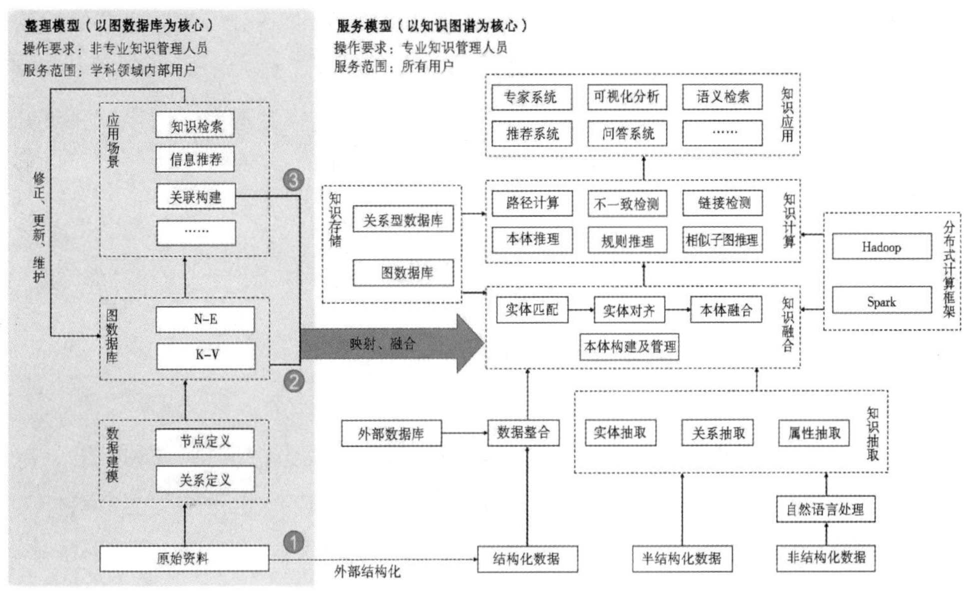

图3　整理模型与服务模型的交互结构

由于数据获取和处理方式以及面向的用户均有不同，根据上文重构的数字人文研究框架，本文提出了以图数据库为核心的、面向人文学科原始资料的整理模型（以下简称“整理模型”），该模型与当前数字人文平台常用的、以知识图谱为核心的知识服务模型（以下简称“服务模型”）是两个可交互的独立模型。同时，应将本文构建的图数据库与服务模型中专用于数据仓储的图数据库进行区分，本文构建的图数据库可视为宏观知识服务系统中的一个数据转换模块，与面向公众的知识服务目标不同，其作用领域在人文研究阶段，是数字人文平台开展持续性公众知识服务的必要准备。整理模型与服务模型的交互结构见图3。

左侧为整理模型，右侧为服务模型，两个模型实现交互的部分共有三处：

第一处，外部结构化交互。指原始资料发现或产生初期，由整理者使用传统手段对资料进行外部结构化描述，并存储到服务模型底层的结构化数据库中，这种对直接感知或观察内容的描述无法对资源内涵进行深度揭示，起到的是一种类似于文献编目的效果，主要意义在于对资源进行标识。

第二处，中间态数据交互。交互发生在图数据库构建的“数据建模”步骤之后，此时原始资料已经通过分析和建模，被组织成由节点和关系表示的中间态数据，通过中间态数据与服务模型数据进行整合，可以将一部分原始资料纳入现有的知识库中，从而完成对部分原始资料的初次解析。

第三处，语义关联交互。这是图数据库的重要应用场景之一，可以通过图数据库的深度查询功能，辅助用户进行关联构建，从而完成自下而上的本体构建或对服务模型中本体框架的修正。此处交互主要针对创新性研究价值较高的原始资料，其应用场景对应的是数字人文研究过程，这些研究工作对资料内涵的充分揭示，是原始资料融合到现有知识图谱，并依托数字人文平台面向一般用户开展知识服务的基础。

三处交互中，外部结构化交互是以传统方法完成的，不再赘述。后文笔者将结合实际，对中间态数据交互和语义关联交互的实现方法展开进一步探讨。

三、考古发掘资料图数据库的构建

图数据库的构建，是实现整理模型与服务模型中间态数据交互的必要条件。本文选取整理任务艰巨，且在人文学科体系中基础性较强的考古发掘资料作为数据对象并构建图数据库，实证数据源自新疆和静察吾呼大型氏族墓葬群的一、四、五号墓地的考古发掘资料。①

（一）考古发掘资料图数据库的构建过程

整理模型所对应的知识服务平台需要涉及到整个系统平台的设计和开发，在保障数据安全性的前提下，相对简易的B/S架构（Browser/Server Architecture，浏览器和服务器架构）足以满足有限用户群的中小规模中间态数据的录入、存储和应用需求。本文将着重对Neo4j图数据库构建过程和基于Cypher的部分业务逻辑的实现方式进行探讨，对于平台架构中的用户交互层面及其相关的数据库访问连接机制不做过多阐述。考古发掘资料图数据库的构建过程主要包括功能分析、数据准备、数据分析、数据建模、图谱生成和知识应用6个步骤，其中各个步骤又包含不同的内容，具体如图4所示。

在考古发掘资料图数据库构建过程中，数据分析和数据建模是其中的关键步骤，本节将结合实例着重对这两个方面展开探讨。

---

① 新疆文物考古研究所:《新疆察吾呼——大型氏族墓地发掘报告》，北京：东方出版社，1999年。

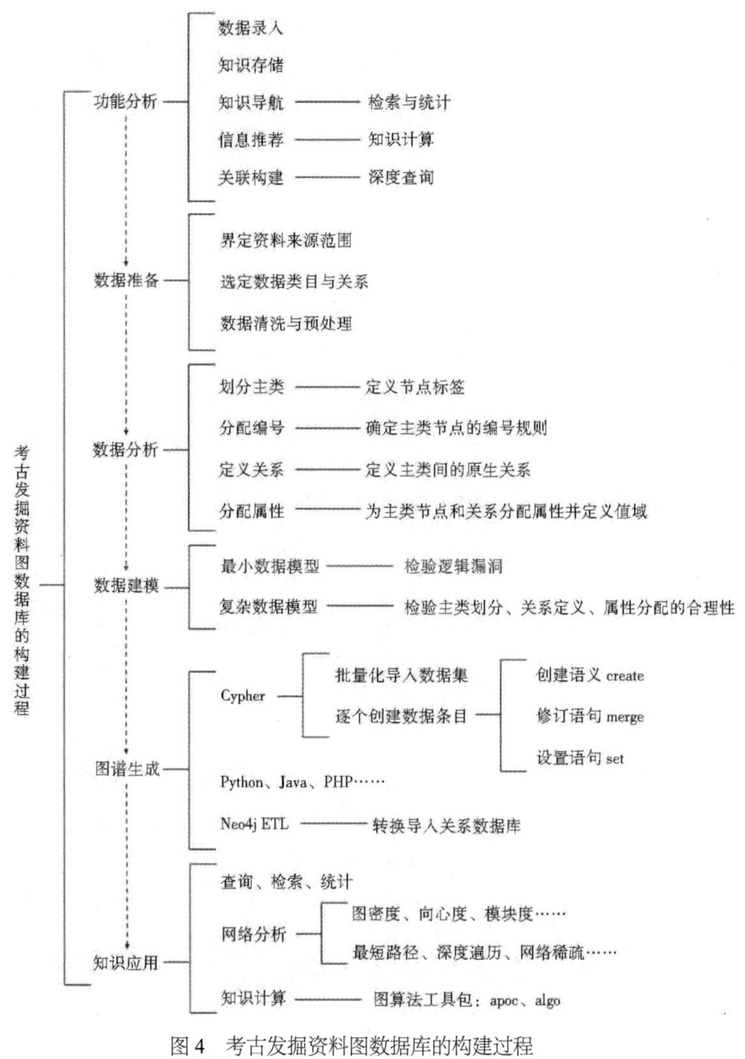

图 4　考古发掘资料图数据库的构建过程

（二）数据分析

数据分析的目的是定义图数据库中需要呈现的节点和关系类型、属性和属性值的类型与定义域。

1. 节点定义

图数据库中的任一节点均需包含一个专属的节点编号（Index: ID）、一个标签（Node: Label）和若干属性（Property: Keys）。节点的编号需要考虑到各类节点所代表的知识在相关学科体系中的基本分类和层次逻辑，编号本身即可组成基于先验知识的基本知识框架，相较于单纯的顺序编号方法，此种编号规则可做到层次分明、不重不漏且具有一定的可扩展性。节点标签依据数据集子类划分定义，拥有相同标签的节点可视为同类。在非层次网络中，同一类下的各个节点可视为该类实体的实例（Individual）。以考古发掘资料中最常见的墓葬遗迹为例，考古报告中所附“墓葬登记表”所载信息繁简不一，但都会涉及到“遗址”“墓形”“葬式”“墓主信息”“出土文物”几类内容，可以将其暂时划定为墓葬发掘资料中的节点主类，在实践中涉及到具体情况时，可以对主类进行相应的调整。

节点属性通常是相关节点的描述性或限定性内容，支持文本型、数值型、向量性等各种形式的数据存储，还能够存储多种格式的图形、动态图形数据和链接，以及RDF三元组。节点属性的分配方式并不固定，实践中也需具体问题具体分析。图数据库中节点和关系的属性及属性值还可以通过图计算获得，并进行独立或批量的增删操作。

考古发掘原始资料图数据库的节点定义如表2所示。

表2　考古发掘资料图数据库初始节点定义

节点类型	节点编号	属性1	属性2	属性3	节点标签
遗址	Index:ID $Sid=1^{\text{类号}}+X^{\text{墓地号}}+Y^{\text{墓葬号}}$ X ∈ [01，99]， Y ∈ [001，999]	Properity:Key1 名称 Name	Properity:Key2 人数 Bodycount	Properity:Key3 墓形 Code	Node:Label Site
	示例：察吾呼五号墓地M4，型式为AI，葬5具个体=(101004:Site{Name:“M004_C5”，Bodycount:“5”，Code:“AI”})				
墓形	$Tid=2^{\text{类号}}+X^{\text{墓形代号}}+Y^{\text{墓式代号}}$ X ∈ [0001，0009]， Y ∈ [1，9]	名称 Name	代号描述 Tdescriptio	墓形 Code	Tombshape
	示例：AII式墓=(200012:Tombshape{Name:“石围石室墓A型II式”，Tdescription:“规则弧腰三角形石围，墓室口距地表较浅，墓室较深，卵石构筑石室，一端开口一端封闭”，Code:“AII”})				
葬式	$Bid=3^{\text{类号}}+X^{\text{二级层次代号}}$ X ∈ [00011，00099]	名称 Name	—	—	Burialform
	示例：侧身屈肢葬=(300022:Burialform{Name:“侧身屈肢葬”})				
墓主信息（略）	$Oid=4^{\text{类号}}+X^{\text{二级层次代号}}$ X ∈ [00011，00099]	性别 Gender	年龄段 AgeG	—	Ownerinfo
	示例：成年男性=(400003:Ownerinfo{Gender:“M”，AgeG:“3”})				
文物	$Rid=5^{\text{类号}}+X$ 多^{级层次代号} X ∈ [10000，99999]	名称 Name	—	—	Relic
	示例：带流杯AIII=(511230:Relic{Name:“带流杯AIII”})				

2. 关系定义

图数据库中的初始关系都是直接关系，并未经过进一步的统计、推理和加工。笔者从实证数据集中分离出的初始关系主要有5种类型，作为墓葬考古中较具代表性的关系类型，如表3所示。

表3　考古发掘资料图数据库初始关系定义

关系 / 关系类	源节点	靶节点	属性一数量	属性一频次	属性一比例
Relationship/Type	Src	Dst	Qty	Freq	Pct
墓形为 has_tombshap	遗址 Site	墓形 Tombshape	N	N	N
示例：四号墓地 M160 的墓形为 AII=(104160:Site) －［:has_tombshape］－> (200012:Tombshape)					
葬式为 has_burialform	遗址 Site	葬式 Burialform	Y	N	Y
示例：四号墓地 M160 的葬式包含仰身屈肢葬=(104160:Site) －［:has_burialform{Qty:“2”，Pct:“100”}］－> (300021:Burialform)					
墓主为（略） was_tomb_of	遗址 Site	墓主信息 Ownerinfo	Y	N	Y
示例：四号墓地 M160：男性 2，24－30，25－30=(104160:Site) －［:was_tomb_of{Qty:“2”，Pct:“100”}］－> (400013:Ownerinfo)					
包含文物 has_relic	遗址 Site	文物 Relic	Y	N	Y
示例：四号墓地 M159：带流杯 AIII，2=(104159:Site) －［:has_relic{Qty:“2”，Pct:“50”}］－> (511230:Relic)					
早于 earlier_than	遗址 Site	遗址 Site	N	N	N
示例：一号墓地 M213 叠压 M279=(101279:Site) － [:earlier_than] －> (101213:Site)					

Neo4j图数据库中的关系必须定义方向，但在图节点遍历和其他检索操作中，关系是默认无向或双向的。上述关系中，有4种类间关系，1种类内关系：类内关系“早于”是唯一指向性关系，其所标识的是部分墓葬遗迹之间的地层顺序，这些相对的层位关系在有序考古地层中可用于判断相关墓葬遗迹的相对年代。

关系的类名通常表征关联类型，两个节点和其间关系的类名通常可以视作一个完整表达的RDF三元组。关系属性的分配与节点不同，关系属性较多对应的是统计属性，属性值可以应用于图计算，偶尔也用于存储其他内容。

（三）数据建模

图数据库的数据模型包括最小数据模型和复杂数据模型两种，前者是有关网络初始结构的理论模型，后者则抽取了示例数据源中的真实素材进行建模。

1. 最小数据模型

考古发掘资料图数据库的最小数据模型如图5所示，该模型展示了上述5个节点类和5种初始关系类。图中节点框的框头代表类名，框体代表属性和属性值的数据类型；关系标签中也展示了关系类名、关系属性和属性值的数据类型。

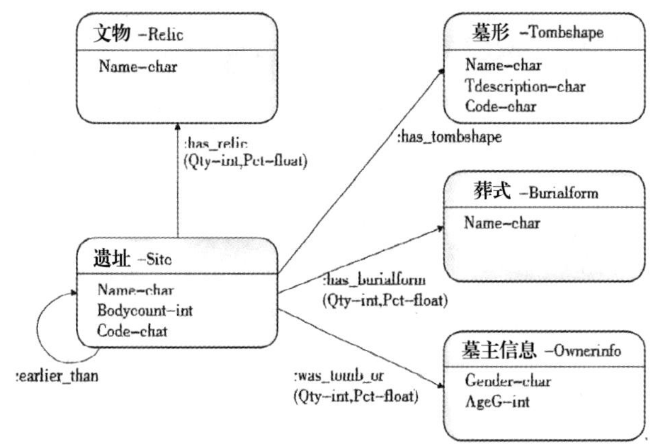

图5 考古发掘资料图数据库最小数据模型

2. 复杂数据模型

复杂数据模型构建选取本文数据源中的两座具有叠压关系的墓葬进行示例，相关的原始素材为：

素材1：察吾呼墓地M052_C4和M233_C4在原报告墓葬登记表中的信息，如图6所示。

附表　察吾呼墓地墓葬登记表

表释：♀仰身直肢。♀俯身直肢。♀仰身上屈肢。♀俯身屈肢。♀仰身左屈肢。♀仰身右屈肢。♀俯身右屈肢。♀俯身左屈肢。♀侧身右屈肢。♀侧身左屈肢。♂男　♀女。性别、年龄其中一项不明者用一个×表示，两项均不明者用××表示。如A♀♂×，表示为A个体，仰身左屈肢，男性，年龄不明；A♀××，表示为A个体，仰身右屈肢，性别、年龄均不明。年龄一项省略“岁”字。（二）表示为“二次葬”。F表示儿童祔葬坑。“随葬品”栏中之AI表示A型I式，余同。阿拉伯数字表示件数，不注者表示1件。尺寸单位：米。

附表二　四号墓地墓葬登记表

墓号	型式	方向	石围 长×宽	墓深	盖板或盖木	墓室 长×宽×深	葬具	人数	性别、年龄及葬俗、葬式	随葬品	分期	备注
……												
52	AIII	355°	长方形 5.63×3.10	1.33-1.62	石	2.06×1.50×1.00	无	8	A-F为成人头骨，集中在墓室北端。墓室中有盆、肢、椎、肩胛骨等，归属不明。另有属于两个幼儿的髋骨H、G，性别不明	带流杯AIV3，陶纺轮II，豆把；铜刀CIII，铜锥III，铜管；骨纺轮	三	有墓门。墓门外侧有陶器、羊肋及人的椎骨
……												
233	AII	2°	弧腰三角形 残	2.20	无	2.24×0.90×0.60	无	5	A♀♀45±；B（二）头、肢♂40-45；C（二）头、盆、下肢♂25-30；D（二）头、股骨♂×；E♀♀×	带流杯AII、AIII3，勺杯AII、BII，碗I，勺杯A，壶I，双耳罐AI，陶纺轮I；铜针	二	有一马头坑

图6 察吾呼四号墓地M052和M233的墓葬登记信息

素材2：M052_C4和M233_C4的地层叠压信息，如“叠压关系……M52→M233”。

素材中的有效信息可整理出21个节点，20条初始关系，模型表达见图7。示例中省略了墓主信息及其关系、石围和墓葬规模等细节信息，在实际应用中，这些信息可作为独立节点或节点属性录入图数据库。并对示例中残缺、分类不明确和描述不规范的文物如“豆把”“羊肋”等进行筛除。

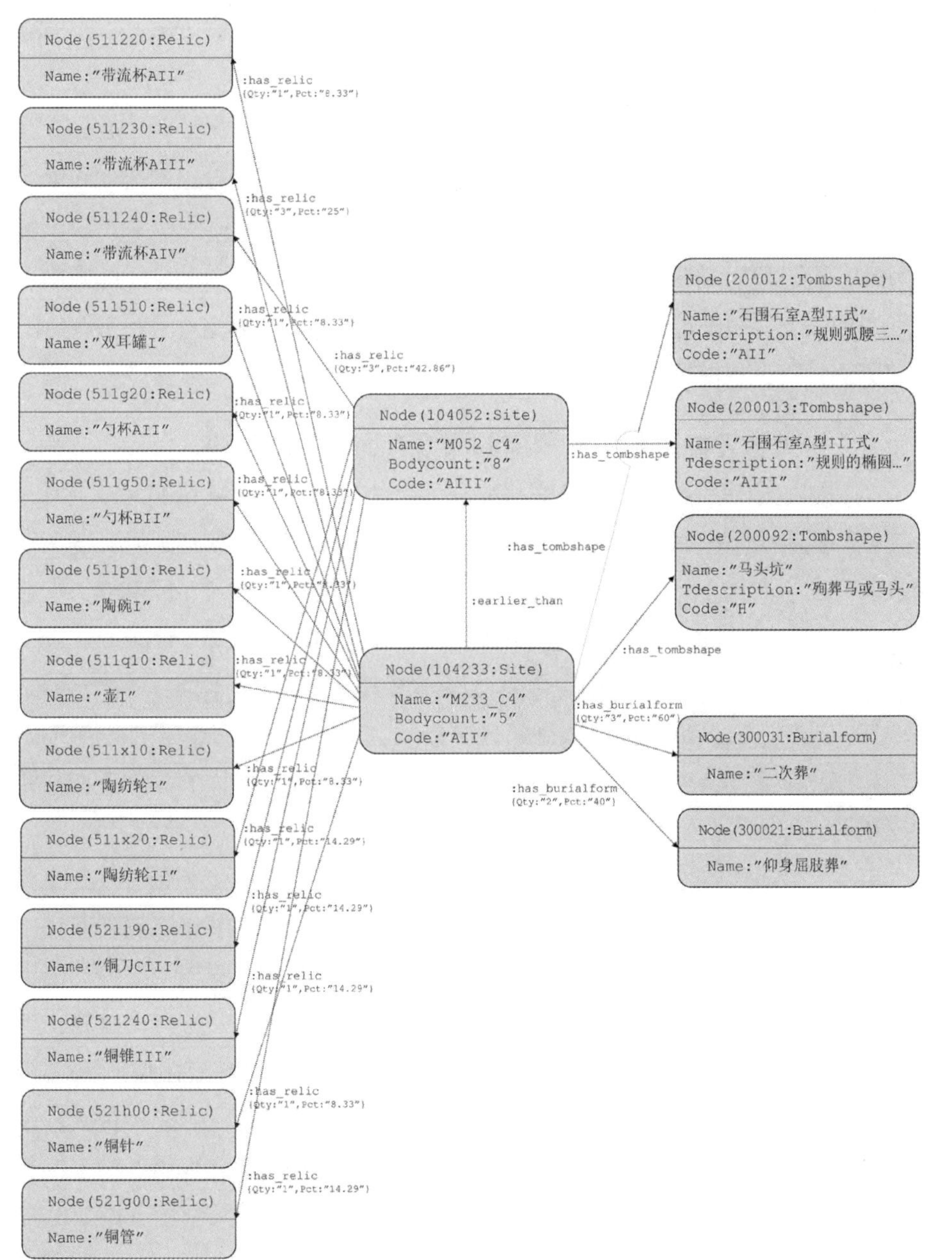

图7 考古发掘资料图数据库复杂模型示例

通过最小模型图和复杂模型图可以看出本文拟构建的考古发掘资料图数据库结构完整、逻辑清晰，已满足真实数据的导入条件。将真实数据导入图数据库，并去除孤立节点，即可生成新疆察吾呼墓地考古发掘资料的初始图数据库，其中包含606个节点，2,739条关系。这些由图数据库存储的数据资源即可视为原始资料所转换成的中间态数据，即可以通过数据迁移工具向其他图数据库和关系型数据库共享数据。

四、考古发掘资料图数据库的语义关联

整理模型和服务模型的第三处交互是关联交互，其目标是实现深层次的语义交互，应用图数据库的相关功能，促进考古工作者在对发掘资料研究过程中的知识发现，进而通过知识融合作用于现有的考古学知识服务平台的知识图谱中。其实现主要依靠图数据库的深度查询功能，考古工作者可以由此对原始资料中的一些深层次关联进行挖掘和构建。

（一）考古发掘资料图数据库的深度查询与关联构建

初始图数据库所录入的都是底层知识节点及初始关联，从关联深度上看，这些关联都属于一度关联。在各人文学科中，均会存在一些具有实际意义的深度关联。以考古学为例，每一地层或遗迹单位（如一座墓葬、窖穴、房基等）中包含的各种遗物所构成的关系被称为文物间的共存关系（Coexistence relationship）[①]，其有助于研究者从整体的文物集合中分离出具有实际意义的固定器物组合方式，发现其中规律，进而能够据此展开年代学分段、文化类型判断等更加细致的研究工作。在此以文物共存关系的构建为例展示考古发掘图数据库的深度查询与关联构建功能。

共存关系是"文物"节点类内的一种二度关联，在察吾呼墓地考古发掘资料构建的初始图数据库中，共存关系的中间节点是"遗址"节点，倘若两种不同类型的文物在同一遗址出土，则视为二者共存，其频次即同时出土二者的遗址个数。以"带流杯AII(Rid: 511220)"和"勺杯AII(Rid: 511g20)"为例，首先，查询二者之间的所有二度关联（见图8-左），可知同时出土了"带流杯AII"和"勺杯AII"的墓葬遗址共计25座，统计这些"遗址"节点的数量记为Sc：其次，在节点"带流杯AII"和"勺杯AII"之间建立"共存"（coexistence_with）关系，并将Sc值写入关系的频次属性，即可完成两种文物之间的共存关系创建（见图8-右）。

①张之恒：《中国考古学通论》，南京：南京大学出版社，2009年。

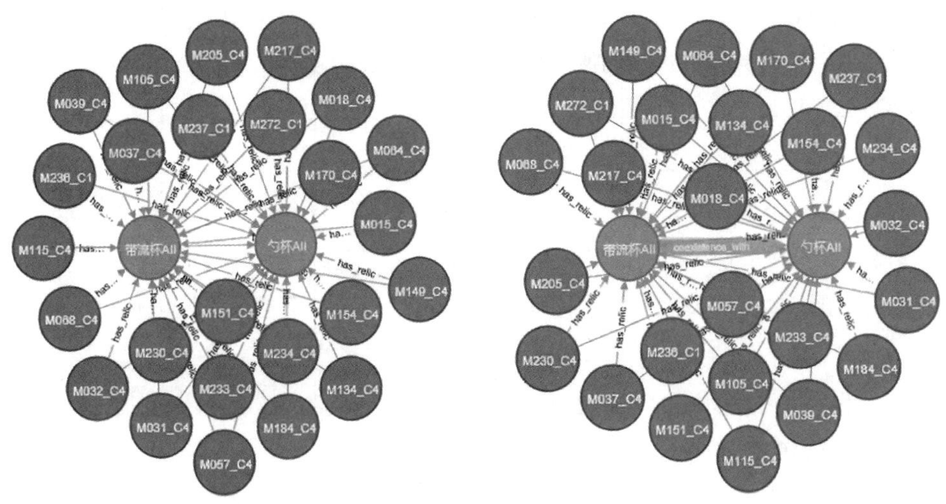

图 8　带流杯 AII 与勺杯 AII 的共存关系创建结果比对示例（左：创建前，右：创建后）

遍历整个图数据库进行深度查询，共发现并创建了3,804种共存关系，以共存关系频次为其赋值的Cy-pher批处理代码如表4所示。

表 4　Cypher 批处理代码

```
match(R1:Relic)———(S:Site)———(R2:Relic)
withR1，R2，count(distinctS) as Sc
merge(R1) <- [r:coexistence_with] -> (R2)
setr. Freq=Sc
```

（二）考古发掘资料图数据库的语义关联示例

图数据库的深度查询与关联构建功能可以将隐藏在扁平的数据网络中、有意义的知识关联提取并展现出来，通过对节点间二度、三度甚至更深度关系的逐层构建，可以在分离实例的情况下保证知识网络的架构完整，以实现更稳定的知识存储并满足更高层次的知识服务需求。此外，广泛应用于知识服务的知识图谱是一种依托本体进行知识组织的语义网，在原始资料中，有可能发现在现有知识图谱中所不具备或未被关注的语义关联，这些语义关联往往正是知识发现的主要目标。以深度查询与关联构建为基础，对语义关联的梳理可视为一种自下而上的本体构建过程，这种基于图数据库的深层关联创建，可以有效增加领域本体的灵活性和适用性，对于知识体系碎片化且基础性和可变性较强的数字人文知识库建设的作用不言而喻。

以四（一）部分实现的“文物”间共存关系为基础，笔者以察吾呼四号墓地M089和M156为例，展示了作为数据层的图数据库和知识图谱之间的连接结构，并从中体现基于图数据库构建的二度乃至深度关联在知识图谱结构中的位置，见图9。

依托考古发掘资料图数据库构建的语义关联可以与服务模型中的知识图谱进行知识融合，已有学者探讨过以图数据存储语义关系的问题，[①]以及RDF与图数据库K-V结构的关联转换问题，实际上，从数据中挖掘和创造关联并用于本体的构建和修正过程，在技术上可以与相关研究互相借鉴。考古发掘资料图数据库语义关联的实现，有助于将考古工作者整理和研究后的原始资料高效、及时、有效地融入现有知识服务平台中，使原始资料实现真正的数据化，加速人文研究成果向可面向公众提供服务的知识产品转化。

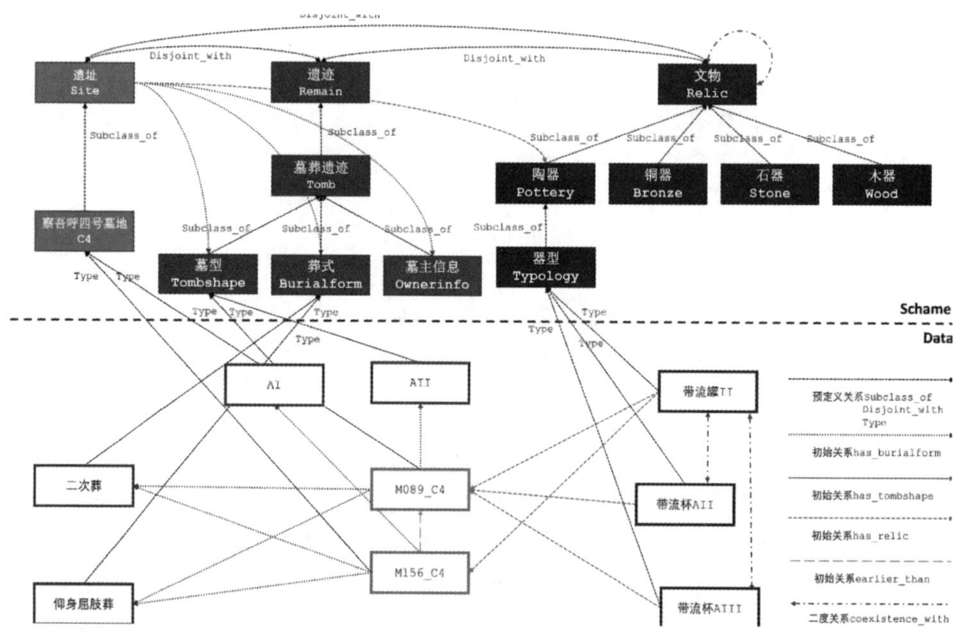

图9　察吾呼墓地考古发掘资料图数据库的语义关联构建

结　语

首先，本文在明确当前考古发掘资料整理中所存在的现实问题，并对国内外相关的实践项目和研究成果进行综述总结的基础上，结合实际案例，对以考古发

①王红等:《基于Neo4j的领域本体存储方法研究》,《计算机应用研究》2017年第8期。

掘资料为代表的人文学科原始资料的特征进行解析，提出了将原始资料转化为中间态数据的观点。其次，选取Neo4j图数据库作为原始资料整理的工具，并基于数字人文宏观研究框架重构了原始资料整理的过程框架，结合主流的以知识图谱为核心的数字人文知识服务模型提出了可交互的面向数字人文原始资料整理的图数据库模型，并对两种模型之间的交互形式进行分析。再次，以新疆和静察吾呼墓地的考古发掘资料为例，详细探讨了考古发掘资料图数据库的构建过程，提出了相应的数据分析和数据建模方法，实现原始资料的中间态数据转化。最后，以文物间的共存关系为例，以遍历式深度查询与关联构建技术实现了考古发掘资料图数据库的语义关联构建，为中间态数据的数据化转换以及进一步与知识图谱的知识融合提供思路。后续可以结合自然语言处理、融合情境的相似度计算以及更多的图算法进一步对该方法的应用性功能进行开发，使其在数字人文建设和发展中发挥更大的作用。

Research on Semantic Association Construction of the Graph Database on Archaeological Excavation Resources

Gao Jinsong, Han Muzhe

Abstract: Aiming at the current problems on the collation of primary sources, this papper proposes a method which can realize the datalization and semantic association of archaeological excavation resource, so as to help archaeologists avoid inefficient processes. Firstly, after analyzing the characteristics of the primary sources of humanities with example, the process and method of datalization of primary sources was designed; Subsequently, the graph database on archaeological excavation resources was constructed based on the data of Xinjiang Hejing Chawuhu Cemeteries which has been selected as the empirical data source of this paper; Later, we succeed in the association construction of the coexistence relationships between relics, the semantic associations of the graph database were finally realized. The construction of the graph database on archaeological excavation resources and its semantic associations could provide a new idea for the datalization of archaeological excavation resources, and has promotional value and practical significance in the field of Digital humanities.

Keywords: Archaeological Excavation Resources; Graph Database; Semantic Associations; Chawuhu Cemeteries

中医古籍数字化建设实践分析与应对策略①

曹　霞 / 黑龙江中医药大学图书馆
裴　丽 / 黑龙江中医药大学图书馆

摘　要：中医古籍数字化建设工作经过多年的探索与发展，在理论层面和实践研究方面虽已取得了一定的成果，但在中医古籍内容开发层次、共享性建设、规范化建设、标准化建设、人才培养等方面却出现了一些问题。文章在对这些问题进行深入分析的基础上，提出了相应的对策，以期为中医古籍数字化建设工作提供借鉴与参考。

关键词：中医古籍　数字化　实践研究

引　言

中医古籍中蕴藏了几千年来中医药学发展的理论成果和实践经验，是中华文化的瑰宝，研究中医古籍具有一定实用价值与史学意义。随着全球信息化浪潮的推进，人们获取和利用知识信息的渠道与方式产生了巨大的变化，1980年代后，现代信息技术被应用到中文古籍整理领域，中医文献专家和学者们也逐渐认识到了中医古籍数字化工作的重要性。中医古籍数字化建设工作经过30多年探索研究，在理论层面和实践研究中均已取得了一定成就，但仍有一些问题逐渐浮出水面。例如，数字化建设的开发层次问题、兼容性问题、规范化问题、标准化问题等，这些问题值得我们去深入思考和分析，以期更好地促进中医古籍数字化的建设与发展。

①原文刊载于《图书馆学研究》2016年第13期。本次出版已获得作者允许及授权。本文系2015年黑龙江省哲学社会科学研究规划项目“图书馆特色文献资源建设与共享发展的机制研究”（15TQD06）的研究成果之一。

一、中医古籍数字化建设现状

中医古籍数字化建设起到保护纸质古文献、揭示古文献中蕴含内容、提高古文献利用率、传承中医文化与信息的作用。1990年代末，随着中文古籍数字化建设的发展，中医古籍数字化产品日趋增多，加工技术水平不断提高，特别是在21世纪后，中文古籍数字化成果发展到新阶段。例如，中文古籍数字化代表成果“爱如生系列数据库”收录中文古籍10,000余种，其中中医古籍500部，以本草、医案为主，多为善本；“瀚堂典籍数据库”收录中文古籍15,000余种，其中中医古籍700多部，涉及到中医学各科内容。专题性中医古籍数字化代表成果“中华医典”收录中医古籍1,156部;“中医药古文献知识库”收录中医古籍218种。综合比较已有中医古籍数字化成果,“爱如生系列数据库”和“瀚堂典籍数据库”都是数字处理技术较高的中文古籍数字化产品，但是收录的中医古籍书目较少。“中华医典”相比以上两部古籍数字化产品水平有一定差距，采用的是全文检索技术，其为涵盖中医古籍书目最多的数字化产品，包含部分稀有孤本、抄本。“中医药古文献知识库”则对中医古籍进行全文解析，通过多级标注、校勘整理构建而成，可以进行语义检索和高级检索，但涵盖中医古籍数量较少。此外，中医古籍数字化产品在辅助功能和服务功能方面较中文古籍数字化产品仍有诸多不足。下面就中医古籍数字化产品中存在的问题进行系统分析，并提出应对策略。

二、中医古籍数字化建设的困境

（一）缺少深层次开发

中医古籍数字化产品大多是参照中文古籍数字化进行设计和开发，较少考虑到中医学术的特点。国内目前应用最广泛的“中华医典”采用的是全文检索技术，内容未进行标引，只有简体版数字化文本，只能进行单一词条的检索，其产品形式多为单机版的光盘。鉴于中医古籍一书中包含多学科内容，书名不能充分揭示书中信息等特点，[①]需要对中医古籍进行全文解析、标注。就目前中医古籍数字化产品来看，只有中医科学院柳长华教授主持开发的“中医药古文献知识库”是以元数据为单位的知识表达方式，对中医古籍全文进行解析，逐一标引，但该项目开发古籍书目的数量少且不包含繁体字版古籍，此项成果目前尚未得到广泛应

①裴丽、曹霞:《中医古籍数字化多功能阅读环境模型构建》,《中医药信息》2010年第1期。

用。由此，我们认为在中医古籍数字化建设中，需要考虑对中医古籍中蕴含的内容进行深层次开发，解决中医古籍使用过程中查准率较低之问题，以满足读者知识服务需求。

（二）重复建设，共享性差

在中医古籍数字化建设过程中，一方面由于开发建设单位性质不同，各单位之间缺少沟通、交流与合作，导致热门的中医古籍重复建设，冷门古籍无人问津，如“中华医典”“爱如生系列数据库”“瀚堂典籍数据库”这些数字化产品，都对“伤寒杂病论”“难经”“黄帝内经”等中医经典名著进行数字化加工，大量重复建设，耗费了宝贵的资源、人力和金钱。另一方面，开发方为保护自己的版权，避免被盗版而遭受经济损失，一般情况下会开发自己特有数据库系统，并利用不同的文本格式，如“中华医典”采用镜像文件ISO格式，“瀚堂典籍数据库”采用超文本HTML格式、图像IMG格式，“爱如生系列数据库”采用文本ABT格式、图像JPG格式，“中医药古文献知识库”采用文本XML格式，机读数据格式的不统一导致中医古籍数字化产品无法兼容、通用性差，阻碍信息资源共享。

（三）缺少规范化建设

中医古籍规范化建设是指在中医古籍数字化建设过程中应遵循相关条例、准则、分类及技术标准等，它能够有效地推动中医古籍数字资源共享，促进中医古籍数字化建设规范化发展。然而，目前大多数机构、部门采取相对封闭的数字化建设状态，由于建设单位性质不同、建设目标差异、建设动机不一致、利益诉求不同，没有采用统一的数字化建设规范和标准。[①]例如，“爱如生系列数据库”“瀚堂典籍数据库”“中华医典”所遵循的原则和规范各异，不在同一规范下进行古籍数字化建设，导致数字化产品的加工方式、著录标准、数据格式等存在较大的差异，因此无法实现数据之间的互融互通，无法实现资源共享。

（四）缺少标准化元数据语料库

中医古籍中涵盖庞大的知识系统，在其数字化建设过程中，每一部古籍中的知识点都是由元数据来描述，应用元数据可以有序组织网络信息资源，高效、准确检索出用户所需要的信息，因此建设标准化的元数据语料库是中医古籍数字化建设项目的重要基础。但大部分中医古籍数字化产品如“中华医典”“爱如生系列数据库”在数字化建设中没有对古籍中的内容进行详细解析、标注和提取，没有构建元数据语料库。柳长华教授主持的“中医药古文献知识库”虽然提出了以

① 葛怀东：《古籍数字资源库规范化建设》，《档案与建设》2016年第6期。

知识元形式的中医古籍计算机标示方法，但是没有统一和规范元数据的标准，导致元数据语料库不能标准化，因此在利用中医古籍数字化产品时不能快速、高质地完成信息传递和知识检索。另外，由于数字化建设中各开发机构间缺少沟通与合作，导致语料库的标准不一致，信息共享性低、关联性低，使中医古籍数字化产品的利用率下降。

（五）复合型人才匮乏

中医古籍数字化建设工作中涉及选题、校勘注释、分类标引、数字化处理、子系统建立等多个环节，因此需要熟知中医药学、图书情报学和计算机学的复合型高素质人才参与其中。但在实际中医古籍数字化建设工作中，对中医传世文献有深入研究的中医药学领域的专业人才对文献中知识信息的标引、分类工作不够了解，能够熟练进行标引、分类的图书情报类专业人才对中医药学知识没有精深的掌握，从事计算机科学、互联网等相关信息技术专业的人才对中医药学和图书情报领域又感到陌生。开发机构没有充分考虑到复合型专业技术人才在中医古籍数字化建设过程中的重要作用，这将很大程度上影响中医古籍数字化产品的质量。[①]

三、中医古籍数字化建设的应对策略

（一）实施深层次开发

古籍数字化是古籍整理工作的一部分，国内一些专家和学者对其开发过程和开发层次进行了探讨与研究。马创新将古籍数字化加工深度分为表层和深层，表层数字化加工包括古文献的文本录入、保存方式、网络传播和信息检索，深层数字化加工包括古文献信息的浅层标注、深层语义标注以及知识服务等。[②]中医古籍数字化的深层开发既要考虑到古籍特点，同时还需考虑中医学术的特殊性，对中医古籍内容进行全文解析，分解成若干信息单元，在全文解析的基础上进行多级标注，[③]将每一标注点作为检索的链接点或知识关联点，因而中医古籍数字化相对于中文古籍数字化建设要求更高，才能满足不同用户对中医古籍知识服务的需求。随着数字化技术不断发展，中医古籍数字化产品的发展趋势应为信息重组及知识挖掘，提取有意义的知识和规律，构建中医古籍文本知识库和相应数据模

①曹霞、裴丽:《中医古籍数字化问题之探析》,《山西档案》2015年第3期。

②马创新、曲维光、陈小荷:《中文古籍数字化的开发层次和发展趋势》,《图书馆》2014年第2期。

③裴丽、曹霞、张宏伟:《本草古籍数字化信息平台现状与实践》,《中医药学报》2013年第4期。

型。此外，其数字化建设也应注重产品的延伸性和扩展性。

（二）建立保障机制

《中国中医古籍总目》中收录了13,455种中医古籍，[①]种类繁多，分布全国各地。可见，中医古籍数字化建设工作是一项复杂、艰巨且浩大的系统工程，需要有权威部门例如国家中医药管理局牵头，成立中医古籍数字化建设委员会，由中医药学、文献学、计算机学、图书情报学专家组成，对中医古籍数字化工作进行统一管理，对中医院校图书馆、科研部门、出版社、数字公司、个人等机构进行协调。由中医古籍数字化建设委员会制定中医古籍数字化建设应遵循的相应规范与标准，充分利用各地资源优势，优化选题，避免中医古籍数字化重复建设现象；规划统一数据文本格式，避免数据库中数据格式不兼容，采用通用度高的数据库和系统软件，实现中医古籍数字化产品标准化。建立以上的保障机制，才能有效实现信息资源共享，方便数字化产品的使用，提升中医古籍数字化产品的使用效率。

（三）加强规范化建设

2007年，国务院办公厅颁布了《关于进一步加强古籍保护工作的意见》，其中明确提出，要规范古籍数字化工作。中医古籍数字化为避免更多的重复建设，需要制定相应的规范。在其规范制定过程中，首先，需要考虑到古籍的基本特征，可参照《古籍著录规则》（2005年修订）、《汉语文古籍机读目录格式使用手册》（2001年出版）、《中国古籍分类表（拟定）》等，[②]来制定适合中医古籍数字化的规范、条例等。其次，需要从全局出发，充分考虑到中医古籍数字化建设各阶段应遵守的原则与标准，如选题原则、加工原则、信息描述、规范数据存储、元数据构建标准、系统框架设计等。[③]最后，要从整体出发，兼顾各方利益，保持协调性，才能有效推进中医古籍数字化产品的规范化建设，从而保障中医古文献数字化工作的开放建设与专业化服务。

（四）构建标准化元数据语料库

2008年，全国图书馆标准化技术委员会就已经对中文古籍的收藏、定级以及维修保护制定了相关标准。其中在中文古籍数字化方面，国家图书馆制定了《古籍元数据著录规则》《古籍描述元数据规范》等著录标准，北京书同文数

---

①裘俭、刘国正：《对〈中国中医古籍总目〉编撰工作的体会与思考》，《图书馆工作与研究》2009年第5期。
②梁爱民、陈荔京：《古籍数字化与共建共享》，《国家图书馆学刊》2012年第10期。
③曹霞、常存库、裴丽：《中医古籍数字化建设及其平台设计和实现》，《中华医学图书情报杂志》2016年第3期。

字化有限公司制定了DublinCore与XML结合元数据标准、国际编码字符集ISO/IEC10646 & Unicodede的新世纪版本与中文信息处理标准。因为是不同单位制定的元数据标准，其关注点和目的不相同，为其推广应用带来了困难。中医古籍具有古今字体、词义差别巨大，诸多字词存在缺、漏、讹、误，书名不能充分揭示书中内容等特点，因此在制定规范的中医古籍数字化元数据标准时，要充分考虑中医学术的特殊性，使其语料库尽可能包含全面、准确的信息。尤为重要的是，需要在权威机构的协调下，将中医古籍的标准化元数据语料库作为中医古籍数字化建设研究的基础，通过标准化元数据语料库实现有效的信息组织和书目控制，以此来提高中医古籍数字化建设效率，完善其检索机制，实现资源共享。

（五）培养复合型人才队伍

加强复合型人才队伍的建设，培养“文理兼修”的中医古籍数字化工作建设者，才能更高效地保证其工作的顺利开展。我们在进行中医古籍数字化建设过程中，首先，选拔出一批某一领域的高素质人才，进行跨学科培养，打破传统的人才培养模式，例如对中医药学人才进行图书情报学、计算机技术等相关培训。其次，在培训的过程中，加强各专业领域间的沟通与合作，相互帮助。最后，在数字化建设人才培养的过程中，还要善于汲取前辈专业人才的经验，充分施展和发扬中年专业人才的才干，更好地帮助和扶持年轻专业人才，加快其成长，使其成为既掌握中医古籍信息特征，又能进行数字化加工处理的复合型人才。

结　语

中医古籍数字化建设核心要素涉及到中医文献整理与数字化技术等方面，其已经成为中医古籍整理的重要方法和手段。中医古籍数字化建设不仅有效地保护了古代文献，还解决了其信息利用之障碍。中医古籍数字化建设是一个浩大系统工程，需要国家层面的统筹规划、监督与管理，需要制定相应的规范与标准，以保障其建设过程的顺利实施。

Practice Analysis and Coping Strategy of Digital Construction of Chinese Medicine Ancient Literature

Cao Xia, Pei Li

Abstract: After years of research and development, digitization of TCM ancient literatures has achieved remarkable achievements in both the theoretical and practical aspect, but there are also many problems in terms of level of development, sharing, standardization and personnel training. This paper analyzes and discusses the above problems, proposes methods to solve the problems, aiming at providing scientific and reasonable reference for the future digital work.

Keywords: TCM Ancient Literature; Digitization; Practice Research

数字化时代的汉文学：以数据方式沟通的古典人文学知识[①]

金　炫 / 韩国学中央研究院-韩国学研究生院人文信息系
杨　柳（译）/ 韩国西江大学中国文化系

摘　要： 我们研究汉文学和开展汉文教育，是因为"通过汉文记录的历史信息，发现连接文化过去与现在的、有意义的事实及关系，并以此获得纵观文化世界的慧眼"。文章旨在尝试在被称为"数字时代"的21世纪知识社会，探索出一条汉文学教育及研究方法的新道路。

为适应数字化环境，汉文学的首要课题是设计出一套使众多研究者能够相互沟通、合作的"协作体系"，并通过教育使学生，也即，使未来的汉文教育者熟悉这一体系。文章将介绍以数字化为基础的汉文学研究环境，以及基于这一环境进行的汉文教育案例，并提议将这种数字化基础下的汉文研究环境更加广泛地应用于汉文学研究及教育活动中。

数字化环境下进行的汉文学教育的立足点应在于不仅要用传统语言方式对汉文进行分析，还要培养将分析过程、分析结果进行数据化的能力。接受了这种教育的汉文学学生，在成为专业汉文研究者之后，即会自觉地将各自在文学、历史、哲学等领域进行的研究、教育成果转化为数据，并在数字化世界中形成可共享的研究成果。由此，以汉文学之名进行的对古典世界的探索，将以一个较为完整的面貌展现在我们面前，而不再是些各自分裂的知识碎片。作为其延长线，现代社会的多种元素皆扎根于古典这一事实也将为更多人所知。

①原文信息：金炫（김현）:《数字化时代的汉文学：以数据方式沟通的古典人文学知识》(디지털 시대의 漢文學-데이터로 소통하는 고전 인문 지식),《汉文学论集》(근역한문학회) 2018年总第49辑，DOI: 10.17260/jklc.2018.49..9。本次出版已获得作者允许及授权。

关键词： 数字人文　经学语料库　门中古文书语料库[①]　百科大辞典式档案　联合翻译　汉文学大数据

一、21世纪的汉文学之我见

汉文学不是一个停留在仅关注用汉文写作的文学著作的学科分支。

我们祖先的日常生活大多以汉文的形式被记录下来并传承给我们，因此具有阅读和理解汉文的能力成为我们走进汉字文化圈传统的必要条件。我们所关心的领域，无论是历史、哲学、法律、文化或艺术，只要与我们的传统时代具有关联性，那解读汉文就一定会成为接近这一领域的必经关口。

从这个角度来看，我认为汉文学的外延应扩展为“通过汉文记录的历史信息，发现连接文化过去与现在的、有意义的事实及关系，并以此获得纵观文化世界的慧眼”。

以汉文学之名，如果我们开展的研究想要进行这样的扩展，就不得不谋求教育和研究方法的革新。在被称为“数字时代”的21世纪知识社会，我们的教育及研究的方法需要做出哪些改变，其变化又应朝着什么方向进行呢？

二、数字技术与汉文学

“人文学研究也需要数字技术的应用，而且这种应用也是非常有效的”，这一认识已经在当今社会得到了充分的认可。但是，对于人文学和数字化这两个领域应以何种形式结合、这种结合可以达到何种水平、停留在何种水平比较好等问题，仍存在着多层理解和不同立场。

数字化与人文学，特别是与以汉文资料为研究对象的汉文学，目前的融合达到了什么水平呢？为了讨论这个问题，我们首先需要论及“人文学资料的数字化”和“数字人文”的差异。

我们生活的诸多方面已经依赖于数字技术，而且这一趋向正在逐步加速。所有人都知道并承认这一事实，在以数字化为表现形态进行沟通的时代里，数字人文正是这样一种使人文知识的研究和应用更具意义的尝试和努力。[②]

---

①门中古文书（문중 고문서），指名门望族所珍藏的古文书。——编者注（参考海德堡东亚数字人文研究学术网站（Heidelberg East Asian Digital Humanities，简称HEADs）：https://dhhd2022.github.io/2022-07-28/%E8%97%8F%E4%B9%A6%E9%98%81，2023年6月13日）

②金炫、金把路、林永尚：《数字人文入门》，首尔：HUEBOOKs，2016年，第17页。

在“数字人文”一词成为人文学界和教育界的新话题之前，将人文领域的研究资料构建为数据库以帮助学者更为便利地进行研究抑或制作电子书作为教材的事例并不少见。早在1995年，笔者已将韩国代表性历史记录《朝鲜王朝实录》制作成电子数据，并以CD-ROM方式发行。这些被称为“人文学资料电子化”的事例与如今的“数字人文”之间有什么区别呢?

两者之间存在的最大差异是“由谁来做”。“人文学资料电子化”主要由能够运用信息处理技术的人员实践，将人文学资料转换为数据，以人文学研究者、教师和学生更为便利地利用人文学资料为目的。相反，“数字人文”是人文学研究者、教师和学生在数字环境下自主进行的研究和教育活动，其目的在于通过数字技术的应用，取得过去不可能实现的、新的研究及教育成果，促使人文学做出更多的社会贡献。[①]

在过去的二十多年，汉文和数字技术的交集主要集中在“人文学资料电子化”领域。时至今日，这种关系已进化为“数字人文”阶段。

三、数字人文与汉文学的研究与教育

为培养汉文学研究以及未来的古典汉文研究者，汉文学教育应如何实现与数字人文的融合?首先需要明确数字人文所追求的研究及教育方向。

在研究方法方面，与现有的人文学相比，数字人文的特点可以用“沟通和合作”作为关键词来概括。如果把以个人研究为主的人文学的局限性比喻成“只见树木，不见森林”的话，那么数字人文可谓同时呈现森林和单棵树木的研究。从个人研究到共同研究，乃至使所有个别研究都凝聚成共同的研究成果，就是数字人文所追求的“研究”领域的目标。[②]

而在教育领域，数字人文需关注的事实是，现代的教育需求者是所谓的“数字原生代”(Digital Natives)。[③]他们在数字环境中成长，认为数字技术的应用是家常便饭。由此，使他们用自己熟悉的方式掌握学习、应用人文学知识的能力，并促使这种能力不断提高，即数字人文在教育领域应做出的贡献。[④]

如果说数字人文在研究和教育领域追求的目标如以上所述，那么为了未来汉文学的发展，引进数字人文方法似乎没有什么理由值得犹豫。但问题是，这种结

①金炫:《档案与人文研究的融通》,《记录人(IN)》2016年第36期。

②金炫、金把路、林永尚:《数字人文入门》，第44页。

③Marc Prensky, “Digital Natives, Digital Immigrants,” *On the Horizon*, vol. 9, no. 5, Bingley: MCB University Press, 2001.

④金炫、金把路、林永尚:《数字人文入门》，第45页。

合应该从哪里开始。

首先来探讨一下，在汉文学研究中是否需要共同研究或合作研究，是否有可能实现共同研究或合作研究，以及可以期待收获何种研究成果。

汉文学领域一直以来都存在多个层次和形态的研究，今后也将如此。并不是所有这些研究都需要合作，也不是所有都需要使用数字化的研究方法。但是，在汉文学的基础研究领域，收集、整理数量庞大的汉文文本，并对其进行校勘、解释、翻译被认为是汉文学研究的重要部分。这项工作需要多名研究者共同参与，但数字技术引入韩国学界之前，由于多名研究者之间的合作并不是一件易事，所以多停留在研究者个人独立进行的层面，也避免不了研究成果的碎片化倾向。另外，由于第一手研究资料呈现出个人化的特点，因此完善研究成果、提高研究的完成度以及促进研究成果的新型应用等阶段性合作也面临很大困难。

与其说数字人文是单纯提高工作效率的手段，不如说它可以实现人文学的合作研究、提出新的共同研究模式。在汉文学研究中引进数字人文，并不是要去特别强调研究者个人创意性的、解释性的研究，而是应以促进作为个人研究基石的汉文研究为出发点，以提高沟通、合作的研究成效为目标。

通过汉文教育，培养出未来的汉文学研究者，即便不是专业研究者，也至少让引领我们未来社会的年轻人借由汉文传承古典知识，形成一定的知识文化底蕴。这种汉文教育更加亟需数字人文的引进。

年轻人为什么去阅读汉文？如果能从文本中发现有意义的知识性线索，并将其发展成自己的故事，向别人表达，那么学习汉文即可成为一项有趣的智力游戏。反之，如果没有动力，学习汉文便是件无聊又痛苦的事情。

与其说数字人文是提高汉文阅读能力的手段，不如说是使学生可以从汉文文本阅读中发现有意义的知识，并按照自己的方式重构并表达的装置。学生在此过程中理解到作为知识源泉的原典的价值，进而对进入汉文世界产生更大的兴趣。

四、数字人文的汉文资料研究及教育案例

下面通过几个实验性研究教育事例，考察如何构建数字人文与人文学研究的协同机制，使用何种方法促进汉文教育，及其所面临的课题。

（一）经学资料编纂

以金永浩教授的茶山丁若镛及相关文人的手稿本委托保存为契机，[①]韩国学

①丁若镛，号茶山。2015年，金永浩教授将189件茶山相关学术资料委托韩国学中央研究院藏书阁保存。保管资料包括成为《与犹堂全书》底本的定稿本以及茶山家的家藏书等。

中央研究院启动了促进茶山经学综合系统性研究的经学资料数据库的编纂工作，并开展数字平台的设计研发。[①]该研究不像以往的数据库，仅将过去以纸书发行的著作转化为数字文本，而是将项目的目标设定为开发"语义网"（Semantic Web）[②]概念的数据网，以实现对包括茶山在内的历代经学注释家的经学研究谱系进行系统性梳理及分析。

现有的古典资料信息化通常是一种在线服务，以附带的形态或方式伴随书籍发行。在这种方式下，更多关注的是将书籍形式的资料格式和内容一致地输入，以便将其转换为数字信息，而不是追求最佳的数据编纂。这种方式的信息化有助于提高资料的查询及普及，但并不会明显提高数据的利用价值。尽管包括茶山的经学著作在内的多种儒家经学文本实现了通过多种渠道提供数据服务，但用户并不能对其进行综合性的利用，其根源也正是囿于现有信息化方式。

语义网概念的经学资料数据库以多种注解中包含的"知识的关系"为信息化对象，旨在明确儒家经典的经文文本和多家注文之间的关系，以及多家注文彼此间的关系。为了探索这种关系性，作为信息化对象的文本不应局限于茶山的著作，而应扩展到以茶山为知识源头的历代注释家的著作。

茶山的经学研究参考了大量先贤的经学资料，将这些资料之间的关联性理清并将其数据化，构建出一个综合的数据库一直以来被视为是一项难度极大的工程。值得我们关注的是，相关资料的相当一部分在韩国已经被数据化且可被再利用，并且国内外的其他研究人员也正在进行相关资料的数据化工作。实现以上资料的相互关联便是语义网时代的信息化战略。

一个重要的事实是，像语义网数据这样升级了的数据系统，只有在对研究对象文本进行严格分析和整理的努力下才能实现。正如过去一样，如果将"汉文古典研究/翻译"和"汉文古典资料信息化"视为各自独立的研究，而能够阅读和注解汉文的专家不能积极参与到后者的工作中，则很难期待语义网经学数据库的构建。

从这一点来看，本文提出的经学资料数据库的设计方案，并不是一种"资料电子化"的模型，而是一个汉文古典资料编纂研究的协同作业模型。这一模型将汉文文本阅读、解释、翻译、教育过程置于数字环境中进行，其结果和痕迹以标准的数字数据保存，在数字环境下实现更先进的解释和分析研究，我们期待这一模型成为阶段性、循环性的装置。

---

①金炫：《茶山著作文本电子信息化本体设计》，《世界历史中的茶山学》，首尔：韩国学中央研究院，2017年。韩国学中央研究院经典资料现代化研究课题（AKSR2016-J08）。

②语义网（Semantic Web）是指通过在信息网上的文档中添加包含了描述数据和数据之间语义信息的元数据，从而提高信息自动化的访问性。在目前的网页上，只有人类能掌握分散的信息之间的意义关系，但在语义网里，预期由电脑完成语义关系的构建，辅助人类的知识掌握。

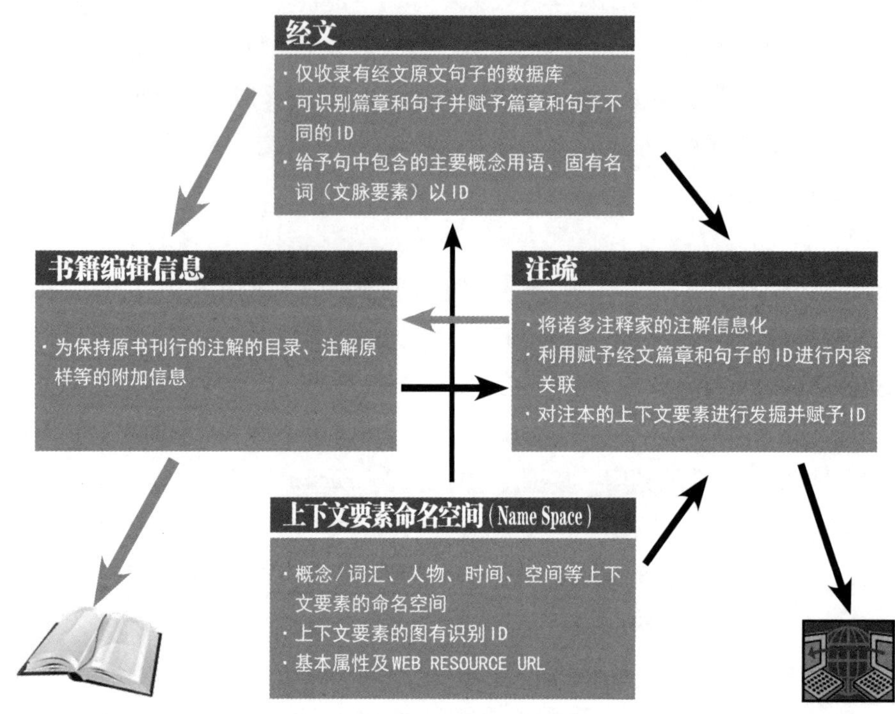

图 1　经学资料数据库数据构成概念

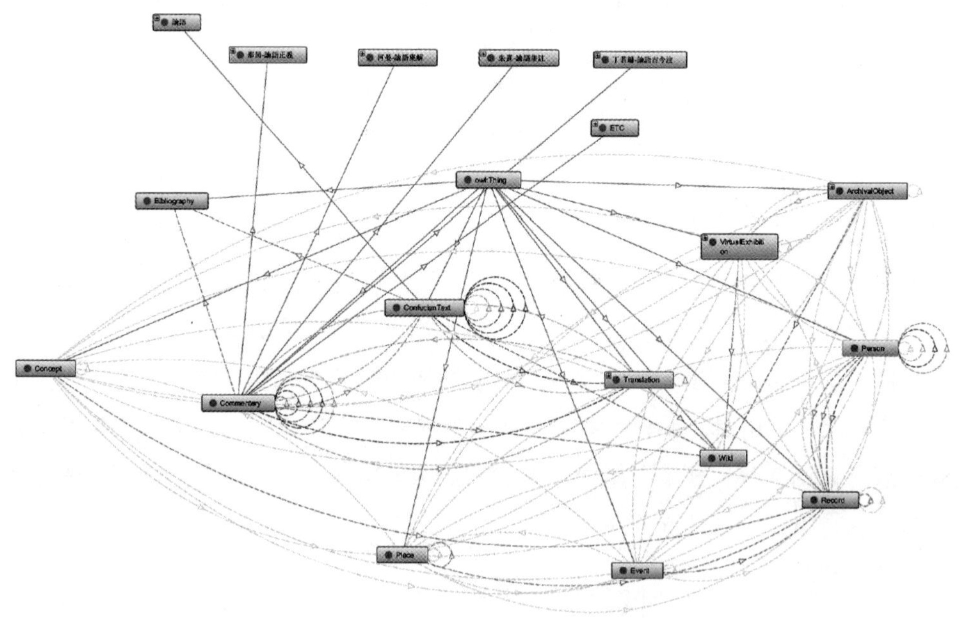

图 2　经学资料数据库本体（ontology）

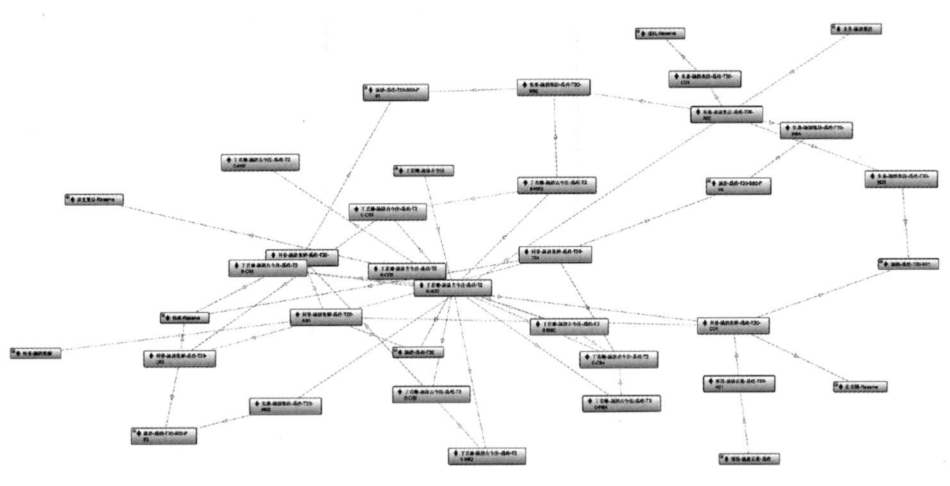

图3 经学资料语义网数据：丁若镛《论语古今注·为政篇》第20章注解的知识关系网

（二）门中古文书档案馆构建

本文研究目的是提出“数据描述模型”（Data Description Model），支持以朝鲜时代的门中古文书为对象的草书转写、解释、翻译及数据分析研究，比起古文书的实物，探寻处理古文书记述内容的方法，在数字环境下用数字技术分析古文书中的文章内容并寻找新意义、对古文书进行重构。

从1981年开始，以附属机构藏书阁为中心，韩国学中央研究院对韩国各家族收藏的门中古文书进行收集、整理和保管。2011年，基于三十年来的古文书收集工作成果，我们构建了囊括五万多件古文书高分辨率图像的数据库，并命名为“韩国古文书资料馆”。该数字档案馆为提高资料的利用率，同时还提供古文献用语词典、古地名词典、吏读①词典等古文书阅读时可供参考的用语解说数据和包含了主要人物的《万家谱》人物数据。

随着韩国古文书资料馆的构建，古文书研究者可以更轻松地接触到研究资源。但到目前为止，这项应用仍停留在用数字技术改善古文书研究环境的阶段，而不是在数字环境中找寻古文书知识并对其进行研究。如果说在网上提供韩国古文书资料馆馆藏资料是“人文学资料的数字化”，那么之后通过数字技术需要进行探索的课题就是将古文书的内容作为数据的数字人文研究。②

①吏读（이두），是朝鲜文创制前借用汉字的音和义标记朝鲜语的一种特殊的文字形式。——编者注（参考百度百科：https://baike.baidu.com/item/%E5%90%8F%E8%AF%BB/8938687，2023年6月13日）

②Kim Hyeon,"Digital Humanities and Archival Research of Historical Documents," *Yeol-sang Journal of Classical Studies*, vol. 50, 2016.

因此，韩国学中央研究院古文书研究室和人文信息教室的研究者们开始进行古文书研究数字化环境的构建，即古文书研究者直接进行以数据的生成、分析及视觉化为方向的古文书档案构建的研究。①

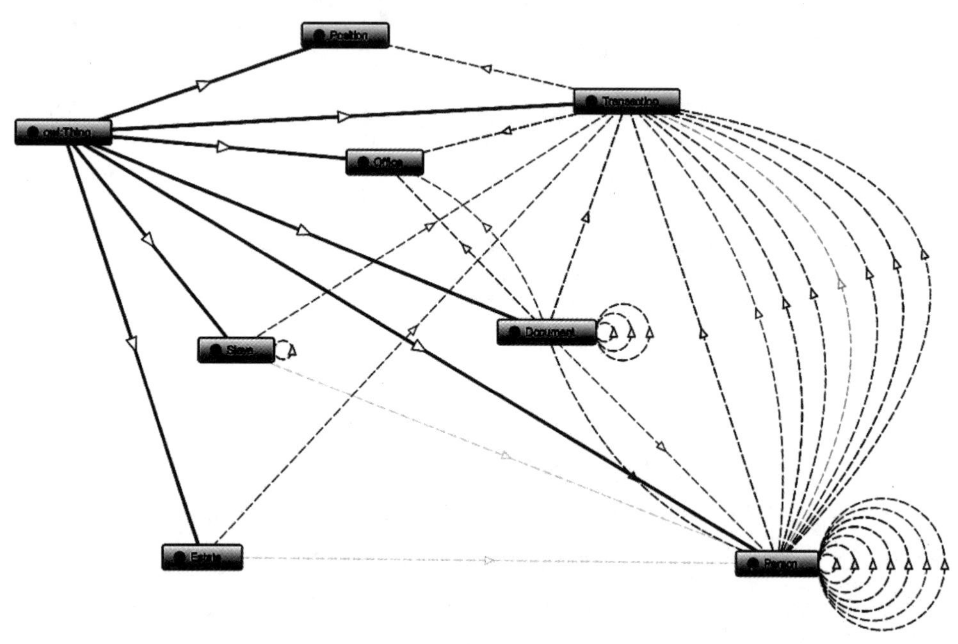

图 4　门中古文书数字档案本体

本文的研究目标是超越“古文书资料的数字化”阶段，提供一个通过数字化方法对古文书内容进行分析的研究环境，将所得到的研究成果数字化进而构建新形式古文书数字档案。目前的研究虽然提出了新数字档案的构建方向，但构建新的古文书研究环境从今开始成为一个面向未来的课题。重要的是，这一课题不能只靠数字技术的发展或技术专家的努力就能完成。与之前分析的语义网经学资料数据库一样，在进行以古文书为资料的研究时，研究者需要自己积极利用数字化的数据分析及叙述方法，以便研究成果可以作为新数据直接积累在档案中。

① 韩国学中央研究院韩国学研究生院人文信息科学系和藏书阁古文书研究室的研究人员对于韩国学领域古文献资料语义网数据模型的设计研究开始于2013年，适用于以下数据库的编纂并基于此进行检验和完善：韩文博物馆数字档案数据库模型，参考金炫（研究负责人）：《国立韩文博物馆数字档案构建基本构想》，首尔：韩文博物馆，2013年12月；璿源系谱语义网数据库模型，参考安承俊（研究负责人）：《奎章阁藏书阁共享记录遗产DB构建项目》，首尔：藏书阁，2014年12月；光山金氏门中古文书语义网数据库模型，参考金夏荣：《门中古文书数字档案构建研究》，硕士学位论文，韩国学中央研究院韩国学研究生院，2015年8月；扶安金氏门中古文书语义网数据库模型，参考金炫（研究负责人）：《为揭示关系的故事数字数据模型》，首尔：藏书阁，2015年11月；以及金炫、安胜俊、柳印泰：《古文研究的数据技术模型》，《记录的创建和历史的构成》第59届全国历史学大会发表论文集，首尔，2016年。

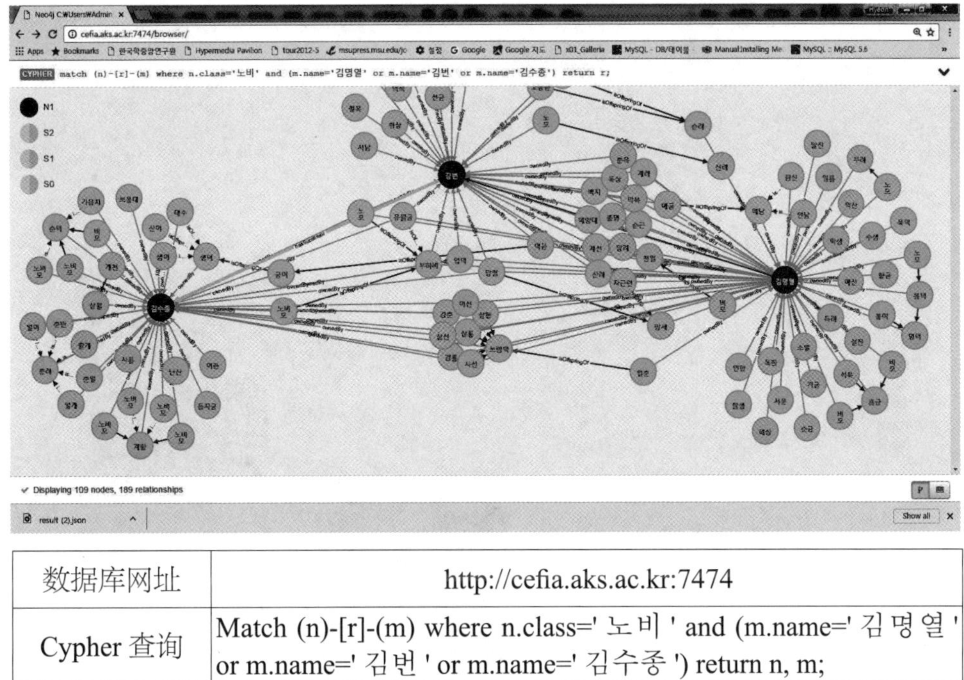

数据库网址	http://cefia.aks.ac.kr:7474
Cypher 查询	Match (n)-[r]-(m) where n.class=' 노비 ' and (m.name=' 김명열 ' or m.name=' 김번 ' or m.name=' 김수종 ') return n, m;

图 5　语义网数据研究：扶安金氏金命说、金璠、金守宗三代的奴隶所有权移动

（三）僧塔碑文虚拟记录馆项目

构成人文知识内容的解释性理论和证明其理论的数据档案馆，可以在数据构成的世界里，不受场所和领域所限，寻找语义的连接纽带。在这种环境下，从事人文学研究的未来人文学者既是人文学研究者（researchers of humanities disciplines），又是网络档案保管员（archivists）和网络内容管理者（curators）。

韩国学中央研究院人文信息教室为培养未来的人文知识网络内容管理者，正在实施数字网络内容管理研究和教育。“僧塔碑文虚拟记录馆”项目即是一个学习汉文原典资料及其译文，并将学习过程中获得的知识用数字形式表现出来的数字网络化研究及教育项目。①

僧塔碑是记录僧侣行迹的碑，通过刻在碑上的碑文，学者可以研究僧侣的生平情况。“僧塔碑文虚拟记录馆”项目的目的在于，以僧塔碑为中心，提取与此相关的各种知识点，组成相互之间的语义关系网，阅读单一碑文时很难观察到的韩国佛教史的全貌得以展现。此项目从阅读和解释僧塔碑的文本开始，找出与碑

①该项目获得韩国学中央研究院的研究经费支持（课题名：韩国记录遗产的数字故事资源开发，研究时间：2016年8月—2017年11月），作为与研究生院课程（科目名：人文信息编纂研究Ⅰ、Ⅱ）并行的教育研究项目执行。该课题的成果是名为“韩国记录遗产Encyves”的开放型维基网站，http://dh.aks.ac.kr/Encyves/。

主僧侣行踪相关的历史事件、历史人物及多种文化遗迹，并根据相关性将其连接起来，深入了解僧人生活时代的佛教知识网络。①

图 6　维基形式的僧塔碑文介绍内容

图 7　基于僧塔碑文所著僧侣条目（义天）内容

①“僧塔碑文记录馆”项目以国家指定的文化遗产 48 座僧塔碑为中心，提取 500 多个知识节点（48 座塔碑、113 处寺庙及寺址、103 名僧侣、68 名相关人物、95 项相关文化遗产、14 项相关文献、51 项概念用语等），收录对各节点的解说和现场直接拍摄的影像资料，构建了体现各知识节点之间关系的百科全书式数字档案，http://dh.aks.ac.kr/Encyves/wiki/index.php。

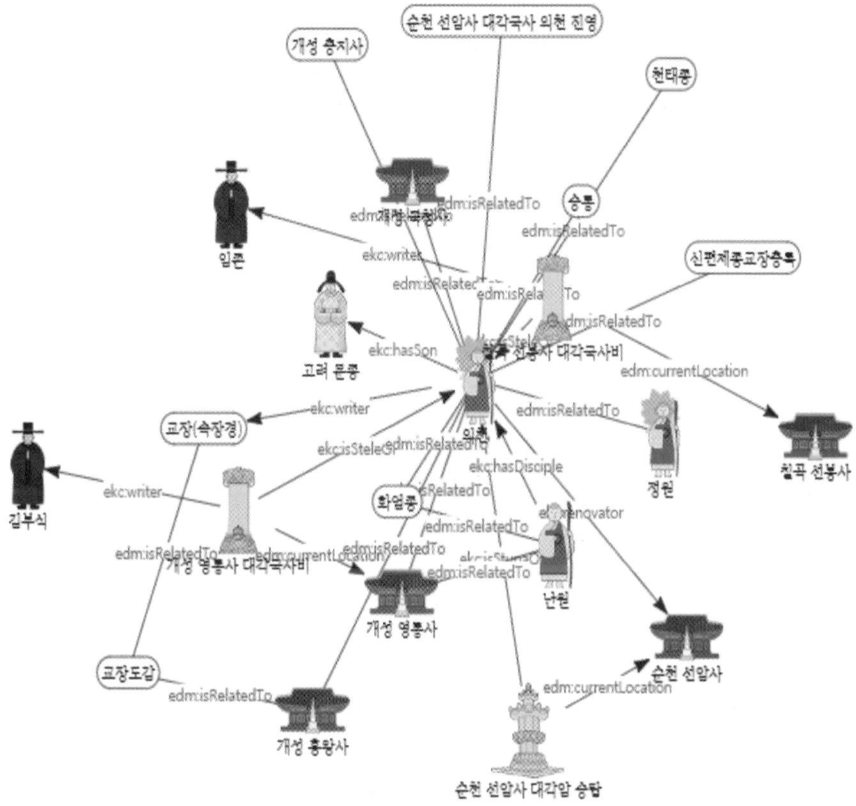

图 8　关联知识网络

图 9　3D 虚拟现实：漆谷仙凤寺大觉国师碑

（四）藏书阁汉文工作坊

韩国学中央研究院的“藏书阁汉文工作坊”是以外国研究生院硕士生、博士生为对象的“韩国汉文”教育项目。该项目在暑假期间举行，为期3周，每年约有20多名来自美国、欧洲等外国大学的、来韩进修韩国学或东亚学的学生参加，每天接受6个小时以上的高强度汉文训练。①

因为以修完基础汉文课程的学生为招生对象，所以学员们都可以阅读一定程度的汉字、进行字典查询。学生根据学习能力被编入“中级班”和“翻译班”进行授课，翻译班将韩国汉文学、古文书学、历史学专业的研究资料等难度较高的文本作为教材使用。

该教育项目的特别之处在于，除了将韩国的汉文古典文本作为教材，全英文授课之外，还引进了数字人文教育方法。

作为该项目的第一个培训计划，学生将接受创建和编辑维基文档的训练。被称为开放式百科全书的“维基百科”运行系统是一种允许多人共同编辑内容的文本数据库编辑器。

当需要解释的文本确定下来时，学生们最先想到在维基上下载该材料的原文图像和参考资料。文本的初译由学生负责执行，所有学生在维基上都可以同时查看别人的翻译过程，因此可以实现互相讨论的效果。初译结果经过课堂评论，被整理为协同翻译成果。翻译成果也被记录在维基页面上，每当发现需要补充的地方时都可以修改。学生们在翻译时遇到的问题也作为“讨论话题”在维基页面上提出，与其他学生及指导教授进行讨论，讨论结果也会记录在维基百科上，成为日后进一步研究的资源。

学生们在工作坊期间除了增进汉文阅读能力、提高对韩国传统社会的理解等之外，还学习了在数字环境下撰写学术性著作的方法。更为最重要的是，学生们在这一过程中学会了使用有效的协助平台，这一点令人满意，而参加者们今后多数有在大学教授韩国学或东亚学课程的人生规划。因此，藏书阁汉文工作坊让他们体验到的数字人文方法，不仅会成为他们自己的学习方法，也会成为今后他们教授学生的一种有用的教育方法，因此他们展现出较为强烈的应用意愿。

①暑期汉文工作坊介绍，参见：http://dh.aks.ac.kr/jsg/index.php/(2017SHWJA)_여름_한문_워크샵_Summer_Hanmun_Workshop，2023年5月7日。

图 10　藏书阁汉文工作坊维基主页

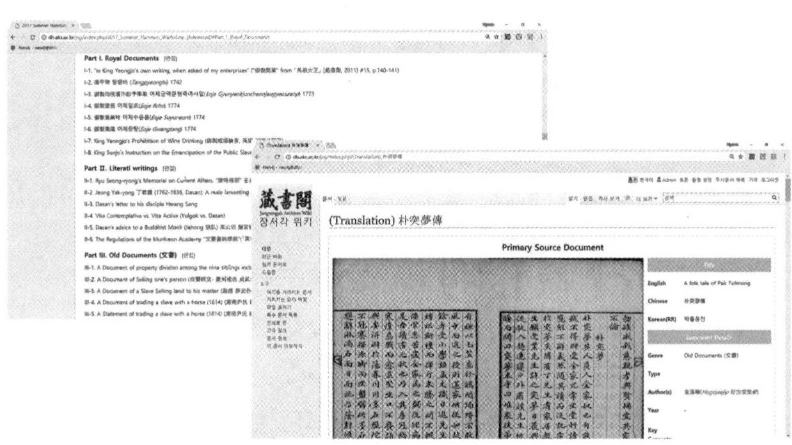

图 11　藏书阁汉文工作坊：翻译课题维基页面

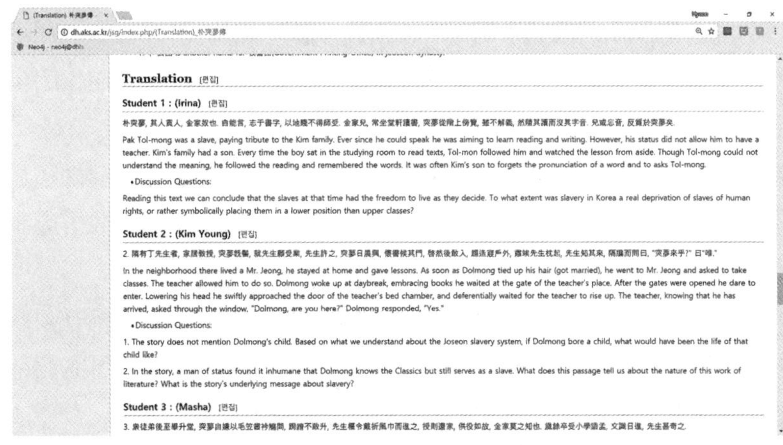

图 12　藏书阁汉文工作坊：协同翻译空间维基页面

图 13　藏书阁汉文工作坊：协同翻译成果维基页面

五、面向未来人文学的汉文学课题

在探索传统时代历史、文化和社会的研究领域中，汉文知识是必备的素养。从这一点看，以“汉文学”之名追求古典学的跨学科沟通不正是一件非常自然的事情吗？但是，在韩国学术界的教育研究体系中，汉文仅被视为一种语言，当具有了一定基础的阅读能力之后，各学科研究者便可对其专业学科内用汉文记载的知识进行探索。这导致个别专业学科领域的古典知识探索仅局限于该领域，依照现代大学专业进行的研究和教育成果无法实现融合。

在被称为第四次工业革命时代的今天，数字技术或数据科学促使不同领域的知识实现交流和融合。我们关注的古典学世界也能期待数字技术交流所带来的福音吗？

我们期待数字技术自动将所有成果汇集，但如果古典研究仍像现在这样依照学科分类，按照既有原始方式产出研究成果，则是不符合数字化时代的学术研究展望的。

即使每个学科、每个研究者都各自探索自己感兴趣的领域，但为了寻找相互的关联性、实现连接和沟通，至少在知识探索的第一阶段，研究成果应制作成可以关联的数据。

在维持相互独立、排他性权威体系的学问世界，承诺并遵守相互关联的标准数字化方法并不是一件容易的事。但是，如果存在几种学科都认可的课程，那么在共同的学习过程中，则可提供增进沟通能力的契机。

无论文学、哲学、历史学、艺术学，如果为了各自的学问而学习汉文，那么

“汉文学习”就是共同课程。此时，不仅可以使用原始方式进行汉文解释，更应该谋求培养用数据表达研究过程、结果的能力。即，在教授学生阅读和解释汉文的能力时，无论其内容是什么，都要同时培养他们在数字环境中可呈现、比较、评估和利用的能力。

如果接受共同课程教育的汉文学习者们依照自己所愿，从事多种学科的研究及教育，将其成果自然而然进行数据化，在数字世界中实现数据共享，那么我们探索的古典世界将不再是分散的碎片，而是呈现出整体面貌。作为其延续，我们可从中得知现代社会的多种要素都深深扎根于古典世界。

学习汉文不仅仅帮助我们获取古典世界知识，同时这些知识也将成为解释现代社会各种现象的数据。因此，我们期待未来与数字人文结合的汉文学的发展。

附　录

第四节“数字人文的汉文资料研究及教育案例”中的数据模型

（一）经学资料数据库本体

表 1-1　范畴

	Class	Notes
Core Data	ConfucianText	经书经文文本
	Commentary	注本文本
	Translation	经书及注本文本的翻译
Contextual Elements	Person	人物
	Place	场所
	Event	历史性时间
	Record	记录
	Concept	概念术语
Visual Reference	ArchivalObject	资料原文的电子本，关联遗物等
	VirtualExhibtion	虚拟展示
Researcher's Contribution	Bibiography	研究成果文献资料
	Wiki	研究者成果，讨论（开放性参与空间）

表 1-2 关系

Relation	Description	Domain	Range
A annotator B	A 的注释是 B	Record	Person
A creator B	A 的作者是 B	Record	Person
A hasChapter B	A 有 B 章	ConfucianText	ConfucianText
A hasPart B	B 是 A 的一部分	Commentary	Commentary
A hasPhrase B	A 含有 B 短语	ConfucianText	ConfucianText
A hasSection B	A 含有 B 篇章	ConfucianText	ConfucianText
A hasSentence B	A 含有 B 句子	ConfucianText	ConfucianText
A hasStudyIn B	B 含有关于 A 的研究	ConfucianText, Commentary	Bibliography
A hasTalk B	B 含有关于 A 的讨论	ArchivalObject, Commentary, ConfucianText, Translation, VirtualExhibition	Wiki
A hasTranslation B	A 含有 B 翻译文	ConfucianText, Commentary	Translation
A isAnnotationTo B	A 是 B 的注解 * 对经文的注释或注释家的注释加注疏的情况	Commentary	ConfucianText, Commentary
A isCommentTo B	A 是对 B 的评论 * 自己对引用的注释家的注释加上意见时	Commentary	Commentary
A isDescendantOf B	A 是 B 的后代	Person	Person
A isMentionedIn B	B 的叙述中含有 A	Concept, Event, Person, Place, Record	Record
A isDiscipleOf B	A 是 B 的学生	Person	Person
A knows B	A 和 B 相识	Person	Person
A isLocatedIn B	A 在 B 位置	Place	Place
A isRelatedTo B	A 与 B 有关	Concept, Event, Person, Place, Record, ArchivalObject, VirtualExhibition	Concept, Event, Person, Place, Record, ArchivalObject, VirtualExhibition
A isRevisionOf B	A 是 B 的修订本	Commentary, ConfucianText, Translation	Commentary, ConfucianText, Translation
A isShownIn B	在 B 中可以浏览到 A	ArchivalObject	VirtualExhibition
A references B	A 引用 B	Commentary	Commentary

（二）门中古文书数据库本体

表 2-1　范畴

Class	名词	Notes
Document	文本	古文书
Transaction	内容	作为古文书上记录的行为（继承、买卖、借用等）目的或通过古文书处理的事件的具体内容
Person	人物	古文书签发、领取及古文书记载行为的主体、客体人物或构成内容的个别要素人物
Office	官府	作为古文书签发者、领取者的官府或构成内容的个别要素的官府
Estate	土地	作为构成内容的个别要素的土地
Slave	奴婢	作为构成内容的个别要素的奴婢
Position	官职	作为构成内容的个别要素的官职

表 2-2　关系

Relation	Description	Domain	Range
A hasPart B (B isPartOf A)	文本 B 是文本 A 的一部分 * 表示关联文件或虚拟捆绑文件（R0）及属于它的个别文件（R1、R2、R3、R4）之间的关系	文本 (Document)	文本 (Document)
A hasEvidence B (B isEvidenceOf A)	文本 A 与证明文本 B 的文件有关联 * 表示执行文件（R1）和附属产生的公证文件（R2）之间的关系	文本 (Documen)	文本 (Document)
A isRelatedTo B	A 与 B 有关：文本 A 与文本 B 有关 * 相关事件的因果关系等文件之间存在意义上的相关关系时，为表示这种关系而使用的相关语言	文本 (Document)	文本 (Document)
A issuedBy B (B isIssureOf A)	文本 A 因人物、官府或奴婢而签发	文本 (Document)	人物 (Person), 奴婢 (Slave), 官府 (Office)
A issuedTo B (B isRecipientOf A)	文本 A 签发给人物、官府或奴婢	文本 (Document)	人物 (Person), 奴婢 (Slave), 官府 (Office)
A isProofOf B (B isProvedBy A)	文本 A 是可证明文本 B 的记录	文本 (Document)	内容 (Transaction)
A isUnitOf B (B hasUnit A)	土地或奴婢 A 是属于内容 B 的个别要素	土地 (Estate), 奴婢 (Slave)	内容 (Transaction)
A ownedBy B (B owns A)	人物 B 拥有土地或奴婢 A	土地 (Estate), 奴婢 (Slave)	内容 (Transaction)
A isOffspringOf B (B hasOffspring A)	奴婢 A 是奴婢 B 的孩子	奴婢 (Slave)	奴婢 (Slave)
A hasSon B (B isSonOf A)	人物 B 是人物 A 的儿子	人物 (Person)	人物 (Person)
A hasWife B (B isWifeOf A)	人物 B 是人物 A 的妻子	人物 (Person)	人物 (Person)
A hasAdoptedHeir B (B isAdoptedHeirOf A)	人物 B 是人物 A 的养子（继承人）	人物 (Person)	人物 (Person)

续表2-2

Relation	Description	Domain	Range
A hasDaughter B (B isDaughterOf A)	人物 B 是人物 A 的女儿	人物 (Person)	人物 (Person)
A hasFosterDaughter B (B isFosterDaughterOf A)	人物 B 是人物 A 的养女	人物 (Person)	人物 (Person)
A hasRelative B	人物 B 是人物 A 的亲戚	人物 (Person)	人物 (Person)
A knows B	人物 B 认识人物 A	人物 (Person)	人物 (Person)
A isGiverOf B (B hasGiver A)	人物 A 是奴婢或土地 B 的赠予者 * 表达个别人物与财产分割记录内容要素之间的关系	人物 (Person)	内容 (Transaction)
A isInheritorOf B (B hasInheritor A)	人物 A 是奴婢或土地 B 的继承人	人物 (Person)	内容 (Transaction)
A isSellerOf B (B hasSeller A)	人物 A 是奴婢或土地 B 买卖的卖家 * 表达个别人物与买卖记录内容要素之间的关系	人物 (Person)	内容 (Transaction)
A isBuyerOf B (B hasBuyer A)	人物 A 是奴婢或土地 B 买卖的买家	人物 (Person)	内容 (Transaction)
A isUnitOf B (B hasUnitA)	人物 A 是户籍 B 的成员 * 表达个别人物与户口簿上显示的内容要素之间的关系	人物 (Person)	内容 (Transaction)
A placesIn B	任命内容 A 为官府 B 任用被人用人 * 内容范畴内，表达官职任用要素与特定官府之间的联系	内容 (Transaction)	官府 (Office)
A appointsAs B	任命内容 A 为被任用人担任官职 B * 内容范畴内，表达官职任用要素与特定官职之间的联系	内容 (Transaction)	官职 (Position)

（三）EKC（Encyclopedlc Archives of Korean Culture，韩国文化百科全书档案）数据模型 #1（2017）①

表 3-1　核心范畴

Main Class	Sub Class by Projtects	Project	Notes	Examples
Actor	作家	民族记录画	民族记录画画家	吴承雨
	僧侣	僧塔碑文	僧塔的主人和关联僧侣	体澄，廉居，慧昭，道善
Place	收藏之处	宫中记录画	服饰、物品、文献等保管的地方	韩国学中央研究院藏书阁，檀国大学石宙善纪念博物馆，韩国国立故宫博物院
	寺院	僧塔碑文	塔碑所在的寺院及发现之处	长兴宝林寺，灵岩都甲寺
	塔碑	僧塔碑文	僧侣的碑文	长兴宝林寺普照禅师塔碑

①http://dh.aks.ac.kr/Encyves/wiki/index.php/EKC_Data_Model-Draft_1.1.

Main Class	Sub Class by Projtects	Project	Notes	Examples
Object	展示资料	韩文古文书	藏书阁展示资料	朝鲜正宗给舅母骊兴闵氏的信
	服饰	宫中记录画	人物所穿的服装及附属品	衮龙袍，唐衣，圆衫
	服装	宫中记录画	特定身份参加特定活动时佩戴的服饰	王的服饰，百官的服饰
	仪轨	宫中记录画	记录礼仪、人物、服装的文献	文孝世子策礼都监仪轨
	绘画	宫中记录画	记录礼节进行时的画	文孝世子策礼
	作品	民族记录画	民族记录画作品	孙秀光—忠正公闵泳焕的自决殉国
Text	解读资料	韩文古文书	展示资料和报道的韩文原文及解读文	朝鲜正宗给舅母骊兴闵氏的信

表 3-2 语境范畴

Main Class	Sub Class	Notes	Examples
Heritage	文化遗产	被指定为文化遗产或作为文化遗产被认为具有保存价值的对象	鹤峰眼镜，长兴宝林寺铁造毗卢遮那佛坐像，珍岛南道石城
Actor	人物	与资料相关的人物	朝鲜英祖，丁若镛，崔致远，金成一
	团体	作为团体活动主题的团体，作为运营主题的机构	集贤殿，嘉礼都鉴，独立协会
Event	事件	与资料直接相关的历史性事件	晋州战役
	典礼	纪念仪式、再现历史事件或风俗的活动	崔茂宣将军追慕祭祀
Place	处所	与资料、遗物具有历史性联系的场所	昌德宫仁政殿，白云洞别西庭院
	收藏之处	资料、遗物的保存之处	韩国学中央研究院，新村运动中央研修院
Object	文献	古文献或以文本为主的作品	高山九曲歌，白云帖
	物品	除日常物品外，还包括自然景物	袂挥巾，白铜货币
Concept	概念	与资料相关的主要概念	嘉礼，罗唐联合，四天王，八思巴文字

表 3-3 关系

NameSpace Prefix	Relation	Inverse Relation	Notes	Example
dcterms:	A creator B	A isCreatorOf B	被认定为创作者的制作人	陶山十二曲—李滉
ekc:	[s] A writer B	B isWriterOf B	文章的作者、碑文的作者	金彦卿—长兴宝林寺普照禅师塔碑
ekc:	[s] A calligrapher B	B isCalligrapherOf A	书法的书写者，碑文/匾额题字的人	金薳—长兴宝林寺普照禅师塔碑

续表3-3

NameSpace Prefix	Relation	Inverse Relation	Notes	Example
ekc:	[s] A ekc:inscriber B	B isIncriberOf A	碑文篆刻者	
ekc:	A translator B	B isTranslatorOf B	翻译者，谚解者	胎教新记谚解—柳僖
ekc:	A annotator B	B isAnnotatorOf A	注释者	龙飞御天歌—成三问
ekc:	A founder B	B isFounderOf A	机构 / 团体 / 处所设立者凭借权位所设	现代美术家协会—河麟斗
ekc:	A constructor B	B isConstructorOf A	指挥建筑	昭阳江大坝—现代建设
ekc:	A reconstructor B	B isReconstructorOf A	指挥修建	白马山城—姜邯赞
ekc:	A renovator B	B isRenovatorOf A	促进重修	高城榆岾寺—惟政
dcterms:	A contributor B	B isConstrubutorOf A	做出贡献者	长兴宝林寺—新罗宪康王
dcterms:	A publisher B	B isPublisherOf A	手抄 / 刊行 / 再版 / 影印	御制戒酒纶音—校书馆
dcterms:	A rightsHolder B	B isRightsHolderOf A	著作权所有者	世宗大王标准影帧—云宝文化财团
edm:	A isDerivativeOf B		派生作品、翻译作品	三纲行实图谚解—三纲行实图
edm:	A isSuccessorOf B		后续作品	续藏经—初雕大藏经
ekc:	A hasOldName B	B isOldNameOf A	旧称：前身	大宇重工业—韩国机械工业
ekc:	A isNamesakeOf B	B isEponymOf A	明确沿袭 B 的名称	洪武正韵—洪武帝
ekc:	A administrates B	B isAdministratedBy A	典礼、制度的主管	嘉礼都监仪轨—嘉礼
ekc:	A participatesIn B	B hasParticipant A	典礼、制度的参与者	百官—亚献礼
ekc:	A documents B	B isDocumentedIn A	A:记录物（例：仪轨），B：记录的对象（例：礼仪）	英祖贞纯王后嘉礼都监仪轨—嘉礼
ekc:	A goesWith B		仪式中物品间的伴随关系	外轨—内函
ekc:	A isUsedIn B		仪式、事件中使用	卺杯—同牢
edm:	A isNextInSequence B	B isPreviousInSequence A	事件、项目之间的时间接续关系。B 之后是 A	纳币—纳采
ekc:	A performed B	B isPerformedBy B	自始至终主导事件。edm: isRelatedTo 以外	民族代表 33 人—独立宣言仪式
ekc:	A isPerformedAt B		事件举行的场所	独立宣言仪式—泰和馆
ekc:	A hasExhibitionAt B		租赁展馆展示，包括收藏处以外的展示	
edm:	A happenedAt B		事件发生的场所	鸣梁大捷—鸣梁海峡
ekc:	A depicts B	B isDepictedIn A	主要描述对象	高山九曲图说—高山九曲图

NameSpace Prefix	Relation	Inverse Relation	Notes	Example
ekc:	A mentions B	B isMentionedIn A	内容中明确提及	谚解腊药症治方—清心丸
dcterms:	A references B	B isReferencedBy A	实际内容的参考	高山九曲图说—高山九曲图
ekc:	A isSteleOf B	B hasStele A	人物、事件的纪念碑	长兴宝林寺普照禅师塔碑—体澄
ekc:	A isStupaOf B	B hasStupa A	僧塔	长兴宝林寺普照禅师塔碑—体澄
ekc:	A isEnshrinedIn B	B enshrines A	祭祀	李舜臣—显忠祠
edm:	A currentLocation B	B isCurrentLocationOf A	现在收藏之处	高城榆岾寺钟—高城普贤寺
edm:	A formerLocation B	B isFormerlocationOf A	过去收藏之处	高城榆岾寺钟—高城榆岾寺
dcterms:	A provenance B	B isProvenanceOf A	出处；原收藏之处；发现发掘场所	往五天竺国传—敦煌石窟
dcterms:	A hasPart B	B isPartOf A	全体—部分关系	陶山十二曲—陶山十二曲跋文
foaf:	A member B	B isMemberOf A	组织—成员关系	集贤殿—郑麟趾
owl:	A sameAs B		同一或相似关系	训民正音—韩文
ekc:	A isNear B		物理距离接近	金山七百义冢—金山七百义冢纪念馆
ekc:	A wears B	B isWornBy A	穿着宫中服饰的对象	宫女—唐衣
dcterms:	A type B		分配到特定分类体系时 其他性格/类型为 edm:isRelated To.	世宗大王标准遗像—标准遗像
edm:	A isRelatedTo B		其他所有关联关系	
ekc:	A hasWife B (=isHusbandOf)	B isWifeOf A (=hasWife)	妻	思悼世子—惠庆宫洪氏
ekc:	A hasConcubine B (=isHusbandOf)	B isConcubineOf A (=hasHusband)	妾	
ekc:	A hasSon B (=isFatherOf)	B isSonOf A (=hasFather)	父子关系	金柱国—金光灿
ekc:	A hasSon B (=isMotherOf)	B isSonOf A (=hasMother)	母子关系	惠庆宫洪氏—朝鲜正祖
ekc:	A hasDaughter B (=isFatherOf)	B isDaughterOf A (=hasFather)	父女关系	张兴孝—张桂香
ekc:	A hasDaughter B (=isMotherOf)	B isDaughterOf A (=hasMother)	母女关系	
ekc:	A hasAdoptedHeir B	B isAdoptedHeirOf A	养子（店铺继承目的）	尹尔锡—尹斗绪
ekc:	A hasBrother B		兄弟	朝鲜世宗—孝宁大君
ekc:	A hasSister B		姊妹	
ekc:	A hasSonInLaw B (=isFatherInLawOf)	B isSonInLawOf A (=hasFatherInLaw)	岳父—女婿	

续表3-3

NameSpace Prefix	Relation	Inverse Relation	Notes	Example
ekc:	A hasSonInLaw B (=isMotherInLawOf)	B isSonInLawOf A (=hasMotherInLaw)	岳母—女婿	
ekc:	A hasDaughterInLaw B (=isFatherInLawOf)	B isDaughterInLawOf A (=hasFatherInLaw)	公公—儿媳	
ekc:	A hasDaughterInLaw B (=isMotherInLawOf)	B isDaughterInLawOf A (=hasMotherInLaw)	婆婆—儿媳	
ekc:	A hasDescendant B	B isDescendantOf A	时代不确定的先辈—后代关系	金诚一—金柱国
ekc:	A isLineageKinOf B		直系亲属	
ekc:	A isAffinalKinOf B		亲戚（姻亲）	
ekc:	A hasDisciple B (=isMasterOf)	B isDiscipleOf A (=hasMaster)	师生关系	李滉—金诚一
ekc:	A hasOwner B	B isOwnerOf A	奴婢—主人关系	一福—尹斗绪
ekc:	A hasSubject B	B isSubjectOf A	君臣关系	高丽禑王—崔莹
ekc:	A wasOrdainedBy B	B wasPreceptorOf A	受戒关系（僧侣之间）	秀澈—润法
foaf:	A knows B		一般的交友	申叔舟—成三问
ekc:	A isFellowOf B		同窗	

Classical Studies in the Digital Era: Data–based Reasearch and Education Methodologies

Hyeon Kim

Abstract: We undertake Hanmun studies (Studies on Classics written in Classical Chinese, 汉文学) research and education because, within the data of the past left to us via Hanmun (汉文) records, we can discover meaningful truths and relationships between our culture's past and present, and through this, gain insight that allows us to diachronically see into our cultural world. Through this paper, the author seeks a new method for the education and research of Hanmun studies for the 'digital age,' i.e. the knowledge society of the 21st century.

The first task to adapt Hanmun studies for the digital environment is to create a collaboration system through which a great number of researchers can communicate with one another and familiarize students—the researchers of the future—with this new system through education. In this paper, the author introduces multiple examples of digital-based research environments for Hanmun studies and their educational utilization and suggests implementing them more broadly in Hanmun studies research and education.

In a digital environment, the emphasis of Hanmun studies education is placed not only on the analysis of Hanmun text via analog language but also in the cultivation of the ability to express the analysis process and results via digital data. If students trained in such an education course advance to become expert researchers, they will follow their individual interests in disciplines such as literature, history, philosophy, etc. to produce diverse research and education results that will naturally become data, thus allowing such results to be shared and brought together in the digital world. If this is realized, the world of old documents we are investigating under the name of Hanmun studies will no longer be fragmented into its constituent parts but will be shown to us as a comprehensive, full picture. And by extension, we can understand how the various elements of contemporary society are deeply rooted in the world of classical Hanmun texts.

Keywords: Digital Humanities; Database of the Confucian Classics; Old Documents of Family Clans; Encyclopedic Archives; Collaborative Translation; Big Data for Hanmun Studies

韩国古典综合数据库建设的成果与课题[①]

韩国古典翻译院古典信息中心[②]
邵　默（译）/韩国西江大学中国文化系

摘　要：韩国古典综合数据库是提供韩国古典原文及译本的数据库，于1997年开始建设，2001年服务器提供服务。文章旨在回顾过去二十年间韩国古典综合数据库的建设过程，说明其发展情况，并提出有关其未来的课题。

韩国古典翻译院从1997年开始建设数据库，1999年参与政府事业后走上了正轨。随着技术经验的累积，2015年数据库的规模大幅扩大，2016年起，为改善服务，优化并完善了搜索功能，并提高了现有数据库的质量。截至目前，数据库共涵盖3,275种古籍文献。除了资料整合外，韩国古典翻译院还开发了韩国古典综合数据库人物关系信息、《韩国文集丛刊》作者生平信息、汉文古典自动翻译等服务。

韩国古典综合数据库的使用率呈现出逐渐增长的态势，2020年使用人次更是多达2,155,007。学术界对数据库的使用需求也在增加，2020年数据库的论文引用量为412篇，引用古典著作946种。所涉学术领域以人文学科为主，但需求面也扩大到了美术、教育、环境设计、地理、韩医等非人文学科。在公共教育领域，还有高中文学教材引用数据库内容的事例。

未来课题如下：一、利用大数据分析技术和人工智能检索技术，解决大容量数据库在检索时产生的问题，为用户提供优质的搜索环境；二、扩展策划内容，如人物关系信息等，以丰富用户的数据库利用体验。三、拓展优化目前仅用于《承政院日记》及《天文经典》的自动翻译服务。

---

①原文信息：韩国古典翻译院古典信息中心（한국고전번역원 고전정보센터）：《韩国古典综合数据库建设的成果与课题》（한국고전종합DB 구축의 성과와 과제），《民族文化》（한국고전번역원）2021年总第59辑，DOI: 10.15752/itkc.59..202111.7。本次出版已获得作者允许及授权。

②韩国古典翻译院，网址：https://www.itkc.or.kr/。

关键词：古典翻译　数据库　自动翻译　数字人文　人文学大数据

导　语

进入21世纪以来，随着信息通信技术的发展，经过农业社会、工业社会后，社会结构已向信息化社会[①]转变，各个机构部门为建立知识基础设施，推进了各种信息化事业，以促进现存知识信息资源[②]的数字化，提高其利用率。[③]因此，IT产业和数据库建设事业的热潮兴起，随之引入了数据库这一新的概念。

数据库是"为了多人共享使用，删除数据资料中重复的项目，将其结构优化并储存以整合管理的数据集合，旨在提高资料检索及更新的效率"。[④]数据库不仅仅是资料共享和利用的方式，在储存资料方面也起到了积极作用。正因如此，收藏重要文献及资料的各机构部门也在积极推进数据库建设事业，目前取得了相当大的成果。

在这样的背景条件下，历史研究领域的相关部门也开始正式推进数据库建设事业，契机是1995年10月Seoul System（株）韩国学数据库研究所的"CD-ROM国译朝鲜王朝实录"的制作及普及。将362,161篇文章、1亿9,800万字文本录入并储存至"CD-ROM国译朝鲜王朝实录"中，可谓是一项巨大的工程。在三年时间里，共15名人文学研究员、25名程序员、80名字体开发员、200多名校对人员及300多名资料录入员参与了这项工程。他们从汉字编码制定以及字体开发等基础设施建设开始，为输入资料进行了文件编辑器开发、数据输入、校对、制作摘要、主题分类整理以及搜索软件开发等阶段性工作。[⑤]这是当时民间进行的大规模数据库建设项目。

1999年，信息通信部对知识信息结合应用体系建设项目（知识信息资源管理项目[⑥]）给予大力支持，为"CD-ROM国译朝鲜王朝实录"引发的历史领域数据

①计算机、多媒体、通信技术成为媒体的主流，以各种信息的生产和传播为中心展开的后工业化社会。NAVER知识百科文学批评用语辞典，http://terms.naver.com/entry.naver?cid=60657&docId=1530839&categoryId=60657，2021年8月13日。

②知识信息资源指的是具有国家级保存和利用价值，与学术、文化、科学技术等有关的数字化资料或被认定为有必要进行数字化处理的资料。韩国《知识信息资源管理法》第2条第1款、第2款。

③韩国信息化振兴院：《推进国家数据库建设项目的目的及意义》，《国家数据库建设十年：主要成就和意义》，首尔：韩国信息化振兴院，2010年，第2—3页。

④DAUM国语辞典—高丽大韩国语大辞典，网址：https://dic.daum.net/word/view.do?wordid=kkw000064926&supid=kku000082516，2021年8月13日。

⑤金炫："需要十年时间才能读完的资料，现在可以轻松地进行检索应用了，这是朝鲜王朝实录CD-ROM化所带来的巨大冲击。"参考1996年5月1日《朝鲜月刊》的采访报道。

⑥韩国《知识信息资源管理法》（2009年5月22日废除）。

库建设项目的大规模开展奠定了基础。负责将韩国历史资料进行收集、研究、编纂的国史编纂委员会，负责翻译古代典籍的民族文化促进会（现韩国古典翻译院，后文统称为“韩国古典翻译院”），韩国历史资料收藏数量最多的首尔大学奎章阁韩国学研究院，以及韩国精神文化研究院（现韩国学中央研究院）共同推进了韩国历史信息综合系统建设事业。①韩国古典翻译院在该项目上取得的成果便成为了“韩国古典综合数据库”的前身。

当时作为民间机构的韩国古典翻译院之所以能够与国家机构、公共机关等单位共同进行项目建设，得益于相关部门认识到了该机构的项目成果作为一手资料的价值以及数据库建设的重要性，并给予了极大的支持。

因此，在过去二十多年里，将“古典译本”《朝鲜王朝实录》《承政院日记》《日省录》《韩国文集丛刊》《韩国古典丛刊》等项目成果，不断通过建设数据库来提供在线服务，韩国古典综合数据库的利用率也在不断提高。无论是韩国学研究者，还是大众，都认为其是韩国学领域的重要数据库，且其至今仍在不断发展。

经历了信息化社会，世界正迅速向以网络、数据、人工智能（Artificial Intelligence, AI）为基础的智能化信息社会②迈进。随着以超链接、超智能为基础的第四次工业革命的到来，人文学领域正积极与相邻学科领域进行知识融合探讨，谷歌及NAVER等专业门户网站的发展也说明了搜索服务正在直面多种多样的新变化、新要求。③为了适应这样的时代变化，借韩国古典综合数据库建设项目成立20周年这一契机，本文将回顾这期间韩国古典综合数据库建设项目所取得的成果，探讨未来的课题。

一、韩国古典综合数据库建设项目概述

（一）韩国古典综合数据库建设项目的推进过程④

1990年代，随着计算机的普及以及信息通信技术的发展，韩国进入了以“互联网”“网络”为基础的信息化社会，多个领域的项目模式发生了改变。伴随着

---

①1999年，民族文化促进会收到了来自于首尔大学奎章阁的共同构建韩国历史数据库的提案，成立古典电子化项目推进委员会，从韩国历史信息综合系统建设事业共138亿的项目费用中拨出9亿韩元的经费，于2000年启动了《古典国译丛书》和《韩国文集丛刊》的数据库建设项目。河胜贤:《韩国古典翻译院经典普及工程的现状与问题》,《民族文化》2015年第45辑。

②科学技术信息通信部智能信息社会促进团:《智能信息社会第六次全国信息化基本实施计划（2018—2022年）》，首尔：科学技术信息通信部智能信息社会促进团，2018年，第6页。

③朱圣智:《数字时代韩国史研究的拓展与课题》，博士学位论文，韩国东国大学，2019年，第4页。

④其中有关于民族文化促进会的成果参考自《民族文化促进会42年史》第5章中记录的电子化事业的相关内容。

IT产业同步发展，为了推进各机构部门保有的知识信息资源的数字化，提高其利用率，各种信息化项目被提上日程。

在历史领域，1995年韩国古典翻译院刊发的《国译朝鲜王朝实录》被Seoul System制作为“CD-ROM国译朝鲜王朝实录”并向大众普及，在这一影响下，收集整理大量的影印本及相关书籍、论文时，其方法也从实际整理转变为“检索”。[①]韩国古典翻译研究院也顺应这一趋势，为支持古代典籍大众化和翻译工作，策划了古代典籍信息化项目，并将项目拓展到了数据库建设这一新领域。

1.（1997年）策划《韩国文集丛刊》电子化项目

首次策划的信息化项目是1997年制定的《韩国文集丛刊》电子化项目。自1986年起，为扩张韩国学资料，该项目在8年时间里，将集传统时代著作的个人文集大成的《韩国文集丛刊》，共6千万字（1—200辑），初次构建成数据库，后又根据其发行顺序，逐刊将其内容扩充至数据库中，最终目标则是将所有内容进行数字化。

韩国古典翻译院对负责项目第一阶段的录入人员进行了汉字录入培训，并与中国台湾中文数据库委员会交换了各种数据，达成了实质性的合作，同时对标点符号、标点原则的建立、标记原则研究、异体字的处理以及造字处理制定了研究计划。根据计划，该项目利用自主开发的汉字输入法（송마법）完成了《朝鲜汉诗》《退溪集》《与犹堂全书》等《韩国文集丛刊》原文资料的录入。在正式推进项目的过程中，韩国古典翻译院参与到了“韩国历史信息综合系统建设事业”中，该项目是1999年政府推进的知识信息资源管理事业中的重要一环。因此，我院修订了《韩国文集丛刊》电子化项目的推进计划，转而集中于韩国历史信息综合系统建设事业。

2.（1998—2000年）古典文献CD-ROM的出版工作

“CD-ROM国译朝鲜王朝实录”的出现验证了检索方法在获取信息上的快速性、准确性和便利性，该方法也弥补了依赖书籍索引进行检索的不足。为了更加快速且便利地检索到译文的内容，我院制定了“CD-ROM韩国古典国译丛书”检索系列的项目计划。作为该项目的一环，1998年，朝鲜后期史学家安鼎福的诗文集“CD-ROM国译顺庵集”出版发行，此后，《国译占毕斋集》《国译修堂集》《国译旅轩集》逐年发行。

1995年，《韩国文集丛刊》（1—240辑）的总目录通过“韩国学振兴事业”（韩

①朱圣智：《数字时代韩国史研究的拓展与课题》，第2—3页。

国学中央研究院主办）以CD-ROM的形式制作发行。统一码（Unicode）可以处理所有文字信息，并且，它使得任何机构或团体都可以通过自己的服务器享受Web服务。CD-ROM制作的经验使韩国古典翻译院具有日后能够完成大规模数据库建设项目的执行能力。

3.（1999—2014年）知识信息资源管理项目（国家数据库项目）

韩国古典翻译院于1999年参与了“韩国历史信息综合系统建设事业”，成立了古代典籍电子化项目推进委员会等相关组织，于2000年拿到了9亿韩元的预算经费，开始着手于《古典国译丛书》与《韩国文集丛刊》的数据库建设。之后，政府制定了“国家知识信息资源管理法”，旨在将国家需要管理的知识信息资源构建成数据库，为公众提供服务。政府也对被指定为国家知识信息资源的数据库建设事业支援了经费。《古典国译丛书》及《韩国文集丛刊》也被指定为国家支持的数据库建设项目，至2014年为止，共获得了17次、总数约为172亿韩元的预算经费。

知识信息管理项目的参与经验使CD-ROM弥补了线下共享的局限性，拓展至线上服务，这是“韩国古典综合数据库”服务的基础。在资料内容的实用性、资料建设的准确性及用户使用的便利性方面,《古典国译丛书》和《韩国文集丛刊》的数据库建设也成为了最佳案例。

4.（2006—2012年）古典译本生成体系建设项目

韩国古典翻译院通过知识信息资源管理项目，在执行《古典国译丛书》数据库建设项目的过程中，积累了数据库建设的技术经验，用最少的经费及较简单的工序高效完成数字化工作，并制定了项目方案，即自2006年开始的“古典译本生成体系建设项目”，它是将古典译本从原稿制作到编辑校对的整个过程都统一到훈글（编辑器名称），在书籍出版前利用自行开发的“XML数据转换器”将最终的훈글文件转换为网页文件的项目。通过输入元数据及连接信息，将内容搭载至韩国古典综合数据库，便可立即实现网页服务。该项目相较于原本的古典译本数据库建设工程而言，省略了录入和校对的步骤，从而大大节省了经费及时间，提高了项目的完成效率。

5.（2013年至今）韩国古典综合数据库建设项目

在现有财政预算下，古典译本生成体系建设项目每年可完成60余本书的数据建设，随着区域性研究中心合作翻译项目的全面推进，古典翻译项目的成果不断增加，相关机构的古典文献国译支持项目成果也被纳入数据库建设的范围，数据库建设的数量扩充至160本。至2015年，促进国家数据库事业的古典原文（《韩国文集丛刊》）数据库建设项目也正式被合并，统称为“韩国古典综合数据库建设项目”并启动。与大规模数据库建设同时开始的，还有韩国古典综合数据库DTD标准化方案的制定，异体字等新字检索服务的改善，以及古典用语语料库网页服务的开发等。

6.（2016年至今）韩国古典综合数据库服务的优化及数据库内容的开发

自2016年起，在推进数据库建设事业的同时，为了使韩国古典综合数据库发展为“国民古典门户网站”，我院还开始了韩国古典综合数据库服务的优化工作。2016年至2017年，为提高古典资料检索结果的准确性、网页服务的稳定性以及资料使用的便利性，我院启动“韩国古典综合数据库系统高度化及首页改版项目”。将2004年引进、至今仍在使用的KRISTAL搜索引擎①替换为源代码开放的Apache Lucene Solr搜索引擎，以提高搜索的稳定性及准确性。同时还进行了数据标准化工作，引入了facet搜索功能，以提高使用便利性。

为了改善关键字搜索时提供的搜索结果过多，提高搜索服务质量，我院注重加工和分类等精制工作，以扩大专业搜索服务等数据库内容开发。因此，从2018年就开始策划的“韩国古典综合数据库人物关系信息”服务于2021年1月正式启动，这让存在于韩国古典综合数据库里分散的人物信息能被更高效、更多维地利用起来。将在《韩国文集丛刊》篇目索引、古典用语语料库、古典译本脚注里可以查到的人物的基本信息，包括血缘、婚姻、门生、交游等信息提取并整理出来，利用社会网络分析（Social Network Analysis，SNA）的可视化方式构建该服务。此外，我院还开发了“《韩国文集丛刊》作者生平信息”服务，该服务可以提取2019年至2020年构建的《韩国文集丛刊》数据中收录的1,258名作者的生平信息，并将36,273条事件信息按人生周期分类，方便大众对主要人物的生平进行比较，或通过数据图标观察当时人物的人生发展趋势。利用2017年至2019年构建的韩国古典综合数据库的《承政院日记》数据等信息资源及人工智能自动翻译技术，汉文古典自动翻译服务正在开发之中。②利用这种基于已有数据的新内容开发是重要的项目之一，为了提高用户

①是以科学技术文献信息服务为目的，由韩国科学技术信息研究院（KISTI）开发的信息检索管理系统（IRMS）。它是集信息搜索引擎与数据库管理系统（DBMS）功能为一体的，纯粹利用韩国技术完成的信息检索管理系统，是参与韩国历史信息综合系统建设的机构共同采用的专用搜索引擎。《KRISTAL-2002，应用于历史信息集成系统》，2004年12月2日《每日经济》新闻。

②韩国古典翻译院为改变汉文古典翻译的模式，参与了科学技术信息通信部（韩国智能信息社会振兴院）的信息通信技术基础公共服务推进事业。2017年至2019年完成了“基于人工智能的古典文献自动翻译系统建设项目”的工作。为谷歌、NAVER、KAKAO等主要门户网站提供了自动翻译服务，利用神经机器翻译（Neural Machine Translation，NMT）技术，开发了古典文献（《承政院日记》《天文经典》）的自动翻译模型。

使用的便利性，应与基于原始文本的数据库建设并行推进，并计划在未来持续扩展。

（二）韩国古典综合数据库建设的主要现状

1. 数据库建设现状

韩国古典综合数据库的任务是将韩国古典翻译院的所有项目成果信息化，构建知识信息服务平台，从而将韩国古典翻译院所有工作项目的成果最大化。韩国古典综合数据库是一个将“古典译本”《朝鲜王朝实录》《承政院日记》《日省录》《韩国文集丛刊》《韩国古典丛刊》“古典原文”等韩国古典翻译院完成的大部分的项目成果数字化，方便大众理解韩国古代典籍，为大众提供基础资料的平台。简而言之，它是具备古代典籍大众化前沿性的古典文献综合数据库。[①]

“古典译本”子库包含了个人文集、历史、法制、总集、仪轨等多种题材类型，以及《朝鲜王朝实录》《承政院日记》《日省录》等历史文献。各区域性研究中心合作翻译项目的成果和相关组织的优质译本也成为数据库建设的内容，因此目前我们为许多机构的翻译项目提供服务，以韩国古典综合数据库能够涵盖所有在韩出版的古典译本为目标，我们正在努力扩充数据内容。

“古典原文”子库以《韩国文集丛刊》和《韩国古典丛刊》中的古典文献的图像和原文（包括标点）为基础，前者囊括了韩国主要人物的选集，后者汇编出版了韩国人撰写的汉文古典文学作品，以及作为特殊古典译本翻译脚本的古文献。2021年我院全力以赴完成了《韩国文集丛刊》共500册的数据库构建目标。

此外，需要陆续扩充的内容还包括古典汉文教育所使用的“经书圣读”音频资料和古典文献解译、古典译本书目信息、古典译本脚注信息、异体字信息、古典用语语料库、《韩国文集丛刊》篇目索引、《韩国文集丛刊》作者生平信息、韩国古典综合数据库人物关系信息、韩中日年号信息、电子书图书馆等专业检索数据库、辞典数据库等。

下文将2000年至2020年韩国古典综合数据库的构建现状按类型和年度分别整理，结果见表1。

①2011年，韩国古典翻译院与韩国文化经济学会进行了“古典翻译需求调查分析及成果测定模型开发研究”。其中，在韩国古典资料利用情况的问卷调查中，92.4%的古典资料用户会优先使用数据库资料。

表 1　韩国古典综合数据库建设项目下各类子项的业绩

类型		出版业绩（2000—2020）	数据库建设业绩	建设率（%）	备注
古典译本	韩国文集及特殊古典	150 种 607 册	143 种 591 册	97%	索引、校点除外
	韩国文集（句点）	80 种 363 册	52 种 234 册	64%	校点除外
	经典注释书	1 种 4 册	1 类 4 册	100%	
	相关机构译本	61 种 226 册	51 种 157 册	69%	校点除外，包括承政院日记 1 种 6 册
	小计	292 种 1,200 册	247 种 986 册	82%	
历史文献译本	朝鲜王朝实录	28 种 413 册	28 种 413 册	100%	包含三篇文章翻译的索引除外
	新译朝鲜王朝实录	1 种 40 册	1 种 10 册	25%	
	承政院日记	4 种 567 册	4 种 567 册	100%	校点、后说除外
	日省录	4 种 259 册	4 种 229 册	88%	
	小计	37 种 1279 册	37 种 1,219 册	95%	
古典原文	韩国文集丛刊（影印）	1,259 种 500 册	1,250 种 492 册	98%	
	韩国文集丛刊（标点）	77 种 190 册	57 种 132 册	70%	
	韩国古典丛刊（影印）	4 种 5 册	1 种 2 册	40%	
	韩国古典丛刊（标点）	3 种 9 册	1 种 4 册	44%	
	古典原文	168 种 10 册	168 种 9 册	88%	
	古典原文（校勘、标点）	12 种七册	12 种七册	100%	
	小计	1,523 种 721 册	1,489 种 646 册	89%	
解译	韩国文集丛刊解译	1,259 种 11 册	1,259 种 11 册	100%	
	韩国古典丛刊解译	1 种	1 种	100%	
	古典译本解译	236 种	236 种	100%	
	新译朝鲜王朝实录	1 种	1 种	100%	
	经典原文解译	1 种	1 种	100%	
	小计	1,498 种 11 册	1,498 种 11 册	100%	
圣读	经书圣读（史书）	4 种	4 种	100%	音频资料 3 种三经因版权到期而终止服务
合计		3,354 种 3,211 册	3,275 种 2,862 册	89%	

表 2　韩国古典综合数据库建设项目年度业绩

类型	古典译本		朝鲜王朝实录		新译朝鲜王朝实录		承政院日记		日省录		古典原文		校勘、标点	
年度	种	册	种	册	种	册	种	册	种	册	种	册	种	册
2000	16	80									2	—		
2001	11	77												
2002	5	17					1	33						
2003	8	31					—	19	1	18				
2003 追更预算							—	107			120	—		
2004	5	29					—	20	—	15				
2005	6	31					—	10	—	3	1	2		
2006	4	28	28	413			—	21						
2007	6	30									1	3		
2008	19	62							—	4	1	—		
2009	4	9					1	30						
2009 追更预算														
2010	5	32							—	30	4	2		
2011	15	46					1	9	—	11	3	—		
2012	3	25					—	17	1	18	1	—		
2013	15	39					—	46	—	35				
2014	30	80					—	29	—	26	1		3	2
2015	13	74					1	20	—	18	5	—		
2016	24	113					—	14	—	15	5	—		
2017	20	65					—	20			8	—		
2018	16	42					—	26	1	15	6	—	4	3
2019	18	47					—	40	1	11	10	—	5	2
2020	4	29			1	10	—	106	—	10	—	—		
总计	247	986	28	413	1	10	4	567	4	229	168	7	12	7

续表2

类型	韩国文集丛刊（影印）		韩国文集丛刊（标点）		韩国古典丛刊（影印）		韩国古典丛刊（标点）		文集丛刊解译		总计	
年度	种	册	种	册	种	册	种	册	种	册	种	册
2000	53	15									71	95
2001	65	17									76	94
2002	247	73									253	123
2003	62	51									71	119
2003追更预算	10	7							575	5	705	119
2004	46	37									51	101
2005	69	50									76	96
2006	28	23									60	485
2007	18	16							229	2	254	51
2008											20	66
2009	12	10									17	49
2009追更预算	165	70									165	70
2010	198	35									207	99
2011											19	66
2012	106	25									111	85
2013	52	21	5	—							72	141
2014			7	15							41	152
2015	28	10	12	48					455	4	514	174
2016	24	10	7	18							60	170
2017	24	6	18	37							70	128
2018	11	3	8	14							46	103
2019	10	3									44	105
2020	22	10			1	2	1	4			29	171
总计	1,250	492	57	132	1	2	1	4	1,259	11	3,032	2,862

注：

1.2000年构建的书籍中，《高峰集》1种3册更换为《高峰全书》1种4册，不包含在统计数据中。

2.2013年《韩国文集丛刊》（标点）指的是与译本合订出版的《淡庵逸集》《松堂集》《麟斋遗稿》《亨斋诗集》《寅斋集》（计入译本数量）。

3.2019年《日省录》11册，校勘、标点，包含《日省录凡例》。

4.2020年《韩国文集丛刊》（影印）10册包括公共数据企业支持项目（New Deal）中的7册本。

表3整理了韩国古典综合数据库收录的数据字数、文章、插图数量。目前，韩国古典综合数据库已成长为字数超过10亿的大容量数据库，跃升为全民级古典文献门户网站服务平台。此外还有“古典译本”中注释827,152条、人物关系信息67,396条,《韩国文集丛刊》篇目索引中人名20,492条、篇目62,839条,《韩国文集丛刊》作者生平信息中1,258名作者、共36,273条信息，古典用语语料库词条14,947个，异体字信息14,025条，古典译本书目信息6,858条等。

表3 韩国古典综合数据库各类子项的字数、元数据数量及插图数量

类型		字数	元数据（文章数）	插图数量
古典译本		257,405,595	178,655	3,023
历史文献译本	朝鲜王朝实录	189,837,105	361,850	405
	新译朝鲜王朝实录	2,662,617	3,515	—
	承政院日记	199,904,007	504,334	9
	日省录	73,210,422	134,836	2
	小计	465,614,151	1,004,535	416
古典原文	韩国文集丛刊（影印）	232,686,366	653,362	2,391
	韩国文集丛刊（标点）	19,787,668	42,757	163
	韩国古典丛刊（标点）	1,096,172	360	9
	古典原文	19,375,912	36,103	365
	经典原文（校勘、标点书）	993,821	1,066	312
	小计	273,939,939	733,648	3,240
解译	韩国文集丛刊解译	11,490,349	7,554	—
	韩国古典丛刊解译	11,167	3	—
	小计	11,501,516	7,557	—
经书圣读		657,097	802	—
总计		1,009,118,298	1,925,197	6,679

2. 数据库建设的预算经费情况

在2000至2020年这21年时间里，包括韩国古典综合数据库建设项目在内的古代典籍信息化事业，已经完成了56个项目的工作，需要的预算经费规模如表4所示。

在构建数据库的前10年里，我院通过参与信息通信部知识信息资源管理项

目（国家数据库项目），拿到了外部的预算经费，开展了大规模的数据库建设项目，这一项目的预算经费规模最大。2017年至2019年，开展基于人工智能的自动翻译系统建设项目和推进项目时，预算经费规模也临时有所增加。

表4　古代典籍信息化项目每年所需预算经费（单位：百万韩元）

年度	项目名称	预算经费
2000	知识信息结合应用体系建设项目 韩国历史信息综合系统构建	913
2001	知识信息结合应用体系建设项目 韩国历史信息综合系统构建	898
2002	知识信息资源管理项目 韩国历史信息综合系统构建	1,502
2003	知识信息资源管理项目 韩国历史信息综合系统构建等 1 项	3,165
2004	知识信息资源管理项目 韩国历史信息综合系统构建	1,373
2005	知识信息资源管理项目《古典国译丛书》及《韩国文集丛刊》信息化项目	1,480
2006	知识信息资源管理项目《古典国译丛书》及《韩国文集丛刊》信息化项目等 1 项	1,017
2007	知识信息资源管理项目《古典国译丛书》及《韩国文集丛刊》信息化项目等 2 项	836
2008	知识信息资源管理项目 古典翻译丛书信息化项目等 1 项	396
2009	知识信息资源管理项目 韩国文集丛刊数据库建设事业等 2 项	2,213
2010	国家数据库项目 韩国文集丛刊数据库建设项目等 2 项	1,082
2011	古典译本生成体系建设项目等 1 项	148
2012	国家数据库项目 韩国文集丛刊数据库建设项目等 2 项	987
2013	国家数据库项目 韩国文集丛刊数据库建设项目等 2 项	830
2014	古典译本数据库建设项目等 2 项	606
2015	韩国古典综合数据库建设项目等 3 项	772
2016	韩国古典综合数据库建设项目等 4 项	1,162
2017	基于人工智能的古典文献自动翻译系统建设等 1 项	2,344
2018	基于人工智能的古典文献自动翻译系统高度化项目等 4 项	2,154
2019	基于云盘的古文献自动翻译传播服务建设项目等 3 项	2,706
2020	古典译本数据库建设项目等 4 项	770
合计		27,354

从表5和表6可知，占据全部预算72%、约200亿韩元是数据库建设项目本身所需要的经费，其他预算则是用于应用软件开发、基于人工智能的自动翻译服务建设项目、信息系统维护。此外，超过80%的经费来自公开竞标项目的外部支持，项目执行方式则大部分是通过劳务进行的。

表 5　古代典籍信息化项目各领域所需预算经费（单位：百万韩元，个）

领域	数据库建设	应用软件开发	自动翻译服务建设	监理和维护	其他
预算经费（百分比）	19,785 (72.34%)	746 (2.73%)	5,002 (18.29%)	1,542 (5.64%)	277 (1.01%)
项目数量	35	8	3	7	3

表 6　古代典籍信息化项目的资金来源及各项目执行方式所需预算经费（单位：百万韩元，个）

领域	资金来源		项目执行方式	
	外部支持	内部捐助	使用劳务	亲自执行
预算经费（百分比）	24,015 (87.80%)	3,336 (12.20%)	26,893 (98.33%)	459 (1.67%)
项目数量	37	19	49	7

3. 数据库建设的主要流程

韩国古典综合数据库根据每个项目的文档类型定义（Document Type Definition, DTD）基于XML建立有效的半结构化数据。[①]为了提供高质量的数据并保持其可信度，我院以“韩国古典综合数据库建设指南”为基本准则，从资料分析到数据库服务，在整个项目过程中安排了古文献专家辅助工作，将平均翻译质量达到99.95%设为目标。为达成目标，我们运行了质量管理体系，设立了高品质的古典文献数据库服务体系，并以此为基础进行数据库建设，详细过程如下：

（1）资料分析阶段：古文献专业人员协同，对各资料的著录项目、目录、正文内容进行预分析。

（2）项目建设阶段：

・录入文本

根据资料特征采用直接录入、OCR等方式。若原始资料是不易辨认的手抄本或由草书书写，则单独进行文字辨识工作。旧韩文、异体字及新字则按指南处理。

・校对文本

屏幕校正及印刷校对。屏幕校正是将显示器画面中完成录入的资料与原文图像比较，更正错别字、标点及符号错误。印刷校对则是与原文图像逐字比对校正。

①半结构化数据（Semi-Structured Data）指的是以HTML、XML等为基础的数据，尽管具有数据表现结构的形式，但结构本身具有灵活性。（参考韩国信息化振兴院：《公共数据质量管理手册》第二版，2018年）

·XML转换和元数据

将正文的内容结构和形式匹配DTD，并将资料结构化，为Service UI标记元数据的元素和属性。以Unicode 3.1版本为基础，XML 1.0规范为标准生成XML文档。

·特殊处理

为了不遗漏任何搜索结果，最大限度地利用古典信息，对国际标准文字体系3.1版本中未注册的文字进行图像文字处理及新出字处理；天文、算数类的数学相关符号应用Latex；图片插入正文文本；插图内的文字分段后进行文字信息输入；正文内的表格在网络上也用表格来显现。

（3）验收阶段：建立反映每个检查项目权重的数据质量准则。为确保后续工作进行时准确度能达到99.9%，进行三个阶段的检查，即全面检查（第一阶段）、古典资料专家校对检查（第二阶段）、机构验收质量（第三阶段）。

（4）服务阶段：建设完成的资料将按指定格式完成最终检查并上传。

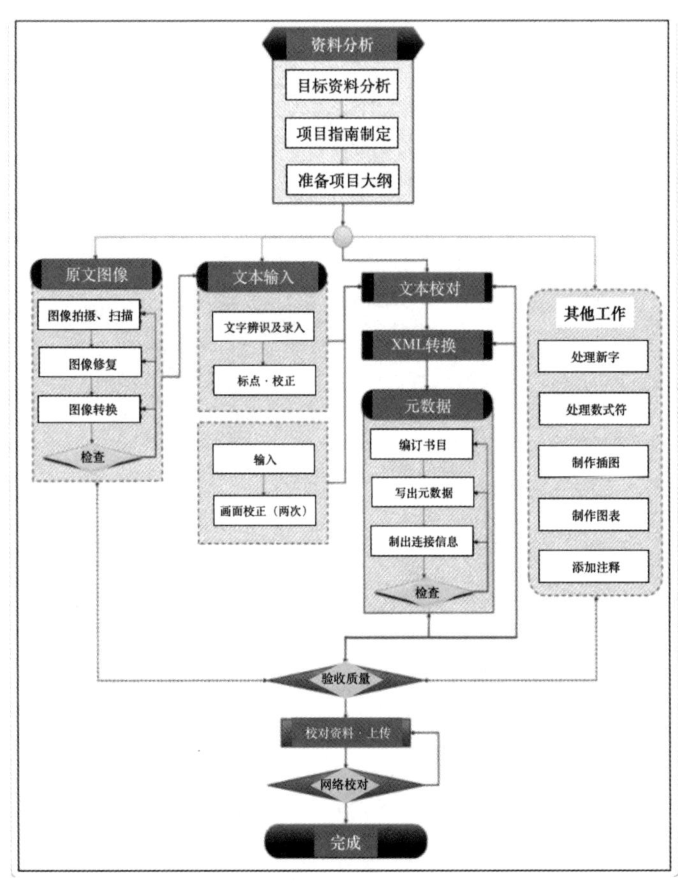

图1　数据库建设项目工作

二、韩国古典综合数据库服务及其应用现状

（一）韩国古典综合数据库服务的特点

韩国古典综合数据库从1999年起将韩国古典翻译院的研究翻译成果建设成数据库为大众提供服务，让作为韩国学研究基础的古典信息能够更容易地被检索利用，给韩国学研究注入了活力。为了提供高质量的信息服务，我们对数据库建设和服务进行了长期的优化和改善，竭尽全力确保数据的准确性及服务的便利性，使之与已有服务有所区别。通过图2的韩国古典综合数据库服务概念图，可知其特点。

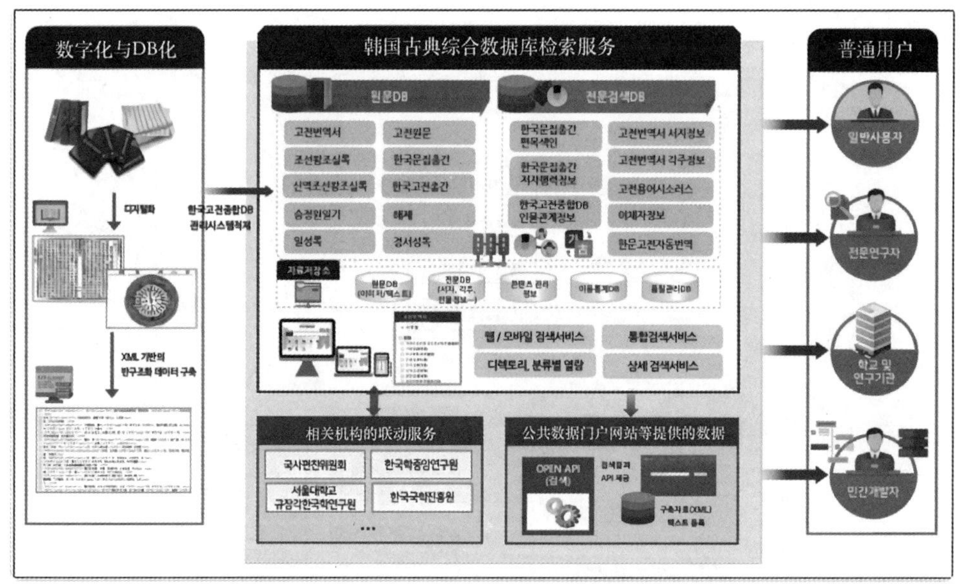

图2　韩国古典综合数据库服务概念图

1. 数据库建设方面

（1）资料的准确性

就数字化资料而言，如果出现错误信息，就有可能让数据库用户产生二次错误。因此，为了确保韩国古典数据库的可靠性，在项目进程中，韩国古典翻译院最重视的就是数据的质量管理工作。

在建设数据库时，韩国古典翻译院利用1999年至今累积的翻译数据库建设及系统管理经验，运行数据质量管理体系。为了达成99.95%以上的翻译质量目标，韩国古典翻译院的研究员亲自对资料进行系统分析，并提供给企业，按项目

阶段进行咨询、研讨、检查等管理工作。为了验证交付的最终数据的合理性，我们还通过部署专业人员进行数据检查验收，致力于高质量数据管理。

项目完成后，在提供网络服务的同时，也有专业研究员根据数据库建设方针的变化，进行错误报告的处理工作，并对现有建设数据进行标准化。通过数据库管理系统对结果进行实时索引，并使数据保持最新状态。我院始终致力于确保韩国学基础数据的可靠性，提供优质的数据服务以提高用户的满意度。努力的结果，则是韩国古典综合数据库的数据质量得到了研究人员以及用户的认可。①

（2）资料的综合性

随着通信技术的发展以及互联网的普及，数据库用户在方便浏览、检索便利性方面需求日益增加。因此，现在需要的是能够将公共及分散在民间的古典资料整合并提供数字化的综合服务。②为了解决这一难题，韩国古典综合数据库将韩国古典翻译院的研究成果以及相关机构的研究成果整合并提供服务，为资料的综合性作出了努力。

表7　韩国古典综合数据库中相关机构译本数据库的建设情况

序号	机构名称	数据库实绩
1	世宗大王纪念事业会	59种324册
2	国立国乐院	1种1册
3	国立中央图书馆	1种1册
4	南冥学研究院	1种2册
5	首尔历史编纂院	1种8册
6	绍修博物馆	2种2册
7	全州李氏安阳郡播种社会	1种2册
8	韩国古典礼仪研究会	1种10册
9	海平尹氏知足庵公派宗中	1种1册
总计		68种351册

2011至2012年，为获取相关机构团体翻译出版的古典译本，我院通过机构之间的合作协议确保了数据的传输权，开展了“优秀古典译本数据库建设项

①根据对韩国古典综合数据库用户的调查，用户对数据准确性的满意度这一项，在711名用户中，给出90分以上（354名，49.79%）、80—89分（285名，40.08%）回答的共639名（89.87%），由此可知，用户对数据准确性的满意程度是非常高的。韩国古典翻译院:《韩国古典综合数据库用户满意度调查结果报告》，2018年。

②“困在书架上的古典译本……为何不能在网上看到?”《东亚日报》，2019年8月28日报道。

目”。2014年，我院获得世宗大王纪念事业会发行的古典译本，将其构建为数据库，此后，共9个机构的351册译本被建设为数据库。通过这一措施，数据库建设拓展到了天文、算数、医药、科学技术等领域。为了提供多种古典资料的综合服务，我院将持续通过机构间的协议确保数据库的传输权等，为扩充资料而努力。①

（3）资料的完整度

在韩国古典翻译院实际出版的2,479册古籍中，约89%，即2,206册被建设成数据库，因此，不但韩国学研究人员，就连各相关领域的从业者对数据库的利用率也极高。这不仅是因为译本类型多样，也是因为各数据库的译本资料完整性相当高。这也是在每年选定译本数据库构建对象书目的过程中，以各类型译本数据完整性作为首要标准的原因。

在1986年至2012年，韩国古典翻译院为了扩充韩国学基础资料，在现存的新罗末年至解放前期的韩国人著作的文献（推测有4,000多种）中，选取共1,259种主要人物文集，标点、影印出版为500册的《韩国文集丛刊》。②它们记录了近现代时期韩国主要人物的思想事迹，是研究韩国古典时代政治、文学、思想所必需的资料；不仅是历史、哲学、文学领域的基础资料，也是衣食住行、科学、政治、经济、女性学等人文学及社会学领域研究的重要基础资料。完整的《韩国文集丛刊》1,259种（500册）的数据库建设于2021年完成，此后，可期待利用《韩国文集丛刊》数据库进行多样研究以及二次加工，产生多种形式的韩国学资料。针对为满足学界和民间对数据库的修订、完善要求而做出的《朝鲜王朝实录》翻译现代化成果（2012年—），以及为了系统地整合韩国所有古文献而开始的《韩国古典丛刊》发行工作成果（2018年—）等，未来我们将不断扩充古典文献数据，提高其完整性，努力提供全面、系统的古典资料服务。

2. 数据库服务方面

（1）服务的便利性

韩国古典综合数据库一直致力于解决古典文献解读时的困难，为用户提供最大便利。相较于资料的形态结构，数据库建设方针也更着眼于检索和使用的便利

---

①在相关机构译本数据库建设中，世宗大王纪念事业会根据教育部2014年提出的古典文献国译支持事业推进策划提供了翻译成果及相关服务，其他机构也在2011—2012年间与韩国古典翻译院的优秀古典译本评价相关联，在确保数据库传输权的情况下，提供经费并参与了优秀古典译本数据库的项目建设。

②《韩国文集丛刊》是包括历代主要人物文集在内的韩国版“《四库全书》”，共计500册，原稿共562,399版，约2亿3,300万字，是韩国编辑影印的最大型丛书，规模超过了《承政院日记》原文，是《朝鲜王朝实录》（约4,770万字）和《八万大藏经》（约5,270万字）总和的四倍之多。从1999年到2021年，仅仅在《韩国文集丛刊》的数据库建设上，就通过知识信息资源管理项目和公共数据新政策项目等共17次进行了公开招募工作，确立了97亿韩元的预算，加上内部预算经费共投入约107亿韩元。

性，为帮助用户理解文献的形态结构，数据库务必提供原文图像加以完善。

为了对单一书类提供全面性服务，著录项目（解题）、目录、译文、原文文本、原文图像也一起被收录到数据库中，同时提供了目录①树服务以便于按不同书类、不同文章进行移动。在正文内容中，也提供了脚注、原注、编注、校注等多种标注信息辅助理解原文。

特别是在搜索功能上，为了克服关键词搜索的局限性，数据库在详细搜索栏内增加了多种条件搜索功能，减少多余的搜索结果，提高了搜索结果的精确度。此外，为了能够按条件过滤搜索结果，数据库还提供“多重过滤”功能。

（2）服务的连结性

在利用古典文献信息时，资料之间的连结是减少用户检索阅览时间的一个关键因素。对此，韩国古典综合数据库的目标是，在可以扩充各类型书籍、文章信息的前提下，将信息最大限度关联起来。不仅将韩国古典综合数据库内的资料连结，也要在相关机构的协同工作下，推进可能连结的所有资料连结。

资料连结多基于“提供元数据”原则，有时则“提供原文文本进行检索”，此外还有多种不同的连结类型。“提供元数据”是为了方便从相关机构的服务中检索韩国古典综合数据库中的数据，“原文文本连结”和“原文图像连结”是指将韩国古典综合数据库的翻译服务与相关机构提供的原始文本或原始图像相连结。此外，“资料ID连结”是指将韩国古典综合数据库中未内置的数据连结起来，以便可以通过相关机构的网站使用，或者将韩国古典综合数据库中的数据直接连结到相关机构的网站。“综合检索数据”是用于检索的原始数据，方便在韩国古典综合数据库中搜索相关机构所提供的数据内容，在点击搜索结果时网页会跳转至相关机构的资料。我们根据用户对“四书五经”等中国经典的需求，在传统文化研究会提供的“东洋古典综合数据库”原文数据基础上，生成索引数据以支持韩国古典综合数据库的综合检索。为提供与韩国古典文献高度相关的信息，综合检索中也加入了世宗大王纪念事业会提供的“世宗韩文古典”原文数据。根据民众的要求，Nuri Media（株）建设的KRpia提供了相当于《韩国文集丛刊》350册数量的数据，Kyungin出版社建设的韩国学综合数据库也提供了相当于《韩国文集丛刊》350册、续编142册数量的数据。

① 目录（Directory）指的是收集某一对象的名称及与之相关的信息而制成的表，作为计算机用语时，表示的是文件名和与该文件实际被储存的物理场所相对应的表。应用在历史信息网络服务上，目录检索则是根据特定的标准确定分类系统，并将多种资料分类写入的表。通过分类获得阅览的便利性。朱圣智:《数字时代韩国史研究的拓展与课题》，第106页。

表 8　韩国古典综合数据库服务的连结情况

机构名称	连结服务	连结项数	备注
国史编纂委员会	历史信息综合系统	1,553,534	提供元数据
	承政院日记	504,334	原文文本连结
	统一码汉字检索系统	9,932	异体字信息连结
韩国学中央研究院	韩国学资料门户	913,562	提供元数据
韩国产业振兴院	文化	1,129,426	
韩国文化情报院	文化数据广场	119,179	
奎章阁韩国学研究院	奎章阁原文检索服务	134,836	原文文本连结
庆尚大学文天阁	南冥学古文献系统	5,235	资料 ID 连结
韩国国学振兴院	儒教网	1,749	
国立中央博物馆	电子博物馆	10,783	
高丽大学民族文化研究院	海外韩国学资料中心	1,050	原文图像连结
茶山学术文化财团	余裕堂全书原本	37	书籍单位连结
传统文化研究会	东洋古典综合数据库	10,656	综合检索数据
世宗大王纪念事业会	世宗韩文古典数据库	4,904	
（株）Nuri Media	KRpia	423,337	民间应用
（株）Media 韩国学	韩国学综合数据库	639,690	
总计		5,462,244	

（3）服务的区别性

如果说其他古文献检索网站是以原文数据库为中心提供服务的话，那么作为韩国古典翻译专业机构的韩国古典翻译院所建设的韩国古典综合数据库，则另外提供了专业翻译人员撰写的大量的高质量古典译本，这是该数据库与其他专业检索网站的最大差别。

其次，该数据库不仅对古文献原文进行数据建设，还提供专业人员加工的资料内容，这是第二个区别，可见表9。“经书圣读”是以传统方式诵读四书的音频资料，是旨在提高汉文阅读能力的学习用内容。“古典译本书目信息”是将韩国国内发行的古典译本进行收集，提供书目、解题等详细信息的服务。“古典译本脚注信息”是为了帮助韩国古典综合数据库的用户理解难懂的古典用语，将古典译本的脚注单独进行数据化的服务。“《韩国文集丛刊》篇目索引”[①]是以《韩国文集丛刊》中收录的传记类、序跋类、记文类等作品为对象，将其中的人物、书

① “《韩国文集丛刊》篇目索引”除传记类之外，还对序跋类、记文类、书简类等数据进行了加工，不久后将完成数据化工作与传记类数据整合提供服务。

籍、建筑物等关键词进行整理而提供的服务。“异体字信息”是把在《韩国文集丛刊》数据化建设过程中收集到的异体字信息数据化，根据汉字字形整理出相关信息的服务。“古典用语语料库”[①]规定了《韩国文集丛刊》中出现的古典用语的控制用语（先行词）、近义词、相关词、上下位词之间的关系，建立了关系网。此外，“《韩国文集丛刊》作者生平信息”“韩国古典综合数据库人物关系信息”等也是为区别于其他数据库服务而开发的项目。

表 9　韩国古典综合数据库专业检索数据库的建设情况

数据库	数据库建设实绩	备注
经书圣读	4 项	音频资料
古典译本书目信息	6,858 项	
古典译本脚注信息	827,152 项	
《韩国文集丛刊》篇目索引	62,839 项	
《韩国文集丛刊》作者生平信息	36,273 项	
韩国古典综合数据库人物关系信息	67,396 项	
古典用语语料库	14,947 项	
汉字异体字信息	14,025 项	

（二）韩国古典综合数据库的使用及应用情况

1. 数据库使用情况

自页面开始提供服务以来，韩国古典综合数据库的用户数一直保持着稳定的增长势头。2016年，韩国古典综合数据库系统进行了优化，检索速度、服务稳定性、网页界面的改善以及移动服务的开发都使得数据库的利用率大幅提高。海外的韩国学研究者的使用次数也呈现出了持续增长趋势。

2013年，韩国出台了有关刺激公共数据提供及使用率的法律。[②]截至2020年，韩国智能信息社会振兴院运营的公共数据门户网站（www.data.go.kr）共录入了古典原文及《韩国文集丛刊》的XML数据1,399种。开放共享优质的韩国学知识资源使得近年来公共数据的下载数量得以增长。

①古典用语语料库因专业人员及经费的不足，项目于2007年暂停，但还是有必要与韩国古典翻译院的古典词汇信息服务（内部用）整合，加入到第二阶段的古典用语整理项目中。

②有关刺激公共数据提供及使用率的法律，参见第17344号律法。

表10　韩国古典综合数据库的使用情况

年份	2014年	2015年	2016年	2017年	2018年	2019年	2020年
网站连接次数[①]	1,152,009	1,255,028	1,324,810	1,497,271	1,746,201	1,832,987	2,155,007
增减率	—	8.94%	5.56%	13.02%	16.63%	4.97%	17.57%
页面视图	23,828,662	22,519,890	20,231,681	23,850,248	28,737,013	29,907,082	33,223,332
增减率	—	-5.49%	-10.16%	17.89%	20.49%	4.07%	11.09%
海外用户数量	62,882	79,760	72,897	78,675	100,364	109,174	143,767
增减率	—	26.84%	-8.60%	7.93%	27.57%	8.78%	31.69%

表11　公共数据的网络下载量

年份	2013年	2014年	2015年	2016年	2017年	2018年	2019年	2020年
下载次数	3	67	171	2,638	2,114	4,844	10,035	21,399

2. 数据库应用情况

为给用户提供定制化的古典信息服务，韩国古典翻译院于2018年对韩国古典综合数据库的用户进行了满意度问卷调查。结果显示，全体调查对象中，最常使用数据库的用户是包含韩国学研究者在内的大学及相关翻译机构的从业者。[②]为了确认主要用户群的应用效果，调查者通过分析韩国古典综合数据库在学术方面的应用趋势、高中文学教材所收录内容的题材类型、竞赛中的韩国古典综合数据库参与情况，对韩国古典综合数据库的多种应用情况进行了调查。

（1）论文引用情况

为了解韩国古典综合数据库的研究利用趋势，调查者对“韩国学术期刊引用索引”上刊登的学术论文引用率进行了调查。[③]首先，利用“参考文献检索”服务，收集了将韩国古典综合数据库标记或描述为参考文献的论文。[④]时间选定为2008—2020年共13年，关键词分别是“韩国古典翻译院”“古典综合数据库”“翻

①网站连结次数是一天内的用户数量，相同IP在一天之内多次进入网站也计算为1次。以2020年的数据来看，平均每天有5,904名用户进入网站。

②据韩国古典综合数据库用户满意度调查的结果显示，在用户职业这一选项里，共709名调查对象中有18.52%是研究机构或翻译相关职业的从业者，大学生、研究生的比例占到16.08%，大学教师占15.09%，总比例高达49.69%。

③韩国学术期刊引用索引（KCI, Korea Citation Inex）是将国内学术期刊信息、论文信息（原文）及参考文献数据化，在论文的引用关系中建立连结网来进行分析的系统，广泛用于研究成果的测定。

④“标记”是指准确将韩国古典综合数据库写在参考文献中的情况，“显示”是指虽然没有将韩国古典综合数据库明确写入参考文献，但从表现上可以推断为参考的情况。

译院数据库”三种。[①]取样项目包括“论文标题”“期刊名称”“参考文献名称”“参考文献作者”“主题分类”“浏览量”“被引用次数”等34个。

通过不同的关键词得到的数据如下：“韩国古典翻译院”共7,162篇，“古典综合数据库”共2,930篇，“翻译院数据库”共187篇，总计10,279篇。其中，引用韩国古典综合数据库的论文共2,554篇，将其作为参考文献的共5,134篇。[②]相关论文的数量也从2008年开始逐年增加，2020年比2008年增加了1,237%。

表12　各年度引用韩国古典综合数据库的论文数量（单位：篇）

分类		2014年	2015年	2016年	2017年	2018年	2019年	2020年
引用情况	论文数量	182	215	260	278	281	342	412
	参考文献数量	385	432	527	509	578	684	946
（参考用）总体情况[③]	论文数量	107,533	109,917	109,251	109,487	110,657	111,856	112,439
	参考文献数量	2,974,598	3,095,732	3,145,845	3,183,693	3,294,632	3,394,569	—

注：截至论文发表前，KCI还没有给出2020年的总体情况中的参考文献数量，因此不作标记。

为了详细了解韩国古典综合数据库的学术应用趋势，本文用两种方法对数据进行了加工。一是为了确认引用韩国古典综合数据库的学术需求领域，以论文标题为标准，确定“韩国古典综合数据库引用论文目录”。二是为了把握韩国古典综合数据库内各资料被引用的情况，提取各论文引用的参考文献，确定“韩国古典综合数据库参考文献引用目录”。通过各目录提取的论文引用情况可以整理如下：

①各主题收录的论文的阅读及被引用情况

以论文标题为标准，“韩国古典综合数据库引用论文目录”与5,134篇的“韩国古典综合数据库引用总目录”有2,554篇的数据重复内容。按主题分类的韩国古典综合数据库的引用情况，如表13所示。[④]

①除去上述3个关键词外，还选定了其他的关键词，但在进行重复检查工作时，大部分被认为是无效关键词，因此被排除。民族文化促进会属于2007年以前的数据范畴，且数据加工痕迹过重，也被排除。

②在引用韩国古典整理本、译本的过程中，各学术期刊的古典整理本、译本引用的标记方式缺少统一标准，在引用古典整理、译本后，由于遗漏了对该资料的标注，预计还有部分结果未计算在内。河正元：《关于韩国古典整理本、译本引文标记的建议》，《古典四季》2019年第33辑。

③2014—2020年的总体情况参考韩国学术期刊引用索引（www.kci.go.kr）的统计信息，2020年的参考文献数量未记录在统计信息中。

④表13的“主题分类”只记录了62个分类中的前20个。

表 13　按主题分类的韩国古典综合数据库的引用情况及有效性指数

序号	主题分类（中分类）	主题分类（大分类）	收录论文	总阅览数	总被引用数
1	韩国语言与文学	人文学	908	147,078	2,137
2	其他人文学	人文学	399	65,276	699
3	历史学	人文学	328	62,485	1,082
4	哲学	人文学	150	26,773	272
5	汉语与文学	人文学	100	14,188	150
6	文献信息学	复合学	98	14,343	216
7	人文学	人文学	69	14,469	389
8	美术	艺术体育学	50	10,674	86
9	教育学	社会科学	42	10,026	68
10	儒学	人文学	30	4,247	47
11	文学	人文学	25	3,691	28
12	佛学	人文学	25	5,101	49
13	造景学	农水海洋学	24	3,873	100
14	地理学	社会科学	24	4,516	49
15	韩医学	医药学	22	3,267	72
16	跨学科研究	复合学	20	3,336	22
17	音乐学	艺术体育学	17	2,855	37
18	生活科学	自然科学	16	1,999	45
19	法学	社会科学	14	2,624	44
20	建筑工程学	工程学	13	1,670	23
21	其他	—	180	29,114	408
总计			2,554	431,605	6,023

在各主题中，人文学科占比最高，约占总数的81%，其次是社会科学、复合学、自然科学、艺术体育学，合计约占总数的15%。虽然应用领域以人文学为中心，但还是可以看出新的学术需求群体也在逐渐产生。

②各参考文献被引用的情况

“韩国古典综合数据库参考文献引用目录”从“韩国古典综合数据库引用总目录”的5,134份数据中去重2,316份，剩下2,818份。该目录列出了各参考文献及参考文献作者的被引用次数。[①]

通过表14可知，《朝鲜王朝实录》的被引用次数最多，其次依次为《茶山诗文集》《五洲衍文长笺散稿》《星湖僿说》《东文选》《新增东国舆地胜览》等，编年类、别集类、类书、总集类、地理类等多种类型的文献都被论文所引用。丁若镛是被引用次数最多的作者，其后依次为李瀷、李圭景、徐居正、李荇、朴趾源、李肯翊等。

表14　各参考文献、各参考文献（文集）作者被引用次数

序号	各参考文献被引用次数		各参考文献作者被引用次数	
	参考文献题目	被引用次数	参考文献作者	被引用次数
1	朝鲜王朝实录	236	丁若镛	95
2	茶山诗文集	65	李瀷	77
3	五洲衍文长笺散稿	56	李圭景	55
4	星湖僿说	53	徐居正等，李荇等	52
5	东文选，新增东国舆地胜览	52	朴趾源，李肯翊	48
6	燃藜室记述	48	李滉	45
7	退溪集	45	正祖	44
8	弘斋全书	41	李德懋	43
9	承政院日记	40	宋时烈	40
10	宋子大全，芝峰类说，清庄馆全书	39	李晬光，李珥	39
11	栗谷全书	35	成伣等	34
12	大东野乘	34	安鼎福	31
13	日省录	32	徐居正	26
14	热河日记	26	李穑	24
15	高丽史节要，牧隐集，星湖全集	23	金宗瑞	23
16	燕岩集	21	洪大容	20
17	聋岩集，东史纲目，四佳集	18	李裕元，许筠	19
18	湛轩书，东国李相国集，惺所覆瓿稿，林下笔记	17	申叔舟，李圭报	17
19	无名子集，研经斋全集	16	成海应，尹愭	16
20	泽堂集	15	李植	15
21	其他	1,627	其他	1,478
总计		2,818	总计	2,740

① 两个表以参考文献及参考文献作者的被引用次数为标准，列出的是降序排列出的前20位。被引用次数相同则写入同一位置。此外，“各参考文献被引用次数”列虽然记录了全部的官方出版的书目，但“各参考文献作者被引用次数”列则仅记录了个人作者。

（2）教材中的引用情况

高中文学教材中对韩国古典翻译院的成果引用情况整理如表15所示。近7年内，2009年、2015年修订的文学教科书共21册中，有14册引用了我院的译本，占比高达66.6%。其中，引用韩国古典综合数据库中内容的共计6册，占全体引用册数的42.8%。

所引用的韩国古典综合数据库中的文章有《东国李相国集》中的《麴先生传》《理屋说》等，此外还有《不尤轩集》中的《赏春曲》,《东文选》中的《送人》,《退溪集》中的《陶山十二曲跋》《宣祖实录二十六年三月一日》,《益斋集》中的《小乐府》等。

表15 近7年来韩国古典翻译院成果在文学教科书上的引用目录

序号	教育课程	学校	书名	发行商	作者（代表）	发行年度	数据库引用与否
1	2009修订	高中	文学	（株）mirae-n	윤여탁等	2014—2018	否
2	2009修订	高中	文学	（株）好书新思考	이숭원等	2014—2018	是
3	2009修订	高中	文学	（株）知学社	권영민等	2014—2018	否
4	2009修订	高中	文学	（株）天才教科书	정재찬等	2014—2018	是
5	2009修订	高中	文学	（株）天才教育	김윤식等	2014—2018	否
6	2009修订	高中	文学	（株）Hanam Edu	조정래等	2014—2018	是
7	2009修订	高中	文学	东亚出版（株）	김창원等	2014—2018	是
8	2009修订	高中	文学	非常教科书	우한용等	2014—2018	否
9	2009修订	高中	文学	sangmun研究社	김대용等	2014—2018	否
10	2015修订	高中	文学	（株）金星出版社	류수열等	2019—2020	否
11	2015修订	高中	文学	（株）mirae-n	방민호等	2019—2020	否
12	2015修订	高中	文学	（株）好书新思考	이숭원等	2019—2020	是
13	2015修订	高中	文学	（株）天才教科书	김동환等	2019—2020	是
14	2015修订	高中	文学	东亚出版（株）	김창원等	2019—2020	否

注：
1.本图表以2014—2020年最近7年的高中文学教材为参考对象制成的目录，如果明确表示是引用了韩国古典综合数据库的内容，则会在最后标记出来。
2.2009年的修订版与2014—2018年五年间的内容相同，2015年修订版与2019—2020年两年的内容相同，因此不再进行重复记录，只根据教育课程进行分类标记。

（3）韩国古典综合数据库应用大赛

为了提高韩国古典综合数据库的知名度，提高大众的利用率，自2009年起开始举办的“韩国古典综合数据库应用大赛”，公开征集了多种内容开发创意和古典作品。大赛经历了两个时期，2009—2013年征募的是韩国古典综合数据库的应用成果，从2014年起，“古典内容开发企划”大赛包含“创作创意”，2015年增加“古典名句”，围绕这两个领域的大赛持续开展至2020年。其中，在古典名句领域，通过“古典散策”的邮寄服务向大众公开了获奖作品，又在2018年将2017年“古典内容开发企划”大赛中的获奖作品“诗的温度”开发成手机软件，这是首例被开发成产品的企划案。此后，为了扩大征集范围，吸引更多民众参与，大赛自2020年起开始向获奖作品颁发“教育部长官奖”。

表16　韩国古典综合数据库应用大赛情况（奖金单位：韩元）

年度	征集期间	征集范围	参赛人员	获奖人员	奖金规模	注意事项
2009	09.04.27—05.22	活用手记	21人	16人	110万，额外奖品	
2010	10.05.11—06.07	活用手记错误报告 推荐文章	214人	23人	125万，额外奖品	错误报告和推荐文章活动
2011	11.10.01—10.31	活用手记主页设计	28人	21人	560万	主页设计大赛
2012	12.08.20—09.20	应用实例	32人	8人	300万	
2013	13.10.01—10.30	应用实例	27人	8人	350万	
2014	14.11.04—11.30	创作创意	34人	4人	500万	引进古典内容开发企划
2015	15.08.10—10.30	古典APP开发企划案 古典名句作品	30人	80人	850万	引进古典名句
2016	16.06.01—08.17	古典APP开发企划案 古典名句作品	27人	8人	850万	古典名句获奖作品的邮寄服务
2017	17.08.01—11.03	古典APP开发企划案 古典名句作品	104人	8人	850万	
2018	18.06.07—09.27	古典APP开发企划案 古典名句作品	40人	8人	850万	开发2017年的获奖作品“诗的温度”
2019	19.07.08—11.18	古典APP开发企划案 古典名句作品	74人	8人	850万	征集大赛网页，提供辅导支持
2020	20.07.01—10.28	古典APP开发企划案 古典名句作品	67人	10人	910万	颁发教育部长官奖

三、韩国古典综合数据库的未来课题

目前，全球正在超越信息化社会，迅速向以网络、数据和人工智能为基础的智能化信息社会迈进。智能信息技术是将人工智能技术和数据应用技术结合，利用机器实现高层次的信息处理（认知、学习、推理）的技术。[①]人工智能技术是第四次工业革命的核心技术，在聊天机器人、人脸识别、语音识别等多个领域引领着整个行业范式的变革；凭借深度学习技术的出色表现，基于数据的自然语言处理领域也取得了巨大的成果。[②]随着从信息化社会发展到智能化信息社会的文明史转折期，下文将阐述包含韩国古典综合数据库在内的古典信息化的未来课题。

（一）提供适用于大容量数据库检索的服务

在超10亿字的大容量数据库检索系统中，如果用韩文进行检索，则会出现多则数十万条、少则数千条的搜索结果。在许多结果中，我们很难找到满足搜索意图的结果。因此，韩国古典综合数据库提供了详细检索、条件检索、多重过滤等附加功能，最大限度地帮助用户查询到符合预期的搜索结果。但大多数用户还没有发现这些附加功能，因此实际使用很少。[③]最终我们决定，如果难以改变用户的检索习惯，那么就要选择新的方法和技术为用户提供符合使用习惯的更优质的服务。谷歌和NAVER等门户网站中，利用人工智能技术的个性化搜索算法提供服务的情况已经非常普遍了。除了一般的搜索功能外，该算法还会为用户提供与搜索预期相关的其他结果，并将其按照相关性排列。[④]为了提供这种类似于个性化购物、个性化内容的服务，韩国古典综合数据库将关注点放在了大数据分析技术及人工智能搜索技术上。这些技术有“多关键词搜索”“搜索重要度设置”“搜索结果按优先级调整”的功能，与仅通过关键词是否一致来提供搜索结果的服务相比，更能满足用户对于搜索结果准确性的要求。

大数据分析技术指的是在对结构化和非结构化数据进行高效分析，根据结

---

①科学技术信息通信部智能信息社会促进团：《智能信息社会第六次全国信息化基本实施计划（2018—2022年）》，第10页。

②李钟雄：《基于人工智能的全文自动翻译技术、成果与可能性》，《韩国古典翻译院第31届研究发表会资料集》，首尔：韩国古典翻译院，2020年。

③根据韩国古典综合数据库用户满意度的调查结果，在859名的调查对象中，大部分用户使用“综合检索”（603人，70.20%），其后依次为“详细检索”（97人，11.29%）以及“在综合检索和详细检索后进行多重过滤检索”（95人，11.06%）。

④尹大均：《关于检索技术和算法的介绍》，《2020 KISA REPORT》卷10，首尔：韩国互联网振兴院，2021年。

果导出数据信息的过程中，利用统计、可视化等技术提供分析结果的技术。多数的记录以及文档中包含的信息不仅仅是词汇和句子，还有词汇和句子所涵盖的意义倾向和分布，因此大数据分析技术有望产生传统关键字搜索无法表达的搜索结果。[①]现在我们正处在把握技术、积累经验的阶段，为了提高用户对搜索结果的满意度，这种检索服务是值得尝试的。

人工智能检索技术是一种基于机器阅读理解（Machine Reading Comprehension，MRC）[②]的搜索技术，它是新一代的AI技术，可以从非结构化数据（辞典、新闻、杂志等）中推测出用户所查询的正确结果。基于深度学习的MRC模型正在海外迅速发展，为得出人类水平的提问回答结果，相关研究正在活跃开展。[③]最近，韩国中央图书馆率先应用此技术，提供基于MRC“从书里找答案的人工智能检索服务”。[④]不去构建知识库或本体论等复杂的数据库，而是利用非结构化数据中非关键词的自然语言，利用简单的句子，在庞大的图书资料中迅速获取所需的结果。韩国国立中央图书馆还开发了“人工智能摘要服务”[⑤]，该服务直接从文本中获取重要内容制成生成式文摘（Abstractive Summarization）[⑥]，这一技术将被应用到社会科学、技术科学、人文学等多个领域的书籍和论文中，这是AI在阅读书籍或论文的特定段落后，总结并提供摘要的服务。我们可以认为，现在应该将这种适用于特定领域的智能信息技术扩展应用至历史领域大容量数据库的检索及服务上。

（二）数据库内容的扩充

为了更好地保存及使用古文献，韩国古典综合数据库建设项目预计将持续数十年的时间来进行完善。与此同时，对已建成的数据进行加工将其与外部数据关联融合，以开发和扩充新的数据库内容，也是促进古典文献信息化需要关注的领域。韩国古典综合数据库通过对“《韩国文集丛刊》作者生平信息”“韩国古典综合数据库人物关系信息”等数据库内容的开发，认识到了今后继续开发扩充资料库内容的重要性。“韩国古典综合数据库人物关系信息”资料的可扩展性是无穷

---

①在运用韩国古典综合数据库的大数据分析技术部分，参考李秉灿：《通过大数据分析试论汉诗之间的作用关系分析》，《语文研究》2017年第94辑；李秉灿、闵京周：《韩国古典综合数据库中韩国文集丛刊分析的可视化方案研究》，《民族文化》2021年第57辑。

②机器阅读理解是指在AI提供的段落中（句子的集合）推论出正确答案的深度学习技术。

③韩国信息化振兴院：《智能信息产业基础设施建设项目征集指南》，2018年。

④国立中央图书馆，在书里找答案的人工智能检索服务，网址：https://nl.go.kr/mrc/。

⑤国立中央图书馆，人工智能摘要服务，网址：https://nl.go.kr/summary/。

⑥生成式文摘是一种利用人工智能理解文本原文并生成新的摘要的技术。与将正文的内容原封不动导入制作摘要的“抽取式文摘”（Extractive Summarization）相比，难度较高，但可以以更自然多样的形式进行应用。

无尽的，除了人物的血缘、婚姻、门生、交游等属性，还可以扩展出时间、地域等关系属性。利用相关机构的数据进行扩充，韩国学中央研究院“韩国历代人物综合信息系统”可网罗韩国古典文献，提供历史人物信息检索服务。以“《韩国文集丛刊》作者生平信息”为例，可将《韩国文集丛刊》中1,258名作者的信息拓展为历代主要人物数据，构建年表，并将其连结至“韩国古典综合数据库人物关系信息”服务。

此外，数据库内容还可以作为提取及定义原文文本内容信息的基础数据。通过内容关系信息的标签设置以及智能检索系统的开发，古典资料的有机信息可以被利用，便利性也将提高。另外，在以提供者为中心的古典信息数据库服务中，也有必要开发用户可参与的内容。当然，我们可以预见信息的准确性、完整性和信息管理所需人力等问题，但在维基百科等群体知性型数据库内容上其效用已得到了关注。①

（三）探索未来技术带来的服务变革

在联合国教科文组织世界纪录遗产《承政院日记》和《日省录》等9,600余本韩国文集中，还有许多尚未被翻译成韩文。如果按照目前的技术进行翻译，预计还需要65年的时间才能完成。②韩国古典翻译院为解决问题，满足用户需求，改变了现有的汉文古文献翻译方式，利用谷歌、NAVER、KAKAO等主要门户网站提供的自动翻译服务所应用的神经机器翻译（Neural Machine Translation，NMT）③等最新的信息通信技术，参与了科学技术信息通信部（韩国信息化振兴院）基于信息通信技术的公共服务推进项目，2017—2019年完成了“基于人工智能的古典文献自动翻译系统”的建设项目，将国史编纂委员会提供的《承政院日记》的原文数据与韩国古典翻译院翻译的仁祖时期、英祖时期及高宗时期的译本进行提炼，构建了120万条学习数据。同时，应用了当时自动翻译模型的最新技术——神经机器翻译中的循环神经网络（RNN）的深度学习算法，④开发了《承政院日记》自动翻译模型，至今仍在韩国古典综合数据库提供服务。

---

①多数个体通过相互合作或竞争获得知识，这一结果产生的集体能力就是群体知性。最具代表性的例子就是以网络为基础的维基百科和Web2.0。维基百科的发展过程体现了群体知性的特点，即不存在知识信息的生产者和获取者，任何人都可以生产信息，也可以轻松共享信息。

②韩国古典翻译院:《2020年主要业务报告资料》，首尔：韩国古典翻译院，2020年。

③神经机器翻译（NMT）技术与统计机器翻译（SMT）不同，统计机器翻译是将词汇和句子分解后进行翻译，而神经机器翻译则是掌握整句进行翻译的最新技术，它能够反映出语序及语境的涵义及区别，有助于准确理解文章脉络，应用于谷歌翻译和NAVER服务中的Papago翻译。

④循环神经网络（RNN）是一种具有循环结构的人工神经网络，主要用于依次处理信息。循环神经网络是一种适合处理有顺序的一系列的词汇单位的方法，旨在通过逐个单元处理来把握语境的信息，从而作用于下一个词汇单位的生成。李钟雄:《基于人工智能的全文自动翻译技术、成果与可能性》，第7页。

韩国古典翻译院利用AI技术构建古文献（《承政院日记》）自动翻译系统建设项目时，外界对此并不抱有很大的期待，即便是现在，也对《承政院日记》自动翻译系统服务的有效性持怀疑态度。然而，自动翻译模型的项目成果不仅印证了古典文献自动翻译的可能性，[①]在历史领域的作用也逐渐增大。AI技术正在急速发展，韩国国学振兴院也利用AI技术开发了“古典资料OCR识别”服务，[②]檀国大学汉文教育研究所也在韩国学中央研究院的支持下进行了“制定AI技术汉字字形电子辞典”项目。[③]此外，在韩国研究财团的支持下，“为开发人工智能翻译模型构建的汉字语料库方案研究”项目也在进行中。韩国国立中央图书馆正在推进利用OCR技术将图像内的汉字数字化，最近通过政府的数字新经济战略和数字图书馆项目宣布了开发基于AI的古典文献自动翻译系统的计划。[④]

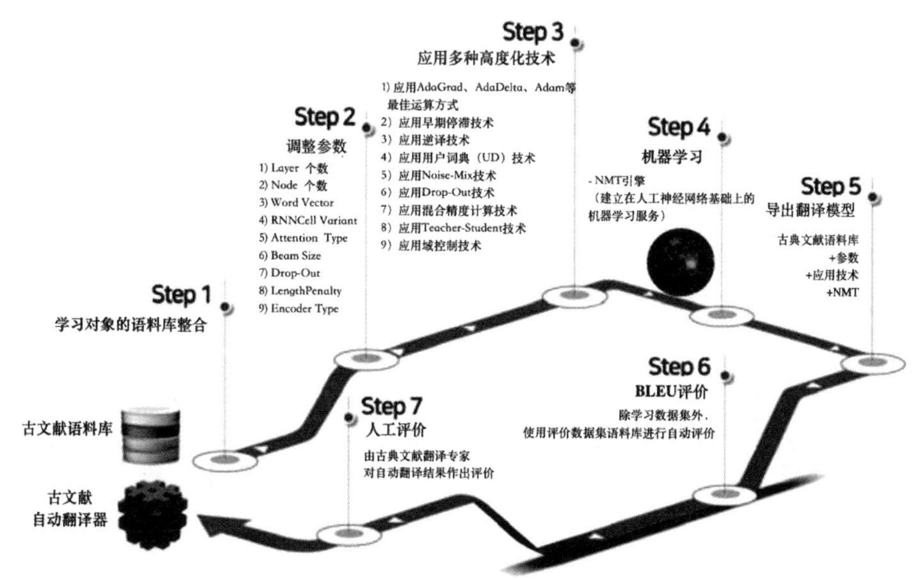

图 3　基于人工智能的古典文献自动翻译模型的构建与优化方案

作为民间机构的传统文化研究会也从数年以前就为构建古典翻译数据系统，

①韩国古典翻译院于2017—2019年开发的《承政院日记》自动翻译的最终模型中，采用了122万条《承政院日记》原文及译文的资料语料库（学习用数据）和多种强化自动翻译性能的学习技术，在《承政院日记》翻译专家中获得了4.31分（满分5分）的高分。但是，评分系统统计出的数值并不是评判性能好坏的绝对标准，仅仅是评价机器翻译质量好坏的标准，因此不能将其与综合文本分析能力、理解能力、表达能力为一体的人工翻译水平等同。

②2020年—2021年科学技术信息通信部（韩国智能信息社会振兴院）正在进行“人工智能学习用数据的建设项目”服务，参考AIHub（https://aihub.or.kr/aidata/30753）。

③“汉字字形电子辞典，由AI负责”，“韩国学辞典编纂项目选定”，参考2019年11月19日的檀国大学学校主页。

④国立中央图书馆：《2021年度主要工作计划》，2021年。

以汉文古代典籍及《朝鲜王朝实录》为对象进行了词汇数据化工作，构建出了拥有大量词汇和句子的语料库，还计划开发古文献自动翻译器。另外，虽然是国外的例子，北京大学提供的古文献OCR识别及自动阅读功能（自动标记）被评价为将AI技术运用至古典文献的代表性服务。[①]韩国汉文资料的OCR识别技术正处于起步阶段，目前正在构建多种版本的古文献AI学习数据，致力于提高OCR识别的性能。韩国古典翻译院也在《承政院日记》自动翻译项目及《天文经典》自动翻译项目的经验指导下，着力于开发特殊古典文集类的自动翻译模型。

此外，政府在2020年7月发布了韩国版新政的综合计划，为了增强全面数字化革新的动态性，建设智能型政府，建立数据“大坝”，作为“数字新政”的一个环节，政府在AI学习数据构建及开放、建设与未来技术相关的信息化事业上投入了大量经费。[②]作为2000年历史领域信息化事业的基础，1999年的国家信息化综合企划“Cyber Korea 21”包含的“知识信息大坝建立项目”[③]在20年后的今天成为了新的数据构建事业。今后，AI的研究使用及项目推进将会对古典文献信息化事业产生巨大的影响。现在应积极参与这种国家信息化政策变革，制定各种项目模式并改进服务，为韩国学研究者和普通公众提供更有用的古典信息和数据库服务。

结　语

在过去的20年时间里，韩国古典翻译院推进的韩国古典综合数据库建设项目，为韩国学研究和古文献整理事业做出了巨大的贡献。在古典译本数据库建设的初期，译本中的错误也许会对机构或翻译人员产生负面影响，但是随着数据库中积累的古典译本越来越多，且能通过综合搜索进行信息检索时，这种负面影响被消除，数据库也成为了韩国学研究翻译工作时必需的高效工具。不管是韩国学研究者还是一般用户，古典译本数据库降低了汉文古籍的解读难度，并且在多个领域中得到了广泛的二次利用。[④]

《韩国文集丛刊》数据库建设也经历了底本供应方的掣肘及受到质疑的曲折。

①吾与点古籍自动整理系统（wyd.kvlab.org）的OCR识别功能暂时处于中断状态（截至2021年9月27日）。

②企划财政部，韩国版新政，网址：www.knewdeal.go.kr。

③知识信息数据库的扩充及连结应用体系建设项目是以1999年国家信息化综合企划“Cyber Korea 21”中包含的“知识信息大坝建立项目”为依据进行的。韩国信息化振兴院:《智能信息产业基础设施建设项目征集指南》，第3页。

④根据韩国古典综合数据库用户满意度调查结果显示，常用项目为古典译本的用户最多，共714人，占总用户的82.07%。

《韩国文集丛刊》中的历代文集在人物选择和版本选择上都严格按照标准编辑出版，成为韩国古典文献整理事业的模范，在资料价值上占据独一无二的地位。因此，相比原典收藏单位，韩国古典翻译院选择主要文集建设数据库时也确实感到不便。尽管如此，持续进行的《韩国文集丛刊》数据库建设项目在启动21年后的2021年结束，也是一个巨大的成果。

为保证数据的质量，该项目对目标纯度较低的初期构建数据进行了全面的校对工作，提高了数据纯度。为向用户提供稳定且便利的数据库服务，进行了多次改进，包括更换搜索引擎和改进用户界面等用户环境方面的工作。为扩大数据库服务，进行了新项目的开发，并利用标杆分析法与相关机构的服务进行比较，提高了服务完整度。管理人员和负责人的努力也是实现韩国古典综合数据库工作成果的重要因素。

早期的数据库建设工作完全依赖于人工，因此工作人员的能力差异使得数据库内容出现了质量差异。韩国古典翻译院则是请国译研修院（现古典翻译教育院）的毕业生及在校生参与项目，极大程度提升了数据质量。此后，随着技术力量的提升，各种检验工具被利用起来，这些技术和经验也让数据库的质量不断得以提升。

但目前仍存在部分问题。新字的统一码处理、汉字字音的处理、数据标准化、资料分类标准、相关机构的数据整合及连结、重复数据等，都是较难解决的问题。所幸通过“历史信息化机构协会”的帮助，各机构之间保持了一定的交流合作，但由于没有制度上的约束力，很难取得实质性的成果。此外，还存在许多等待数字化的古文献资料及更多的相关研究成果出现。因此，数据库建设事业今后将持续发展下去。但过程中所使用的技术及方法将会有很多变化。另外，数据整合这一政府政策、云计算环境以及与第四产业相关的未来技术发展速度，将成为构建数据库的新变化因素。

在二十多年的数据库建设工作中，包括韩国古典翻译院的韩国古典综合数据库在内，国史编纂委员会的“韩国史数据库”等其他各机构的数据库服务，需要更多的交流和合作以解决上述现存问题，利用已到来的第四次工业革命的先进技术，为韩国学研究者和民众提供新的“历史信息综合服务”。

Achievements of the Database of Korean Classics and Future Tasks

Institute for the Translation of Korean Classics

Abstract: The Database of Korean Classics(DKC) is a database that provides the original texts of Korean classics and their translations in contemporary Korean, Its establishment was initiated in 1997 and service began in 2001. This paper aims to review the construction process of the DKC over the past 20 years, introduce its current status, and propose future tasks.

ITKC(韩国古典翻译院) started construction of the database in 1997, and while participating in the government project in 1999, it implemented the full-fledged data construction project for original texts and translations. In 2015, as technological experience accumulated, the size of the data was greatly expanded. From 2016, the search function was improved to provide better service, and the overall quality was enhanced by processing the existing database, Up to present, a total of 3,275 classical books have been loaded in the database, In addition, services such as Social Networking Information of DKC, Author Biography Information of *Korean Literary Collections in Classical Chinese*, and Machine Translation Service for Classical Chinese were developed.

The use of DKC has shown a steady increase, and the number of users in 2020 reached 2,155,007. Utilization of the database in academic papers has also expanded, and the number of papers which cite the database in 2020 reached 412 and the number of cited classical books reached 946. The academic field has been dominated by the humanities, but the demand has expanded to disciplines such as art, pedagogy, landscaping, geography, and Korean medicine. In public education, there were cases where DKC was cited in high school literature textbooks.

Tasks that should be performed in the future are as follows. Firstly, reduce the difficulty of searching in the massive database to provide an optimized search environment for users based on big data analysis technology and AI search technology. Secondly, enrich the user's database search experience by expanding planned contents such as Social Networking Information of DKC. Thirdly, expand and upgrade the Machine Translation Service which is currently limited to *Seungjeongwon ilgi* and the astronomical classics.

Keywords: Translation of Korean Classics; Database Service; Machine Translation; Digital Humanities; Humanities Big Data

关于古典文言文机器翻译的现状与课题[①]

金愚政 / 韩国檀国大学汉文教育系
宋俊暎（译）/ 韩国檀国大学中语中文系

摘　要：文章通过观察关于汉文（古典文言文）机器翻译的现状，提出今后将要面对的课题。为了帮助理解机器翻译，文章介绍了从基于规则的机器翻译到神经机器翻译的机器翻译技术发展过程，以及神经机器翻译的原理和为了提升神经机器翻译性能所采用的技术。

古典文言文机器翻译有两种，分别是百度提供的翻译器和韩国古典翻译院开发的翻译器。虽然百度翻译器会出现各种错误，但整体翻译性能高于韩国古典翻译器。韩国古典翻译器的性能在特定领域优于百度翻译器，但在翻译不同类型的文言文时，性能却不及百度翻译器。为了提高文言文机器翻译的性能，需要建立以云计算为基础的翻译平台、扩充优质的平行语料库、开发提高机器翻译性能的附加系统、开发可信度高的翻译评价方式等。

关键词：汉文　古典文言文　机器翻译　神经机器翻译　百度机器翻译　韩国古典翻译院自动翻译

绪　论

COVID-19大流行的长期化使非接触式的生活成为日常，若不使用以数字化为基础的信息通信技术则举步维艰的时代也随之而来。甚至曾经对数字技术不感兴趣的人文学者们也开始产生“如果不与数字接轨就会被淘汰”的不安感。

① 原文信息：金愚政（김우정）：《关于古典文言文机器翻译的现状与课题》（古典文言文 기계번역의 현황과 과제），《中国文学》（중국문학）2021年总第109辑，DOI: 10.21192/scll.109..202111.002。本次出版已获得作者允许及授权。本课题承蒙檀国大学2021年科研项目的资助。

应用于汉字和汉文（古典文言文）领域的数字研究方法论有：数据挖掘、文本挖掘、主题建模、构建语料库、可视化（visualization）、网络分析（network analysis）、语义网络（semantic network）等。以上方法论，运用于选择代表字形、调查使用频率、掌握共现关系、不同时期不同地区的汉字使用情况、古文献研究等方面。尤其是运用了人工智能算法技术的汉字识别和古典文言文机器翻译，它们被视为只有以不断进步的数字技术作为专业知识的人类才能涉足的领域，因此备受关注。在本文中，我们将介绍古典文言的机器翻译现状，并提出今后的发展方向。

一、机器翻译模式的发展

如今提到机器翻译，大部分人都会想到谷歌或NAVER等大型门户网站提供的翻译器，但利用计算机进行机器翻译的历史可以追溯到更早。一般认为，在正值冷战时期的1947年，洛克菲勒基金会的韦弗（W. Weaver）提出的“在没有语言背景的情况下使用机器翻译土耳其语”的提案是机器翻译的开端。他认为通过查找文字的频率、文字的组合、文字与文字组合的间距、文字的规律等方法，能够进行机器翻译。[①]同时，他认为，假设在除文学作品外的文本中存在符合逻辑的语言要素，那么1943年麦克洛克（W. McCulloch）和皮茨（W. Pitts）所证明的人工神经元理论将会给予翻译机器化理论支撑。当时的机器翻译水平非常低，只限于将文章通过词典进行直接转换，但他没有在意，而是持续进行了关于机器翻译的研究。此后，机器翻译技术经过了几个阶段，不断发展至今。

其第一阶段为“基于规则的机器翻译”（RBMT: Rule-Based Machine Translation），是指系统根据开发者输入的规则进行翻译的方式。经历了按照规定的单词排列和语法进行翻译的“直接机器翻译”（DMT: Direct Machine Translation）阶段，其后为了更有效地翻译多种语言，诞生了利用不局限于原文和译文之间特定语言的“中间语言”（Interlingua）进行翻译的“中间语言机器翻译”（IMT: Inter-lange Machine Translation）。IMT方式将包括各国语言在内的虚拟中间语言作为媒介，因此可以使用更少的规则进行有效翻译。这种基于规则的机器翻译（Rule-based Machine Translation）算法以语法为基础，因此有翻译准确性较高的优点，但也由于需要人为制定规则而存在费时费力的局限性。

与能在短期内成功开发的预想不同，机器翻译曾经处于停滞不前的状

①W. Weaver, “The Mathematics of Communication,” *Scientific American*, vol. 181, no. 1, 1949, pp. 27-38.

态。直到1990年前后出现了基于语料库的机器翻译（Corpus-based Machine Translation），机器翻译才取得了很大发展。基于语料库的机器翻译大致分为"基于实例的机器翻译"（EBMT: Example-based Machine Translation）和"基于统计的自动翻译"（SMT: Statistical Machine Translation）两部分。

EBMT是1984年由京都大学的长尾真提出的机器翻译方式。它将翻译后的原文和译文信息原封不动地保存，再在需要翻译相同的句子时加以利用。这种想法参考了人类在学习外语时经历的"类推"过程。在第一次接触完全不懂的语言时，比起学习复杂的语法理论，我们会选择先背诵该语言中最基本的句子，然后集中精力去掌握该句子与母语里相同意义的句子之间的联系。EBMT亦是如此，首先在翻译系统中输入一对不同语言的句子，然后反复输入，每次只替换句中一个单词，并试图通过这一方式，使系统掌握这两种语言的共同点和差异。通过这个过程，系统可以掌握这两种语言的句子结构以及两种语言单词之间的对应关系。EBMT因产出了很多积极的研究结果而备受欢迎。然而，由于需要将许多单词的同义词、反义词关系输入到系统中，EBMT在实用性上也存在局限性。

SMT的提出可以追溯到机器翻译历史的初期（1949年），但因为当时没有获得令人满意的结果而未受到关注。但1980年代后期，美国国际商用机器公司（IBM）沃森研究所采用新的概率论方法，取得了惊人的成果。此后SMT成为了机器翻译的主流方法论。SMT几乎可以准确地翻译原文段落一半以上的句子，这成为了谷歌翻译服务等出现的契机。SMT不依赖语言学的现有概念，而是选择与需要翻译的语言所给定的句子对应的概率最大的句子的方式。为此，需要经过三个阶段，首先是将要翻译的句子分割为单词或句子单位，然后将每个单位翻译成其他语言，最终重新合并成句子。不过在将各个单位翻译成其他语言时，并不是对所有可能的情况都进行同等比较，而是将实际翻译出的句子选项，按照使用频率排序，并将加权值赋予出现概率更大的选项。之后，在合并翻译最优选择的单位时，也能通过比较各种可能的组合，选择与目标语相似性最高的句子。SMT的特点是采用统计化方式，根据"单词"或"句子"的不同，采用不同的翻译方式。以单词为基础时，焦点会放在单词的组合和排列上。若是以句子为基础，则焦点会放在句子（或语料库）上，并优先使用可以同时顾及文章脉络的句子。SMT从系统自动掌握翻译方式这一点来看，具有比RBMT更容易实现翻译、翻译完成度高的优点。

但是SMT方式也存在着难以解决的问题——当两种语言的语序不同时，SMT很难将每个单元按照顺序进行排列，为构建判断句子正确与否的模型需要积累足够的数据，等等。而给由于以上原因而停滞不前的机器翻译注入活力的就是神经机器翻译（NMT: Neural Machine Translation）。

随着深度学习研究的积累，即使不经过构建系统所需的统计模型等需要人工确定的繁琐过程，也可以通过人工神经网络解决SMT的缺点。如果将韩文句子“어제 식물원에 갔다”（昨天去了植物园）和用英文句子“I went to the botanical garden yesterday”进行配对，在韩文句子里则无法找到英文句子里相当于主语“I”的部分。单词排序问题曾是SMT需要克服的难点之一，但现在可以利用人工神经网络来弥补。当时的人工神经网络被用作完善SMT的工具，但这种情况以在蒙特利尔大学攻读博士后课程的纽约大学教授赵庆贤等人于2014年发表的论文为契机，发生了逆转。[①]通过论文中提出的循环神经网络编码器—解码器（RNN Encoder-Decoder）技术，SMT的性能获得了提升，同时也发展成一种新的机器翻译技术。现有的几种人工神经网络尚不能综合判断过去及现在时态，但循环神经网络（RNN: Recurrent Neural Network）通过将过去时间点的计算结果作为后续时间点的输入内容的方式，克服了现有神经网络的局限性。由于这些特性，RNN在识别序列数据的模式方面表现出卓越的性能。进行机器翻译时，语句会经过被称为嵌入（embedding）或编码（encoding）的过程，即将组成句子的单位表达为包含单词、语序、语法等多种因素的“向量”（vector）。将句子单位适当地嵌入，可以对句子单位之间的关系进行建模，从而获得更好的翻译性能。通过在RNN中将句子单位逐个输入来执行嵌入，将嵌入的向量输入到另一个RNN中，并执行其反向过程，再将句子单位输出为目标翻译语言，只需要人工神经网络就可以进行。其基本概念是利用提炼好的“平行语料库”使两个RNN进行学习，从而达到目标。这些构想成为了目前NMT的基础。

与SMT相比，NMT的另一个特点就是其性能既简单又应用广泛。SMT需要先分割语言单位再在平行语库中查找对译语，然而它很难减少属于其他语群的语言之间的错误。特别是在语序差异较大的情况下，由于很难掌握远距离依赖关系，因此需要进行单独处理。与之相比，NMT是一次性读取全部句子后，利用通过深层学习获得的参数（parameter），生成对应该句子的最佳译文的过程，即以“end-to-end”方式进行。由于通过连续的、综合的推论进行翻译，所以能减少因远程依赖关系而产生的问题。

不仅在自动翻译方面，NMT技术还成功运用于语音识别、笔记识别、股价分析等多个领域。即使仅限于翻译领域，NMT技术也为各国争先恐后开发自

①Kyunghyun Cho et al., “Learning Phrase Representations Using RNN Encoder-Decoder for Statistical Machine Translation,” Conference on Empirical Methods in Natural Language Processing, Doha, Qatar, 2014, pp. 1724-1734, http://dx.doi.org/10.3115/v1/D14-1179.

己的翻译平台的主要网站门户提供服务，其中以谷歌的GNMT（Google Neural Machine Translation）为首，还包括微软（Microsoft）、脸书（Facebook）、中国的百度（Baidu）、俄罗斯的Yandex等，在韩国则有NAVER的Papago和应用于古典文献翻译的SYSTRAN的PNMT等。

另外，2017年5月，脸书发布了ConvS2S模型，其在自动翻译器的整体结构中应用卷积神经网络（CNN: Convolutional Neural Network）。该模型的速度比谷歌的RNN模型快9倍以上，准确度也更高。[①]CNN是自动提取数据特征的多层神经网络结构之一，是将处理数字信号时使用的卷积技术应用于人工神经网络的技术。几乎在同一时期，谷歌Brain团队也发布了包含类似位置信息的基于CNN的自动翻译模型SliceNet，[②]同年还公开了新结构的自动翻译技术Transformer。Transformer深度学习翻译模型以较高的精度和较少的运算超过了现有RNN和CNN模型的性能。尤其，该引擎中采用的自注意力机制，可按单词学习各句子内部要素之间的相关关系，具有解决词汇模糊性等优点。[③]

在RNN模型中，会出现由于不恰当的直译而导致意义不明确，或由于部分缺失而导致含义缩小的情况，也会出现连接词或特定表达方式过度地重复，专业术语被翻译成具有一般意义的词汇的情况，在翻译韩语时会出现严重的助词使用错误等问题。另外，句子越长，模型掌握上下文关系的能力就越低，会出现语义传达的错误越来越严重的倾向。为了解决这些问题，最近的翻译模型中，除了前面介绍的注意力机制外，还结合使用了LSTM（Long Short Term Memory）或GRU（Gated Reccurrent Unit）等技术。不仅如此，最近的翻译模式还利用了处理翻译语料库或辞典中没有的未登记单词的单词碎片模型（Wordpiece Model）、为了高效地学习复杂翻译而将数据并行化的模型Downpour SGD（Stochastic Gradeint Descent）算法、在大量语料库中快速查找译文的束搜索（Beam Search）技术等。

RNN模型是利用句子信息掌握整个文章脉络后，参照单词顺序、上下文意义等进行自动翻译的系统。系统先翻译出与人类自然语言相似的内容，人工智能再进行自主学习并翻译，因此这个翻译系统具有翻译质量持续提高的特点。但由

①Facebook的FAIR组公开了基于卷积神经网络的自动翻译模型。这一模型通过使用CNN处理序列，显著提高了自动翻译性能。型号和源代码参见：https://github.com/facebookresearch/fairseq。

② "Accelerating Deep Learning Research with the Tensor2Tensor Library," Google AI Blog, 17 June, 2017, https://ai.googleblog.com/2017/06/accelerating-deep-learning-research.html.

③据谷歌介绍，"神经网络架构Transformer学习所需的计算量比其他神经网络要少，因此更擅长于语言理解工作"。谷歌还表示："Transformer结构的算法具有很高的计算性能和翻译精度，仍然适用于商用翻译引擎。"（"Transformer: ANovel Neural Network Architecture for Language Understanding," Google AI Blog, 31 August , 2017, https://ai.googleblog.com/2017/08/transformer-novel-neural-network.html.）

于语言具有非常复杂的变数，因此存在仅靠RNN算法难以解决的问题。这种问题在古典文言文翻译中尤其明显，如果没有足够的优质的并行数据，机器翻译的质量就得不到提高。如果在机器翻译系统中持续使用低质量的学习数据，甚至会出现翻译质量下降的情况。因此，确保优质的学习数据尤为重要。

另外，根据数据中是否包含正确标签信息，机器翻译分为监督学习（supervised learning）和无监督学习（unsupervised learning）两种。如果说目前为止的技术发展大部分是遵循监督学习的方式，那么最近则开始出现倾向于无监督学习和半监督学习的趋势。以监督学习为基础的翻译，给原文和译文中的每个句子提供排序过的平行语料库，让计算机可以学习各语言句子之间的关联性。该学习方法目前在机器翻译领域表现出稳定的性能，适用于商用服务。基于监督学习的神经网络机器翻译是以RNN算法为基础发展起来的。RNN被广泛应用于序列数据（Sequential Data）分析。机器翻译中要处理的语言也由以时间为顺序的单位所组成，因此适合采用RNN算法。神经网络机器翻译被设计为使用RNN算法，通过计算输入语言和输出语言的概率分布函数，寻找最佳翻译结果。[①]

由于现代的很多数据是以数字形式提供，短期内收集大容量数据并不难。但在每一个学习样本中添加机器学习目标信息数据的加工工作需要耗费大量时间和成本。因此，开发出可以将未经加工的无固定形式的数据运用于符合目的的机器学习算法，是大数据及人工智能领域追求的最终课题。为解决用于机器翻译的数据加工费用高及机器学习资源不足的问题，以无监督学习为基础的研究正在积极展开。无监督学习是在机器学习任务中，特别是运用于群集化、概率密度估计、空间变换、特征提取、降维等方面，通过掌握数据内在结构，发现新信息的方法论。这种无监督学习可在无需基于对齐的平行语料库的情况下，生成自动翻译模型，只利用原文和译文的单一语语料库数据，通过学习潜在空间（Latent Space）和重构共享特征空间（Feature Space）进行自动翻译。该技术结合了原文和译文的多语言文字嵌入技术[②]、生成对抗网络（GAN: Generative Adversarial Network）[③]、反向翻译（Back-Translation）、语言模型（Language Modeling）等技术，虽然还没有达到商用化阶段，但取得了不少可观的成果。

---

① 详细的关系式参考：Yonghui Wu et al., "Google's Neural Machine Translation System: Bridging the Gap between Human and Machine Translation," Conference on Empirical Methods in Natural Language Processing, 3 June 2014, arXiv:1609.08144v2。

② 多语言文字嵌入技术是将单词表现在高维向量空间，就算是多种语言，也可使其相关性高的单词距离更接近的学习技术。

③ 生成对抗网络技术是计算机视觉和深度学习领域积极研究的一种生成模型（generative model），用于推测生产者网络和判别器网络之间相互竞争过程中，接近实际的数据的概率分布。

除此之外，目前世界各地还有很多种监督学习、无监督学习模式在被研究和发表。利用少量数据集提高翻译质量的研究，在加工数据集初期去除干扰信息以构建高纯度数据集的方案，通过提供与翻译相关的多种参考翻译来提高翻译质量的方案，运用专家组提高深层强化学习的方案，平行构成输入数据和输出数据的方案等，在不同的研究领域出现了多种模型。

二、机器翻译算法和提高性能的机制

NMT模型以编码器（Encoder）和解码器（Decoder）模型为基础，编码器提取输入句子的特征，对信息进行抽象化学习。解码器则负责将抽象化的信息复原、生成译文。其方式是通过数学建模将原文编码为固定长度的向量，然后将其解码为译文进行学习。与基本概率模型不同，它将单词和文字表达为高维向量，通过组成句子的单词向量之间的运算，经过对相似词分类来进行翻译。因此，即使不分析语言特性，只要人工智能确定了需要学习的神经网络结构，就可以通过端到端的机器学习直接进行原文—译文之间的学习。当然，还可以在此基础上对词性、句法乃至单词的语义信息进行进一步编码。

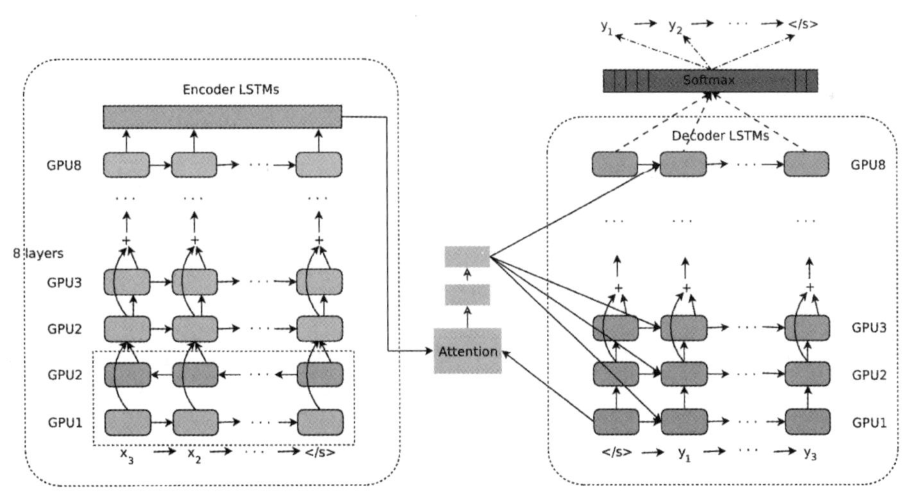

图1　GNMT的结构

如图1所示，谷歌神经网络机器翻译由编码器网络、解码器网络及处于两者之间的注意网络相结合的结构组成。编码器网络和解码器网络里存在8个层次。人工神经网络理论的核心之一是设计隐藏层（hidden layer），虽然关于要设置多少层存在着很多不同的主张，但大体上层次分得越深，性能越好。Wu等人（2016）认为8个层次组成的网络性价比最好，因此在编码器和解码器上设置了8个层次。另外，神经网络机器翻译并行使用多个图形处理器（Graphics Processing Unit），以缩减学习大量平行语料库所需的时间。图1的每一层都用单独的图形处理器进行了模型并行（Model Parallelism），从而形成了适合最新计算机硬件的深度学习架构。

可以通过图1发现，编码器网络为了充分掌握输入语句的信息，共分了8个LSTM层。神经网络机器在进行学习时，会根据语言特性选择性地使用双向循环神经网络（BI-Directional RNN）和单向循环神经网络（Uni-Directional RNN），但在Wu等人（2016）的论文中同时使用了两种RNN。在编码器GPU1中，从左向右读取输入语句，并储存相关信息。接着在GPU2中，语句被反向（从右到左）读取并储存相关信息。像这样使用双向循环神经网络，在翻译语序差异较大的两种语言时，就算原文和译文的成分分布距离变远，也可以通过两个方向寻找线索，有效地捕捉到分布距离较远的对译语。但是，如果对所有LSTM层都进行双向计算，就会变得相当复杂。因此仅在GPU1和GPU2进行双向设计，从GPU3开始只设计成单向处理。另外，LSTM内存中存储的信息通过残差连接（Residual Connection）方式相互连接，解决了在多个层次上发生的梯度消失（Vanishing Gradient）问题，从而确保机器学习顺利进行。

解码器网络的作用是生成与编码器获取的信息相对应的译文。也就是说，以通过平行语料库学习的信息为基础，寻找与输入的字符序列最合适的译文。这种解码器网络采用了RNN模型的LSTM层和Softmax层，其中Softmax是一种概率值，用于决定要输出的译文。Softmax函数按概率分数从高到低显示与输入字符序列相对应的译文，并在多个候选项中生成P（Y|X）最高的输出语言句子。

但是如果解码器网络是具有多个层次的复杂结构，那么寻找概率上最合适的句子的时间就会很长。因此，为了减少查找时间且提高效率，通常需要添加单独的算法。例如，谷歌为了缩短处理时间使用了束搜索模型。在神经网络机器翻译中，解码器可以输出的句子一般由平行语料库中出现频率较高的单词组成。由于出现频率较低或没有出现在平行语料库中而难以翻译的词汇，通常会采用复制机制（Copy Mechanism），也就是将无法解释的单词不做改变直接输出。除此之外，还可以采用先使用之前的单词模型将单词拆分，再以各个单词的本意为基础，将词义进行组合，推理出合适意义等方式来翻译低频或平行语料库中不存在的单词。这类方式有Wordpiece模型、Mixed Word-Chartracter模型等。

注意力机制是在神经网络机器翻译过程中，为了高效地处理较长的句子而开发的方法，其核心在于把握需要“集中”观察的信息，并赋予加权值进行传达。谷歌神经网络翻译模型就利用了位于编码器和解码器之间的注意力机制，将需要集中观察的上下文信息以向量形式进行传达。注意力机制为了预测接下来要输出的语言表达，读取编码器和解码器生成的信息之后，会给需要集中观察的上下文信息向量赋予加权值。为了确定这些加权值，需要使用另外的前馈神经网络（Feed Forward Neural Network）。

RNN翻译模型不考虑输入语言的长度，只用固定层面的向量进行编码。短句可以通过固定层面的向量充分解决问题，但如果句子变长，只使用固定向量就难以全部进行编码，因此不得不接受信息损失。将长句压缩在固定的向量内进行处理，那么长句的翻译质量会下降。但是如果增加向量空间，运算量就会增加，效率会随之下降，所以也不能盲目增加向量空间。因此，实际上进行神经网络机器翻译时，会像谷歌一样使用注意力机制来解决该问题。

三、百度翻译器的文言文翻译

虽然有关一般机器翻译的研究成果相当多，但有关古典文言文的研究成果只有2019年以百度翻译器为对象的论文。[①]众所周知，与自然语言相比，汉文翻译语料库的数量稀少，而且学习过程所需的优质参考译文更少。不同时期的写作会出现很多变化，表达方式的差异也很大，还会出现很多语法规则无法说明的情况。另外，受不同的分写法、标点符号、标记等数据提炼方式的影响，翻译结果也会完全不同。因此，在机器翻译领域古典文言文翻译被认为是难度非常高的，而且由于需求量不多，所以没有受到从事机器翻译人员的关注。这也是为什么在韩国古典翻译院开发“古典汉文自动翻译（试用版）”（以下称翻译院翻译器）之前，仅有中国的百度翻译器（BaiduMT）提供文言文的机器翻译服务。

据悉，百度翻译系统也安装了不亚于谷歌或Facebook所使用的强力的神经网络引擎，据网站介绍可以处理超过200种语言。百度也以深层神经网络技术为基础，但其特点是采用了多国语言机器翻译（Multilanguage Machine Translation）的方式。多国语言机器翻译是将平行语料库合而为一进行学习，如图2所示，将英语—法语、英语—西班牙语、英语—德语、英语—葡萄牙语等多种语言的平行语料库结合为一体进行学习。像这样，通过多层学习不同语言种类的多个平行语料库，就可以归纳语言的普遍结构和语义信息，并在嵌入阶段共享于一个网络中。Dong等人（2015）认为结合多个平行语料库构建的百度机器翻

①Sungduk Cho et al., "An Analysis of Translation Quality of Chinese Classics in Baidu Translation System and Future Tasks," *Journal of Korean Literature in Chinese*, vol. 53, 2019, pp. 115-152.

译系统比单纯的神经网络模型性能更优越，准确度也更高。①

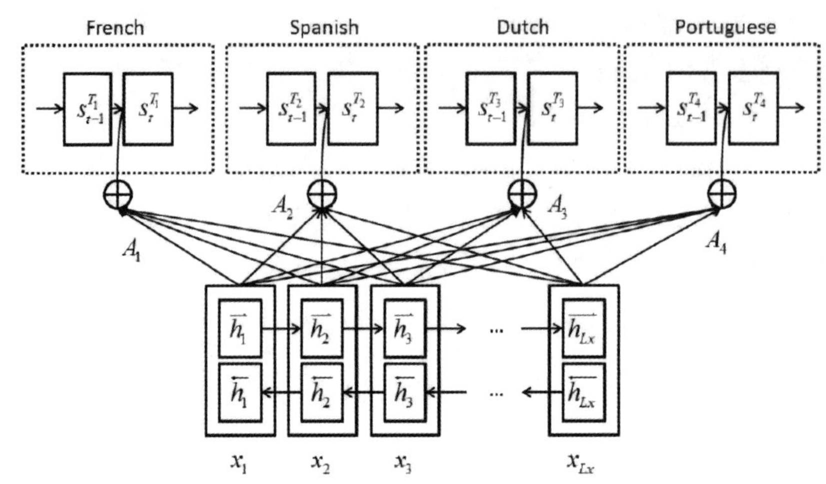

图 2　百度多目标语言翻译的多国语言学习机制

一般来说，自然语言的机器翻译需要经历数据预处理、词干提取、句法分析、词典的运用等提炼过程。细化水平的不同，翻译质量会产生很大的差异。数据预处理是从输入字符串（input string）中提取符号、数字、标点等的过程。词干提取是自然语言分析的第一步，是从以单词为单位分开的输入字符串中分离出各词干，将出现不规则活用或屈折现象的单词恢复为原形的过程。句法分析是采用自然重写规则（rewriting rule）的方式，使用词类符号和句法符号，以上下文无关文法（context-free grammar）的形式描述自然语言的语法（如果是汉语则包含方向补语、连动句等的处理）。词典的运用是在处理单音节/复音节词、重叠词、词组（collocations）、频率及姓氏等词汇时，提供相关信息。

但是在翻译过程中，也就是人类无法干涉的神经网络机器翻译中不需要经历这种过程。由于百度翻译器没有公开学习数据的类型及关于提炼的信息，因此无法了解详细的内容。但根据2019年3月的调查结果，显然百度翻译没有使用高度提炼的数据。从神经网络机器的翻译体系及流程来看，这一点是可以接受的。

本文通过再次输入以前验证过程中使用过的句子，以显示其中发生的变化，

①Daxiang Dong et al., "Multi-Task Learning for Multiple Language Translation," *Proceedings of the 53rd Annual Meeting of the Association for Computational Linguistics*, vol. 1, 2015, pp. 1723-1732. 关于百度翻译器模型，Sungduk Cho等人（2019）已经进行了研究，本文只摘录并引用与论文主题密切相关的必要内容。

同时还追加了几种新的句子，将百度翻译器与翻译院翻译器的性能进行比较。[①]

表1 “百度翻译”的文言文翻译结果

句子编码	A. 原文	出处	B. 百度翻译译文（2019.03.04.—03.10）	C. 百度翻译译文（2021.06.26）	备注
1	謂一元者，大始也。知元年志者，大人之所重，小人之所輕。是故治國之端在正名。	春秋繁露	对一元的，非常开始的。目的了解元年，伟大的人是重要的，普通人轻视。所以治理国家的端在正确的名称。	对一元的，非常开始的。目的了解元年，伟大的人是重要的，普通人轻视。所以治理国家的端在正确的名称。	误译
2	治國者敬其寶，愛其器，任其用，除其妖。	荀子	理国家的人对他的宝贝，爱他的工具，任用，除了那些妖怪。	治理国家的人对他的宝贝，爱他的工具，任用，除了那些妖怪。	误译
3	子曰："君子之事親孝，故忠可移於君。事兄悌，故順可移於長。居家理，故治可移於官。是以行成於內，而名立於後世矣。"	孝经	孔子说："君子侍奉双亲孝顺，所以忠臣可以转移给你。侍奉兄长友爱，所以李顺可以转移到长。居家理，所以治理可以转移到官。因此行成于内，而名声建立在后世了。"	孔子说："君子侍奉双亲孝顺，所以忠臣可以转移给你。侍奉兄长友爱，所以李顺可以转移到长。居家理，所以治理可以转移到官。因此行成于内，而名声建立在后世了。"	误译
4	詩人之賦麗以則，辭人之賦麗以淫。如孔氏之門用賦也，則賈誼升堂，相如入室矣。如其不用何?	扬子法言	诗人之赋丽以则，诗人的赋丽以淫。如孔子的门用赋的，那么贾谊堂，相如进入房间了。如果不使用什么?	诗人之诗丽以则，诗人的赋丽以淫。如孔子的门用赋的，那么贾谊堂，相如进入房间了。如果不使用什么?	缺译
5	無駭帥師入極。無駭者何？展無駭也。何以不氏？貶。曷爲貶？疾始滅也。始滅昉於此乎?	春秋公羊传	无骇率领军队进入极。不要害怕的是什么？展无骇啊。为什么不氏？贬。为什么要贬低？有病才消灭了。开始了防在这吗?	无骇率领军队进入极。不要害怕的是什么？展无骇啊。为什么不氏？贬。为什么要贬低？有病才消灭了。开始了防在这吗?	误译
6	三軍之衆，可使必受敵而無敗者，奇正是也。兵之所加，如以碫投卵者，虛實是也。	孙子兵法	全军，可以使必受敌而不会失败的，正是这样的。军队的增加，如以碫把鸡蛋的人，事实是这样的。	全军，可以使必受敌而不会失败的，正是这样的。军队的增加，如以碫把鸡蛋的人，事实是这样的。	缺译
7	扈江離與闢芷兮，紉秋蘭以爲佩。汩余若將不及兮，恐年歲之不吾與。	离骚	我身披幽香的江离白芷啊，缝纫秋兰作为佩带。巾，担心年龄的不与我。	我身披幽香的江离白芷啊，缝纫秋兰作为佩带。巾，担心年龄的不与我。	缺译
8	世之論事者，以才高當爲將相，能下者宜爲農商。	论衡	社会上的议论事情的人，认为才高应为将相，能下的应该是农商。	社会上的议论事情的人，认为才高应为将相，能下的应该是农商。	推测为已学习

①2019年分别对白文（未经加工的原文）、分写、标点、引用符号等进行区分测试，但由于翻译院翻译器只有在待译的原文的文章末尾输入句号才能确认正确的翻译结果，如果包括引用符号、colon、半colon等符号则无法获得翻译文。因此为了在类似于翻译院翻译器的条件下进行验证，仅对在原文中只添加了逗号、句号（。）的句子进行了测试。在百度翻译器中用繁体字进行输入，也会按照百度翻译器的输出方式使用简化字。

续表1

句子编码	A. 原文	出处	B. 百度翻译译文（2019.03.04.—03.10）	C. 百度翻译译文（2021.06.26）	备注
9	子張學干祿。子曰："多聞闕疑，慎言其餘，則寡尤；多見闕殆，慎行其餘，則寡悔。言寡尤，行寡悔，禄在其中矣。	论语	子张学习求职。孔子说：听说朝廷怀疑，慎言其余，那么我们尤其；多见朝廷危险，慎行其余，那么我们后悔。说话少过失，行寡悔，禄在其中矣。	子张学习求职。孔子说："听说朝廷怀疑，慎言其余，那么我们尤其；多见朝廷危险，慎行其余，那么我们后悔。说话少过失，行寡悔，禄在其中矣。	误译
10	侍中裴克廉等白王大妃曰："今王昏暗，君道已失，人心已去，不可爲社稷生靈主，請廢之。"遂奉妃教廢恭讓。	太祖实录	侍中裴克廉等白王大妃说："现在大王昏暗，君道已经失去，人的心已经离开了，不可为国家百姓主，请求废除他。"于是奉妃教废弃恭敬谦让。	侍中裴克廉等白王大妃说："现在大王昏暗，君道已经失去，人的心已经离开了，不可为国家百姓主，请求废除他。"是，奉太妃教废弃恭敬谦让。	误译

当时得到的结论如下：

第一，没有找到百度翻译机器使用大量文言文语料库进行深度学习的明显迹象。但是，可以发现当中文译文再次翻译成文言文时，会被译成与原文相同句子。因此可以判断百度翻译器使用了一定水平以上的文言文数据作为学习数据。

第二，在输入文言文时，详细标点文本、重点文本、基本标点文本的翻译结果大致相同。从这个角度来看，百度翻译器仅凭基本标点就可以自行判断前文后意，并完成相当于详细标点的翻译。但是，没有标点的句子，无论是分写还是连写，大部分都无法正常翻译，也会出现直接显示输入的原文的情况。

第三，观察具体错误，可以发现有没能正确掌握文言文句子成分（例1"正名"、例2"任其用，除其妖"）的情况，词汇意义选择错误的情况（例7"年歲"）也频繁出现。由于前后词汇不同造成干扰而产生的错误（例3"故順可移於長"、例4"升堂"、例6"奇正是也""虛實是也"），缺译（例7"汩余若將不及兮"），专有名词分析错误（例5"無駭"、例10"遂奉妃教廢恭讓"）等情况也有发生。①

另外，还出现了两例与先前翻译结果不同的情况。例2的"治國"以前翻译为"理国家"，现在翻译成了"治理国家"；例10的"遂奉妃教……"以前翻译为"于是奉妃教……"现在翻译成了"于是，奉太妃教……"；与以前相比有了更加清晰明了的感觉。由于样本不多，很难断定过去两年百度翻译器的文言文翻译质量有所提高，但可以看出其性能正在缓慢改善。

①Sungduk Cho et al., "An Analysis of Translation Quality," pp. 115-152.

四、关于韩国古典翻译院“古典汉文自动翻译”的开发过程和性能评价

“古典汉文自动翻译”是韩国古典翻译院和忠南大学于2017年进行的信息通信技术基础公共服务促进项目中，“构建基于人工智能的古典文献自动翻译系统”项目的成果。为了探索未来成长动力可能性，该项目在总共5年的时间里，将包括《承政院日记》和《日省录》在内的尚未翻译成韩文的韩国汉文古典文献，通过基于深度学习的人工智能自动翻译（非古典翻译专家翻译）等以信息通信技术为基础的新技术进行了翻译。

如图3所示，该项目2017年的开始目标为基础建设，2018年的目标是继续提高，2019年是领域扩充，2020年是扩展公众服务，2021年是活化公众服务。到目前为止，投入了43亿韩元的韩国政府经费。在此期间，项目团队按照目标开发了《承政院日记》自动翻译模型，为翻译者开发了“翻译工程管理系统”及为公众服务的“古典汉文自动翻译服务”网站。同时也做了一些改变，例如，项目的对象语料库中去掉《日省录》，改为采用韩国天文研究院所收集的关于天文记录的《天文经典》语料库等。

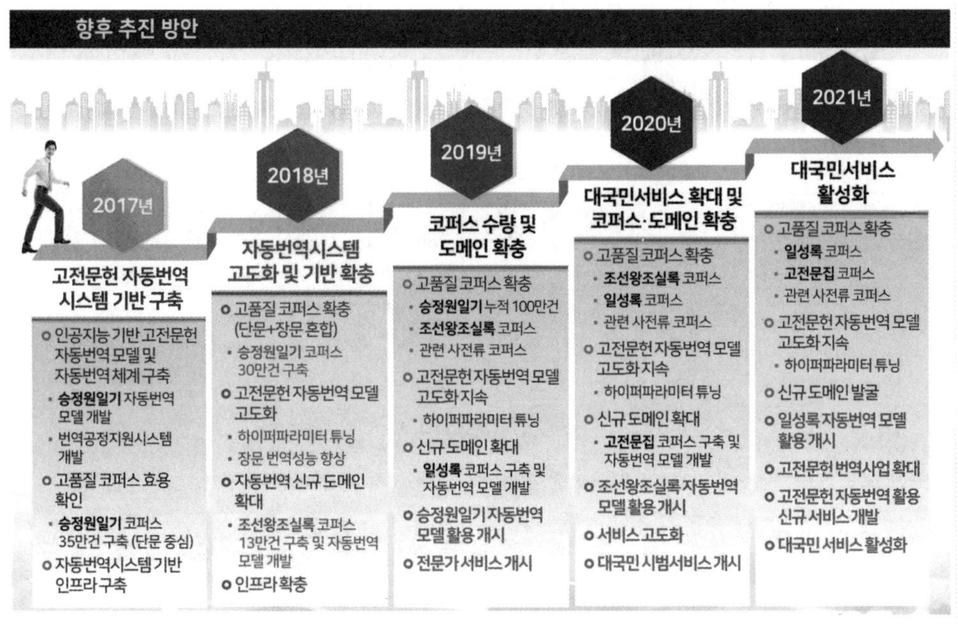

图3　基于人工智能的古典文献自动翻译系统概述

（《2018年基于人工智能的古典文献自动翻译系统高度化着手报告会资料集》）

《2018年基于人工智能的古典文献自动翻译系统高度化着手报告会资料集》

中提及的事业成果，总结如下：

1.开发《承政院日记》自动翻译模型

·对古典文献（《承政院日记》原文/译文、《天文经典》原文/译文）数据库提炼后构建语料库。

·以古典文献（《承政院日记》原文/译文、《天文经典》原文/译文）语料库为基础，生成《承政院日记》专用自动翻译模型。

·开发和构建提供古典文献自动翻译的服务系统。

·为古典文献数据库提供基于机器学习的自动翻译服务奠定基础。

2.为提高翻译效率及翻译质量，构建翻译支持及共享平台

·建立了支持自动翻译循环服务的翻译过程支持系统，其中包括翻译人员的反馈（润色/校对）和自动积累语料库的功能。

·为译者提供自动翻译服务，标准词典，及词汇、用例检索服务，为翻译工作提供便利的同时，提升效率。

·为翻译项目管理者提供高效的项目综合管理系统。

3.开发韩文古典自动翻译服务网站

·通过接受使用者对翻译结果的反馈，扩大古典文献自动翻译良性循环体系，并提高专业翻译者的业务效率。

·迅速向学界和公众提供高质量的古典文献翻译成果，从而为扩大国家档案遗产基础信息做出贡献。

表2　基于人工智能古典文献自动翻译系统的语料库构建现状

项目	构建朝代	构建量	构建年度
《承政院日记》	仁祖朝（1年1月—16年5月）	144,000	2018—2019
	英祖朝（1年1月—10年10月）	800,000	2017—2019
	高宗朝（1年1月—11年12月）	149,000	2018—2019
《朝鲜王朝实录》	正祖朝（即位年—22年12月）	132,000	2018
《天文古典》	《高丽史》等39种	60,000	2019
合计		1,290,000	

为了达成这个目标，在开发自动翻译模型的过程中还取得了以下成果。[①]

第一，构建学习语料库。在3年的时间里，构建了约129万对的平行语料

①韩国古典翻译院:《韩国古典翻译院第31届研究座谈会发表资料集》，首尔：韩国古典翻译院，2020年，第17页。

库，这是机器翻译所需词组的最小量（40万个词组）的3倍以上。

图 4　基于人工智能的古典文献自动翻译系统的翻译流程
（韩国古典翻译院：《韩国古典翻译院第 31 届研究座谈会发表资料集》，2020 年，第 16 页）

第二，开发机器翻译的算法。本项目采用的模型是基于神经网络的SYSTRAN的PNMT。应用模型首先将多种组合的平行语料库作为原文和译文进行预处理，然后完成口令单位分析的验证工作，再以数据为基础进行取样并输入人工神经网络，最后提供翻译数据。在数据集（Data Set）组合中，还应用了通过已翻译内容进行反向翻译的模型生成的合成语料库（Synthetic Corpus）。在翻译引擎里将其适当地定义后，构成作为主要性能因素的超参数（hyperparameter）①集，以调节自动翻译模型的性能。通过图4的整体流程示意图可知，为了提高第2阶段到第5阶段翻译模型的性能，除了之前所介绍的注意力机制、束搜索算法外，还使用了包括反向翻译、早停法（Early Stopping）、噪声混合（Noise-Mix）、正则化（Regularization）②、混合精度（mixed precision）③、

①超参数是人工神经网络自动翻译模型中需要直接设置的调整选项，用于优化机器学习的性能或调整乖离率（bias）和偏差（variance）之间的算法。

②该技术是为了防止机器学习时过度匹配模型而适用的算法，应用于提高一般性能而非减少训练误差。

③混合精度技术是减少存储器使用量、提高计算性能的技术，在矩阵运算和储存上适用不同的精度从而有效进行混合。

知识蒸馏（knowledge distillation）[①]等多种方法。评估在第6、7阶段进行，以没有投入学习的专门语料库为验证数据，进行BLEU（Bilingual Evaluation Understudy）自动评估后，由古典翻译专家进行手动评估。

表3　基本模型性能提升趋势（2017—2019）

（《2019年构建基于云的古文献自动翻译扩散服务：项目促进结果报告》，第18页）

目标分数	2017 代表模型（33）	2018 代表模型（2018-11_1）	2019 性能最高的模型 （BS_SJ_26）
手动评估 （目标4.0以上）[②]	3.00	3.51	**4.20**
BELU评估 （目标30.0以上）[③]	26.35	29.08	**30.72**
语料库学习量	35万	78万	**122万**

注：

1.《承政院日记》自动翻译模型性能提升结果（以300字以下为标准的文章进行评估）；

2.性能最高的模型（BS_SJ_26）是2019年28个自动翻译模型中的第26号模型；

3.手动评估是为了评价项目而收集的2名《承政院日记》翻译者的评价分数统计值。

韩国古典翻译院从2017年开始进行了为期3年的评价，其结果如表3所示。3年间以多种翻译模型为对象进行的确认结果显示，BS_SJ_26模型表现出最好的性能，在自动评估和手动评估方面都超过了预期，并且随着语料库学习量的增加，性能也随之提高。

以5分满分制进行的年度手动评估结果分别为3.41分（2017年）→3.68分（2018年）→4.31分（2019年）。依评估结果来看，该翻译模型具有非常优秀的性能。自动评估也以26.35分→29.08分→30.72分的分数接近通用机器翻译的性能，特别是翻译特殊古典文献时，取得了更高的40.02分。[④]但是未明确说明投入的模型是否是以单一模型为基础调整参数的变异模型，也没有详细说明自动评估和手动评估的方法。另外，项目组也没有对投入除《承政院日记》这一特定范围以外的、具有其他特性的文献的情况进行评估。因此，也有人质疑翻译院翻译器表现的性能被夸大了。

事实上，项目组选择的评估方式存在很多漏洞。首先，BLEU评估方式是以测定候选翻译中有多少是参照翻译中使用的单词和句子的方式来评估候选翻译n-gram的相似度，因此很难与翻译专家的评价进行比较。其次，即便BLEU评

①知识蒸馏是一种从大网络向小网络传达知识的转移学习方法，常用于减轻模型重量。

②以300字以下为标准的100个文章进行评估。

③以300字以下为标准的580个文章进行评估。

④BLEU评价采用100分满分制，以通用性为目的的机器翻译，如果达到30分以上，品质就会被评为优秀。

估有短句翻译错误较多时会扣分的装置，但短句翻译正确越多，也越能获得相对较高的分数。除此之外，由于BLEU分数大体上只反馈一个参照翻译，因此不能根据单词或句子的排列顺序反馈多种多样的参照翻译。甚至在特殊情况下，BLEU评估还存在给予与原文意义相反的候选翻译高分的问题。最近，为了克服上述BLEU分数的局限性，项目组还尝试了使用多个参考翻译来反映n-gram的多样性和句法结构的方式，以及对反复多次进行翻译的相同句法结构进行校正（clipping）以提高n-gram精密度的方法。①但是在这种情况下，也存在参照翻译使用得越多BLEU分数就会越高的倾向。即使不减少n-gram的数量，也不能保证一定会生成语法恰当的翻译，因此BLEU分数的提高并不一定意味着机器翻译的质量得到了提高。在实际研究过程中，也出现过在手动评估中排名第一的翻译在BLEU评估中位居第六的情况。②

因此，为了改善这些问题，项目组也会经常使用METEOR、ROUGE、LePOR、BLEUmod、WER等评估方法，但这些评估方法也不可避免地存在着各自的优势和劣势。例如，METEOR是采用调和平均数对精密度和再现度赋予加权值的方式，但存在着合理性疑问。METEOR的调和平均数给再现度（R）赋予比精密度（P）高9倍的加权值。虽然与精密度相比，在翻译评估中再现度被认为是更有意义的指标，但是将精密度（P）与再现度（R）的比率设定为9:1是否妥当，还存在着争议。首次提出METEOR分数的学者之一Lavie也改变了立场。他认为不应该无条件地在再现度上设置很多加权值，而是应该调整精密度（P）和再现度（R）的比率，以使METEOR分数与手动评价的相关关系最大化。③总之，不能以一部分自动评估模型为标准来断定机器翻译的质量得到了提高。以汉文为例，由于存在多种类型的文本，因此很难采用统一的自动评估方式。

手动评估采用了将"正确答案"（即参考翻译）作为评价标准与各种测试模型的自动翻译结果进行比较的方式。若参考译文出现错误，则由评估委员参考原文直接进行评估。在手动评估中，向评估者提出的评估标准如表4。

①C. Callison-Burch et al., "Re-evaluating the Role of BLEU in Machine Translation Research," 11th Conference of the European Chapter of the Association for Computational Linguistics, Association for Computational Linguistics, 2006, pp. 249-256.

②C. Callison-Burch et al., "Re-evaluating the Role of BLEU," pp. 249-256.

③S. Banerjee, A. Lavie, "METEOR: An Automatic Metric for MT Evaluation with Improved Correlation with Human Judgments," In *Proceedings of the Acl Workshop on Intrinsic and Extrinsic Evaluation Measures for Machine Translation and/or Summarization, 2005*, pp.65-72.

表4　韩国古典翻译院手动评估自评标准

评估分数	评估标准	补充说明	错误的重要性和比例
评估因素：翻译率（是否存在缺译），表达及语法，语义传达的明确性			
5	语义传达明确且没有语法错误的情况		0%
4	表达及语法上存在细微的错误，但相对来说可以理解其意义的情况	对上下文影响不大的错误	10—20%
3	虽然翻译了主要单词，但是语义传达上有一部分不正确的情况	翻译词汇选择错误、语法错误、细微的缺译及重复翻译	30—50%
2	由于无法翻译主要单词，语义传达整体上不正确的情况	漏译和重复的错误（严重的缺译和重复翻译）	50% 以上
1	虽然进行了翻译，但是完全无法理解的情况	全文误译（综合错误）	90%
0	没有翻译结果的情况		100%

但这一评估方式也存在以下问题。

第一，翻译院的手动评估方法将翻译的准确性作为唯一标准，并简化为5分制，而没有采取综合流畅性（可读性）/准确性（适切性）的一般手动评估标准。这导致了对翻译质量评估的另一个重要方面，即可读性，没有得到适当的评估。

第二，由于没有明确的分数评判标准，根据评估者主观判断的结果会有很大差异。为了提高评估的可信度，必须预先给评估者提供训练以及进行事前协调，但韩国古典翻译院的手动评估省略了这一过程。

第三，翻译院翻译器的手动评估只由精通韩国古典翻译院翻译方式的专业译者进行评价，也是问题之一。专业翻译者进行手动评估时，其评估有可能过于严格，因此有必要由对机器翻译有着基本理解的人员进行评价。①汉文古典文献因其特性需要专业翻译者进行评估，但是想要准确掌握机器翻译的水平，最好让理解机器翻译特性的人员参与评估。因为机器翻译根据选择的算法、语料库的类型和加工方法、学习顺序等可能会产生不同的结果，因此只有理解这种特性的人参与评估，才能更准确地鉴别与其他翻译器的差异，并将评估结果运用于提高机器翻译器的性能。

第四，对评估结果没有进行可信度分析也值得一提。一般来说，为了确保评估的可信度，在进行手动评估时，需要利用Cohen's kappa统计系数等测量评估

①L. Rossi, D. Wiggins, "Applicability and Application of Machine Translation Quality Metrics in the Patent Field," *World Patent Information*, vol. 35, 2013, pp. 115-125.

一致性。这不仅利于验证评估结果客观、合理，而且有利于提高性能。

总之，韩国古典翻译院所进行的手动评估中，存在很多需要改进的因素。若要进行改善，应考虑符合韩国古典翻译院要求的研究中所提出的以下事项。①

1.开发评估指标

·能否反映评估者的知识水平、知识环境等难以定量化的变数。

·是否能够平等地评估翻译的明确性和流畅性。

·是否存在遗漏或重复的评估因素。

·评分是否符合评价指标的特性或重要程度。

·评分的总和是否能够确认翻译质量的差异。

2.改善评估方式

·能否鉴别机器翻译的译文与人工翻译的译文的差异：自动评估和手动评估不仅仅是评估方式不同，其目的和性质也存在差别。现在所使用的评估方式为将原文、参考翻译、候补翻译全部展示后进行评估，即将翻译结果认知为机器学习的产物而进行的评估。除了对“原文VS译文”进行评估外，同时还对“正确答案VS译文”进行评估。因此评估结果有被“正确答案”错误引导的可能性。正如韩国古典翻译院的手动评估指南所表明的一样，②人类所拟定的“正确答案”不一定是正确答案。

·是否制定了减少评估者主观偏差的步骤。

·是否合理、客观地组织翻译质量评价团。

·是否包括判断翻译器可用性（对翻译者的翻译支持、实现公众服务等）的步骤。

3.评估指标开发原则

·概括性：能否全面评价翻译质量。

·具体性：能否具体体现评价要素。

·独立性：是否避免了评估要素之间的重复。

4.评分方式：根据指标特点选择扣分制或配分制等

5.评估对象文本提供方式

·最好只提供原文和译文。

·在译文中包括专业译者的译文，以便鉴别与机器翻译的差异。并在同等条

①Woojeong Kim et al, *Report to the Utilization of AI Machine Translation System for Seungjeongwon Ilgi: The Daily Records of Royal secretariat of Joseon Dynasty*, Seoul: Institute for the Translation of Korean Classics, 2021.

②《天文经典》正确答案项目是人工编写的，可能不太准确，也有提出多个正确答案的情况。评价委员可以直接定义原文的正确答案，评价机器翻译的结果。

件下评估与机器翻译的评估结果有何差别。

6.评估者构成

·分成专家组和非专家组进行。

·专家组由3人以上拥有5年以上翻译经验或3种以上专业翻译书成果，理解韩国古典翻译院的翻译标准，同时能兼顾一般翻译标准的评估者组成。

·非专家组以对汉文有基本理解能力的人为对象进行选拔。

·专家组的评价目标是“判断翻译结果是否可用于实际翻译工作”，非专家组的评价目标是“判断翻译结果是否可用于为公众提供服务”。

7.改进评估方式和顺序

·采用分别适于专家组和非专家组的评估方法。

·应该包括具备专业性但不拘泥于韩国古典翻译院风格的评估者，为了调查专家以外的普通用户的反应，应该同时进行非专家组的评估。

·评估顺序：对评价指标进行充分的事前说明→通过预备问题协调相对统一标准→正式评估→对评估结果中分数偏差较大的问题协调意见→再次进行正式评估→分析评估结果。

8.其他事项：多角度审查翻译质量

·在评估中反映《承政院日记》的未学习部分、《实录》的重复（同一报道）/非重复部分、其他性质相似的文献资料等。

·在评估中运用与《承政院日记》的文体及内容相异的资料（史书、三经、文集类等）。

·同时进行与其他翻译器（百度翻译器）的对比评估。

表5是对百度翻译器和翻译院翻译器（http://aitr.itkc.or.kr/）的翻译质量进行比较的结果，测试原文出自2019年3月对百度翻译器进行过调查的《承政院日记》未学习部分、《肃宗实录》、《大典会通》、《万机要览》、《修改日记誊录》等10篇文章，调查样本采样时间均为2021年6月26日。

表5　“百度翻译”与“古典汉文自动翻译”的翻译比较结果

序号	输入原文	出处	“百度翻译”译文（2021.06.26）	备注	韩国古典翻译院“古典汉文自动翻译”译文（2021.06.26）	备注
1	謂一元者，大始也。知元年志者，大人之所重，小人之所輕。是故治國之端在正名。	春秋繁露	对一元的，非常开始的。目的了解元年，伟大的人是重要的，普通人轻视。所以治理国家的端在正确的名称。	14.3	이일원을 말한 것은 큰 시작입니다. 지원지원지（知元年志）라는 것은 대인（大人）의 소중함과 소인이 경시하는 바입니다. 이 때문에 나라를 다스리는 단서는 정명（正名）에 있습니다.	15.3

序号	输入原文	出处	"百度翻译"译文（2021.06.26）	备注	韩国古典翻译院"古典汉文自动翻译"译文（2021.06.26）	备注
2	治國者敬其寶，愛其器，任其用，除其妖。	荀子	治理国家的人对他的宝贝，爱他的工具，任用，除了那些妖怪。	15.7	나라를 다스리는 자는 그 보배를 공경하고 그 그릇을 사랑하여 그 용（用）을 맡기고 그 요점을 제거합니다.	18.3
3	子曰，君子之事親孝，故忠可移於君。事兄悌，故順可移於長。居家理，故治可移於官。是以行成於內，而名立於後世矣。	孝经	孔子说："君子侍奉双亲孝顺，所以忠臣可以转移给你。侍奉兄长友爱，所以李顺可以转移到长。居家理，所以治理可以转移到官。因此行成于内，而名声建立在后世了。"	18.0	공자가 말하기를, 군자가 어버이를 섬기는 효도를 일삼기 때문에 충（忠）은 임금에게 옮길 수 있다고 하였습니다. 형 섬기기를 섬김에 공손하기 때문에 순리에 옮길 수 있다. 집안의 이치를 살았기 때문에 잘 다스려지는 것을 관직에 옮길 수 있었던 것이다. 이 때문에 행동이 안에서 이루어지고 이름이 후세에 확립되는 것입니다.	14.7
4	詩人之賦麗以則，辭人之賦麗以淫。如孔氏之門用賦也，則賈誼升堂，相如入室矣。如其不用何？	扬子法言	诗人之诗丽以则，诗人的赋丽以淫。如孔子的门用赋的，那么贾谊堂，相如进入房间了。如果不使用什么？	15.3	시인（詩人）이 고려를 가르칠 때에는 인사（人事）를 사양하고 음탕함으로 간음합니다. 예컨대 공씨（孔氏）의 문하에서 부（賦）를 쓰면 가의（賈誼）가 당（堂）에 오르기를 마치 입방（入室）하듯이 하였습니다. 그를 기용하지 않는다면 어찌하겠는가?	12.7
5	無駭帥師入極。無駭者何？展無駭也。何以不氏？貶。曷爲貶？疾始滅也。始滅昉於此乎？	春秋公羊传	无骇率领军队进入极。不要害怕的是什么？展无骇啊。为什么不氏？贬。为什么要贬低？有病才消灭了。开始了防在这吗？	13.3	놀라서 병사가 들어온 것은 극도에 달하였다. 놀랄 것이 없다는 것은 무엇인가? 알하는 것은 놀라울 것이 없다. 어찌하여 불씨가 있는가? 폄하하였다. 어찌 폄하되었겠는가. 병이 비로소 없어졌다. 처음에는 윤방을 섬멸하였는가?	12.3
6	三軍之衆，可使必受敵而無敗者，奇正是也。兵之所加，如以碫投卵者，虛實是也。	孙子兵法	全军，可以使必受敌而不会失败的，正是这样的。军队的增加，如以碫把鸡蛋的人，事实是这样的。	13.7	삼군（三軍）의 백성들이 반드시 적을 맞아서 패할 수 없게 할 수 있는 것이 기특하고 올바릅니다. 군대가 늘어난 것은 마치 쑥으로 알을 던지는 것과 같은 것이니, 허실이 그것입니다.	16.0
7	扈江離與闢芷兮，紉秋蘭以爲佩。汨余若將不及兮，恐年歲之不吾與。	离骚	我身披幽香的江离白芷啊，缝纫秋兰作为佩带。巾，担心年龄的不与我。	17.3	강호（江扈）와 이척（離斥），지붕（地莫）을 꿰고，추란초（秋蘭炒）를 꿰어 찼다. 나를 골몰하면 장차 미치지 못할 듯이 한다라고 하였으니, 해가 나에 미치지 못할까 두렵다.	11.0
8	世之論事者，以才高當爲將相，能下者宜爲農商。	论衡	社会上的议论事情的人，认为才高应为将相，能下的应该是农商。	19.3	세상에서 일을 논하는 자들은 재주가 뛰어난 사람을 장상（將相）으로 삼고, 잘 내려가는 자는 농상（農商）으로 삼아야 합니다.	18.0

续表5

序号	输入原文	出处	"百度翻译"译文（2021.06.26）	备注	韩国古典翻译院"古典汉文自动翻译"译文（2021.06.26）	备注
9	子張學干祿。子曰，多聞闕疑，慎言其餘，則寡尤，多見闕殆，慎行其餘，則寡悔。言寡尤，行寡悔，祿在其中矣。	论语	子张学习求职。孔子说："听说朝廷怀疑，慎言其余，那么我们尤其；多见朝廷危险，慎行其余，那么我们后悔。说话少过失，行寡悔，禄在其中矣。	13.7	자장（子張）이 장수록（張壽祿）을 구하였다. 공자（孔子）는《서경（書經）》에 의문이 많이 들었고, 신언（申言）과 그 나머지는 과오（寡誤）를 많이 드러냈는데, 빠짐없이 신행（新行）하고 그 밖에는 후회를 적게 한다고 하였습니다. 말이 허물이 적고 행실이 후회가 없으면 녹이 그 안에 있는 것입니다.	9.0
10	侍中裴克廉等白王大妃曰，今王昏暗，君道已失，人心已去，不可爲社稷生靈主，請廢之。遂奉妃教廢恭讓。	太祖实录	侍中裴克廉等白王大妃说："现在大王昏暗，君道已经失去，人的心已经离开了，不可为国家百姓主，请求废除他。"于是，奉太妃教废弃恭敬谦让。	18.3	시중（侍中） 배극렴（裴克廉）등의 백왕대비（白王大妃）가 말하기를, 지금 왕이 혼미하여 임금의 도리가 이미 잘못되었고 인심이 이미 떠났으므로 사직과 생령（生靈）의 군주가 될 수 없으니, 폐지하소서. 마침내 비（妃）가 공양왕（恭讓王）의 가르침을 폐하였다.	18.0
	平均			15.9		14.5
11	眇予小子，當國家危亂之秋，承祖宗艱大之統，托乎兆民之上，九年于茲。	肃宗实录	瞎我小子，在国家危乱的秋天，祖宗困难大的统，寄托在百姓之上，在这九年。	未评估	보잘것없는 소자（小子）가 나라가 위태롭고 어지러운 때를 당하여 조종（祖宗）의 어렵고 큰 왕통을 계승하여 만민의 위에 가탁한 지 이제 9년이 되었다.	未评估
12	自古人君，行幸則凡有孝行表著之人，必加嘉奬，亦或有召見矣，今此道內孝行表著者，亦依老人例，賜以食物。	显宗实录	从古代的君主，前往则共有孝顺的品行卓著的人，一定要给予奖励，也有的召见了，现在这道内孝行为显著的，也依老人例，赐给他食物。	未评估	예로부터 임금이 행행할 때에는 무릇 효행（孝行）이 두드러진 사람이 있으면 반드시 가상히 여겨 장려하고 또한 혹 소견（召見）하기도 하였는데, 이번 도내의 효행（孝行）이 드러난 자도 노인의 예에 따라 음식물을 하사하라.	未评估
13	多人擊錚，士庶上言，固出於通民隱而無遺，伸冤枉而不掩也，有何禁戢之可?	承政院日记	很多人打者，一般上说，当然从通民情而无遗，伸张冤枉而不遮住了，有什么可以禁止的?	未评估	많은 사람이 격쟁（擊錚）하고 사서인（士庶人）이 상언（上言）한 것은 진실로 백성의 고통을 통하게 하여 남김없이 억울함을 풀어주는 것이니, 어찌 금지할 수 있겠습니까?	未评估
14	罪犯至重，法紀至嚴，不可不連加刑訊，期於輸款，然後獄體乃正，凶醜可懲，待拷限加刑，期於取服，何如?	承政院日记	犯罪最重要，方法记录到严，不可不连加刑审讯，希望对捐赠款，然后监狱体制是正，凶丑可以惩罚，待拷打限处罚，期於取服，怎么样?	未评估	범한 죄가 지극히 중하고 법과 기강이 지엄하니, 잇달아 형신（刑訊）을 가하여 기어이 자백을 받아낸 뒤에야 옥사의 체모가 바르게 되고 흉추（凶醜）를 징계할 수 있을 것이니, 고한（拷限）을 기다려 형（刑）을 가하여 기어이 자복을 받아내는 것이 어떻겠습니까?	未评估

序号	输入原文	出处	“百度翻译”译文（2021.06.26）	备注	韩国古典翻译院“古典汉文自动翻译”译文（2021.06.26）	备注
15	臣於昨筵，已有所仰奏，而此非大臣請對之事，如是相率仰籲者，已違按例擧行之本意矣。	承政院日记	我在昨天席，已有所抬头奏，但这不是大臣请求对的事，这样相继抬头真的，已按规定攀违反行为的根本意思了。	未评估	신이 어제 연석에서 이미 우러러 아뢰었습니다만, 이는 대신이 청대한 일이 아닌데 이렇게 서로 이끌고 와서 우러러 호소하는 것은 규례를 살펴 거행한 본뜻을 이미 어긴 것입니다.	未评估
16	外方祠院冒禁創設，觀察使拿處，守令以告身三等律論，首倡儒生遠配。	大典会通	外方祠院冒禁止创设，观察使拿处，守令来告诉自己三等律论，首先倡导儒生远配。	未评估	지방의 사원(祠院)은 금령(禁令)을 무릅쓰고 창설하니, 관찰사는 의금부로 잡아다 처리하고 수령은 고신(告身) 3등을 처벌하는 것으로 논죄하고 앞장서서 주창한 유생은 원배(遠配)하라.	未评估
17	逆賊父年八十者減律絶島定配，二三歲兒應在放流者勿爲定配。	大典会通	叛贼父八十岁的减少律绝岛定配，两三岁的孩子应在被流放的人不要为定配。	未评估	역적의 아비로서 나이가 80 세가 된 자는 형률을 감하여 절도에 정배하고, 2, 3 세의 아이로서 응당 유배 중에 있는 자는 정배하지 말라.	未评估
18	府北二百里，有三十里大野，中有二大澤，澤邊有臺，高數百丈。	万机要览	府以北二百里，有三十里大野，其中有两大湖泊，泽边有台，高几百丈。	未评估	부(府)와 북(北) 200 리에 30 리 큰 들판이 있는데, 가운데에 두 개의 큰 은택이 있어 못에 대(臺)가 있고 백 장(丈)의 높이가 있습니다.	未评估
19	每於荒年，有發賣之命，則漢城府抄出飢户，修成册報于賑廳，分巡發賣，而時直雖極高騰，一依該廳定式價，大米一石三兩，小米一石二兩七錢，發賣，大户五斗，中户四斗，小户三斗，獨户二斗。	万机要览	每次在荒年，有发卖的命令，那么汉城府抄饥户，修成册报在救济厅，分巡发卖，而当时价值虽然很高腾，一个根据该厅确定式价格，大米一石三两，小米一石二两个七钱，发卖，大户五斗，中户四斗，小户三斗，单户二斗。	未评估	흉년이 들 때마다 발매(發賣)하라는 명이 있으면 한성부가 기호(飢户)를 뽑아내어 성책(成册)하여 진휼청에 보고하고 분순(分巡)하여 발매(發賣)하는데, 시청(時廳)은 비록 매우 비싸지만 한결같이 해당 청의 정식(定式)에 따라 대미(大米)는 1 섬 3 냥, 소미(小米)는 1 섬 2 냥 2 전으로 발매(發賣)하고 대호(大户)는 5 말, 중호(中户)는 4 말, 호(户)는 3 말, 호(户)는 2 두(斗)입니다.	未评估
20	本廳員役等犯夜勿禁帖，自本廳依例成給是乎矣，當此夜禁嚴飭之時，或不無見阻之慮，如是牒報爲去乎，本廳員役等，因公犯夜是去等，憑考夜標以爲勿禁事，分付三營及左右捕廳爲只爲。	改修日记誊录	本厅员役等侵犯晚上不要禁止帖，从本厅照例完成给这里了，在这个夜晚严厉整顿的时候，有没有受到阻碍的考虑，如果这文件报告为去吗，本厅员工作等，于是公犯夜是距等，靠考察夜标认为不要禁止事，分别给三营和左、右捕厅为只为。	未评估	본청의 원역(員役)들이 야금(夜禁)을 어긴 물금첩(勿禁帖)은 본청에서 규례대로 성급(成給)하는 것이 옳습니다만, 이렇게 야금(夜禁)을 엄히 신칙하는 때에 혹 저지당할 염려가 없지 않아 이와 같이 첩보(牒報)를 보냈으니, 본청의 원역 등이 공무로 인하여 야금(夜禁)을 떠가는 등의 일을 빙자하여 야표(夜標)를 금하지 말라고 삼영과 좌우 포도청에 분부하였습니다.	未评估

第1—10号文章备注栏的数字是3名专业译者按照2020年11月给出的研究团队自行开发的评价指标（满分为25分）进行评估后得出的分数。虽然也有分数差距比较明显的文章（如第7号、第9号），但大体上呈现出相似性，百度翻译器平均分数为15.9分，翻译院翻译器为14.5分，百度翻译器略占优势。[①]

第11—20号文章是从翻译院翻译器集中学习的、与《承政院日记》的模式相似的文献中选出的文章。与预想结果一样，翻译院翻译器的翻译结果整体上比百度翻译器优秀，但包含"是乎矣"（이오대）、"爲去乎"（하거온）、"是去等"（이거든）、"爲只爲"（하기삼）等写有吏读的20号句子翻译院翻译器也没能完整地翻译出来。

翻译院翻译器集中学习《承政院日记》的翻译模型，在文体、表达、词汇等方面，翻译类似《承政院日记》的资料时能够发挥出非常好的性能，但作为通用翻译器时，具有明显的局限性。

表6 人工翻译和使用翻译院翻译器进行翻译所需时间比较

评估者	所需时间	
	原文1（人工翻译）	原文2（运用翻译器翻译）
A	1小时30分	1小时
B	31分55秒	14分43秒
C	2小时	1小时
D	1小时30分	1小时
E	1小时35分	55分

另外，项目组还对从事将《承政院日记》翻译成韩文的5名专业翻译者，以按照现有方法翻译时和使用翻译机翻译时存在的差异为主题进行了问卷调查。首先，在翻译所需时间的角度上，使用翻译机器可以比人工翻译节省大量时间（参照表6）。虽然问卷调查结果对机器翻译质量持保留态度，但对其应用于翻译工作的可能性，大体上持肯定的态度。从详细意见来看，机器翻译常见的句子质量相当出色。但除此之外，也能看到翻译质量低、专有名词翻译错误较多等意见。翻译结果存在不能充分结合上下文语境的局限性也被指出。也就是说，虽然翻译器的翻译结果还没有达到值得信赖的水平，但对于反复排列特定词汇或形式的低语境文本，可以作为初步翻译应用，也可以通过翻译器迅速确认原文前后的内

①具体结果参考：金愚政等：《2020年韩国古典翻译院规划研究课题最终报告：〈承政院日记〉自动翻译系统的应用方案研究》，首尔：韩国古典翻译院，2021年。

容，这也有利于掌握翻译的规则性。[①]

通过以上问卷调查，可以知道《承政院日记》翻译器的翻译质量还没有达到足够可靠的水平，但可以确定的是，自动翻译器能够成为提高专业翻译者工作效率的工具。由此可以判断，这在一定程度上实现了开发翻译器的目的。

五、与古典文言文机器翻译相关的课题

不仅在韩国国内，目前古典翻译院的汉文古典文献机器翻译在海外也是这领域的唯一成果。若今后想持续发展该领域，需要考虑以下几点。

第一，构建基于云的文言文翻译平台。目前该系统虽然处于基础阶段，但已正在构建之中。也就是说，可以将专门针对古文献的自动翻译模型构建为一个系统，在多种环境下提供给用户，因此也可以通过云方式提高该平台的可扩展性。在云环境下，即使没有专为学习设置的硬件，也可以生成对新数据的翻译配置文件，就算翻译模型增大，也可以进行有效的数据管理。此外，由于可以在云中进行机器学习，还可以期待开发程序的良好运营效果。如果将汉文古典文献通过机器翻译模型在特定域和通用域两个方面进行学习，并将其作为云环境的平台提供给用户的话，普通用户难以翻译的古典文献也可以不需要通过多个步骤仅在一个平台上就能轻松地进行翻译。普通用户或开发人员可以在单一平台进行使用或开发，而无需使用多个平台收集古典文献资料。如果需要特殊或专门的机器翻译，可以利用提供平台学习的积累数据构成有效的用户翻译系统。另外，随着机器翻译模型的生成，今后学习相似类型的数据或相同的追加数据时，可以帮助现有的机器翻译积累数据，也有助于机器学习。还可以将大量优质的古典文献数据存储在云环境中，并将其翻译后提供给普通用户。同时，用户可以期待通过云计算的开发为文献翻译及减少开发费用做出贡献。

第二，构建优质的平行语料库。学习数据直接关系到机器翻译的性能，因此构建优质的平行语料库至关重要。但是，目前翻译院的语料库构建指南尚未对外公开。今后想要扩展数据，就必须制定适用于所有汉文的标准方案，并将其对外公开，让任何人都能按照相同的标准构建数据集。与此同时，韩国古典翻译院在没有变更输入数据的情况下进行了项目建设，这一过程需要确认输入数据本身有着什么样的效果。也就是说，如果在进行合成数据或Out-of-Domain数据等对实际翻译学习有帮助的研究的同时，能够平行进行寻找学习效果最佳的语料库构成

①金愚政等:《2020年韩国古典翻译院规划研究课题最终报告:〈承政院日记〉自动翻译系统的应用方案研究》，2021年。

规则的研究，就可以确保获得更丰富的资料。

第三，为提高机器翻译性能开发附加系统。汉文因其特性需要多种参考资料。因此，为了提升机器翻译系统的效率，有必要同时提供不亚于构建语料库或机器翻译算法选择的用于处理自然语言的字典信息。例如，汉字的异体字与通假字处理、多种字义群的整合与联系、包括特殊词汇同义词在内的词汇网、能够解释上下文的感性词汇词典等。构建验证在预处理过程中以何种单位分析必要口令的系统，也是一个重要的课题。口令分析器简单地说就是运用自动标注和分词，根据语言特性进行处理的过程，在自然语言处理中属于基本工作。因此可以推测，使用翻译院翻译器时，如果汉字的字义信息对翻译结果影响不大，则可能是因为口令是以词汇为主构成的；反之，如果造成一定程度的影响，则可能是因为口令是以单字为单位构成的。在机器翻译中，将算法与相应语言的特性进行匹配是非常重要的，所以开发和应用这些附加系统也是重要的课题之一。

第四，提高翻译评估的可信度。翻译质量评估的意义不仅存在于客观角度的性能评估，在持续改进翻译模式上也占据很重要的地位。为此，有必要根据目的选择BLEU、METEOR等自动评估方式或专家和非专家适当参与的手动评估方式，或者开发更好的评估方式。同时，也有必要积极地利用机器翻译译后编辑（MTPE: Machine Translation Post-Editing）模式。MTPE是由人类校对机器翻译的文本，并以机器初步翻译的文本为基础，进行翻译新文本的工作。在没有机器翻译帮助的情况下，要想达到专业翻译家的平均质量水平，需要花费大量的时间和费用。MTPE可以节省时间和费用，也可用于机器翻译的质量评估，当专业翻译人员对执行机器翻译的候选翻译执行MTPE时，可以通过测量哪个翻译模型每小时生产率高，或检查每小时平均修改了多少个误译单词的方式，来评估机器翻译的质量。

第五，开发古典文言文通用翻译器。未来的研究应该不止于《承政院日记》专业模型，而是应该针对在多样数据的环境中也能进行翻译的通用模式开展研究。通过关于通用模型的研究，可以构建对多种文献的学习数据，从而在翻译器工作中实现更大范围的文言文翻译。

结　论

随着技术的不断进步，新技术正在为解决现有的问题、展现更好性能而努力。不仅机器翻译模型得到了改善，提高翻译性能的数据预处理技术也在不断发展。如果能密切关注日新月异的技术趋势，找到适合古典文言文资料的模型并加以应用，那么我们不久就能拥有比现在更出色的翻译器。可是，即便技术上可行，但如果机器翻译研发不考虑现实利益，也会被淘汰，这也是资本主义的属性。以探索未来新成长动力可能性的名义进行古典文言文机器翻译，对古典研究领域来说是个好消息。但如果不能取得符合期待的结果，那么随时都要准备承担不利的风险。因此，有些人不愿意说出机器翻译无法像人们期待的那样在短时间内取得成果、也很难达到可以替代人工翻译水平的这一事实。

但如果因为机器翻译在自然语言领域表现出惊人的成就，而说基于丰富的平行语料库，机器翻译在古典文言文领域也能取得同样的成果，则是迷惑和误导大众的言论。古典文言文与用途较多的自然语言相比，其使用范围非常狭窄。但与自然语言相反，制作高质量的古典文言文译文非常困难。因此，这项工作不仅难以获得不错的成果，就算取得了令人满意的成果，也意味着制作了一个在资料翻译完成的同时就失去用途的翻译器，显然这不符合资本主义的属性。比起技术的创新，人工智能面临着内容缺乏的困境，因此值得庆幸的是，在需要进行技术测试的阶段，即使没有预期的利润，也有很多人乐意持关注的态度。也许难得一遇的时机现在就在眼前，就算是为了人文学的存续，也应该更加积极地展现对这一领域的关注。

The Machine Translation Status and Assignments of Classical Chinese

Woojeong Kim

Abstract: This article examines the current status of machine translation in Classical Chinese and suggests future tasks. In order to understand machine translation, this article introduced the development process of machine translation technology from rule-based machine translation(RBMT) to neural machine translation(NMT), and also introduced techniques applied to improve the principles and performance of neural machine translation.

There are two types of Classical Chinese machine translation: a translator provided by Baidu and a translator developed by Institute for the Translation of Korea Classics(ITKC). Various errors are found in Baidu translators, but overall translation performance is somewhat higher than that of ITKC translators, and ITKC translators perform better than Baidu translators in certain fields, but lags behind Baidu translators in various types of Classical Chinese translations. In order to improve the performance of Classical Chinese machine translation, it is necessary to build a cloud-based translation platform, expand high-quality parallel corpus, develop additional systems to improve machine translation performance, and develop reliable translation evaluation methods.

Keywords: Classical Chinese; Machine Translation; NMT(Neural Machine Translation); Baidu Translator; ITKC Translator

通过深度学习阅读佛经
——运用Word2Vec读取CBETA佛经数据[①]

金把路 / 韩国学中央研究院

宋俊暎（译）/ 韩国檀国大学中语中文系

摘 要：本研究以CBETA佛经数据为对象，通过Word2Vec深度学习方法，探索分析佛经和可视化的方法，并以此为基础探讨了人工智能阅读佛经方法的优缺点。

首先，文章叙述了佛学在人工智能方面的研究集中于对人工智能的批评的现状，并提出了利用人工智能进行佛学研究的建议。由此，阐述了通过Word2Vec进行佛经分析的理论背景和分析算法。另外，还提出了可供佛学研究者搜索分析结果的方法，并以此为基础，提出了可使佛学研究者更容易查找并利用分析结果的可视化方案。

最后，文章提出了人工智能分析方法的优点，“扩宽视角”“改变视角”“数字科学的良性循环”等；还叙述了其缺点，如“形态上接近的局限性”“人工智能的不可说明性”“人工智能的不可解释性”等。同时，作为上述问题的解决方案，提出了将佛学的知识和思维移植到数字上的佛学数字本体论。

关键词：佛经　人工智能　深度学习　人工智能人文学　数字人文　数字佛学

绪　论

随着第四次工业革命日渐成为社会上的热门话题，韩国佛教界也开始关注

①原文信息：金把路（김바로）：《通过深度学习阅读佛经——运用Word2Vec读取 CBETA佛经数据》（딥러닝으로 불경 읽기-Word2Vec으로 CBETA 불경 데이터 읽기），《圆佛教思想与宗教文化》（원불교사상과종교문화）2019年第总80辑，DOI: 10.17605/OSF.IO/XTA2Q。本文是作者在原文基础上进行修改和完善的成果，本次出版已获得作者允许及授权。本课题于2017年在韩国教育部和韩国国家研究基金会（NRF-2017S1A6A3A01078538）的支持下进行。

作为第四次工业革命核心关键词的人工智能，但目前还处于初期阶段，而且大多数的相关论文是以“从佛教的立场出发，探索和批评人工智能”为主。[①]令人感到遗憾的是，利用人工智能来研究佛教的成果非常有限。[②]其中，唯一利用人工智能技术进行实际佛学研究的，只有朴宝蓝（박보람，Park Boram）以《大正新修大藏经》45卷为对象，利用机器学习领域的支持向量机（Support Vector Machine, SVM）进行了辨别作者的研究。[③]缺乏利用数字技术，特别是利用人工智能进行佛教研究的成果，这源于在现实中一名研究者很难同时具备关于人工智能技术和佛学知识两种学问的能力。[④]

图1　由SAT大藏经数据库的Word2Vec服务提供的画面

①李相宪:《佛教视角下的人工智能》,《和平与宗教》2016年第2期；金炳柱:《佛教VS人工智能》,《佛教文化研究》2016年第16辑；两篇都是从佛教的角度概括地审视人工智能的论文。韩圣子:《人工智能（AI）机器人启蒙的可能——关于“人类是思考机器吗”的佛教观点》,《韩国佛教学》2018年第85辑。此文以佛教教义为依据，阐述了佛教对人工智能机器人持有的所有积极、消极性的观点，并提出了解放不同于人类的人工智能机器人的观点。廉重燮:《人工智能与人工智能机器人的商业化与佛教对人性的理解：围绕东亚的思想特征与禅宗的主要兴趣》,《韩国佛教学》2018年第85辑。此文强调了为满足第四工业时代的人类所要求的幸福和创造力，需要接受禅宗强力的主观主义。安焕基:《佛教视角中的AI与人类思维》,《韩国佛教学》2017年第84辑。此文从唯识学的角度出发，将AI（人工智能）解释为存在于用户和设计者之间的共相，作为AI内在欲望的解决方案，提出了对资粮位和加行位进行分析，以培养能够正确看待瞬间事态的能力。李真京:《人工智能的有和无：从唯识学的观点来看人工智能的认识能力》,《韩国佛教学》2017年第84辑。此文以唯识学的概念为依据，认为人工智能不以生存为首要目标，因此很难具备自我思考的能力。

②杨成哲:《人工智能聊天机器人禅问答算法数据：以心理治疗咨询聊天机器人为中心》,《韩国佛教学》2017年第84辑。文章提出了一种问答式聊天机器人算法，该算法使用人工智能技术进行解析、隐喻和主题算法。但该研究与其说是利用了人工智能，不如说是从产业和传教的角度进行的佛教研究。

③Park Boram, “Authorship Attribution in Huayan Texts by Machine Learning using N-gram and SVM,” *International Journal of Buddhist Thought & Culture*, vol. 28, no.2, 2018, pp. 69-86.

④朴宝蓝:《数字人文时代佛学研究的现状与面临的挑战》,《韩国佛教学》2016年第76辑。金把路:《数字人文中的数字佛学研究》,《韩国佛教学》2019年第86辑。在韩国已提出了关于利用数字技术进行佛教研究的可能性，国外也正在数字人文的概念下进行各种尝试。但是，利用包括人工智能在内的数字技术的佛教研究还处于挑战阶段。

在海外，关于在佛学中应用深度学习的研究还处于初级实验阶段。SAT大藏经数据库[①]从2018年版本开始提供Word2Vec相关搜索服务。[②]目前还只是试用版，用户只能选择多个现有模型将提供10个特定单词的类似项，并执行与此相应的二维平面网络视觉化。[③]由于没有提供具体的关键词联系数值，因此该数据库只相当于具备基本的搜索辅助功能，很难适用于佛教研究。

另外，目前还有以与SAT大藏经数据库规模相当的佛经大数据CBETA（中华电子佛典协会）佛经数据库为对象，基于Python3的TACL[④]或基于网络服务的DocuSky[⑤]等利用传统自然语言分析方法N-Gram的服务，但是当前仍难以找到类似Word2Vec的以深度学习为基础的佛教研究。

对此，笔者虽然关于佛学的知识浅薄，但为了挑战融合佛学和人工智能技术可能性，在佛学研究人员的帮助下，[⑥]对人工智能中运用最新技术（深度学习）[⑦]的佛教研究进行了探索。本研究以CBETA佛经数据[⑧]为对象，介绍通过人工智能（深度学习）阅读佛经的方法，并通过其结果，探索在人工智能时代研究佛经的方法。为此，在4,717条CBETA佛经数据中以选取正文作为基本数据，以每个“。”为单位看成一个语言片段，[⑨]使用了18,518,340个短语、263,455,683个字符。人工智能分析以谷歌的Colaboratory（Colab）[⑩]为基础，使用了Gensim[⑪]工具包。[⑫]算法使用

①SAT大藏经数据库：http://21dzk.l.u-tokyo.ac.jp/SAT2018/，2022年12月30日。

②SAT大藏经数据库的Word2Vec相关搜索服务使用了Python3的gensim，目标文本有印度、中国和日本佛经、大正佛经和用户选择的佛经。

③目前，在提供Word2Vec模型数据、与相似词关系密切度数值、三维空间可视化等方面还有很大的改善空间。

④TACL，网址：https://tacl.readthedocs.io/，2022年12月30日。

⑤DocuSky数位人文学术研究平台，网址：http://docusky.org.tw，2022年12月30日。

⑥感谢为本研究提供帮助的尹希朝（윤희조，Youn Heejo）、金镇戊（김진무，Kim Jin Moo）、安焕基（안환기，Ahn Hwanki）、金致温（김치온，Kim Chi On，）、李正熙（이정희，Lee Junghee）老师。

⑦深度学习（Deep Learning）作为机器学习算法的一部分，它试图通过几个非线性变换的组合来实现高度抽象。应用于AlphaGo和人工智能翻译的方法即深度学习方法。朴宝蓝所尝试的是机器学习方法之一的支持向量机（Support Vector Machine, SVM）。这是基于建立非概率二进制线性分类模型的监督学习模型，并不是运用多层神经网络的深度学习方式。

⑧CBETA XML P5版本：https://github.com/cbeta-org/xml-p5，2019年3月27日。

⑨虽然语言单位除了“。”还可以追加“！”和“?”等，但考虑到本研究还处于初步研究阶段，所以只使用了最基本的“。”作为单位。考虑到是初始研究，一般会排除在外的“!”“?”“，”等标点符号或“而”“乎”“焉”等语法要素没有被设定为停用词。

⑩Colaboratory（Colab）是一种谷歌提供的免安装并能在云端运行的免费Jupyter笔记本电脑环境。本研究者使用的环境是“Python 3.6.7, Ubuntu 18.04.2 LTS, Intel(R) Xeon(R) CPU @ 2.30GHz, MemTotal: 13335268 kB, NVIDIA-SMI 418.56 11441MiB”。

⑪Gensim 3.6.0。

⑫通过Colab共享的本研究的分析算法：https://colab.research.google.com/drive/17GcOVcql1KC2mxGYaitAudD65VFlYeHo，2022年12月30日。

了Word2Vec，[①]可视化使用了谷歌提供的Embedding Projector可视化工具。[②]

一、通过深度学习阅读佛经的方法

本研究使用了2013年谷歌开发的词嵌入（Word Embedding）[③]方法中的Word2Vec。[④]词嵌入的基础是语言学的分布语义（Distributional Semantics）概念。分布语义的概念可以概括为“能够通过观察单词的上下文了解其单词”。[⑤]例如：

최상의 ___을 얻으리라.（会得到最好的___。）

在___的位置上，可以认为适合填入“启发”“幸福”，但不适合填入“大便”或“痛苦”。将这个内容反过来思考的话，可以看出像“启发”和“幸福”这种出现在类似句型中的词有着紧密的联系。以此为基础，可以假设：如果学习了足够的数据就能知道所有单词之间的关系。也就是说，如果能充分了解共现关系

---

①本研究中使用的Word2Vec的分析设置如下：wv_model_cbeta = word2vec. Word2Vec(states_list, size=100, window=5, min_count=5, workers=1, iter=5, sg=1(Skip-Gram))。

②Embedding Projector支持PCA（Principle Component Analysis，主成分分析）和T-SNE（T-Distributed Stochastic Neighboring Embedding）方式的视觉化。简而言之，可以理解为PCA是处理时间较短但比较粗糙的草图，而T-SNE是处理时间较长但更加精密的临摹画。http://projector.tensorflow.org/，2022年12月30日。通过Embedding Projector进行共享的本研究结果的可视化：http://projector.tensorflow.org/?config=https://gist.githubusercontent.com/ddokbaro/8792a74013766241f9a9dc869fb155cf/raw/d15f4d838776c47bcbce91edc089b4c1eda4525/cbeta_word2vec.json，2022年12月30日。

③词嵌入是指将自然语言转换成数字，以便计算机理解和处理。传统的词嵌入方式有以独热编码（One-hot Encoding）为代表的稀缺表达（Sparse Representation）。基本方式是將“석가모니가 열반에 들었다（釋迦牟尼进入涅槃）”标记为“釋迦牟尼=[1 0 0 0 0 0 0]”“进入=[0 1 0 0 0 0 0]”“涅槃=[0 0 1 0 0 0 0]”等形式，也就是出现特定单词时，将其标记为“1”，如果没出现特定单词，则标记为“0”。但问题在于出现的单词数量越多，向量的维度就会呈几何级数增加。如果出现10,000个单词，则需要10,000个空间，其中大部分为“0”。为了解决这一问题诞生的就是密集式表式（Dense Representation），密集式表式不是用“0”和“1”,而是用“实值”来表示单词的向量。例如，用户将维度设置为四维，会表示为“釋迦牟尼=[-1.2 4.3 2.1 −0.1]”的形式。这种密集式表式的典型方法就是Word2Vec。

④利用深度学习并具有代表性的词嵌入方式，除了Word2Vec之外，还有2014年美国斯坦福大学研究组开发的GloVe和2016年Facebook开发的FastText。GloVe同时使用计数器基础和预测基础，以共现词（在同一短语中一起出现的单词）信息为中心进行词嵌入运算。一般评价认为，使用GloVe虽然有利于掌握整个文本的整体文脉，但处理速度比较慢（GloVe: Global Vectors for Word Representation: https://nlp.stanford.edu/projects/glove/，2022年12月30日）。FastText具有使用预测基础将现有单词分解为最小分割单元（subword）的特点。一般评价认为，FastText能有效地利用非标准语较多的文本和韩语等包含多种最小分割单元的语言（FastText: https://fasttext.cc/，2022年12月30日）。但在本研究中，基本上是把一个汉字作为一个单位进行处理，因此严格来说的话，比起Word2Vec更接近Char2Vec。但这只是根据对象的不同而产生的名称上的差异，其基本概念和方法是相同的。

⑤“You shall know a word by the company it keeps,” John Rupert Firth, “A Synopsis of Linguistic Theory 1930-1955,” Special Volume of the *Philological Society*, 1957, DOI:10.1038/267562a0.

（CO-Omulticence）的组合，[①]就能知道单词的意义。

在这种Word2Vec中具有代表性的算法有Continuous Bag-of-Words（CBOW）模型和Skip-Gram模型。CBOW用给定单词预测目标单词，而Skip-Gram根据目标单词预测给定单词。[②]例如：

CBOW：최상의 ___을 얻으리라（会得到最好的___。）
Skip-Gram：___깨달음___（___启发___）

CBOW通过“최상의（最好的）”“을（韩语助词）”“얻으리라（会得到）”等给定单词预测可能出现在“___”中的目标单词。与此相反，Skip-Gram以“깨달음（启发）”这个目标单词为标准预测周围的给定单词。

但由于“给定单词”范围是按主观进行选择，因此系统利用了窗口（window）的概念。[③]例如，如果窗口的大小为“2”，将会按以下所示内容创建“给定单词”。

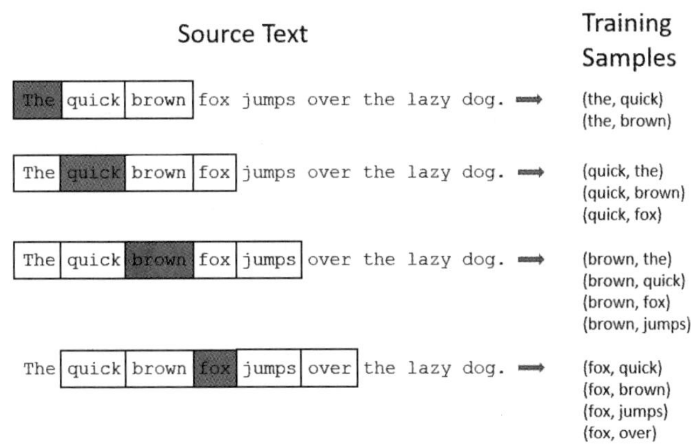

图2　窗口（window）大小为“2”时的处理示例[④]

①共现词指的是在同一短语中一起出现的单词。

②一般来说，CBOW模型通过整个上下文预测目标单词，因此可以有效运用于较小的数据中，并且运算速度较快。与此相反的是Skip-Gram以目标单词为标准，通过给定的单词进行预测，能有效运用于较大的数据中，但运算速度较慢。由于目前人工智能研究的主要对象是大数据领域，所以一般会采用Skip-Gram。

③“给定单词”的范围可能会因为研究者个人的见解而产生差异。如果只想发现相邻单词之间的关系性，可以选择2；如果想发现在更大范围内出现的单词之间的关系性，只需要把范围扩大。范围越广，脉络上的意义关系就越强，但是处理速度会变慢，并且超近距离单词的关系反而会变弱。

④C. McCormick, "Word2Vec Tutorial—The Skip-Gram Model," April 19, 2016, http://mccormickml.com/2016/04/19/word2vec-tutorial-the-skip-gram-model/, accessed May 5, 2023.

通过这种方法，在保留单词之间的相关关系的同时，将其转换为向量。但向量的显示值会按用户设置的维度发生变化。

例如，每个维度的向量值如下所示：

2维：启发=[7.7 5.61]
3维：启发=[3.1 3.2 -3.1]
4维：启发=[2.3 1.2 -1.1 -0.2]

为了描述一维直线需要1个数字，描述二维平面需要2个数字，描述三维空间需要3个数字。反过来如果100个数字的话，就可以描述100维的内容，[①]理论上可以设定趋近无限的维度。一般来说，维度越高越能具体地描述单词和单词之间的关系，但相应的代价是处理速度会变慢。

通过这样的过程，[②]系统共学习了14,711个字符和与此相应的14,711个字符之间的相互关系，导出了100维的向量值。[③]根据学习的结果，我们可以通过余弦相似度（Cosine Similarity）[④]来观察单词之间的相关关系。

---

①“心”的100维向量表达为：[-1.43390641e-01 -2.49995664e-02 8.36120546e-02 -1.62270423e-02 4.16056402e-02 1.58178690e-03
-1.05196424e-01 -5.76783605e-02 4.68355417e-02 3.62254940e-02 -1.55277476e-01 6.09610081e-02 -6.54351478e-03 1.09484464e-01 -4.67730239e-02 1.47494031e-02 4.81303521e-02 2.11183593e-04 1.86997533e-01 3.86552922e-02 1.07115760e-01 -1.53913982e-02 1.59990471e-02 6.44576326e-02 7.08778724e-02 -2.68767830e-02 1.18655853e-01 -1.24197546e-02 −1.50420055e-01 -2.46352166e-01 -3.77800018e-02 -3.88146788e-02 4.07707952e-02 1.11898959e-01 -6.32782429e-02 -1.82841524e-01 -1.15162089e-01 1.17255487e-01 -1.12403575e-02 -1.23171769e-02 3.98625247e-02 8.12908411e-02 -7.79441670e-02 7.29686841e-02 2.10329711e-01 5.62388934e-02 8.30590446e-03 2.88685039e-03 1.18644215e-01 1.18202411e-01 -5.36861755e-02 -3.40707004e-02 −1.75491214e-01 6.20374568e-02 5.78820519e-02 1.48153514e-01 -6.11579008e-02 -3.35157067e-02 2.78718937e-02 -3.89156751e-02 4.39701602e-02 -7.10653812e-02 -1.52170528e-02 -2.08309796e-02 −2.63757735e-01 1.43260360e-01 1.20048352e-01 8.56438130e-02 -5.25147952e-02 3.35653313e-02 -7.79124722e-02 -4.22701426e-02 2.23200157e-01 1.11596119e-02 1.64719909e-01 6.17571995e-02 -1.48025438e-01 4.36415747e-02 -1.37744099e-01 8.79494660e-03 -1.44917127e-02 -8.38266164e-02 -1.46981269e-01 -4.73748818e-02 -1.11790607e-02 1.04010543e-02 1.42113462e-01 5.51079065e-02 1.12367116e-01 -2.25554183e-01 2.13002771e-01 1.39291197e-01 6.20982908e-02 1.21003732e-01 5.12006879e-03 7.29207844e-02 -1.47869840e-01 -2.12964434e-02 -1.37932867e-01 1.90932807e-02]

②为了从视觉上容易理解文字的嵌入过程的，可以参考网址：WEVI: Word Embedding Visual Inspector: https://ronxin.github.io/wevi/。

③学习所需时间约为1小时。学习时间会随着上述参数的变化而变化，并且会受到执行分析的计算机性能的影响。

④余弦相似度（Cosine Similarity）利用内积空间两个向量之间角度的余弦值来表达被测向量之间的相似程度。余弦相似度的结果值是“0”到“1”之间的正数，越接近0相似度越低，越接近1相似度越高。

“心”的余弦相似度排名前50个：

[(‘性’, 0.5667176246643066), (‘念’, 0.5643673539161682), (‘不’, 0.5502288341522217), (‘是’, 0.548933744430542), (‘體’, 0.5286092758178711), (‘自’, 0.5277736186981201), (‘即’, 0.5233985185623169), (‘唯’, 0.5200825929641724), (‘發’, 0.5181437730789185), (‘惱’, 0.5083914995193481), (‘」’, 0.5075925588607788), (‘緣’, 0.4993239641189575), (‘無’, 0.49107030034065247), (‘意’, 0.49025392532348633), (‘起’, 0.4889511466026306), (‘我’, 0.4872244596481323), (‘生’, 0.48688310384750366), (‘真’, 0.4808192849159241), (‘能’, 0.48009103536605835), (‘得’, 0.4790881276130676), (‘切’, 0.4751066565513611), (‘信’, 0.4695656895637512), (‘㊂’, 0.46916425228118896), (‘煩’, 0.46554842591285706), (‘非’, 0.4649414122104645), (‘故’, 0.4637109935283661), (‘她’, 0.4619259834289551), (‘情’, 0.46003156900405884), (‘所’, 0.45870789885520935), (‘薩’, 0.4575563669204712), (‘他’, 0.4559216797351837), (‘證’, 0.4523168206214905), (‘相’, 0.4515673518180847), (‘法’, 0.44926926493644714), (‘實’, 0.4466504156589508), (‘您’, 0.4458795189857483), (‘別’, 0.44561466574668884), (‘説’, 0.44465869665145874), (‘衷’, 0.44239139556884766), (‘也’, 0.4394972026348114), (‘身’, 0.4377598762512207), (‘菩’, 0.4372837543487549), (‘而’, 0.43320736289024353), (‘作’, 0.4313102662563324), (‘𨚫’, 0.4298701286315918), (‘來’, 0.42862260341644287), (‘識’, 0.4272442162036896), (‘清’, 0.4272140860557556), (‘見’, 0.4260176718235016), (‘要’, 0.42455601692199707)]

“佛”的余弦相似度排名前50个：

[(‘仏’, 0.5703094601631165), (‘聖’, 0.5647306442260742), (‘薩’, 0.5303727984428406), (‘法’, 0.48981648683547974), (‘來’, 0.4895453155040741), (‘尊’, 0.4824603199958801),

(‘此’, 0.474221408367157), (‘是’, 0.46959495544433594),
(‘菩’, 0.4673008918762207), (‘，’, 0.4662948250770569),
(‘師’, 0.4656856954097748), (‘教’, 0.4630179703235626),
(‘以’, 0.4569056034088135), (‘大’, 0.4558424949645996),
(‘於’, 0.4552474021911621), (‘説’, 0.4493514895439148),
(‘我’, 0.4474824368953705), (‘世’, 0.4449007511138916),
(‘稱’, 0.44429540634155273), (‘就’, 0.4441550374031067),
(‘彌’, 0.4384750723838806), (‘即’, 0.43780195713043213),
(‘王’, 0.4354288578033447), (‘所’, 0.4348675608634949),
(‘奉’, 0.4346688687801361), (‘閔’, 0.42601633071899414),
(‘弟’, 0.4227617383003235), (‘表’, 0.42193418741226196),
(‘」’, 0.4210301637649536), (‘已’, 0.42010653018951416),
(‘在’, 0.41991567611694336), (‘方’, 0.41961216926574707),
(‘時’, 0.4186135530471802), (‘者’, 0.41810140013694763),
(‘行’, 0.4160391092300415), (‘←’, 0.4158012866973877),
(‘一’, 0.410753071308136), (‘聞’, 0.41007351875305176),
(‘壇’, 0.40965336561203003), (‘之’, 0.40939271450042725),
(‘尼’, 0.4089542329311371), (‘「’, 0.4086012542247772),
(‘化’, 0.40704625844955444), (‘願’, 0.40534210205078125),
(‘釋’, 0.4051627516746521), (‘立’, 0.40331506729125977),
(‘及’, 0.4026753604412079), (‘比’, 0.4018428325653076),
(‘典’, 0.4015030562877655), (‘與’, 0.4013580083847046)]

按照与“心”关系由近到远描述为（‘性’, 0.5667176246643066）,（‘念’, 0.5643673539161682）,（‘不’, 0.5502288341522217）等。这一顺序是按照与“心”相近的顺序进行排列的，括号中第一个内容是对象词语，第二个内容是余弦相似度。为了进行实验性的探索，本文保留了通常会被排除的标点符号和语法要素等。因此，像“不”、“」”、“㊀”等看似毫无意义或没有关系的文字也以相关性的文字出现，所以需要格外注意。

但是，文字被转换成了数字，就可以执行文字之间的语义运算，也即基于字符之间的关系，字符具有了由数字组成的坐标值，因此可以进行坐标和坐标之间的数值相加或相减运算。例如：可以将“没有佛的心”运算为“+心-佛”。①

“+心-佛”的余弦相似度排名前50个：

[(‘惛’, 0.3802407383918762), (‘唫’, 0.3374794125556946), (‘惽’, 0.3350125849246979), (‘躁’, 0.3328368663787842), (‘性’, 0.3311975598335266), (‘澀’, 0.3164171874523163), (‘肓’, 0.30847468972206116), (‘肺’, 0.3082396388053894), (‘怯’, 0.3072909116744995), (‘惝’, 0.30709829926490784), (‘懦’, 0.30520033836364746), (‘忱’, 0.30514711141586304), (‘貪’, 0.3049930930137634), (‘黏’, 0.30331408977508545), (‘躅’, 0.30181413888931274), (‘惱’, 0.2973785996437073), (‘痒’, 0.29551833868026733), (‘慌’, 0.29393425583839417), (‘衷’, 0.2898213267326355), (‘痴’, 0.2884882986545563), (‘愓’, 0.28765782713890076), (‘煦’, 0.28633376955986023), (‘悃’, 0.2836586534976959), (‘鯁’, 0.28197556734085083), (‘痼’, 0.2817422151565552), (‘胃’, 0.2776601314544678), (‘識’, 0.2765580415725708), (‘煩’, 0.27598798274993896), (‘醒’, 0.2755778729915619), (‘閨’, 0.2755214273929596), (‘恂’, 0.2752136290073395), (‘肝’, 0.2733011543750763), (‘囂’, 0.2710586488246918), (‘窳’, 0.27002236247062683), (‘疴’, 0.267981618642807), (‘媮’, 0.26739048957824707), (‘惺’, 0.2665446996688843), (‘腑’, 0.2662099003791809), (‘鯢’, 0.26613032817840576), (‘橈’, 0.26600852608680725), (‘擾’, 0.26564493775367737), (‘襟’, 0.26536449790000916), (‘涎’, 0.265300452709198), (‘䤄’, 0.2642507553100586), (‘癡’, 0.2636100947856903), (‘吝’, 0.2633468508720398), (‘妒’, 0.2601630389690399), (‘怏’, 0.2596723139286041), (‘悆’, 0.2589877247810364), (‘腸’, 0.2579382061958313)]

另外还可以进行类似“心+不+起”或“念+不+起”的运算。②

---

①以收录于韩国维基百科和树维基上的数据（约45万种，4.2亿个单词）为基础的实验空间中，可以计算出“韩国-首尔+巴黎=法国”或“爱情+离别=回忆”等韩语意思。Korean Word2Vec网址：http://w.elnn.kr/search/，2022年12月30日。

②相关运算见文末附录。

并且由于文字被转换为向量值，所以可以在空间上对其进行可视化。

只是，实际上人类所能认知的空间极限是三维，因此为了在视觉上展现更多的多维空间，需要进行降维。一般来说，会降维到二维进行平面可视化，或降维到三维进行立体可视化。[①]

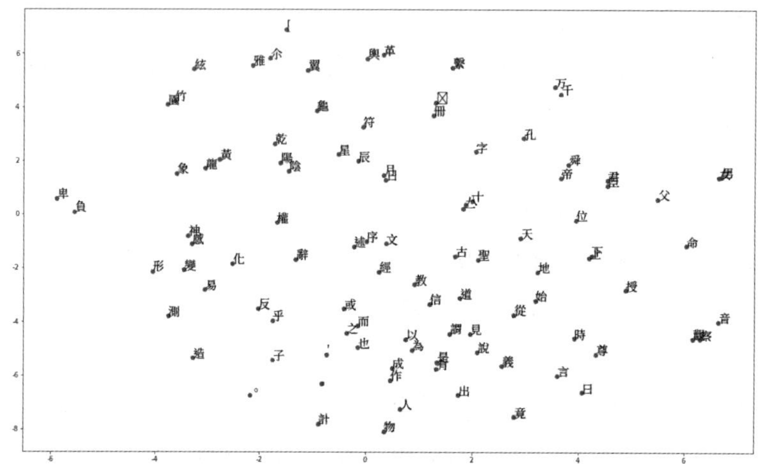

图 3　佛经中出现频度排名前 100 个词的二维平面可视化

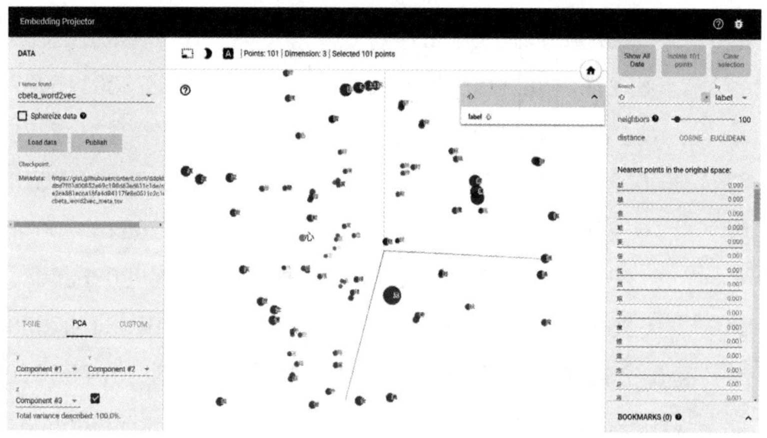

图 4　与“心”关联较深的词的三维空间可视化[②]

---

①在数学上，降维本身并不太难。但值得注意的是，随着维度的降低，两个向量之间的关系也会一起缩小，并且意义也会随之发生一定程度的变化。另外，在纸质出版的论文上，最高只能实现二维平面的可视化，三维立体可视化只会在数字上存在意义。

②通过下面的网址，任何人都可以在三维空间中查看所需单词的相关性。http://projector.tensorflow.org/?config=https://gist.githubusercontent.com/ddokbaro/8792a74013766241f9a9dc869fb155cf/raw/d15f4d8385776c47bcbce91edc089b4c1eda4525/cbeta_word2vec.json，2022 年 12 月 30 日。

二、通过深度学习阅读佛经的优缺点

（一）通过深度学习阅读佛经的优点

通过深度学习阅读佛经属于一种对范式变革的探索。也就是将人类的运算能力委托给外部（计算机）分析大数据，而人类则是根据分析结果进行解释。这种方法的优点可主要概括为扩宽视角、改变视角、数字科学的良性循环三个方面。

1. 扩宽视角

本研究使用了CBETA佛经数据正文的263,455,683字。假设人眼每秒看1个字的话，那么2亿6千万余字则约需要花费73,182小时，即3,049天，也就是需要一觉不睡地阅读超过8年才能看完。当然，这只是单纯阅读所需的时间，如果考虑到理解和研究内容，则需要花费更长的时间。就人类的个体能力来说，这实际上是一个无法探索的巨大的森林。但现在利用计算机的超高速运算功能，出现了从宏观角度观察对象的新方法。

但这种现象也可以看作是传统人类发展的一种模式。到现在为止，人类一直通过把自己的功能移植到外部来实现“发展”。过去，人类通过文字将思维的产物移植到了外部，又通过车轮将腿部功能移植到了外部。而现在，人类通过数字化将人类的运算能力移植到了外部。计算机已经拥有了比人类更出色的运算能力，但数字化还没能跟上人类的质疑能力和解释能力。人文学的本质，可以说是能提出像“为什么?”之类的问题的进行质疑的能力。因此，通过人文学的提问能力将问题委托给数字，再通过数字的快速处理能力来执行长期以来仅依靠人类个体能力进行的大规模数据分析，将成为人类新的发展模式。[①]

2. 改变视角

在本研究中所提出的词嵌入（Word Embedding）是目前有关佛经的研究中从未尝试过的新的方法论。引入新的方法论意味着通过不同于现有的方式，开辟解决问题的道路，这为很快获得新的见解带来了可能性。因此，从不同角度看待问题，本身就存在学术意义。

当然，目前关于融合词嵌入方法和佛经的研究还不多，因此词嵌入能否作为在佛经研究或佛学研究中获得有意义结果的方法论，还需要进行更多的思考和

---

①金把路:《语义数据档案的建立与利用：以现代（1895—1910）学校资料为中心论制度与人事的关系》，坡州：BOGOSA，2018年，第29—30页。

探索。但词嵌入的准确性和效率在所谓的大数据领域中得到了证明，①因此这很有可能具有潜在的研究价值。即使所有学术性的研究尝试都毫无意义，至少在庞大的佛经中帮助研究者搜索所需结果的搜索推荐功能一定会得到发展，因此意义重大。

3. 数字科学的良性循环

基于数字进行研究的最大优势在于研究的良性循环。这类研究以数据为基础，而数据在语言方面能够与比英语更具全球性和通用性的数学符号相媲美。实际上，由于像CBETA佛经等根据标准化数据设计规则的佛经数据，正在向全世界快速高效地共享，②得益于此，笔者才能很容易地获得依靠个人无法构建的CBETA佛经数据，由此得出适用于数字分析方法论的研究结果。不仅如此，本研究者也将Word2Vec研究方法和结果作为一种数据进行共享，以便再次运用于其他以此为基础的研究中。

事实上，目前快速发展的人工智能领域相关网站主要包括共享各种基础数据的ImageNet③和SQuAD④，以及共享分析方法论的GitHub⑤。目前，一般在人工智能领域论文发表时，会通过这些平台共享基础数据和分析方法。⑥当然，人文学科更倾向于地域化而非全球化，因此将人文学思维完整地移植到数字方法上还存在很多不足之处。但从根本上来说，现有的人文学研究的共享，具有只能在“纸张”这一有限空间使用特定语言的局限。然而，基于数字的人文研究为克服这些限制提供了有意义的方法。⑦

尽管具有以上优点，但应用人工智能技术的佛学研究也存在通过形态进行研究的内在方法论限制，及导出结果的过程不明确性和结果意义赋予程序的问题。

---

①词嵌入目前被认为是几乎所有处理文本的IT领域的基本技术。在NAVER、Daum、谷歌等几乎所有IT服务中，都在使用该技术。

②目前，德国马克斯-普朗克研究所的人文数据共享平台RISE Project正在实验性地提供服务。RISE Project网址：https://rise.mpiwg-berlin.mpg.de/，2022年12月30日。

③ImageNet网址：http://www.image-net.org/，2022年12月30日。

④SQuAD网址：https://rajpurkar.github.io/SQuAD-explorer/，2022年12月30日。

⑤GitHub网址：https://github.com/，2022年12月30日。

⑥最近，在人工智能相关学术领域，比起出版论文反而更重视通过共享平台进行共享。这是因为比起需要约1年时间的论文投稿发表过程，通过共享进行良性循环能以更快的速度取得相关进展。

⑦在本研究中提出了它作为学术通用语言的部分潜力。本研究通过GitHub获得了CBETA佛经数据，并共享了本文重新处理的数据。然后以现有人工智能研究者的代码为基础，针对CBETA佛经分析创建了分析流程，然后通过谷歌Colaboratory（Colab）进行共享。通过共享这些流程，任何人都可以用相同的数据再现相同的过程，以此证明再现的可能性，或通过稍微的修改或补充，在其他对象数据中应用相同的方法，或对相同对象进行高级形式的数据分析。最后，通过谷歌的Embedding Projector进行可视化，重视对结果的探索而非词嵌入方法的佛教研究者们可以直接用自己重视的单词执行运算进行研究。

（二）通过深度学习阅读佛经的缺点

1. 形态上接近的局限性

词嵌入的理论基础是分布式语义，它基于表现形式来进行分析。但只能在触达表象（Sign）的层面上进行访问，而不能访问表象内在的意义（Interpretant），因此必然会存在局限性。当然，在词嵌入理论中，可以主张如果拥有足够充分的数据，就可以达到等同于人类的理解水平。事实上，在完成了商用化的人工智能领域，众多数字用户实时并持续生产的大数据成为了坚实的顶梁柱。

问题在于类似佛经的古典文献无法持续生产数据。虽然还存在尚未数字化的佛经，但毕竟佛经文献的总量是有限的。因此，一般人工智能领域所提出的“如果有足够的数据，就能达到人类的理解水平”的假设，其实从基础阶段开始就已经无法实现。因此，像佛经这样总量有限的人文数据，比起单纯地使用大数据，更需要用高质量的小数据进行研究。①

虽然要对高质量的小数据进行定义并不容易，但首先可以将形式最简单的“数字词典”作为议题进行讨论。如果用数字词典构建成佛经相关人物、地点、文献、术语等的话，那么可以利用它们在语言分析中实现机器自动分词。例如，将类似《般舟三昧经》中“不著心如虛空無所止如金剛鑽無所不入安如須彌山不可動如門閫正住堅”的句子，通过由CBETA API 1.2.7提供的法鼓文理学院（Dharma Drum Institute of Liberal Arts, DILA）佛经自动分词试用版②分成“/不/著/心/如/虛空/無/所/止/如/金剛/鑽/無/所/不/入/安/如/須彌山/不/可/動/如/門閫/正/住/堅/”形式。③这种机器化的自动分词是以法鼓文理学院的佛学规范资料库（Buddhist Studies Authority Database）④的相关数据为基础，在文章中自动分离出诸如“虚空”之类的佛教术语或“须弥山”之类的地名。事实上，如果将这一点反映并执行到词嵌入模型的话，会产生下表中结果上的差异。一般来说，通过分词而细分化的数据结果值会比未进行分词的数据结果值更加准确。

---

①在研究的初期阶段，当务之急是对CBETA或SAT等佛经基础资料进行最低限度的数字化。本论文只描述了在传输基本数据后进行数字优化的佛经的进步。

②DILA佛典自动分词测试版：http://cbdata.dila.edu.tw/v1.2/word_seg，2022年12月3日。

③目前，DILA佛经自动分词测试版还没有提供处理大规模数据的API，因此在适用CBETA整体数据上受到限制。对此，只对《般舟三昧经》应用了该方法作为示例。

④佛学规范资料库，https://authority.dila.edu.tw/，2022年12月30日。

词	基本数据	适用分词的数据
心	[(‘况’, 0.2083427906036377), (‘於’, 0.1991506814956665), (‘度’, 0.1864358633756637б), (‘學’, 0.17083407938480377), (‘磨’, 0.12805111706256866), (‘鼓’, 0.12471196055412292), (‘既’, 0.1229269653558731l), (‘受’, 0.12119513005018234), (‘提’, 0.12052466720342636), (‘識’, 0.11711975932121277)]	[(‘况’, 0.21042373776435852), (‘於’, 0.20020383596420288), (‘度’, 0.19332247972488403), (‘學’, 0.17444652318954468), (‘提’, 0.12968182563781738), (‘磨’, 0.12615488469600677), (‘鼓’, 0.12489689886569977), (‘受’, 0.12449068576097488), (‘既’, 0.12136337161064148), (‘識’, 0.11985635757446289)]
佛	[(‘悲’, 0.15691274404525757), (‘空’, 0.14146867394447327), (‘戲’, 0.13255998492240906), (‘習’, 0.12952591478824615), (‘見’, 0.12706300616264343), (‘悕’, 0.12512962520122528), (‘一’, 0.11869074404239655), (‘弊’, 0.11761167645454407), (‘避’, 0.11474300920963287), (‘生’, 0.10797125101089478)]	[(‘悲’, 0.1754647195339203), (‘空’, 0.1440475434064865), (‘見’, 0.13635855913162231), (‘諂’, 0.13250061869621277), (‘生’, 0.13061664998531342), (‘悕’, 0.12887965142726898), (‘習’, 0.12880532443523407), (‘戲’, 0.12672743201255798), (‘一’, 0.12227203696966171), (‘名’, 0.12076280266046524)]

但一般的数字词典毕竟只能在形态上进行高度化的研究，无法充分说明符号和解释项以及它们之间的关联性。[①]因此，数字词典很难被称为最终阶段的高质量小数据。

2. 人工智能的不可说明性

人工智能辅助方法会根据分析结果在拓扑空间中查找单词，就像本研究中所展示的用与“心”类似的词来推出“性”“炎”“不”等那样。这种通过最低限度的形态研究，会得出看起来“恰当”的结果。但问题在于，目前的人工智能技术无法对解释看似“恰当”的结果进行说明，这通常被统称为人工智能的暗箱。在产业领域，只需要得出优秀的结果就可以说有充分的意义，但在学术领域，结果的推导过程比结果更重要。因此，目前将人工智能分析应用于学术研究存在明显的局限性。当然，在人工智能领域，为了解决暗箱问题，以美国国防部高级研究计划局（DARPA, Defense Advanced Research Projects Agency）为首的相关机构

① 虽然能说明“心”“况”“於”“度”“学”“提”等的关系很深，但无法具体说明有什么样的关系。这就和虽然能说明“李舜臣”和“忠武公”的关系很深，但无法说明“李舜臣”和“忠武公”是同一人物一样。不过这可以通过传统词典学的“同义词”（Use For Or Synonymous）概念进行处理。但是，虽然能说明“申师任堂”和“栗谷李珥”的关系很深，但无法说明“申师任堂”和“栗谷李珥”的关系是母子关系，因为反映这种多种“关系”的词典数据非常少。

正在进行关于可解释人工智能（XAI, Explainable AI）[①]的研究。

但是，在可解释人工智能中，对结果的说明可以分为两部分，一是展示结果的推导过程，一是向人类解释结果。通过对结果的推导过程的展示，可以知道在佛经中根据哪些特定的文章判定了“心”与“性”之间具有很高的关联性，并可以此掌握人工智能推导特定结果的原因，也即可以确认“结果推导过程”这一学术研究所需的根据。另外，对这类问题的分析属于数学上可以解决的领域，不是对可实现—不可实现水平进行的议论。所以讨论的内容并不是能否实现相关研究，而是围绕不降低现有人工智能分析效率的方案展开。[②]

出现问题的是人类需对结果进行说明的部分。可能由于说话者与听者存在差异，而对同一结果进行不同的叙述。由于听者年龄、性别、知识等多种因素不同，可能会做出不同的解释，并对同一结果存在不同的理解。换句话说，向人类解释结果不再是数学事实描述的范畴，而是人文学科的解释领域。

3. 人工智能的不可解释性

目前被称为人工智能的领域实际上没有运用关于机器学习的知识进行表达，仅将机器学习等方法运用于学习、模型识别等领域的亚符号（Subsymbolic）处理。机器学习只能最低限度地提供[③]或省略人类的知识，并在计算机提供的数据中进行自动分析，通过这种过程得出以人类的思维方式无法推导或难以获得的“优秀结果”。由于人类很难理解计算机的运算方式，因此存在难以对其进行解释的问题。但在人工智能领域，可以通过用符号表示人类知识的专家系统（Expert System），并以此为基础对逻辑、搜索、问题表达等符号（Symbolic）进行处理。专家系统与机器学习相反，它不需要大量数据，而是将人类思维直接移植给计算机，以便计算机可以根据人类思维处理任何输入数据。但由于目前还不能把人类复杂的思维完全移植到计算机，这导致与思维移植所需要付出的努力相比，其结果不如机器学习。

因此，当前学界正在进行以处理效率高的机器学习为基础，同时使用专家系统的研究，并由此提出了能让计算机理解人类思维的最佳、也是最新的方法——

---

①可解释人工智能，相关解释参考网址：https://en.wikipedia.org/wiki/Explainable_artificial_intelligenc，2022年12月30日。

②严格来说，这是导致证据失真或减少的固有局限性，类似于要求特定领域的专家根据大量内在原因为“直觉”提供“解释”，因为它是“选择性”地呈现仅从基于多维空间中大量来源于计算的结果中“最具影响力”的证据。

③一般来说，机器学习的数据被称为标记数据（Labeled Data）。标记数据是类似在猫的照片上贴上计算机可以识别为“猫”的标签的数据，它是数据的最小属性指示。

数字本体论。[①]但数字本体论作为专家系统，只有相关领域的专家才能对其进行设计和构建。最理想的情况是佛学研究者将佛教的思维体系直接移植到数字世界。但实际上，以人文学科为基础的研究者虽然是各自领域的专家，但由于对数字的理解较差，很难将自己的思维体系准确移植于其中。因此，需要佛学专家和数字专家共同进行研究。

另外，数字本体论具有一个鲜为人知的优点，那就是“对于同一对象，就算是不同研究者、不同学校、不同学派的多种数字本体论也可以共存”。根据哥德尔的不完备性定理，所有不存在矛盾的公理系统（本体论）都是不完备的，只有通过不同的本体论相互补充才能接近完整的真理，因此数字本体论是其中的一个要素。在纸质媒介时代，由于纸媒的局限性，人们只能概括和压缩特定的思想或结果。但在数字时代，多种思维体系能够存在于同一环境中。换言之，对于同一对象，不同研究者、不同学校、不同学派的思维体系可以相互联系。笔者认为，这可能为不断分化（专业化）和孤立的个体人文学科思维系统提供重建的机会。

结　论[②]

本研究以CBETA佛经数据为对象，探索了通过深度学习方法Word2Vec分析佛经和可视化佛经的方法，并以此为基础探讨了通过人工智能阅读佛经的方法的优缺点。

首先，本文描述了对人工智能领域的佛学研究集中在对人工智能的批判方面，并提出了利用人工智能进行佛学研究的建议。为此，叙述了通过Word2Vec进行佛经分析的理论背景和分析算法。另外，还提出了佛学研究者探索分析结果的方法，并以此为基础提出了可供佛学研究者检索分析结果的方法和可视化方案。最后，本文提出了人工智能分析方法的优点：“扩宽视角”“改变视角”“数字科学的良性循环”等；还叙述了其缺点：“形态上接近的局限性”“人工智能的不可说明性”“人工智能的不可解释性”等问题。并作为上述问题的解决方案，提出了将佛学的知识和思维移植到数字中的佛学数字本体论。

但由于笔者对佛学的研究并不精深，所以本研究缺少以佛学观点对通过

---

①关于数字本体论的说明参考：金把路：《数字人文中的数字佛学研究》，《韩国佛教学》2019年第86辑。当然，如果在机器学习领域，计算机学习了人类一生的所有认知和判断，就可以将人类的思维体系模式化并体现出来。但从目前来看，即使排除关于保护个人信息的问题，从技术上来说，在数据的收集、保存、分析上还存在多种局限性。

②为了让研究者更容易访问到本研究中出现的数据、分析和视觉化的各阶段的关键点（URL），我们将核心内容概括整理公布在：https://osf.io/xta2q/，2022年12月30日。

Word2Vec得出的分析结果进行解释的内容。作为替代方案，我们提出了一个佛学研究者可以直接访问并理解分析结果的平台。通过这个平台，各种领域的佛教研究者可以根据自己的思维直接解释Word2Vec的分析结果。今后，笔者也计划通过与佛学研究者的融合研究，来解释通过深度学习获得的佛经分析结果并对解释方法论进行研究。

附　录

“+心+不+起“的余弦相似度排名前100个

[(‘是’, 0.7090227603912354), (‘自’, 0.6610562205314636), (‘也’, 0.6577218174934387), (‘而’, 0.6465640068054199), (‘即’, 0.6427713632583618), (‘能’, 0.6298673152923584), (‘相’, 0.6288458704948425), (‘有’, 0.6256051659584045), (‘性’, 0.623285710811615), (‘生’, 0.6189456582069397), (‘了’, 0.6162632703781128), (‘無’, 0.6047003269195557), (‘體’, 0.6035892367362976), (‘我’, 0.5989606976509094), (‘故’, 0.5934893488883972), (‘得’, 0.5932202935218811), (‘他’, 0.5910744667053223), (‘緣’, 0.5907307267189026), (‘可’, 0.5852010846138), (‘爲’, 0.5826636552810669), (‘此’, 0.5825896263122559), (‘所’, 0.5801082849502563), (‘見’, 0.574478030204773), (‘非’, 0.568171501159668), (‘作’, 0.5644837617874146), (‘分’, 0.5643004179000854), (‘念’, 0.5561922192573547), (‘事’, 0.5561318397521973), (‘當’, 0.5533099174499512), (‘發’, 0.5480055212974548), (‘以’, 0.5457630753517151), (‘解’, 0.5387601852416992), (‘於’, 0.5361847281455994), (‘與’, 0.5357887744903564), (‘謂’, 0.5334789752960205), (‘真’, 0.5330203771591187), (‘冐’, 0.5325213670730591), (‘說’, 0.5297067165374756), (‘成’, 0.5284898281097412), (‘之’, 0.5282226800918579), (‘别’, 0.525613009929657), (‘者’, 0.5251666307449341),

(‘識’, 0.5249531865119934), (‘一’, 0.5231683254241943), (‘則’, 0.5217269659042358), (‘切’, 0.5166349411010742), (‘要’, 0.516416072845459), (‘法’, 0.5156534910202026), (‘從’, 0.5151875019073486), (‘來’, 0.5145478248596191), (‘行’, 0.5121592879295349), (‘取’, 0.5077817440032959), (‘因’, 0.5070590972900391), (‘去’, 0.5043889880180359), (‘空’, 0.5035640001296997), (‘知’, 0.4981763958930969), (‘但’, 0.49699556827545166), (‘義’, 0.4956677556037903), (‘著’, 0.4936351776123047), (‘就’, 0.48988935351371765), (‘的’, 0.48973730206489563), (‘實’, 0.48735374212265015), (‘道’, 0.48170775175094604), (‘意’, 0.48137205839157104), (‘又’, 0.4809831976890564), (‘名’, 0.4790599048137665), (‘亦’, 0.4757612645626068), (‘其’, 0.474758118391037), (‘理’, 0.47465354204177856), (‘哄’, 0.474202036857605), (‘儂’, 0.47080346941947937), (‘慌’, 0.4704456031322479), (‘用’; 0.4681817889213562), (‘依’, 0.46591442823410034), (‘唯’, 0.46552616357803345), (‘然’, 0.4647887945175171), (‘常’, 0.4639852046966553), (‘漏’, 0.4639631509780884), (‘妄’, 0.46296384930610657), (‘種’, 0.4621163308620453), (‘處’, 0.46044668555259705), (‘定’, 0.45980438590049744), (‘等’, 0.458782434463501), (‘在’, 0.45715996623039246), (‘應’, 0.4570963382720947), (‘時’, 0.4535426199436188), (‘人’, 0.4507511258125305), (‘若’, 0.4490341246128082), (‘出’, 0.44838979840278625), (‘由’, 0.4478777050971985), (‘智’, 0.4462832510471344), (‘這’, 0.445753812789917), (‘咦’, 0.44483256340026855), (‘身’, 0.4430854320526123), (‘論’, 0.4429517388343811), (‘正’, 0.4413701295852661), (‘隨’,0.4410046339035034),(‘同’,0.4401231110095978), (‘怎’,0.43961989879608154), (‘境’, 0.4386456608772278)]。

“+念+不+起”的余弦相似度排名前100个

[(‘心’, 0.7214285731315613), (‘是’, 0.7013521790504456),

(‘即’, 0.6913497447967529), (‘而’, 0.6532288789749146),
(‘也’, 0.6368526816368103), (‘故’, 0.6272170543670654),
(‘自’, 0.6210377216339111), (‘有’, 0.6194537878036499),
(‘相’, 0.6117095947265625), (‘見’, 0.6018198132514954),
(‘能’, 0.5985449552536011), (‘此’, 0.5942807197570801),
(‘了’, 0.5882052183151245), (‘緣’, 0.5866336822509766),
(‘性’, 0.5836387276649475), (‘當’, 0.5835537910461426),
(‘我’, 0.5813702344894409), (‘所’, 0.5789808034896851),
(‘生’, 0.5765024423599243), (‘於’, 0.5742505788803101),
(‘爲’, 0.574135422706604), (‘作’, 0.5710395574569702),
(‘體’, 0.5708479881286621), (‘因’, 0.5672907829284668),
(‘非’, 0.5571457743644714), (‘但’, 0.5533161163330078),
(‘無’, 0.5520385503768921), (‘可’, 0.5479984283447266),
(‘説’, 0.5477926731109619), (‘則’, 0.5466734170913696),
(‘得’, 0.546143114566803), (‘從’, 0.5418733954429626),
(‘一’, 0.5415102243423462), (‘成’, 0.5411999821662903),
(‘事’, 0.540387749671936), (‘者’, 0.5368483066558838),
(‘切’, 0.5368200540542603), (‘法’, 0.5326088666915894),
(‘名’, 0.5301243662834167), (‘他’, 0.5285197496414185),
(‘亦’, 0.5254052877426147), (‘又’, 0.525342583656311),
(‘謂’, 0.525159478187561), (‘與’, 0.5241087675094604),
(‘時’, 0.524097204208374), (‘應’, 0.5238834023475647),
(‘行’, 0.5235320925712585), (‘就’, 0.5198028683662415),
(‘發’, 0.5192617177963257), (‘定’, 0.518526017665863),
(‘依’, 0.5183292627334595), (‘解’, 0.5141175985336304),
(‘真’, 0.5123825669288635), (‘要’, 0.5107253789901733),
(‘去’, 0.5088738203048706), (‘分’, 0.5082619190216064),
(‘以’, 0.5057157278060913), (‘常’, 0.5025675892829895),
(‘之’, 0.501434326171875), (‘取’, 0.4965907335281372),
(‘别’, 0.49623483419418335), (‘知’, 0.49516797065734863),
(‘隨’, 0.49470770359039307), (‘或’, 0.489371120929718),
(‘識’, 0.4871208667755127), (‘義’, 0.48622414469718933),
(‘正’, 0.48615849018096924), (‘用’, 0.48455119132995605),

（‘在’，0.4827858805656433），（‘意’，0.482004851102829），（‘想’，0.47917068004608154），（‘道’，0.47773319482803345），（‘滅’，0.47701090574264526），（‘彼’，0.472486674785614），（‘若’，0.47021254897117615），（‘來’，0.4693460762500763），（‘離’，0.469108909368515），（‘唯’，0.46758851408958435），（‘的’，0.4661783277988434），（‘覺’，0.46596604585647583），（‘瞥’，0.465722918510437），（‘實’，0.4647117853164673），（‘由’，0.4628611207008362），（‘著’，0.46198466420173645），（‘肎’，0.46152740716934204），（‘等’，0.46017777919769287），（‘後’，0.4594988226890564），（‘同’，0.45939910411834717），（‘立’，0.45920681953430176），（‘種’，0.4579249918460846），（‘觀’，0.4564093351364136），（‘慌’，0.4553426504135132），（‘妄’，0.45442160964012146），（‘住’，0.450925350189209），（‘空’，0.4504662752151489），（‘動’，0.44909024238586426），（‘境’，0.445611834526062），（‘綣’，0.4444087743759155），（‘儘’，0.4442325234413147），（‘修’，0.444205641746521）]。

Reading Buddhist Scriptures with Deep Learning: Reading CBETA Buddhist Scriptures Data with Word2Vec

Ba-ro Kim

Abstract: This study explored how to analyze and visualize the Buddhist scriptures using the deep learning method Word2Vec using CBETA data, and based on this, examined the advantages and disadvantages of how artificial intelligence read the Buddhist scriptures.

First of all, the Buddhist study on artificial intelligence presented a phenomenon focusing on the aspects of criticism on artificial intelligence, and proposed the study of Buddhism using artificial intelligence. To this end, the theoretical background and analysis algorithm of Buddhist scripture analysis through Word2Vec were described, the method by which Buddhist researchers could explore the analysis results was presented, and a visualization method was presented to enable Buddhist researchers to easily access and use the analysis results.

Finally, the strengths of artificial intelligence were “broad view,” “different view,” and “digital academic development,” while shortcoming was to describe the limitations of formative approach, unexplained artificial intelligence, and incomprehensible AI problems. And as a way to solve the problem described, I proposed a Buddhist study digital ontology to transplant Buddhist knowledge and manas to digital.

Keywords: Buddhist Scriptures; Artificial Intelligence; Deep Learning; Artificial Intelligence; Digital Humanities; Digital Buddhism

基于数字内容相似度的韩国古典文学版本分类研究①

崔云镐 / 韩国国立木浦大学国语国文学系
金东健 / 韩国庆熙大学人文学院
梁喜镜（译） / 自由译者

摘　要： 本研究试图以不同版本的韩国古典文学资料为对象，展示数字内容的构成及应用。传统的古典文学版本研究一直采用研究者直觉上认为重要的内容段落进行相似度判断以及系列区分的方法。文章利用计算机对传统研究方法进行了扩充完善。为对人文学古典文本提出批判，文中构建了语料库，并基于此库使用了内容段落型编码方法。为测试不同版本的相似度，对Jaccard算法进行了修改，通过还原、测定距离检验段落类型的相似度。并且，利用多维尺度分析法和层次聚类分析，对古典文学不同版本内容的分布情况进行视觉化呈现。通过应用算法研究，展示版本研究中未能呈现的同一系列内不同版本的差异。

关键词： 数字人文　人文计算　宏观分析　计算内容分析　计算语言学

绪　论

本研究旨在利用计算机建立古典文学资料的内容分析法程序，并根据计算模型展示版本的谱系。同一书籍或内容在传承过程中形成了不同的版本，世代流传的《兔子传》，以《三国史记·金庾信传》记载的“龟兔之说”为基干，且该传

①原文信息：崔云镐（최운호）、金东健（김동건）：《基于数字内容相似度的韩国古典文学版本分类研究》（컴퓨터를 이용한 고전문학 디지털콘텐츠의 유사도에 따른 이본 계통 분류 연구），《韩国信息基础学会学报》（*Journal of Korean Institution of Information Technology*）2014年第7期，DOI: 10.14801/kiitr.2014.12.7.101。本次出版已获得作者允许及授权。本文于2013年由政府（教育部）资助，并得到韩国国家研究基金会（NRF-2013S1A5A2A0344302）的支持。

说亦与《本生传》(Jātaka)——释迦牟尼的前世修行谈有密切的关联。“龟兔之说”是由211字构成的小故事，经过一千多年的口口相传，现已发展成板索里[①]和古典小说。在此过程中，虽存在不同程度的差异，但内容变化以多种形式发生，与《兔子传》相关的版本已达到120余种。

利用计算机进行的文本批评（text critics）、内容分析（contents analysis）、精校本（critical edition）的编纂、电子词典的构建等，逐渐成为被广泛使用的人文科学和人文计算的融合性研究的一部分。这些研究主题与研究应用正广泛地向数字人文、人文计算、计算语言学等领域发展。为了紧跟上述研究领域的步调，本研究以堪称为古典文学“经典”的《兔子传》为对象。《兔子传》是一部经历过朝鲜后期社会变化，演变为板索里、小说形式，且在此过程中表现出相反的主体意识，不同版本之间亦存在各种差异的作品。

把计算内容分析（computational contents analysis）技术应用于文学作品的宏观分析（macroanalysis）逐渐出现在现今的文学、文化、社会的融合性研究方法论之中。Jockers和Mimno以19世纪英美文学作品中3,200多部小说为对象，通过主题建模，分析了不同性别的语言使用形式和小说反应的社会面貌，并通过可视化方式进行了展示。[②]以往的版本研究一般使用的是内容分类法，而现在揭示不同版本微观差异的字符串比较算法和呈现变化过程的微观分析（microanalysis）也逐渐被广泛使用。[③]微观分析是通过基于词汇使用模式的共同性来试图了解各版本系统的分布，以此揭示版本间差异。[④]本研究旨在根据不同版本的内容段落对其进行编码，并在此基础上将内容相似度和差异度量化，从而

---

①板索里（판소리），一种由唱者配合着鼓手打出的节拍通过声音和肢体动作来演绎一定内容的民间说唱艺术，流行于朝鲜半岛。——编者注（参考驻华韩国文化院网站：http://c.kocenter.cn/www/public.jsp?_page.id=Page0145f9a08ccc0014，2023年6月13日）

②Matthew L. Jockers and David Mimno, “Significant Themes in 19th-Century Literature,” *Poetics*, vol. 41, no. 6, 2013, pp. 750-769.

③Charles D. Bernholz, Brian L. Pytlik Zillig, “Comparing Nearly Identical Treaty Texts: A Note on the *Treaty of Fort Laramie with Sioux, etc., 1851* and Levenshtein's Edit Distance Metric,” *Literary and Linguistic Computing* (*LLC*), vol. 26, no. 1, April 2011, pp. 5-16; Woonho Choi, Dongkeon Kim, “A Computational Clustering of Korean Classical Texts: Focusing on the Gogocheonbyeon passage of Sugungga,” *Lecture Notes in Electrical Engineering* (*LNEE*), vol. 114, Feb. 2012, pp. 561-568.

④Woonho Choi, Dongkeon Kim, “Researches on Classifying Versions of Chunghyangga by Measruing Similarities of Lexical Elements in Beginning Passages (Chunhyangga Seodudanrag-ui Eohwi Sayong Yusado-reul Iyonghan Panbon Gyetong Bunryu Yeongu),” *The Journal of Korean Institute of Information Technology*, vol. 10, no. 4, April 2012, pp. 111-117; Woonho Choi, Dongkeon Kim, “Researches on Classifying Versions of Sipjangga by Measuring Similarities of Lexical Elements and using Hierarchical Clustering (Sipjangga daemok-ui Eohwi Sayong Yusado-wa Gyecheungjeog Gunjib Bunseog Bangbeob-eul Iyonghan Panbon Gyetong Bunryu Yeongu),” *The Journal of Korean Institute of Information Technology*, vol. 10, no. 5, May 2012, pp. 133-138.

对《兔子传》不同版本进行分类。通过本研究结果，将客观分析法应用于以主观加权值内容为主，对不同版本进行分类的传统文学研究方法当中，也可以根据其内容测定不同版本之间的差异程度。

一、对象资料与内容分析

（一）不同版本的介绍

本研究以《兔子传》的第一章为研究对象。《兔子传》根据故事中空间的移动构成“水宫（1）→陆地（2）→水宫（3）→陆地（4）”的重复结构，这些空间在《兔子传》里构成了章节。其中，第一章水宫（1）是从“龙王患病”到“鳖主簿被选为使者去陆地”的段落里所出现的空间，亦构成了《兔子传》的开端。与其他作品不同，《兔子传》不同版本间的偏差极大，且开端部分的内容差异在很大程度上影响着后面叙事的内容。因此，对这一章的研究成为了衡量《兔子传》整体脉络变化的标准。本研究以庆熙大学人文学研究院《古典名著版本丛书》中的《兔子传全集》1—6卷为研究对象。①在《兔子传全集》1—6卷中收录的不同版本作品里，除了难以与韩文本并列对应的汉文本外，刻本有2种、抄本有47种、活字本有3种、唱本有10种，总计62种，均为分析对象。

ID	ESEL	TITLE	경판 9장본 토생전

<1-앞>토싱젼 권지단
화셜 디명 셩화 년간의 북히 농궁 광혁왕 옹강이 즉위ᄒᆞ엿
더니 일일은 우연이 병을 어더 졈졈 침듕ᄒᆞ니 빅약이 무효
ᄒᆞ미 슈궁이 황황ᄒᆞ여 ᄒᆞ더니 일일은 홀연 도ᄉᆡ 이르러 닐
오디 디왕 병환이 비록 삼신산 션약이라도 효험이 업ᄉᆞᆯ 거
시니 양계의 ᄂᆞ가 톳기ᄅᆞᆯ 잡ᄋᆞ 간을 ᄂᆡ여 작환ᄒᆞ여 쓰면
즉ᄎᆞᄒᆞ리이ᄃᆞ ᄒᆞ거ᄂᆞᆯ 농왕이 도ᄉᆞ의 말ᄅᆞᆯ 듯고 졔신을 모
화 의논ᄒᆞᆯ ᄉᆡ 일인이 출반듀왈 쇼신이 비록 무지ᄒᆞ오ᄂᆞ 인
간의 ᄂᆞ가 톳기ᄅᆞᆯ 칭금ᄒᆞ여 오리이다 ᄒᆞ니 모다 보니 이는
거북의 이셩ᄉᆞ촌 별듀뷔라 왕이 디희ᄒᆞ여 갈오디 경의 츙
셩이 가히 ᄋᆞ름답도다 ᄒᆞ고 즉시 화ᄉᆞᄅᆞᆯ 명초ᄒᆞ여 톳기 화
상을 그려 별듀부ᄅᆞᆯ 듀니 별듀뷔 톳기 화상을 ᄇᆞᄃᆞ가지고
하직ᄒᆞᆯ ᄉᆡ 왕이 당부ᄒᆞ여 왈 경을 인간의 ᄂᆡ여 보니되 가
장 념녀ᄒᆞ는 ᄇᆞ는 어부의 그믈과 낙시라 과인이 어려서 구
경다니다가 셩화슈 믈가의셔 어부의 낙시의 걸여 <1-뒤>하
마 듁게 되엿더니 과인이 몸을 요동ᄒᆞᆯ ᄯᅢ 듈이 ᄭᅳᆫ허져 져
우 ᄉᆞ라ᄂᆞ시니 경은 부듸 조심ᄒᆞ여 톳기ᄅᆞᆯ 어더오라 ᄒᆞ고
어듀ᄅᆞᆯ ᄉᆞ급ᄒᆞ니 별듀뷔 하직ᄒᆞ고 ᄂᆞ와 쳐ᄌᆞᄅᆞᆯ 니별ᄒᆞᆫ 후

图1 《兔子传》开端段落原始语料库

①Jinyoung Kim, Hyunju Kim, Dongkeon Kim, Sunghee Lee and Philae Kim, *The Complete Series of Tokki jeon vol.1-6*(*Tokki-jeon Jeonjib-6qwib*), Seoul: Bagijeong,1997-2003.

图1为本研究使用的62种《兔子传》版本中“经版九章本”的开端段落的原始语料库。《兔子传》总共分为228个内容段落，其中“第一章”包含了58个内容段落。

（二）内容类型编码

根据内容类型划分层次结构,《兔子传》由五个阶段组成。其中第一阶段有58个内容段落，对内容段落类型的编码如图2所示。

ID	ESEL	TITLE	경판 9장본 토생전

- P#S/000/000/000/000##<1-앞>토싱젼 권지단
- P#1/010/000/000/000#c#화셜 ᄃᆡ명 셩화 년간의
- P#1/020/010/010/000#c#북히 농궁 광혁왕 용강이 즉위ᄒᆞ엿더니
- P#1/020/010/020/000#c#일일은 우연이 병을 어더 점점 침듕ᄒᆞ니 ᄇᆡᆨ약이 무효ᄒᆞ미 슈궁이 황황ᄒᆞ여 ᄒᆞ더니
- P#1/030/010/000/000#c#일일은 홀연 도ᄉᆞ 이르러
- P#1/030/030/010/000#a2#닐오ᄃᆡ ᄃᆡ왕 병환이 비록 삼신산 션약이라도 효험이 업술 거시니 양계의 ᄂᆞ가 톳기ᄅᆞᆯ 잡ᄋᆞ 간을 ᄂᆡ여 작환ᄒᆞ여 쓰면 즉ᄎᆞᄒᆞ리이ᄃᆞ ᄒᆞ거ᄂᆞᆯ
- P#1/040/010/000/000#c#농왕이 도ᄉᆞ의 말ᄅᆞᆯ 듯고 제신을 모화 의논ᄒᆞᆯ ᄉᆡ
- P#1/040/040/010/000#c#일인이 출반듀왈 쇼신이 비록 무지ᄒᆞ오ᄂᆞ 인간의 ᄂᆞ가 톳기ᄅᆞᆯ 싱금ᄒᆞ여 오리이다 ᄒᆞ니 모다 보니 이는 거북의 이셩ᄉᆞ촌 별듀뷔라 왕이 ᄃᆡ희ᄒᆞ여 갈오ᄃᆡ 경의 츙셩이 가히 ᄋᆞ름답도다 ᄒᆞ고
- P#1/040/050/010/010#c#즉시 화ᄉᆞᄅᆞᆯ 명초ᄒᆞ여 톳기 화상을 그려 별듀부ᄅᆞᆯ 듀니
- P#1/050/010/000/000#c1#별듀뷔 톳기 화상을 ᄇᆞᄃᆞ가지고 하직ᄒᆞᆯ ᄉᆡ 왕이 당부ᄒᆞ여 왈 경을 인간의 ᄂᆡ여 보ᄂᆡ되 가장 념녀ᄒᆞ는 ᄇᆞ는 어부의 그믈과 낙시라 과인이 어려서 구경다니다가 셩화슈 물가의셔 어부의 낙시의 걸여 <1-뒤>하마 듁게 되엿더니 과인이 몸을 요동ᄒᆞᆯ ᄶᅵ 들이 끈허져 겨우 ᄉᆞ라ᄂᆞ시니 경은 부ᄃᆡ 조심ᄒᆞ여 톳기ᄅᆞᆯ 어더오라 ᄒᆞ고 어듀ᄅᆞᆯ ᄉᆞ급ᄒᆞ니 별듀뷔 하직ᄒᆞ고
- P#1/050/040/010/000#c#ᄂᆞ와 쳐ᄌᆞᄅᆞᆯ 니별ᄒᆞᆫ 후

图2 《兔子传》内容段落类型注释语料库

图2是将原始语料库切分为内容段落后，对各内容段落进行层次结构和类型编码而成的注释语料库。内容段落在传统用语中也被称为“叙事段落”，根据内容将《兔子传》区分为4个大的叙事段落，分别是“水宫（1）→陆地（2）→水宫（3）→陆地（4）”。图3中将包含这4个叙述段落的级别标记为 L1。L1级别的第一个叙事段落“水宫（1）”被标记为L2，以更详细地区分其内容结构。“水宫（1）”叙事段落在L2阶段按“叙事开头（1）→龙王得病（2）→灵药指示（3）→鱼族会议（4）→为鳖主簿送行（5）”的叙事结构进行区分。在L2阶段的“龙王患病”叙事段落再细分为“龙王患病（1）→病死说（2）→为照顾患病龙王辛

劳（3）→龙王叹气（4）”，这种叙事段落结构反映在L3。L3“龙王患病（1）”的叙事段落，如果再细分，可分为“患病者（1）→患病原因（2）”的叙事段落，这些区别反映在L4阶段。现传的《兔子传》区分到L4阶段，即可反映大部分的叙事内容结构。但如果在L4阶段的叙事段落发生微观分化的话，将利用L5阶段进一步区分叙事段落。

sID	L1	L2	L3	L4	L5	L1	L2	L3	L4	L5
s0001	1	010	000	000	000	수궁	서사허두			
s0002	1	020	010	010	000		용왕득병	용왕발병	득병자	
s0003	1	020	010	020	000				득병원인	
s0004	1	020	020	000	000			병사설		
s0005	1	020	030	000	000			구병노력		
s0006	1	020	040	000	000			용왕탄식		
s0007	1	030	010	000	000		명약지시	도사(명의)출현		
s0008	1	030	020	010	000			진맥과 처방	진맥사설_1	
s0009	1	030	020	020	000				약조제사설	
s0010	1	030	020	030	000				약성가	
s0011	1	030	020	040	000				약명사설	
s0012	1	030	020	045	000				약처방사설	
s0013	1	030	020	050	000				침사설	
s0014	1	030	020	060	000				진맥사설_2	
s0015	1	030	030	010	000			토간지시	토간지시	
s0016	1	030	030	020	000				토간 명약 이유	
s0017	1	030	030	030	000				토간 구득 어려움 탄식	
s0018	1	040	010	000	000		어족회의	어족등장		
s0019	1	040	020	010	000			신하들의 사신 기피	사신기피	
s0020	1	040	020	020	000				용왕탄식	
s0021	1	040	030	010	000			사신논란	거북	
s0022	1	040	030	020	000				고래	
s0023	1	040	030	030	000				새우	
...	...	...	...	...	...	...	...	...	...	...

图3　《兔子传》内容段落的结构

图3所显示的表格中，全部内容段落被区分为5个阶段，并被赋予层次结构编码。图3仅显示内容段落的结构，通过提取 62 个版本中每个内容段落编码的类型标记所组成的数据则如图 4 所示。图4中的内容段落类型标记是通过提取在段落结构的终端节点（terminal node）中编码的内容段落类型来组合的，该节点分为从L1到L5的五个层次结构级别。内容段落的类型标记由英文字母与数字组合而成。如果在内容段落中插入相同内容的叙事段落，则使用相同的字母进行编码，并根据相同内容的叙事段落添加内容的变体类型添加数字。不同英文字母表示内容段落的叙事结构的差异。符号X表示该内容失传。如果内容段落的类型为“0”，则表示在传承过程中，该版本的内容没有发生变化，仅存在其现存与否的不同。以“第一阶段”为基准，整个数据表格的大小为“58X62”。

	이본 ID										
	1	2	3	4	5	_	58	59	60	61	62
sID	CJKS	CLBU	CPCW	CPDJ	CKYS	_	SKDU02	SJDI03	ESEL	SNAL02	SSNL
s0001	a	a	x	a	a	_	x	e	c	c	c
s0002	a	a	a	a	a	_	c	a	c	c	c
s0003	a	a	c	a	a	_	e	a	c	c	c
s0004	x	x	x	x	x	_	x	o	x	x	x
s0005	a	a	x	x	ae	_	x	x	x	a	x
s0006	a	a	a	a	a	_	x	x	x	x	x
s0007	a	a	a	a	a	_	c	d3	c	c	c
s0008	a	f	a	a	ae	_	x	x	x	x	x
s0009	o	x	o	o	o	_	x	x	x	x	x
s0010	o	x	o	o	o	_	x	x	x	x	x
s0011	o	o	x	o	o	_	x	o	x	x	x
s0012	x	x	x	x	x	_	x	x	x	x	x
s0013	a	x	a	x	a	_	x	x	x	x	x
s0014	o	x	o	o	x	_	x	x	x	x	x
s0015	a1	a1	a1	a1	a1	_	a2	a2	a2	a2	a2
s0016	a	a	a	a	ae	_	x	x	x	x	x
s0017	o	o	o	o	o	_	x	x	x	x	x
s0018	a	a	a	a	a1	_	c	c	c	c	c
s0019	a	a	a	a	ae	_	x	x	x	x	x
s0020	a	a	a	a	a	_	x	x	x	x	x
s0021	a	a	a	a	a	_	x	a	x	x	x
s0022	x	x	x	x	x	_	x	g	x	x	x
s0023	x	x	x	x	x	_	x	a	x	x	x
_	_	_	_	_	_	_	_	_	_	_	_

图 4　《兔子传》不同版本的内容段落类型表格

（三）相似度与测定距离

不同版本之间的差距测算，使用基于相似度转换的距离分数。基本上，比较单位是各个版本段落类型经过编码后的列与列。这里默认使用Jaccard相似性来比较列与列的段落类型，定义如下[①]：

$$\mathrm{sim}_{\mathrm{Jaccard}}(\vec{\mathrm{v}},\vec{\mathrm{w}})=\frac{\sum_{i=1}^{N}\min(v_i,w_i)}{\sum_{\mathrm{i}=1}^{\mathrm{N}}\max(v_i,w_i)} \qquad (1)$$

①Paul Jaccard, "Nouvelles Recherhes Sur La Distribution Florale," *Bulletin de la Société Vaudoise des Sciences Naturelles*, vol. 44, Jan. 1908, pp. 223-227; Paul Jaccard, "The Distribution of the Flora in the Alpine Zone," *New Phytologist*, vol. 11, Feb. 1912, pp. 37-50; Dan Jurafsky, J. H. Martin, *Speech and Language Processing* (2nd ed.), New York: Pearson Education Inc., 2008.

在公式（1）中，v_i与w_i指版本v与w的第i个段落类型。如果v_i的段落类型为“a”、w_i的段落类型为“ae”的话，则max为两个段落类型的并集元素数2，min为其中共同段落类型{a}的元素数1。由于公式（1）用于测定相似度，因此为测定版本之间的差异，将相似度测定结果换算成距离。距离换算公式如下：

$$\mathrm{dist}_{\mathrm{Jaccard}}(\vec{v},\vec{w})=1-\mathrm{sim}_{\mathrm{Jaccard}}(\vec{v},\vec{w}) \qquad (2)$$

在图4中，段落类型“a”“b”“c”表示内容存在差异的不同类型，而在相同字母后加数字，则表示为该类型的变异型。为此，在Jaccard距离测定的阶段，“a”与“a1”类型都还原成相同个体“a”与“a”的比较，测定距离后，赋予变异型加权值，从而得出与不同类型的差异不一样的距离。另外，“X”作为该段落内容失传的类型，与内容出现变化或内容往不同类型方向变化的类型相比，要显示出更大的差异。为此，对距离测量进行了如下加权。

表1　按段落类型测定距离结果示例

段落类型1	段落类型2	距离
a	b	1
ae	b	1
ae	a	0.5
a1e	a	0.75
a1	a2	0.25
a	x	2
bc	b1c	0.25

表1是对运用Jaccard距离的段落类型基本距离和近似段落类型的加权值计算结果示例。如果两种版本的特定段落类型为“bc”与“b1c”的话，那么为测定Jaccard距离，这两个类型将还原为“bc”类型与“bc”类型的比较。这时，距离为0，“b1”类型换算为“b”类型的变异型而赋予加权值0.25。同样，“ae”段落类型与“a1e”段落类型的距离为0.25，“ae”类型换算为“a”类型被赋予加权值0.5，那么“a1e”“a”这两种段落类型之间的距离为 0.75。变异型的加权值为0.25，通过赋予失传内容段落“X”类型比不同段落类型的距离1更大的最大距离2，来区别失传类型与变异之间的差异。

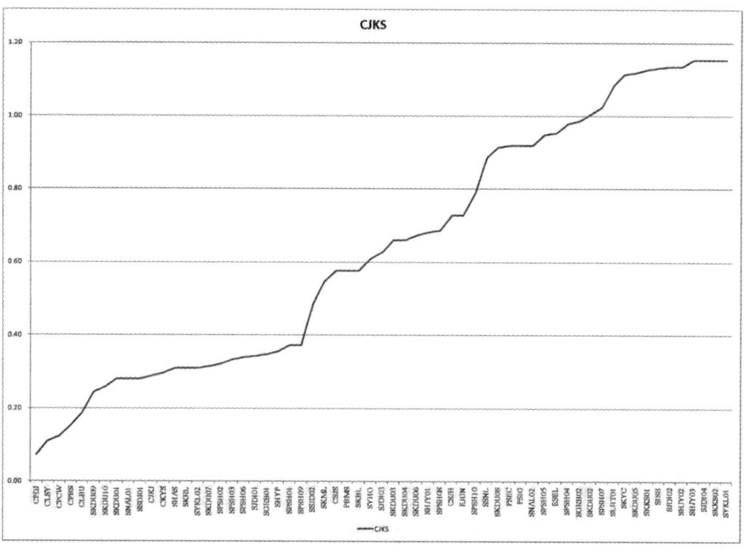

图 5 《丁珧秀唱本水宫歌》（CJKS）版本与其他版本的差异

	CJKJ	CJKS	CKYS	CLBU	CLSY	CPBS	CPCW	CPDJ	CSJH	CSJS	EJUN	…
CJKJ	0.0000	0.2881	0.3983	0.4068	0.1907	0.4407	0.4068	0.3559	0.8305	0.6356	0.8305	…
CJKS	0.2881	0.0000	0.2966	0.1864	0.1102	0.1525	0.1229	0.0720	0.7288	0.5763	0.7288	…
CKYS	0.3983	0.2966	0.0000	0.3898	0.3347	0.3588	0.4068	0.3550	0.5000	0.6737	0.5000	…
CLBU	0.4068	0.1864	0.3898	0.0000	0.2924	0.1102	0.3051	0.1864	0.6102	0.5551	0.6102	…
CLSY	0.1907	0.1102	0.3347	0.2924	0.0000	0.2627	0.2246	0.1737	0.8305	0.6059	0.8305	…
CPBS	0.4407	0.1525	0.3588	0.1102	0.2627	0.0000	0.2076	0.1568	0.6356	0.5763	0.6356	…
CPCW	0.4068	0.1229	0.4068	0.3051	0.2246	0.2076	0.0000	0.1186	0.7627	0.6737	0.7627	…
CPDJ	0.3559	0.0720	0.3550	0.1864	0.1737	0.1568	0.1186	0.0000	0.7119	0.5551	0.7119	…
CSJH	0.8305	0.7288	0.5000	0.6102	0.8305	0.6356	0.7627	0.7119	0.0000	0.8898	0.0000	…
CSJS	0.6356	0.5763	0.6737	0.5551	0.6059	0.5673	0.6737	0.5551	0.8898	0.0000	0.8898	…
EJUN	0.8305	0.7288	0.5000	0.6102	0.8305	0.6356	0.7627	0.7119	0.0000	0.8898	0.0000	…
…	…	…	…	…	…	…	…	…	…	…	…	…

图 6 《兔子传》62 种版本段落类型差异的距离矩阵（局部）

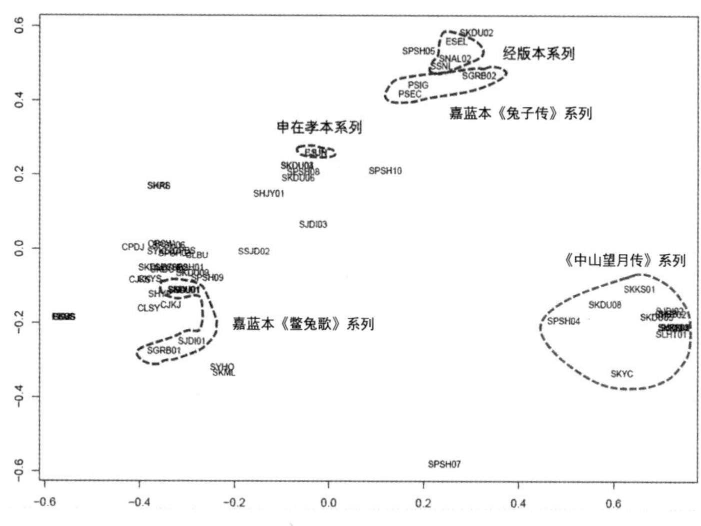

图 7 利用多维尺度分析进行距离矩阵分析

图5中在测定内容段落类型的差异时，以《丁珖秀唱本水宫歌》(CJKS)本为例与其他版本做对比便知有什么不同。除了CJKS之外，61种版本（从在左下角标示的极为类似的版本到右上角的几乎完全不同的版本）呈现出不同情况。图6是测定《兔子传》的62种版本的相互差异的距离矩阵。在图6中版本的记号由alpha-4体系构成。第一个英文字母使用了C、P、S、E，其中C指唱本，P指活字本，S指抄本，E指刻本，其后的alpha-3是存藏地或收藏者名字的缩写。

二、按内容类型分析版本相似度和距离

（一）利用多维尺度分析法

将图6的距离矩阵利用多维尺度分析（MDS）降维到二维空间来表示距离，则可得到图7。根据图7的多维尺度分析法分析结果，62种《兔子传》的版本至少能够分为5至6种系列。一般来说，《兔子传》的版本主要分为嘉蓝本《鳖兔歌》系列、申在孝系列、《水宫歌》系列、经版本系列、《中山望月传》系列、嘉蓝本《兔子传》系列等6种。[①]但是在传统的版本研究方法中，对于共同段落的展开情况和特定内容段落的保留情况，如果由研究者主观来判断的话，内容段落的加权值就会出现偏差。因此，以哪个版本的哪些内容为中心来了解版本的变化情况，不同研究者可能会发生意见分歧。

本研究通过从内容段落注释语料库中提取的不同版本内容类型作比较，将版本之间的差异定量化后得出图7。通过分析结果可以确认，《中山望月传》系列的内容特征足以形成一个独立的系列，与其他版本系列形成鲜明对比。经版本系列与嘉蓝本《兔子传》系列从内容段落的整体分布来看，是难以区分的。因此，在传统研究中，是否将其区分为不同系列的具体依据还需要重新探讨。从属于各系列的内容段落相似度的角度看，申在孝本系列与嘉蓝本《鳖兔歌》系列各自具有其独特性。但是通过与《水宫歌》系列的比较来看，其是否具备成为独特版本系列的地位则需要重新探讨。在图7中没有单独区分的是《水宫歌》系列的版本，《水宫歌》系列分为唱本系列与古小说系列，尤其是嘉蓝本《鳖兔歌》系列的独特性地位还要通过层次聚类分析法再次呈现。

（二）分层聚类分析

层次聚类（hierarchical clustering）是一种分析距离矩阵的多元分析方法，是通过无监督学习和多维尺度分析进行分类，对数据进行聚类的合适方法。对于

①Dongkeon Kim, “A Study on the Performance Variations of Sugung-ga and Tokki-jeon (Sugung-ga · Tokki-jeon-ui Yeonbyeon Yangsang Yeongu),” *Bogosa*, Aug. 2007, pp. 9-81.

层次聚类分析法中常见的7种方法，本研究都进行了检验。检验是通过解出最大限度反映距离矩阵的距离差异的相关系数来实现的，所使用的是cophenetic相关系数。[①]图8显示了层次聚类分析法与距离矩阵之间的cophenetic相关系数，由此可知，平均连接法（average linkage method）和距离矩阵的相关系数（r=0.9316）最大。因此，基于平均连接法的层次聚类分析法是分析距离矩阵的合适方法。

图9是按平均连接法对《兔子传》版本进行分析的层次聚类的结果。通过这个分析结果，将不同版本之间的差异通过定量化分类，分层了解其差异的程度。与传统版本分类一致的领域有《中山望月传》系列、申在孝本系列、嘉蓝本《兔子传》系列、经版本系列。这些系列的版本之间的差异可以通过图9进行定量了解。对现有系列分类需要重新探讨的部分是嘉蓝本《鳖兔歌》系列。在图9中，没有分类标记注释的版本是《水宫歌》(古代小说）系列。对于嘉蓝本《鳖兔歌》系列是否应从《水宫歌》系列分离，占据独立系列的地位，未来将根据研究结果进行深入研究。

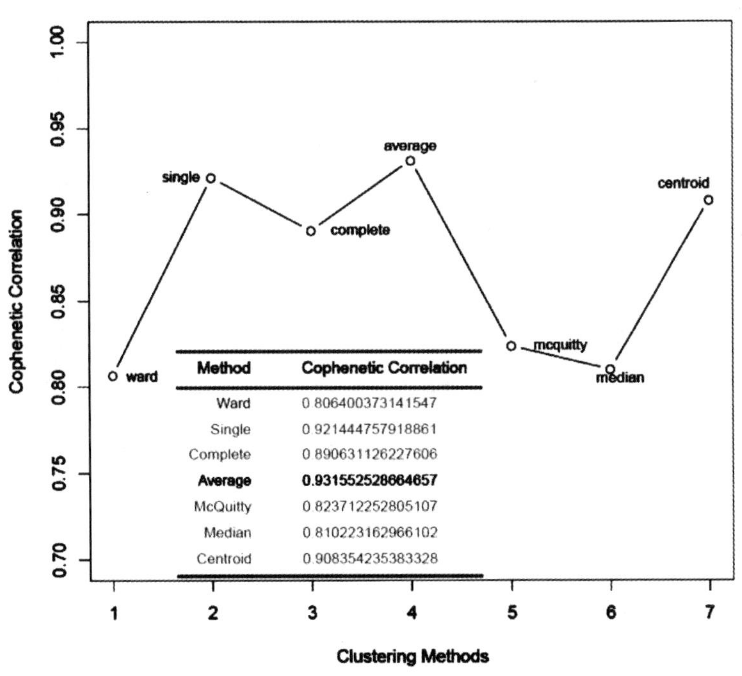

图8　距离矩阵与层次聚类分析法的相关系数

①Woonho Choi, Dongkeon Kim, "A Computational Clustering of Korean Classical Texts," pp. 561-568. Woonho Choi, Dongkeon Kim, "Researches on Classifying Versions of Chunghyangga," pp. 111-117; Woonho Choi, Dongkeon Kim, "Researches on Classifying Versions of Sipjangga," pp. 133-138.

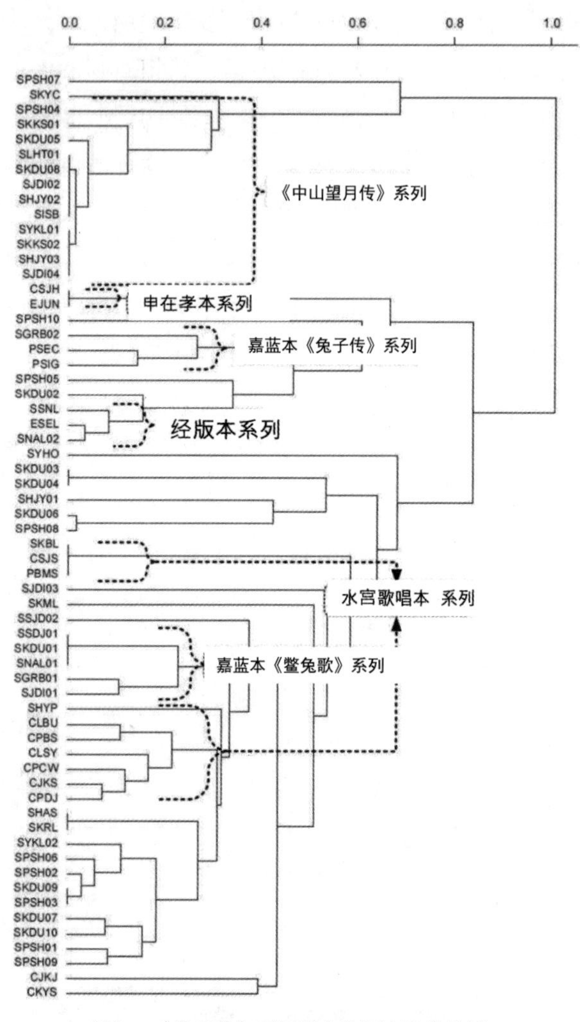

图 9 《兔子传》不同版本的层次聚类分析

三、结论以及未来的课题

在古典文学资料里存在很多版本。这些版本研究的方向必然与西方古典学研究中追求的文本批评不同，即西方的文献研究是通过追踪抄本在传承过程中的错误，从而构建精校本的版本研究。相比而言，韩国的古典文学版本研究则一直以内容分析为主。因此，韩国学术界所显示的这种研究趋势，原因在于韩国古典文学写作方式的急剧变化，而且它具有抄本、木版本、活字本、唱本等多种版本形式。

本研究旨在弥补过去版本研究方法中的缺点。利用计算机构建语料库，运用Jaccard算法进行微观分析和内容类型的整体比较，从而能够宏观地进行呈现。由此可知，本研究的意义就在于运用新的方法进行古典版本研究。尤其通过本研究验证了传统版本研究中的系列分类的可行性。对于现有的版本系列分类内版本之间的差异进行定量化和视觉化，是本研究的第一意义。此外，在现有研究中，《水宫歌》系列与嘉蓝本《鳖兔歌》系列一直是按内容段落区分的，然而本研究提出这种分类方式需要重新讨论，这是本研究的第二意义。

我们未来的课题包括：为古典文学语料库的内容分析考察构建标准平行语料库的方案；在实现分析方法自动化后，开发古典文学研究者能解释定量分析资料的标准平台。另外，以此为基础，对《兔子传》第一至第四章进行综合地比较，进一步研究各个小段落之间的微观差异和分布，也是未来的课题。

A Research on Building Digital Contents of Korean Classical Texts and Computational Classification by Their Narrative Types

Woonho Choi, Dongkeon Kim

Abstract: This research tries to apply a computational process to the traditional method of classical text critics and contents analysis. Traditional researches on Korean classical texts are based on researchers' intuitional criteria in classifying various versions by giving weights on some narratives, not by comparing whole narrative structures. For using computational approaches to classical text critics, the electronic text is built as a raw corpus and the contents types are encoded into the narrative segements on the corpus. The Jaccard algorithm is used to measure the similarity and dissimilarity between narrative segments of the corresponding versions. The measured distances are analyzed by the multi-dimensional scaling and hierarchical clustering methods, and visualized to show the dissimilarity of versions by their content types. Through this research, the distances between versions in the same text group are measured in detail.

Keywords: Digital Humanities; Humanities Computing; Macroanalysis; Computational Content Analysis; Computational Philology

利用主题建模和网络分析的《乱中日记》文本研究[①]

郑性勋 / 韩国国立木浦大学国语国文系
陈宣竹（译） / 韩国梨花女子大学

摘　要： 文本挖掘是以一种基于自然语言处理（NLP）和词干提取技术的方法，从大量非结构化文本中提取有意义的单词，并参考文本和单词的频率，以发现上下文级别的含义。在各种文本挖掘方法中，最近备受瞩目的方法之一就是主题建模。为此，本研究首先对主题建模的算法进行了介绍，并以汉文古典日记文本中具有代表性的《乱中日记》为对象，进行了主题建模。根据年度和季节的不同，整理《乱中日记》中出现的主题及其特征，并将其转换为网络结构以把握其中心性和倾向性。结论是《乱中日记》中有10个隐藏的主题，大部分与《乱中日记》的内容密切相关。特别是在通过主题建模提取的10个主题中，第2、3、4、6等4个主题的可分析性非常高。另外，网络分析结果显示，主题3是《乱中日记》文本的核心，它以日常的公务活动、管理和监督士兵工作、军需品准备、休闲生活（饮酒、围棋、射箭比赛）等内容为中心。本研究的意义在于，利用文本挖掘技术中的主题建模方法来分析汉文古典文献《乱中日记》。而且，此类主题建模分析也将成为分析大量数字化汉文古典文献的有用方法。

关键词： 主题建模　网络分析　《乱中日记》　汉文古典文献

绪　论

文献资料的数字化在“资料的保存和利用”方面备受瞩目。数字化的文本与

① 原文信息：郑性勋（정성훈）：《利用主题建模和网络分析的〈乱中日记〉文本研究》（토픽모델링과 네트워크 분석을 활용한〈亂中日記〉텍스트 연구），《韩国语言文学》（국어국문학）2021年总第197辑，DOI：10.31889/kll.2021.12.197.111。本次出版已获得作者允许及授权。本论文是在2021年木浦大学校内研究经费的支持下进行研究的。

纸质资料相比，摆脱了时间或空间的制约，在网络环境下具有可以不受时间和场所限制、更容易触达的优点。因此，文献资料的数字化被认为是完善现有文献保存方式，最大限度提高信息触达可能性的方案。

随着文献资料的数字化正式展开，最近对如何利用数字化文本的讨论也变得活跃起来。与试图找出文本表象隐藏本质的理论和方法的进步相伴，越来越多的研究将数学模型应用于非结构化数据构成的数字化文本，并使用自动化算法对其进行分析以掌握文本的新含义。汉文学领域也逐渐开始讨论如何将汉文古典文献输出为电子资料并进行处理和分析。因此，利用语言学、统计学、计算机学等知识，从非定型的汉文数据库专门文献文本中提取符合特定目的的有意义的信息以分析汉文古典文献的研究也在增加，将文本挖掘应用于汉文古典文献的动向也是其中之一。

文本挖掘是一种基于自然语言处理（NLP）和词干提取技术，从大量非结构化文本中提取有意义的单词，并分析这些单词的频率以找到上下文级别含义的方法。另外，以提取有意义的单词为基础，与其他多样的信息相联系进而分析文本，会发现意想不到的新现象或关系、规律等。在文本挖掘方法中，最近最受欢迎的方法之一是主题建模（topic modeling）。

主题建模是以文本中使用的主题和应用模式为基础，自动提取代表该文本的特定主题或焦点的分析方法。主题建模中，主题是出现频率高、具有类似意义的单词的集合，通过对文本内单词的频率进行统计分析，将贯穿整个文本集合的潜在主题（latent topic）进行分类，这在进行文本的整体特征或体系分析时效果显著。因此，主题建模开始应用于汉文古典文献中小说和史料的内容分析。[①]

但是，在汉文古典文献中，几乎没有以日记文本为对象使用主题建模的研究。在海外，Blevins在分析18世纪后期到19世纪初Martha Ballard二十七年间记录的日记时，曾使用过主题建模，将Martha Ballard日记以定性研究结果进行比较，验证了通过主题建模提取主题的有效性。[②]在韩国，南春浩利用主题建模

①Zixuan Huang, Jinsong Yu, “Topic Model based SongCi Corpus Construction and Research on Computer aided SongCi Writing,” *International Journal of Knowledge and Language Processing*, vol. 3, 2012, pp. 1-19; Allen Colin et al., “Topic Modeling the Hàn diǎn Ancient Classics (汉典古籍),” *Journal of Cultural Analytics*, 2017, pp. 2371-4549; Yao Liang et al., “A Topic Modeling Approach for Traditional Chinese Medicine Prescriptions,” *IEEE Transactions on Knowledge and Data Engineering*, vol. 30, no. 6, 2018, pp. 1007-1021; Jia-jia Hu, "Inheritance and Development of Three Pre-Qin Classics of Confucianism—An Application of Topic Modeling in Classical Chinese Text Analysis," *Journal of Literature and Art Studies*, vol. 9, no. 3, 2019, pp. 317-328.

②Cameron Blevins, “Topic Modeling Martha Ballard's Diary,” http://historying.org/ 2010/04/01/topic-modeling-martha-ballards-diary/, 2010.

分析了1969年1月1日至2000年12月31日共9,468天的《阿浦日记》，共提取了40个主题，其中水稻种植、农业政策、天气等与农业相关的主题很多，还发现了旅游、政治、工程等主题。[①]但是Blevins和南春浩表示，由于日记文本的特性，出现了主题的季节性分布。Blevins比较了日记日期和主题的分布，确认了“寒冷天气”的主题主要分布在冬季，和“园艺”相关的主题主要出现在春夏之间。南春浩也研究了各年度、月度主题的相关性，发现具有季节性的农业相关主题很好地分布在了各年度、月度。这是为了观察通过主题建模提取的主题是否以可预测的方式对外部变量（季节等）做出反应，因此可以说是一种对外在有效性的测定。

但是除了Blevins和南春浩之外，对日记文本使用主题建模的研究仍然不足，特别是对汉文古典文献中的日记文本使用主题建模的研究还没有。为此，本研究首先对主题建模的算法进行了介绍，以汉文古典文献日记文本中具有代表性的《乱中日记》为对象，应用主题建模。迄今为止,《乱中日记》的文本研究主要从教育、伦理的立场出发，将焦点放在观察李舜臣的优秀品性、模范忠孝精神上，或者在军事学、体育学领域探索李舜臣将军卓越的战略战术、领导能力、体育活动能力，从文学角度突出《乱中日记》的文学特性及其中表现出的李舜臣的英雄面貌或人格品质等的研究占大部分。[②]沈在权几乎是唯一从计算语言学角度研究《乱中日记》的学者，但只对1592年（壬辰年）的记录进行了文本挖掘分析，因此还有很多不足。[③]

本研究的目的是以《乱中日记》的全部文本为对象，按年度和季节进行重新组合，掌握这些文本中出现的主题及其特征；将文本主题之间的关系转换成网络结构，识别中心性和倾向性；进一步研究在《乱中日记》等汉文古典文献中，能否适用主题建模等新的文本分析方法。

一、理论背景

（一）作为日记文本的《乱中日记》

《乱中日记》是忠武公李舜臣1592年1月至1598年11月七年间在军队中所见、所闻及体验的日记体记录。从日记文本的特性来看,《乱中日记》中记载了李舜臣的日常生活等内容，包含了李舜臣坦率的感情和态度。另外，日记不仅记

① 南春浩:《在日记资料研究中讨论主题建模技法的活用可能性》,《比较文化研究》2016年第22期。
② 曹国贤:《〈乱中日记〉的文本类似学研究》,《文本语言学》2014年第36期。
③ 沈在权:《利用文本挖掘和连接网的李舜臣壬辰年活动及状况分析》,《韩国行政史学志》2020年第49期。

述了当时每天的军务内容和战况，还广泛记述了当时的天气变化和社会文化。也就是说，《乱中日记》是在“壬辰倭乱”这一战争状况下，体现当时社会和历史状况、双重性的私人和公共生活、个人感情和态度等的多层次信息的文本。①

1795年，在朝鲜正祖的命令下发行的《李忠武公全书》，虽然是在壬辰倭乱结束200年后，但它包括了当时忠武公李舜臣的所有记录。根据卢承锡的说法，《李忠武公传》是根据1716年李舜臣的玄孙李弘毅出版的《忠武公家承》而发行的。②《李忠武公全书》由14卷8册构成，其中卷5至卷8收录《乱中日记》4卷。原本《乱中日记》的亲笔稿本应该是李舜臣在兵营用草书记录下来的。在发生战斗或自身面临巨大危机时，草书会写得更加潦草。但是，如果将《乱中日记》手稿和《李忠武公全书》中出现的《乱中日记》内容进行比较，就会发现相当大的差异。据推测，这是因为在编纂《李忠武公全书》时，将草书改为正楷进行刻版时省略的文字较多。为了彻底掌握《乱中日记》的整体面貌，原则上应该以手稿为基准进行分析，但正如前述，由于手稿为草书书写，存在难以准确解读的部分，丢失的草稿也不少，因此很难将手稿作为研究对象。有鉴于此，本研究将《李忠武公全书》第5卷至第8卷所收录的《乱中日记》作为研究对象。③

表1 《乱中日记》记录的日期

卷次	日记目录	年度	记录的日期
卷5	乱中日记1	壬辰（1592年）	1月1日—4月22日，5月1日—5月4日，5月29日—6月10日，8月24日—8月28日
		癸巳（1593年）	2月1日—3月22日，5月1日—9月15日
卷6	乱中日记2	甲午（1594年）	1月1日—2月22日，5月1日—9月15日
		乙未（1595年）	1月1日—5月29日
卷7	乱中日记3	乙未（1595年）	6月1日—12月20日
		丙申（1596年）	1月1日—10月11日
卷8	乱中日记4	丁酉（1597年）	4月1日—12月30日
		戊戌（1598年）	1月1日—1月4日，9月1日—10月12日，11月8日—11月17日

本研究将《乱中日记》的文本作为研究对象，包涵《乱中日记》记录的从1592年1月1日开始，1598年11月17日结束，共1,593天的情况。考虑到壬辰

①曹国贤:《〈乱中日记〉的文本类似学研究》,《文本语言学》2014年第36期。
②卢承锡校:《乱中日记》，首尔：汝谐出版社，2018年。
③在本研究中，后文将把收录在《李忠武公全书》的卷5至卷8的记录称为《乱中日记》。

倭乱于1592年4月13日爆发，1,593天中前期103天是战前的记录，剩下的1,491天可以说是壬辰倭乱时的“战争日记”。

表1按所记日期对《乱中日记》的内容进行了整理。[①]根据曹国贤的说法，《乱中日记》中间遗漏的记录是李舜臣因战争等原因离开兵营或入狱的时间。

如表1所示，《乱中日记》壬辰、癸巳年的内容收录在《李忠武公全书》卷5，甲午、乙未年的内容收录在卷6，乙未、丙申年的内容收录在卷7，丁酉、戊戌年的内容收录在卷8，似乎单纯地根据年份分为4卷。本研究将其细分为各年度、季节的文本，并观察它们之间的主题及其相关性。

（二）主题建模与LDA

在本研究中，《乱中日记》文本的分析方法使用的是主题建模。主题建模是为了找出文本中出现的单词之间隐藏的意义结构而使用的分析方法，因为是在文本集合中发现抽象的“主题”的统计模型，所以也被称为“概率主题建模”（probabilistic topic model）。“主题”是根据从文本集合中提取出的高频词组所推测出的构成主题的抽象概念。例如，如果某个文本集合与“枪支、军人、坦克、战斗机”等词有关，那么该主题可能是与“战争”概念相关的主题。但是在文本中，单个词并不是指特定的主题，而是与多种主题相关。多个主题可以组合成特定的文本，特定的文本也可以包含多个主题。因此，主题建模是基于文本建立合适的模型，提取多个主题的过程。

主题建模由David M. Blei等人首次提出，其基本假设如下所示。[②]

1. 一篇文本可以包含多个主题。
2. 主题可以包含多个单词。
3. 一个文本中使用的每个词都包含在某个主题中。

主题建模可以使用各种方法，但使用最多的方法是潜在狄利克雷分布（latent dirichlet allocation, LDA）。潜在狄利克雷分布是一种概率模型，用于显示给定数据或文本集合中每个文本包含哪些主题。也就是说，单词（word）聚集成主题，主题聚集成特定文本。成为分析对象的所有文本集合都是通过一系列单词集合嵌入（embedded）的，单词是表示各种潜在主题的实际观测值，因此

① 曹国贤:《〈乱中日记〉的文本类似学研究》,《文本语言学》2014年第36期。

② David M. Blei, Andrew Y. Ng, Michael I. Jordan, “Latent Dirichlet Allocation,” *Journal of Machine Learning Research*, vol. 3, 2003, pp. 993-1022. 主题建模基于“词袋”(Bag Of Words)假设，即一组文本中单词的顺序并不重要，并且不考虑每个文本的顺序。

可以观测到各个单词代表的主题。又因为主题的集合是文档，所以可以通过发现各单词属于哪些潜在主题，来对每个文本进行分类。

潜在狄利克雷分布是通过狄利克雷分布（Dirichlet Distribution）推测各主题单词的分布和各文本主题分布的概率模型。潜在狄利克雷分布实际进行的工作是观测各文本中出现的单词，推论这些单词属于何种主题，并推测隐藏的信息。潜在狄利克雷分布的结构如图1。

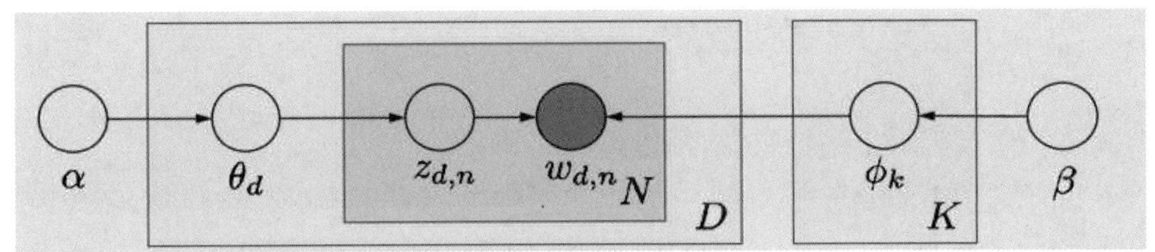

图1　潜在狄利克雷分布的结构[①]

D表示被分析的全部文本数，K表示文本集合所包含的全部主题的数量。α作为狄利克雷分布参数（Dirichlet parameter），是表示文本集合中分布着什么样的单词的指标，β作为主题超参数（Topic hyperparameter），是表示文本集合中有什么样的主题，分布多少的指标。根据狄利克雷分布进行假设，α和β分别对ϕ_k和θ_d产生影响。α和β的值越大，主题的分布就越相似，值越小，特定的主题就越突出。

θ是各文本主题分布的值。θ_d是表示第d个文本所具有主题分布的向量，θ_d的各要素的值是根据第k个主题在第d个文本中所占的比率来测定，而θ_d的各要素的值是概率值，因此所有要素之和为1。例如θ_1是指第1个文本所具有的各主题的比率，各主题比率之和为1。ϕ是每个主题出现了哪些单词和分布多少的值。ϕ_k是表示第k主题的单词集合的向量，ϕ_k的单词总合与整个文本集合中的单词相同。因此，由于ϕ_k各要素的值也是概率值，ϕ_k的所有要素之和为1。例如θ_1是指在第一个主题中该单词所占的比率，在第一个主题中出现的各单词的比率之和为1。

$z_{d,n}$是表示第d段文本中第n个单词属于哪个主题。例如，$z_{1,2}$意味着第1个文本的第2个单词符合什么主题的值。最后，$w_{d,n}$起到分配各文本中出现的单词的作用，受到$z_{d,n}$和ϕ_k的影响。

①David M. Blei, Cambridge Machine Learning Summer School, 2009, http://videolectures.net/mlss09uk_cambridge/.

上述结构是从 α 和 β 开始，生成文本中单词的过程。但是在上面的结构中，我们能够观察并测定的值只有$w_{d,n}$。因此，潜在狄利克雷分布以观测值$w_{d,n}$为潜在变量，执行逆向推论上述过程。在此过程中，主题的单词分布和文本的主题分布的结合概率越高，就越能成为好的模型。换言之，利用实际可以观察的文本中的单词，计算最大化事后概率（posterior）的$z_{d,n}$、ϕ_k、θ_d是潜在狄利克雷分布的推论（inference）。

二、《乱中日记》和主题建模

（一）《乱中日记》文本预处理

利用韩国古典综合数据库对《李忠武公全书》第5卷至第8卷的内容整理后，按卷别区分年月日，将文本按日期制作为应用资料。如上文所述，《乱中日记》从1592年1月1日至1598年11月17日，共2,659天的记录，因战争、入狱等个人原因，或亲笔草稿丢失等其他原因，中间遗漏长达976天。即，《乱中日记》是1,593天的日记资料，数据资料也由1,593行构成。

但是在《乱中日记》中，天气信息的内容大量出现在文本中。《乱中日记》几乎大部分是从当天的天气开始的，日记开头出现了很多“晴”“不晴”“雨”等词语。也就是说，由于天气的主题包含在几乎所有文本中，从而天气信息可以在主题分类中作为一种“噪声”（noise）进而屏蔽。于是，从文本中提取出天气信息，将其单独作为一列。即，本研究中使用的《乱中日记》文本是除天气信息以外的内容。[①]表2是这一数据加工过程的部分示例。

表2　《乱中日记》文本的输入与预处理

序号	卷	年度（干支）	年度（数字）	月（干支）	月（数字）	日（干支）	日（数字）	天气	原文
1	1	壬辰	1592	正月	1	壬戌	1	晴	晓。舍弟汝弼及姪子荄，豚荟来话。但离天只。再过南中。不胜怀恨之至。 兵使军官李敬信。来纳兵使简及岁物，长片箭杂物。
2	1	壬辰	1592	正月	1	癸亥	2	晴	以国忌不坐。与金仁甫话。
3	1	壬辰	1592	正月	1	甲子	3	晴	出东轩。别防点考。题送各官浦公事。

①《乱中日记》中记录天气信息的日子共有86天。因此，这86天的天气信息被排除在分析对象之外。另外，不记录天气信息，只记录正文内容的日子也有54天。作为参考，只记录日期和干支，连天气信息都没有记录的日子是1598年阴历11月12日。

续表2

序号	卷	年度（干支）	年度（数字）	月（干支）	月（数字）	日（干支）	日（数字）	天气	原文
4	1	壬辰	1592	正月	1	乙丑	4	晴	坐东轩公事。
5	1	壬辰	1592	正月	1	丙寅	5	晴	仍在后东轩公事。
6	1	壬辰	1592	正月	1	丁卯	6	晴	出东轩公事。
7	1	壬辰	1592	正月	1	戊辰	7	朝晴	晚雨雪交下终日。奉侄往牙山。南原陪笺儒生入来。
8	1	壬辰	1592	正月	1	己巳	8	晴	出客舍东轩公事。
……	……	……	……	……	……	……	……	……	
1591	4	戊戌	1598	十一月	11		10		到左水营前洋结阵。
1592	4	戊戌	1598	十一月	11		11		到柚岛结阵。
1593	4	戊戌	1598	十一月	11		12		
1594	4	戊戌	1598	十一月	11		13		倭船十余只。见形于獐岛。即与都督约束。领舟师追逐。倭船退缩。终日不出。与都督还阵于獐岛。
1595	4	戊戌	1598	十一月	11		14		倭船二只。讲和事。出来中流。都督使倭通事。迎倭船。戌时。倭将乘小船。入来督府。猪二口，酒二器。献于都督云。
1596	4	戊戌	1598	十一月	11		15		早朝。往见都督。暂话乃还。倭船二只。讲和事。再三出入都督阵中。
1597	4	戊戌	1598	十一月	11		16		都督使陈文同入送倭营。俄而。倭船三只。持马与枪剑等物。进献都督。
1598	4	戊戌	1598	十一月	11		17		昨日。伏兵将钵浦万户苏季男，唐津浦万户赵孝悦等。倭中船一只。满载军粮。自南海渡海之际。追逐于闲山前洋。则倭贼依岸登陆而走。所捕倭船及军粮。被夺于唐人。空手来告。

在对《乱中日记》各年度、季节文本进行正式主题建模之前，为了获得全部文本的初始信息，从《乱中日记》汉文文本中提取词条并测定其频率，本研究使

用“RcppMeCab”方法。[①]

表3是《乱中日记》中出现的词及其频率。共提取了3,886个词型（type），词的标记（token）共有41,637个。从词频来看，“来”“使”“水”“见”“到”……依次使用最多，其中频率最高的词是“来”，约占全部词数量的2%。“兴国”“兴叹”“喜庆”“喜多”“诘”……这样只使用过一次的词，其频率不高。但是如果仔细看，就会发现高频出现的词“使”“云”“则”“之”“及”等从语法要素角度分析多为虚词。相比虚词，更需要具有实际意义的实词以掌握文本内容，因此我们对虚词进行了停用词（stop words）处理。

表3　出现在《乱中日记》中的词及其频率

次序	词	频率	相对频率	次序	词	频率	相对频率
1	来	844	0.020270	……	……	……	……
2	使	720	0.017292	3867	后悔	1	0.000024
3	水	568	0.013642	3868	勋	1	0.000024
4	见	427	0.010255	3869	薰	1	0.000024
5	到	375	0.009006	3870	萱	1	0.000024
6	云	359	0.008622	3871	麾	1	0.000024
7	则	344	0.008262	3872	挥剑	1	0.000024
8	之	337	0.008094	3873	挥涕	1	0.000024
9	及	334	0.008022	3874	麾下	1	0.000024
10	与	334	0.008022	3875	休	1	0.000024
11	船	322	0.007734	3876	凶险	1	0.000024
12	射	317	0.007613	3877	凶险	1	0.000024
13	右	307	0.007373	3878	黑衣	1	0.000024
14	将	300	0.007205	3879	欣悦	1	0.000024
15	而	276	0.006629	3880	欣喜	1	0.000024
16	浦	273	0.006557	3881	欠伸	1	0.000024
17	送	270	0.006485	3882	兴国	1	0.000024
18	李	265	0.006365	3883	兴叹	1	0.000024
19	等	238	0.005716	3884	喜庆	1	0.000024
20	防	236	0.005668	3885	喜多	1	0.000024

① “RcppMeCab”是词类（part-of-speech）分析器MeCab的Rcpp版本，虽然不是最适合汉文文本分类（segmentation）的组合，但被认为是目前可以利用的最佳组合。在MeCab库中，对3种语言（汉语、日语、韩语）支持C++编码的utf-8编码，还可以适用用户词典（user's dictionary）。

续表3

次序	词	频率	相对频率	次序	词	频率	相对频率
……	……	……	……	3886	诘	1	0.000024

将《乱中日记》中出现的停用词过滤后，更新的词汇表如表4。作为语法要素的虚词被看做是停用词，过滤后留下了3,762个词，词的标记达到了34,086个。再来看一看除去停用词后的处理结果，果然“来”“使”“水”“见”“到”等词依次呈现频率最高，其相对频率也稍微有所提高。频率最高的词是“来”，约占词总数的2.5%。“兴国”“兴叹”“喜庆”“喜多”“诘”等词出现频率同样不高，单但各词的相对频率略有增加，为0.0029%。

表4　过滤停用词后出现在《乱中日记》中的词及其频率

次序	词	频率	相对频率	次序	词	频率	相对频率
1	来	844	0.024761	……	……	……	……
2	水	568	0.016664	3743	后悔	1	0.000029
3	见	427	0.012527	3744	勋	1	0.000029
4	船	322	0.009447	3745	薰	1	0.000029
5	射	317	0.009300	3746	萱	1	0.000029
6	右	307	0.009007	3747	麾	1	0.000029
7	将	300	0.008801	3748	挥剑	1	0.000029
8	浦	273	0.008009	3749	挥涕	1	0.000029
9	送	270	0.007921	3750	麾下	1	0.000029
10	李	265	0.007774	3751	休	1	0.000029
11	防	236	0.006924	3752	兇险	1	0.000029
12	巡	230	0.006748	3753	凶险	1	0.000029
13	帐	228	0.006689	3754	黑衣	1	0.000029
14	出	225	0.006601	3755	欣悦	1	0.000029
15	入来	224	0.006572	3756	欣喜	1	0.000029
16	天	224	0.006572	3757	欠伸	1	0.000029
17	事	208	0.006102	3758	兴国	1	0.000029
18	庆	207	0.006073	3759	兴叹	1	0.000029
19	话	205	0.006014	3760	喜庆	1	0.000029
20	候	205	0.006014	3761	喜多	1	0.000029
……	……	……	……	3762	诘	1	0.000029

本研究为考察《乱中日记》中按年度、季节出现的主题及其分布，首先将按日期构成的正文文本按月份进行整合，然后再按季节文本进行预处理。但考虑到《乱中日记》按阴历记日，我们设定了季节这一变量名，2月至4月为春季，5月至7月为夏季，8月至10月为秋季，11月至翌年1月为冬季。①

表5 《乱中日记》春季（左）、夏季（右）文本提取的词及其频率

次序	词	频率	相对频率	次序	词	频率	相对频率
1	来	223	0.02330	1	来	293	0.02490
2	水	144	0.01510	2	水	208	0.01770
3	右	110	0.01150	3	见	153	0.01300
4	见	106	0.01110	4	射	137	0.01160
5	射	106	0.01110	5	帿	114	0.00969
6	将	101	0.01060	6	巡	104	0.00884
7	防	94	0.00983	7	将	102	0.00867
8	出	90	0.00941	8	送	101	0.00858
9	船	86	0.00899	9	清	101	0.00858
10	送	80	0.00837	10	李	99	0.00841
……	……	……	……	……	……	……	……

表5是《乱中日记》各季节文本中提取的词及其频率。可见,《乱中日记》经常使用与季节无关的“来”“水”“见”等词语。

对表5、表6进行详细分析,《乱中日记》的春季文本共410天记录，共提取了1,907个词，频率为9,562；夏季文本共450天，提取出2,249个词，频率为11,766。考虑到记录天数、词及其频率，可以确定的是《乱中日记》中李舜臣在夏季比春季写的更多，记录的时间更长。

如果只看表5中出现频率最高的前10位,“来”“水”“造”“射”“送”“将”等词的使用频率都很高,“水”在夏季文本中相对被更多地使用，而“将”在春季文本中相对被更多地使用。另外，在春季的文本中,“防”“出”“船”等的使用频率也很突出,“帿”“巡”“清”等词的高频率使用是夏季文本的显著特点。

①1596年存在闰八月，闰八月设定为秋季。

另一方面,《乱中日记》的秋季文本总共412天记录，在其中共提取了1,904个词，其频率为8,726。《乱中日记》的冬季文本共235天记录，冬季文本的词数量和频率分别为1,160和4,032。从文本提取的词及其频率、记录天数方面来看,《乱中日记》的秋季文本与春季文本相似，可以确定的是《乱中日记》的冬季文本与其他季节的文本相比，高频常用词的使用频率有明显下降。

表6 《乱中日记》秋季（左）、冬季（右）文本提取的词及其频率

次序	词	频率	相对频率	次序	词	频率	相对频率
1	来	182	0.02090	1	来	146	0.03620
2	水	178	0.02040	2	见	68	0.01690
3	船	104	0.01190	3	出	47	0.01170
4	见	100	0.01150	4	李	42	0.01040
5	右	85	0.00974	5	倭	42	0.01040
6	浦	78	0.00894	6	入来	41	0.01020
7	将	75	0.00860	7	虞	39	0.00967
8	话	74	0.00848	8	候	39	0.00967
9	金	70	0.00802	9	水	38	0.00942
10	李	64	0.00733	10	尚	35	0.00868
……	……	……	……	……	……	……	……

从表6中频率较高的前10位词来看,“来”“水”“见”等的使用频率较高。相比其他季节，在冬季文本中“水”的使用频率较低，而“来”的使用频率相对更高。在秋季文本中,“船”“右”“浦”“将”“话”“金”等词的使用频率很高；在冬季文本中,“出”“倭”“入来”“虞”“候”“尚”等词的高频使用尤为突出。

如上所述，本研究大致确认了《乱中日记》中各季节词汇条目的特性。基于《乱中日记》的日记文体，其文本有时会呈现月度或季节特性，但《乱中日记》是在战争这一特殊情况下记录的文本，因而也要考虑到年度的特性。因此，本研究按年度重新分类了季节文本，将《乱中日记》共重构为25个段落，如表7所示。

表 7 《乱中日记》按年度 / 季节分类的文本预处理

次序	年度 / 季节	文本内容
1	1591 冬季	晓 舍弟汝弼及姪子荂 豚荟来话 但离天只 再过南中 不胜怀恨之至……
2	1592 秋季	申时 发船促橹 到露梁后洋下碇 三更 乘月行船 到泗川毛思郎浦……
3	1592 春季	晓 行望阙礼 烟雨暂洒晚霁 出船沧 点择可用板子 时水场内鲦鱼云集……
4	1592 夏季	舟师齐会前洋 是日 阴而不雨 南风大吹 坐镇海楼 招防踏佥使 兴阳倅……
5	1593 秋季	晓梦到巨阙 状如京都 与领相相对 言及銮舆播迁之事 挥泪嗟叹……
6	1593 冬季	侍天只同添一年 此乱中之幸也 晚 操练战备事还营 雨势不止……
7	1593 春季	钵浦 吕岛 顺天来会 钵浦镇抚崔已再犯军律 行刑 鹿岛假将蛇渡……
8	1593 夏季	晓行望阙礼 宣传官李春荣持有旨来到 大概截杀遁贼事 是日 宝城……
9	1594 秋季	夕 乐安带率姜缉 军粮督促事 捧军律供招而出送 宋希立入来……
10	1594 冬季	行望阙礼 左道则蛇渡 右道其虞候李廷忠 庆尚道弥助项佥 使成允文……
11	1594 春季	晚上射亭公事…… 清州居兼司仆李祥持有旨内 庆尚监司韩孝纯驰启左道之贼……
12	1594 夏季	终日汗流如注 气似快平 朝豚葂入来 晓 荟以天只辰日进馔事还归……
13	1595 秋季	御史同朝饭 即下船 点顺天等五官船 暮 余下去御史处同话……
14	1595 冬季	晓行望阙礼 晚 出坐公事 蛇渡出去 咸平 珍岛 茂长战船出送……
15	1595 春季	早出大厅 决宝城后期之罪 逃倭二名 行刑 禁府罗将 来传兴阳拿去事……
16	1595 夏季	朝风甚恶 晚 熊川及巨济 永登 玉浦来见 二更 探船入来则天只平安云……
17	1596 秋季	晓 行望阙礼 晚 波知岛权管宋世应出归 午后 往射场驰马 暮还……
18	1596 春季	与诸将射帿 权俶到此醉去 蔚与赵琦同船出去 虞候亦往 夕 蛇渡来传……
19	1596 夏季	庆尚水使来见 一度入浴 早浴还阵 铳筒二柄铸成……
20	1597 秋季	李察访蓍庆来见 早朝 宣传官梁护 赍教谕书入来 乃兼三道统制使之命……
21	1597 冬季	夕 北风大吹 达夜摇舟 人不能自定 下坐船沧监造桥 因上新家造处……
22	1597 春季	得出圆门 到南门外尹生侃奴家 则荂 芬及蔚与士行 远卿同坐一室 话久……
23	1597 夏季	慎司果留话 元帅往于宝城 兵使往于本营 巡使往于潭阳之路 来见而归……
24	1598 秋季	与陈都督一时行师 到罗老岛 留罗老岛 留罗老岛 未时 行师到防踏……
25	1598 冬季	诣都督府设慰宴 乘昏乃还 俄顷 都督请见 即进则顺天倭桥之贼……

表8中将《乱中日记》中各年度、季节文本，以文档—词条矩阵（DTM）表示词之间的关系。其中各年度、季节文本，都相应显示其提取出的词及词频。举例而言，在《乱中日记》1592年春季文本中，“见”一词共出现8次，但“诘”一词一次也没有出现。各年度、季节的文本共有25个，因此文档—词条矩阵有25行（从1592年春季到1598年冬季，缺失了1592年冬季、1596年冬季、1598年春季和夏季的文本，而1592年1月的记录则用“1591年冬季”进行标记）。各年度、季节文本和词之间的文档—词条矩阵行与《乱中日记》整体中出现的词一致，其频率的总和与该文本的总词数一致。

表8 《乱中日记》各年度/季节文本的文档—词条矩阵（25×3762）

词 年度/季节	见	来	射	船	送	……	熙	禧	喜悦	喜幸	诘
1592 春季	8	14	28	13	19	……	0	0	0	0	0
1592 夏季	1	2	2	9	0	……	0	0	0	0	0
1592 秋季	1	1	0	3	0	……	0	0	0	0	0
1592 冬季	2	7	3	2	5	……	0	0	0	0	0
1593 春季	21	38	3	26	10	……	0	0	0	0	0
……	……	……	……	……	……	……	……	……	……	……	……
1597 春季	13	18	0	3	10	……	0	0	0	0	0
1597 夏季	63	80	0	11	50	……	0	0	0	0	0
1597 秋季	24	38	3	47	14	……	0	0	0	0	0
1597 冬季	15	26	0	2	0	……	0	0	0	0	0
1598 秋季	3	6	0	8	2	……	0	0	0	0	0

（二）主题建模和确定主题数

在主题建模分析中，如果已知文本中的主题和主题数量，必须事先决定主题的数量及其标签。然而，如果该文本的主题未知，为了最大限度地提高主题建模的后验概率则应考虑$z_{d,n}$、ϕ_k、θ_d。但是，需要求出$z_{d,n}$、ϕ_k、θ_d的概率值$P(z_{d,n}, \phi_k, \theta_d | z_{d,n})$（可是在实际文本中无法观察到$z_{d,n}$、$\phi_k$、$\theta_d$，因此很难计算概率）。解决上述问题的方法是吉布斯抽样（Gibbs Sampling）。吉布斯抽样是将其他变量固定，只改变一个变量，将不必要的部分变量排除在抽样之外的方法。即，在$P(z_{d,n}, \phi_k, \theta_d | w_{d,n})$中仅改变$z_{d,n}$，将$\phi_k$和$\theta_d$排除在采样之外。由于吉布斯抽样，概率简单地转换成$P(zi=j | z\text{-}i, w)$。此时z-i是除第i个单词主题信息外的所有单词主题信息。通过吉布斯抽样的反复过程，可以推测出$z_{d,n}$、ϕ_k、θ_d的

收敛值，从而可以计算出文本集合的最佳主题数。但即使这样，主题的标签仍然需要由领域专家根据主题中的单词列表进行解释和赋予。

图2显示了吉布斯抽样推测的《乱中日记》各年度、季节性文本的主题数量。吉布斯抽样可以计算出对数似然值（log likelihood）的协调平均值（harmonic mean），这是在推测模型时可以参考的。对数似然值的协调平均值越高，说明模型越好，因为在主题数为10时，对数似然值的协调平均值较高。因此本研究将《乱中日记》的各年度、季节文本的适当主题个数定为10个。

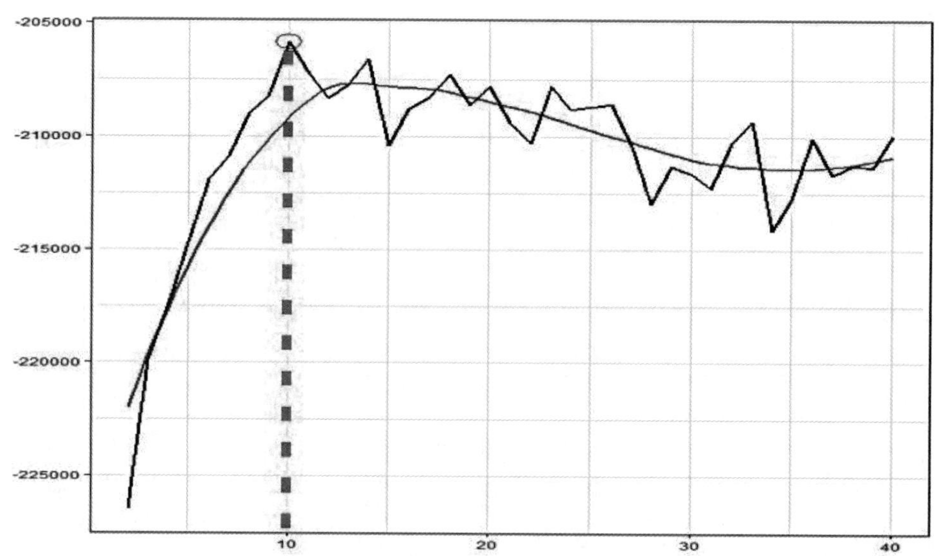

图2　吉布斯抽样和《乱中日记》的主题数
（黑色线条表示对数似然值，蓝色线条表示协调平均值）

（三）主题建模分析

将《乱中日记》各年度、季节文本的主题个数定为10个后，进行主题建模分析。

首先来看一下 ϕ_k 的值。如前所述，ϕ_k 值是每个主题中的词的分布值。表9是《乱中日记》中出现的词的 ϕ_k 值。例如，主题1的词分布是 ϕ_1，“假”的概率值是从0.000695开始，到“诘”的概率值0.000033为止，总合为1。另外，“假”在每个主题都有概率值，在主题4的概率值最高，为0.001023。也就是说，“假”可以推定为相对包含较多主题4属性的词。与此相应，“家”在主题2的概率值高达0.014313，可以推测为代表主题2的词。

其次我们来看一下 θ_d 的值（θ_d 值是每个文本主题分布的值）。

表 9 《乱中日记》各年度 / 季节文本中词的 ϕ_k 值

次序	词	主题 1	主题 2	主题 3	主题 4	主题 5	主题 6	主题 7	主题 8	主题 9	主题 10
1	假	0.000695	0.000029	0.000082	0.001023	0.000039	0.000665	0.000051	0.000546	0.000029	0.000026
2	价	0.000033	0.000029	0.000082	0.000049	0.000039	0.000032	0.000556	0.000050	0.000029	0.000026
3	加	0.000695	0.000029	0.000986	0.001998	0.000039	0.000032	0.000556	0.000050	0.000029	0.000026
4	嘉	0.001689	0.000886	0.000082	0.000049	0.000039	0.000032	0.000556	0.000050	0.000321	0.000026
5	家	0.000033	0.014313	0.000082	0.000049	0.000812	0.000032	0.000556	0.000050	0.000029	0.000026
6	贾	0.000033	0.000029	0.000082	0.000049	0.000425	0.000032	0.000556	0.000050	0.000029	0.000026
7	驾	0.000033	0.000029	0.000090	0.000049	0.000039	0.000032	0.000556	0.000050	0.000029	0.000026
……	……	……	……	……	……	……	……	……	……	……	……
3756	喜	0.001026	0.000029	0.000082	0.000049	0.000039	0.000032	0.001062	0.000050	0.000029	0.000287
3757	希	0.000033	0.000029	0.002778	0.000049	0.000039	0.000032	0.000556	0.000050	0.000029	0.000026
3758	熙	0.000033	0.000029	0.000082	0.000049	0.000039	0.000032	0.000556	0.000050	0.000904	0.000026
3759	禧	0.000033	0.000029	0.000082	0.000049	0.000812	0.000032	0.000556	0.000050	0.000029	0.000026
3760	喜悦	0.000033	0.000029	0.000082	0.000049	0.000039	0.000032	0.000556	0.001042	0.000029	0.000026
3761	喜幸	0.000033	0.000029	0.001556	0.000049	0.000039	0.000032	0.000556	0.001042	0.000321	0.000026
3762	诘	0.000033	0.000029	0.000082	0.000049	0.000039	0.000032	0.000556	0.000050	0.000321	0.000026

表 10 《乱中日记》中出现的各年度 / 季节文本的 θ_d 值

文本	主题 1	主题 2	主题 3	主题 4	主题 5	主题 6	主题 7	主题 8	主题 9	主题 10
1591 冬季	0.07561	0.02927	0.17561	0.49268	0.02927	0.03171	0.06341	0.02195	0.02927	0.05122
1592 秋季	0.06748	0.08589	0.17791	0.06135	0.03681	0.22086	0.05521	0.11043	0.10429	0.07975
1592 春季	0.05621	0.03260	0.18943	0.46599	0.04047	0.03092	0.00956	0.02923	0.00956	0.13603
1592 夏季	0.02186	0.02004	0.11293	0.02914	0.05464	0.37158	0.02914	0.28233	0.04372	0.03461
1593 秋季	0.24832	0.03367	0.49327	0.02778	0.01178	0.03535	0.01768	0.01936	0.04125	0.07155
1593 冬季	0.07783	0.04405	0.28634	0.12041	0.01762	0.10720	0.03965	0.07930	0.10132	0.12628
1593 春季	0.21241	0.02307	0.32299	0.01114	0.02705	0.11695	0.03341	0.19730	0.03182	0.02387
1593 夏季	0.27816	0.02753	0.36468	0.01216	0.02324	0.18484	0.01931	0.02503	0.04076	0.02431
1594 秋季	0.02859	0.03045	0.39590	0.03853	0.04661	0.07147	0.01802	0.18086	0.06526	0.12430
1594 冬季	0.08047	0.02507	0.48153	0.06860	0.05673	0.02375	0.04485	0.02375	0.11214	0.08311
1594 春季	0.09083	0.02533	0.46594	0.01179	0.08996	0.06987	0.01572	0.04803	0.06026	0.12227
1594 夏季	0.05352	0.03324	0.42930	0.02704	0.01634	0.09014	0.04282	0.01521	0.00789	0.28451
1595 秋季	0.01834	0.02751	0.46074	0.01605	0.19656	0.02693	0.01490	0.01834	0.15072	0.06991
1595 冬季	0.02645	0.02583	0.49815	0.03260	0.03690	0.04736	0.00800	0.02706	0.24170	0.05597
1595 春季	0.03519	0.02111	0.44164	0.02522	0.18827	0.03050	0.02874	0.01994	0.08974	0.11965
1595 夏季	0.02431	0.01275	0.35512	0.02272	0.25349	0.00837	0.02391	0.01076	0.04424	0.24432
1596 秋季	0.04185	0.22086	0.32003	0.02189	0.07856	0.02125	0.02576	0.02254	0.15647	0.09079
1596 春季	0.01268	0.02385	0.46322	0.00964	0.01421	0.02385	0.02537	0.02588	0.31963	0.08168
1596 夏季	0.03462	0.02327	0.30079	0.01759	0.03121	0.01646	0.02440	0.01816	0.24347	0.29001
1597 秋季	0.04414	0.10726	0.17285	0.01485	0.01444	0.24876	0.23762	0.11716	0.03094	0.01196
1597 冬季	0.03376	0.08360	0.26045	0.04341	0.07235	0.06752	0.29100	0.03376	0.06752	0.04662
1597 春季	0.14302	0.47674	0.18605	0.01628	0.02558	0.01047	0.06512	0.02558	0.03837	0.01279
1597 夏季	0.06171	0.53553	0.16380	0.01309	0.02206	0.04600	0.07891	0.02618	0.03590	0.01683
1598 秋季	0.08883	0.09137	0.19543	0.02538	0.01523	0.44924	0.04569	0.03807	0.03046	0.02030
1598 冬季	0.05957	0.05957	0.13191	0.02128	0.02128	0.44681	0.06809	0.09787	0.05532	0.03830

表10是《乱中日记》中出现的年份、季节文本的 θ_d 值。例如，关于“1591年冬季”文本的主题分布为 θ_1，主题1的概率值0.07561到主题10的概率值0.05122的总和为1。另外，“1951年冬季”文本虽然具有从主题1到主题10的所有属性，但主题4的概率高达0.49268，因此可以推测为代表主题4的文本。

（四）主题和文本分析

为了分析10个主题的内容，我们按照每个主题的 ϕ_k 值从高到低顺序排列各词，按照各文本的 θ_d 值分析《乱中日记》的文本。之后使用热图（heat map）考察《乱中日记》中出现的主题和文本之间的关系。热图是将资料数据转换成颜色，进行视觉分析的数据可视化技术之一。[①]颜色的变化会随着强度的变化而变化，并提供随着空间的变化如何聚类（clustering）的视觉线索。

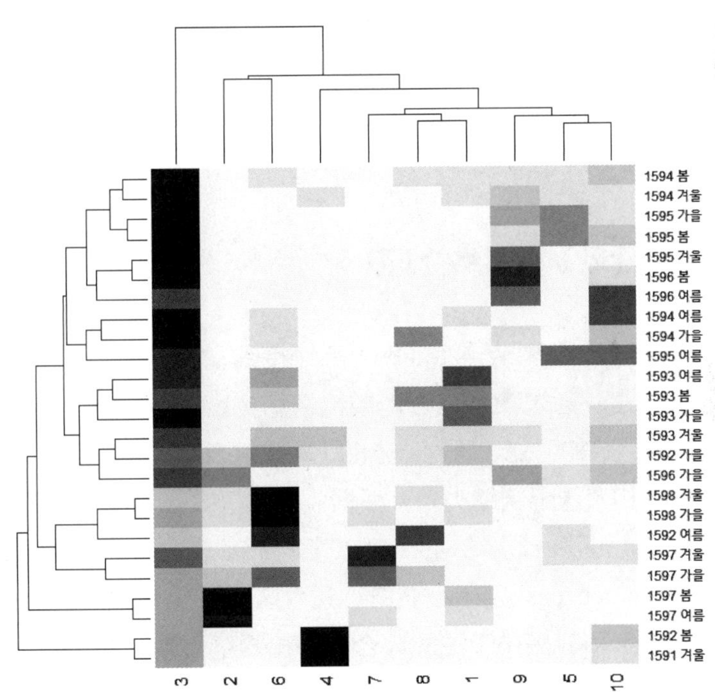

图3 《乱中日记》中出现的主题、各年度/季节文本之间的热力图

（봄：春季；여름：夏季；가을：秋季；겨울：冬季）

图3是显示《乱中日记》各年度、季节文本之间的关系以及其中出现的主题的热力图。在10个主题中，热图上明显捕捉到的主题有2、3、4、6等。在本章第二小节“主题建模和确定主题数”中曾指出，在执行主题建模分析时确定主题

① 热图最初是从二维表达矩阵（matrix）的值开始的。特别是Robert Ling（1973）试图将聚类树（cluster tree）和矩阵的值相结合。目前在金融市场信息、生物信息、地理密度等多个领域均有应用。

数量以及相关标签的困难。《乱中日记》对此没有明确的先行研究，所以标记确定主题数量有些困难，但是对于《乱中日记》的各年度、季节文本中出现的几个重要主题，笔者需进行说明。

首先，主题2以“1597年春夏”等文本为核心，重点是“丁酉再乱”爆发后李舜臣被解除三道水军统制使职务、被押送到汉城入狱、白衣从军、母亲的临终、元均在漆川梁海战中败北等内容。

主题3是以“1593年秋季，1594年春季、夏季，1594年冬季，1595年春季、秋季、冬季，1596年春季”等文本为核心，《乱中日记》中的大多数文本都属于这一范畴，以战争相对平静期间日常的公务活动、管理和监督士兵的工作、准备军需品、休闲生活（饮酒、围棋、射箭比赛）等内容为中心。

主题4的核心内容是“1591年冬季，1592年春季”，这是预测倭寇入侵并彻底对抗的时期，其核心内容是射箭训练、点名和巡视、龟船大炮发射试验等。

主题6以“1592年秋季，1597年秋季，1598年秋季、冬季”等文本为核心，以《乱中日记》的初期和最后战争记录为重点，包含了闲山岛大捷、鸣梁海战、露梁海战等主要海战的内容。

三、《乱中日记》和网络分析

网络（network）用节点（node）和连接线（link）表示对象的结构。根据研究对象的形态，通过多种组合形成网络结构。网络分析（network analysis）是通过这种网络结构，处理研究对象的个体属性以及关系属性的分析方法。[①]可以根据网络结构来区分网络类型，根据节点间权重分为强连接和弱连接的加权网络（weighted network）结构，以及根据连接线的方向分为单向或双向的方向网络（direction network）结构。此外，还可区分为节点属性相似的单模网络（1-mode network）和节点属于不同集合的2-模网络（2-mode network）。[②]但是，如果2-模网络不转换成单模网络，就很难进行分析。因为大部分网络指标只对单模网络进行定义和测定。因此，大部分的2-模网络结构是通过单模网络结构投射（projection）来测量的。投射在两个节点中选择一个，连接到其他节点中一个或多个的共同节点时，将相应集合中的节点连接起来。

---

①郑性勋：《现代韩语副词计量语言学研究——利用概率统计模型和网络的分析》，博士学位论文，首尔大学研究生院语言学，2014年。

②2-模网络结构的大部分区别在于节点之间相互作用的强度，在这种情况下，它是一个有加权值的2-模网络。

据郑性勋的研究，网络的基本指标可以分为宏观网络（macro network）指标和微观网络（micro network）指标，宏观网络指标有密度、总括性、集聚系数、结构空白等，微观网络指标有度中心性、特征向量中心性、接近中心性、中介中心性等。[①]在本文中，我们将研究最常用的微观网络指标，如度中心性、接近中心性和中介中心性。

图4是显示《乱中日记》各年度和季节文本中出现的10个主题和25个季节节点之间连接的2-模网络图。以主题3和9为中心，“1593年秋季，1594年冬季，1595年春季、夏季、秋季、冬季，1596年春季”等文本汇集在网络中心，以主题2为中心的“1597年春季、夏季”文本，以主题4为中心的“1591年冬季，1592年春季”文本等强连接在一起。另外，以主题6为中心，“1592年夏季，1598年秋季、冬季”文本等强连接在一起。但是，有加权值的2-模网络本身很难测定多个网络指标，因此有必要按照各主题、各文将其投射到单模网络来测定微观网络指标。[②]

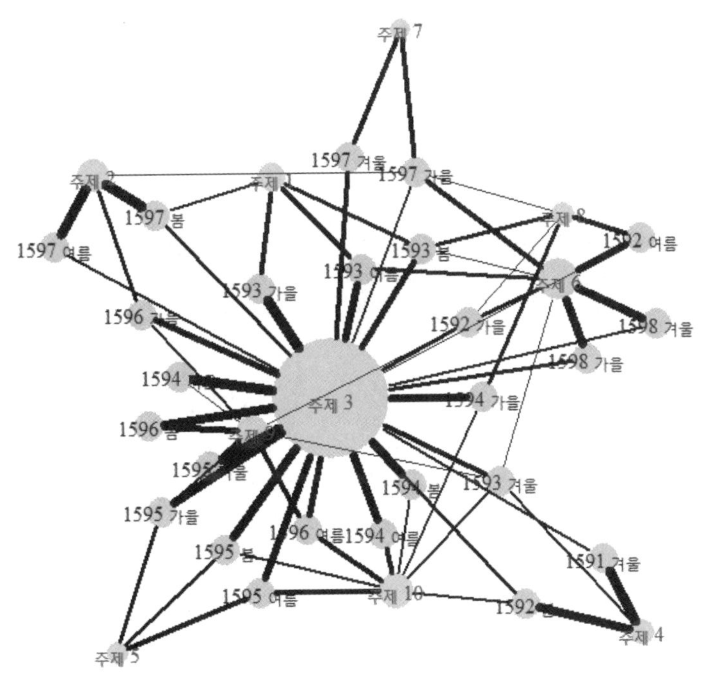

图4 《乱中日记》中出现的主题与文本之间的2-模网络

①郑性勋:《现代韩语副词计量语言学研究——利用概率统计模型和网络的分析》，博士学位论文，首尔大学研究生院语言学，2014年。

②2-模网络投射到单模网络的方法，参见郑性勋:《现代韩语副词计量语言学研究》，第74—77页。

图5是将《乱中日记》各年度、季节文本中出现的主题和文本之间的2-模网络转换成具有“主题”单一属性节点的单模网络图。

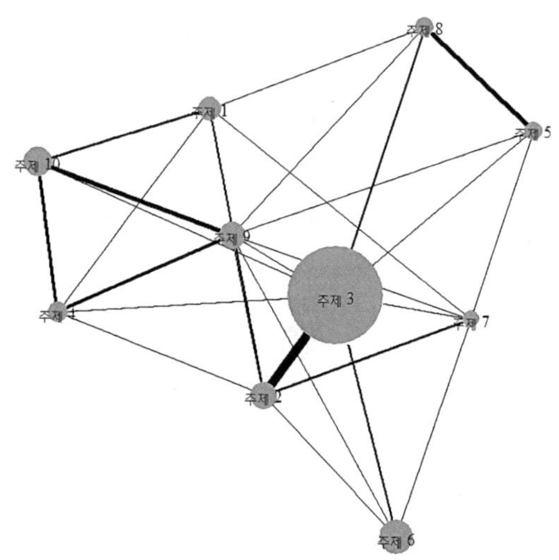

图5 《乱中日记》的主题网络图

在这种单模网络结构中，可以相对容易地掌握节点之间的结构。

表11 《乱中日记》各年度、季节文本主题网络的中心性

主题	度中心性	接近中心性	中介中心性
主题 1	5	1.91577	2
主题 2	6	2.11947	2
主题 3	**8**	**7.84603**	**8**
主题 4	5	1.64661	1
主题 5	4	1.42066	0
主题 6	4	2.79814	0
主题 7	6	1.32628	2
主题 8	4	1.51407	1
主题 9	**8**	2.15201	**8**
主题 10	4	2.26096	0

表11是在《乱中日记》各年度、季节文本中出现的主题网络的中心性指标。《乱中日记》各年度、季节文本中的主题3和主题9在主题网络的度中心性最高，

主题3和主题9除与主题1没有联系外，与其他主题都有联系。接近中心性是用连接线的加权值来测定的,《乱中日记》在各年度、季节文本中出现的主题网络连接线是根据各文本中出现的主题概率值的总和来计算的。接近中心性最高的节点也显示为主题3，接近中心性最低的节点显示为主题7。主题3的中介中心性也很高。也就是说，考虑到主题3的中心内容是日常的公务活动工作、管理和监督士兵的工作、军需品准备、休闲生活（饮酒、围棋、射箭比赛）等内容，可以认为主题3占据了《乱中日记》各年度、季节文本的整体内容的核心。

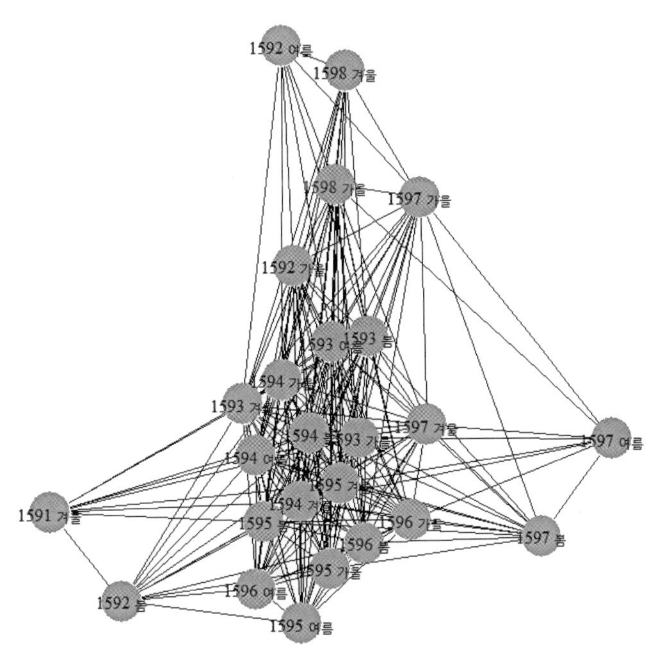

图6 《乱中日记》文本网络图

图6是将《乱中日记》各年度、季节文本中出现的主题和文本之间的2-模网络图转换成具有“文本”这一单一属性节点的单模网络图。

在《乱中日记》各年度、季节文本网络的中心性指标如表12。

表12 《乱中日记》各年度、季节文本网络的中心性

文本	度中心性	接近中心性	中介中心性
1591 冬季	9	5.02	24
1592 春季	13	10.71	46
1592 夏季	8	4.58	1
1592 秋季	20	11.23	1

续表12

文本	度中心性	接近中心性	中介中心性
1593 春季	21	21.84	0
1593 夏季	21	4.96	4
1593 秋季	22	3.03	0
1593 冬季	22	3.31	12
1594 春季	22	4.19	3
1594 夏季	22	4.73	0
1594 秋季	22	27.77	4
1594 冬季	22	3.18	0
1595 春季	20	3.31	22
1595 夏季	17	4.16	8
1595 秋季	19	7.56	0
1595 冬季	**23**	**133.22**	37
1596 春季	20	3.66	25
1596 夏季	17	3.66	0
1596 秋季	19	39.17	0
1597 春季	14	9.46	**63**
1597 夏季	8	6.51	26
1597 秋季	17	3.78	16
1597 冬季	20	27.36	9
1598 秋季	19	7.68	32
1598 冬季	11	3.15	9

《乱中日记》各年度、季节文本中出现的文本网络中，度中心性以“1595年冬季”文本最高，它不仅与“1592年夏季”的文本相连接，与其他所有文本都有连接关系。接近中心性是《乱中日记》各年度、季节文本中的文本网络的连接线，根据各文本中出现的词的概率值的总和来计算。接近中心性最高的节点同样是“1595年冬季”文本，接近中心性最低的节点是“1593年秋季”文本。中介中心性高的节点是“1597年春季”文本。

结　论

到目前为止，我们对话题建模及其算法进行了考察，并以日记体裁的汉文古典文献《乱中日记》为对象，对其各年度、季节文本，进行了主题建模分析。此前，已有研究者以直觉对《乱中日记》的大战争状况和事件进行了区分分析，但文本特征和写作倾向不容易显现。本研究根据年度、季节的时间顺序，掌握了《乱中日记》文本的特征和趋势。通过主题建模分析方法，对《乱中日记》各年度、季节的文本进行分析，结果显示，对《乱中日记》中各年度、各季文本使用吉布斯抽样抽取出10个主题，其中2、3、4、6等4个主题与众所周知的"壬辰倭乱"事件相关联，可解释的可能性很高。另外，网络分析结果显示，主题3是《乱中日记》文本的核心，以日常的公务活动、管理和监督士兵、准备军需品、休闲生活（饮酒、围棋、射箭比赛）等内容为中心。

但是，由于目前还缺乏全面反映《乱中日记》的主题及其内容的研究，而且几乎没有考察文本间关系的研究，因此无法通过本研究充分展开与现有讨论的比较，阐明研究方法论的差异，这令人遗憾。本研究的初衷是以《乱中日记》的全体文本为对象，按年度和季节进行重新组合，掌握这些文本中出现的主题及其特征，在用定性的方法进行庞大的文本研究之前，试图通过定量的方法掌握相关文本中包含的内容，本研究的意义也在于此。

最近，随着分析数字化文本的研究越来越活跃，将文本挖掘方法应用于汉文古典文献，提取和分析有意义信息等的研究也在逐渐被讨论。本研究在学界近期对汉文古典文献的文本挖掘越来越关注的情况下，对《乱中日记》各年度、季节文本是否适用主题模型进行了研究。目前，对如何处理和分析非定型的汉文古典文献的较为有效的研究不足，而且用计量方法考察《乱中日记》本身特性的研究并不多，因此，本研究运用文本挖掘方法之一的主题建模，对汉文古典文献《乱中日记》进行分析，从这一点来看，意义重大。

进一步说，这种主题建模分析将成为分析大量数字化汉文古典文献的有效方法。对于研究汉文古典文献的学者来说，主题建模可以帮助了解文本的整体特点和主要内容。同时，主题建模结合汉文古典文献相关专业知识，可以对文本产生新的、多样化的视角。另外，主题建模还可辅助捕捉到研究期间预想不到的潜在语义结构。

未来，如果对大量文本进行更精准的数字化，并对汉文古典文献的词干提取和自然语言处理进行适当的修改和补充，以满足研究者的要求，那么使用主题建模的汉文古典文献分析将更加活跃。

A Study on *Nanjungilgi* Using Topic Modeling and Network Analysis

Sunghoon Jung

Abstract: Text mining is a method of extracting meaningful words from a large amount of atypical texts based on natural language processing(NLP) and morpheme analysis. We can find latent word meanings in the context by analyzing the frequency of meaningful words. One of these text mining methods that has recently been in the spotlight is topic modeling. First of all, in this study, we will introduce the algorithm of topic modeling and try applying topic modeling to *Nanjungilgi*, which is a representative diary text in the classical Sino-Korean text. The purpose of this study is to examine the topics and the characteristics in *Nanjungilgi*, and to convert them into a network structure to understand its centrality and tendency. As a result, we can find 10 latent topics in *Nanjungilgi*, most of which were closely related to the contents of *Nanjungilgi*. In particular, among the 10 topics extracted from topic modeling analysis, 4 topics, such as topic 2, 3, 4, and 6, had very high interpretability. In addition, as a result of network analysis, topic 3 forms the core of the context of *Nanjungilgi*, which includes the work of normal public service, management and supervision of soldiers, preparation of munitions, leisure life(drinking, go game, archery matches, etc.). This study is meaningful in that it intends to analyze *Nanjungilgi*, which is one of the classical Sino-Korean text, using topic modeling. Furthermore, topic modeling analysis like this can be a useful method to analyze a large amount of digitized classical Sino-Korean text.

Keywords: Topic Modeling; Network Analysis; *Nanjungilgi*; Classical Sino-Korean Text